국어의미론의 새로운 인식과 전개 2

국어의미론의 심화

국어의미론의 새로운 인식과 전개 2

국어의미론의 심화

윤평현 선생 정년퇴임 기념논총 간행위원회

역락

발간사

　윤평현 교수님께서 2016년 2월 정년을 맞아 40여 년을 몸담은 교단을 떠나십니다. 선생님의 영예로운 퇴임을 축하하고 그 간의 학덕을 오래오래 기리기 위하여 정년퇴임 기념 논총을 만들었습니다.

　선생님을 뵈면 누구나 그가 온화하고 부드러운 분이라는 것을 알 수 있습니다. 좀 더 가까이 지내다 보면 속이 올곧고 꿋꿋하다는 것도 곧 알게 됩니다. 선생님은 한 마디로 천성이 외유내강하신 분입니다. 외유내강은 교육과 연구를 업으로 삼는 대학 교수에게는 제일로 꼽는 덕목일 것입니다. 존경 받는 교육자로서, 학문의 경지가 높은 학자로서 선생님께서 후회 없는 교단생활을 할 수 있었던 것도 외유내강하신 성품 때문에 가능했을 것입니다.

　선생님의 연구 활동은 국어문법론 특히 통사론으로 시작하여 차츰 의미론으로 연구 영역을 확장하였는데 그 결과로 지금까지 10권의 저서와 70여 편의 논문을 발표하였습니다. 학문 활동의 초반부에는 국어 접속어미 연구에 진력하여 30여 편의 논문을 발표하고, 1989년에 국어학계 최초의 국어 접속어미 연구서인 「국어의 접속어미 연구」를 내놓으셨습니다. 이후 계속 정진하여 2005년에 「현대국어 접속어미 연구」를 출간하였는데, 이 저서는 대한민국 학술원의 기초학문 우수도서로 선정되었습니다. 중반부부터는 의미 연구에 집중하여 30여 편의 논문을 발표하였습니다. 2008년에 출간한 「국어의미론」은 국어의미론 연구서 가운데 손꼽히는 역저로 평가받고 있으며, 문화체육관광부의 우수 학술도서로 선정되기도 하였습니다. 2013년에는 「국어의미론 강의」를 출간하여 국어 의미 연구와 교육에 크게 기여하고 있습니다. 이러한 업적만으로도 선생님의 발자취는 국어학계에 오랫동안 남아 있을 것입니다.

선생님은 국어국문학 분야의 모 학회인 국어국문학회 대표이사를 지방대학 교수로서는 처음으로 맡는 영예를 얻기도 하고, 한국어의미학회 회장으로서 학회의 발전에 헌신하기도 하였습니다. 현재도 국어국문학회와 한국어의미학회는 물론 국어학회, 한글학회, 한국언어문학회, 한국어문학회의 평의원으로서 왕성하게 활동하고 있으십니다. 또한 전남대학교 인문대학장을 비롯하여 전국인문대학장 협의회 회장, 교육부 전국대학 학문분야 [국어국문학] 평가위원회 위원장, 국어정책심의위원회 위원장 등 여러 행정 업무를 맡아 탁월한 행정 수완을 보여주기도 하였습니다.

선생님은 교수로서의 직분에 최선을 다하시고 이제 정년을 맞아 그 짐을 내려놓으십니다. 이에 동료 후학들이 모여 선생님의 업적을 기리기 위한 기념논총 만들기로 하고, 선생님께서 특히 헌신하신 분야인 '국어의미론 연구'로 제한하여 원고를 받았습니다. 그런데 무려 57편에 달하는 옥고가 답지하여 새삼스럽게 선생님의 학덕과 인품을 우러러보게 되었습니다. 논총의 편집을 끝내고 보니 책의 규모가 1,700여 쪽을 넘어 부득이 세 권의 책으로 분권하여 만들었습니다.

이 논총에 실린 논문들은 2000년 이후 국어의미론 연구의 성과를 담고 있습니다. 지난 15년 동안 국어의미론은 의미 연구에 대한 새로운 인식과 함께 다양한 전개가 이루어졌습니다. 따라서 이 논총에 실린 논문들은 2000년 이후의 연구 업적의 축적이라고 말할 수 있습니다. 이 논총의 구성을 보면, 제1 권 「국어의미론의 탐색」은 의미 연구의 기반이라고 할 수 있는 어휘 의미에 대한 연구 성과를 담았습니다. 여기에 실린 논문들을 통해서 어휘 의미 연구의 다양성은 물론 의미 연구의 출발점이 어디에 있는가를 생각해 볼 수 있습니다. 특히 전통의 계승 발전과 새로운 연구 방법의 접목은 우리가 사용하는 어휘의 심연을 들여다보게 할 것입니다. 제2 권 「국어의미론의 심화」는 논리의미론과 화용론 분야에서 최근에 이루어진 연구 성과를 담았습니다. 여기에 게재된 논문들을 통해서 의미 연구의 대상이 어휘에서 문장으로, 문장에서 담화로 확장되는 모습을 볼 수 있습니다. 그리고 문장 또는 담화의 내적구조와 의미가 어떠한 상관관계를 가지고 있으며 그것들이 어떠한 방법으로 소통하는가에 대해서도 알 수 있을 것입니다. 제3권 「국어의미론의 접목과 확장」은 인지의미론, 텍스트언어학, 의미 교육 등 의미론 연구의 외연을 넓혀주는 논문들을 실었습니다. 최근 언어학과 밀접한 관계를 맺고 있는 철학, 심리학, 사회학, 교육학, 통계학 등의 연구 방법이 의미론에 어떻게 접목되는가를 알 수 있으며, 이러한 방법론을 통해서 기존의 연구 방법에서 살피지 못했던 의미의 다른 모습들도 보게 될 것입니다.

이제 윤평현 교수님께서 정년을 맞이하여 공식적으로는 교단을 떠나십니다. 그렇지만 학문에 대한 깊은 성찰과 끝없는 열정은 후학들에게 오랜 세월 귀감으로 남아 있을 것입니다. 앞으로의 연구 활동뿐만 아니라 일상생활에서도 더욱 강건하시기를 기원합니다. 그리고 선생님의 영예로운 정년퇴임을 송축하는 마음을 담아 이 논총을 올립니다.

끝으로 출판에 물심양면으로 도와주신 역락의 이대현 사장님과 편집을 맡아 수고해주신 권분옥 편집장님께 심심한 사의를 올립니다.

2016년 2월 1일
윤평현 선생 정년퇴임 기념논총 간행위원회

차례

개념의미론과 합성성

양 정 석

1. 들어가기

현대 언어학 연구에서 합성성이 문제되는 것은 다음과 같은 프레게(G. Frege)의 합성성 원리와 관련해서이다.[1]

> (1) 어떤 표현의 의미는 그 구성성분들의 의미의 함수이고 그 구성성분들이 결합되는 방식의 함수이다.

합성성의 준수를 표방하는 현대 의미 이론으로 형식의미론과 개념의미론이 있다. 몬태규(Montague 1974)의 의미론을 토대로 하는 형식의미론이 합성성을 기본 원리로 하여 수립된다는 것은 잘 알려져 있다. (1)에서 우선 중요한 것은 '함수'의 개념이다. 이는 두 집합 간의 관계로서, 하나의 집합, 즉 영역(domain)의 원소들이 다른 집합, 즉 공역(codomain)의 원소들로, 일대일 또는 다대일로 대응되는 관계라고 정의된다. 또한 '구성성분'의 개념에 의존하는 것으로 표현된 위 합성성 원리는 특정 통사구조의 설정을 전제하고

---

[1] 프레게의 논저들에서는 이처럼 분명한 서술을 찾을 수 없으나, Heim · Kratzer(1998) 및 이정민(2012) 등의 해석을 따라 이 같이 서술하였다. 프레게의 합성성 원리에 대한 전거로서 보통 Frege(1892)를 든다.

있다. 진리조건적, 모형이론적 의미론을 추구하는 형식의미론의 전통에서는 통사론 체계와 의미론 체계가 엄격한 준동형성의 사상(map)으로 연관되는 것을 방법론적 이상으로 가진다.[2]

자켄도프(R. Jackendoff)의 개념의미론은 '약한 합성성'을 지향한다는 점에서 엄격한 합성성을 지향하는 형식의미론의 이론들과 그 추구하는 바가 다소 차이난다고 할 수 있다.[3] 이 글에서는 Jackendoff(1990, 2003)의 개념의미론이 합성성의 문제를 어떻게 처리하는지를 표준적인 형식의미론의 방법과 비교하여 설명하고, 모형의미론의 방법으로 Jackendoff(1990)의 개념구조 형성 및 해석을 형식화한 Zwarts·Verkuyl(1994)의 체계를 소개하고자 한다. 이를 한국어 이동동사 및 움직임동사 구문에 적용함으로써 이 체계의 실행 가능성과 언어학적 설명력을 보이는 것이 본 논의의 목적이다.[4]

2절에서는 형식의미론의 방법을 소개하고 그 장점과 문제점을 지적하여, 개념의미론의 관점과 실행 방법이 필요함을 보일 것이다. 3절에서는 이동동사 및 움직임동사 구문에 대한 필자의 이전의 처리 예를 요약하여 개념의미론의 방법이 합성성의 문제에 어떻게 대처하는지를 설명할 것이다. 4절에서는 Zwarts·Verkuyl(1994)에서 제안한 모형이론적 개념의미론 체계에 따라 한국어의 이들 구문에 대한 처리 방법을 보이려고 한다.

---

2) 동형성(isomorphism)은 한 대수 체계의 함수(들)을 f, 그 단위들을 x, y, z, . . ., 다른 대수 체계의 함수(들)을 g,라고 하고, 두 체계의 대응을 가능하게 하는 함수 φ가 g,(φ(x), φ(y), φ(z), . . .) = φ(f,(x, y, z, . . .))의 관계를 성립시킬 때, 그 φ를 뜻하는 것이다(Partee et al. 1990 : 253). 이 때의 함수 φ는 일대일의 사상인데, 영역 A로부터 공역 B로의 사상이 다대일의 사상인 것을 허용하는 경우를 준동형성(homomorphism)이라고 한다. 동형성은 물론이고, 엄격한 의미의 준동형성도 사실상 자연언어의 이론에서는 매우 강한 요구이다. 엄격한 준동형성은 i)직접구성성분들에 바탕을 둔 해석, ii)발화 맥락에 의존하지 않는 해석이라는 요구를 더 부과하는 것이다. 이를 '강한 합성성'이라고 하고, 이에 상대적인 경우를 '약한 합성성'이라고 칭하기로 한다.

3) Zwarts·Verkuyl(1994 : 4)에서는 Jackendoff(1990)의 체계가 통사론과 의미론 사이의 준동형성 사상을 상정한다고 판단하고 있다.

4) 이동동사, 움직임동사 구문의 통사·의미적 특성에 대해서는 양정석(2002, 2004)에서 다루었고, 양정석(2002)에 대한 서평인 이호승(2010)에 대한 답변 양정석(2011나)에서 3절의 규칙들을 포함하는 규칙들을 제시하여 좀더 자세히 설명하였다.

2. 개념의미론의 필요성

2.1. 형식의미론에서의 합성성의 구현

형식의미론적 연구는 프레게의 합성성 원리를 구현하는 것을 궁극의 목적으로 삼는다. 의미 합성을 실행하는 기본적 방법은 두 구성성분의 결합을 함수와 논항의 관계를 기초로 하여 합성하는 것이다. 결합되는 각 어휘항목, 구성성분에는 그 대응되는 의미론적 타입이 주어진다. 함수의 경우에는 이 함수가 취할 수 있는 논항의 타입이 시정되어 있어서, 이에 인접하는 구성성분의 의미론적 타입이 그 논항의 타입과 같은 것이면 함수 적용이 성공하여 그 논항으로 취해지고, 요구되는 타입과 같지 않으면('타입 불일치 type mismatch') 의미론적 부적격 판정이 유발되어 의미 합성이 실패하게 된다.

이제까지 생성문법 이론의 주요 관심 대상은 통사론이었고, 의미 해석은 통사구조의 기술에 직접 관련되는 한에서만 관심의 대상이 되어 왔다. 그러나 형식의미론 연구의 전통에서는 파티(B. Partee) 등에 의해서 생성문법의 통사구조 표상을 바탕으로 한 의미 해석의 체계가 개발되어 왔다. 특히 Heim·Kratzer(1998)에는 최근까지의 생성문법의 통사론 연구 성과를 충분히 반영하는, 실행가능(feasible)하고 간결한 의미 해석의 방법이 집약되어 있다. 이 책은 타입 메커니즘을 중심으로 한 형식의미론의 기술 방법을 구체적이고도 포괄적으로 설명하고 있어 근래 통사론과의 관련 하에서 의미 해석의 문제를 연구하는 이들에게 큰 영향을 주고 있다. 한국어를 대상으로 한 연구로는 송민영(1999), 임동식(2010) 등이 이러한 흐름을 보여준다. 타입 메커니즘은 프레게적인 의미의 합성성 원리를 실행하는, 여태까지 알려진 가장 효과적인 방법이라는 점에서 중요하다.

이들이 제시하는 영어에 대한 해석의 예를 몇 가지 들어 보면 다음과 같다.

(2) 1자리 서술어의 의미 :

　가. 외연 의미 : 타입 $\langle e,t \rangle$, $[\![smoke]\!]$ = $\lambda x : x \in D_e$. x smokes

　나. 내포 의미 : 타입 $\langle s, \langle e,t \rangle \rangle$, $[\![smoke]\!]^w$ = $\lambda w. \lambda x : x \in D_e$. x smokes in w

(3) 2자리 서술어의 의미 :

　가. 외연 의미 : 타입 $\langle e, \langle e,t \rangle \rangle$, $[\![love]\!]$ = $\lambda x : x \in D_e.[\lambda y : y \in D_e$. y loves x]

　나. 내포 의미 : 타입 $\langle s, \langle e, \langle e,t \rangle \rangle \rangle$, $[\![love]\!]^w$ = $\lambda w.[\lambda x : x \in D_e.[\lambda y : y \in D_e$. y loves x in w]]

　람다 표현은 함수를 나타내는 형식이다. 함수의 내부 형식은 주어진 타입에 따라 구성된다. 각 논항은 요구되는 타입에 부합되는 형식이 아니면 적격한 논항으로 취해질 수 없다.

　'$x \in D_e$'와 같은 것은 함수의 영역(domain)에 대한 조건을 표시한 것으로서, 그 적용될 영역의 타입만을 한정한 것이다. 이 영역의 부분집합에 대한 한정을 더하는 함수의 형식을 '부분함수(partial function)'라고 한다.5) Heim·Kratzer(1998)에서는 ' : ' 이후의 영역 조건에 대한 한정의 표현을 전제(presupposition)를 기술하는 데에 활용한다. 영어의 관사 'the'의 기술인 다음과 같은 형식은 영역 조건에 맥락 C를 도입함으로써 화용적 전제의 의미를 기술하고 있다.

(4) $[\![the]\!]$ = $\lambda f : f \in D_{\langle e,t \rangle}$이며 f(x)=1를 만족하는 $x \in C$인 x가 하나만 존재할 것. $\iota y \in C[f(y)=1]$. 단, C는 맥락상 현저한 D의 한 부분집합임.6)

---

5) 즉, 부분함수는 A의 부분집합으로부터 B로 가는 함수이다. A로부터 B로 가는 보통의 함수는 '전체함수(total function)'라고 한다.

6) 이는 Heim & Kratzer(1998)의 다음 정의들을 바탕으로 하여 서술한 것이다.

　$[\![the]\!]$ = $\lambda f : f \in D_{\langle e,t \rangle}$ and there is exactly one $x \in C$ such that f(x)=1. the unique $y \in C$ such that f(y)=1, where C is a contextually salient subset of D. (81쪽)

　$[\![the]\!]$ = $\lambda f : f \in D_{\langle e,t \rangle}$ & $\exists !x[f(x)=1]$. $\iota y[f(y)=1]$. (85쪽)

함수를 표현하는 일반적 형식은 (5가)와 같다. (5나)와 (5다)는 동일한 의미를 가진다. 이들은 영역 D_e으로부터 함수 $\lambda y : y \in D_e.$ f(y, x)로 가는 함수 (타입 $<e,<e,t>>$)의 표현이다. $\lambda y : y \in D_e.$ f(y, x)는 다시 영역 D_e으로부터 f(y, x)로 가는 함수(타입 $<e,t>$)의 표현이다.[7]

> (5) 가. $\lambda a : \phi . \gamma$ (a : 논항 변수, ϕ : 영역 조건, γ : 의미값 기술 value description)
> 나. $\lambda x : x \in D_e . \lambda y : y \in D_e.$ f(y, x)
> 다. $\lambda x : x \in D_e . \lambda y : y \in D_e.$ f(x)(y)

3자리 서술어인 한국어 동사 '놓다'의 예를 들어 설명해 보자. (6가)의 문장이 (6나)의 통사구조를 바탕으로 (6다)의 논리적 형식을 얻기 위해서는 (7)과 같은 어휘항목, 기본 구성성분의 의미가 설정되어야 한다. 이를 바탕으로 (8)의 절차가 진행된다.

> (6) 가. 인호가 책을 책상에 놓았다.
> 나. [IP [DP 인호가] [ɪ[VP [DP 책을] [v [PP 책상에] [v 놓-]] -았-]-다
> 다. [놓다'(인호', 책', 책상에')]

> (7) 가. 놓- , 타입 $<e, <e,<e,t>>>$, $\lambda z.\lambda y.\lambda x.$놓다'(x,y,z)
> 나. 인호가, 타입 e, 인호'
> 다. 책을, 타입 e, 책'
> 라. 책상에, 타입 e, 책상에'

> (8) 가. $\lambda z.\lambda y.\lambda x.$[놓다'(x,y,z)](책상에')   ((7가)의 함수를 '책상에''에 적용)
> 나. $\lambda y.\lambda x.$[놓다'(x,y, 책상에')]   (λ-전환)
> 다. $\lambda y.\lambda x.$[놓다'(x,y, 책상에')](책')   ((8나)의 함수를 '책''에 적용)
> 라. $\lambda x.$[놓다'(x, 책', 책상에')]   (λ-전환)

---

7) '$\lambda X.Y$'와 같은 람다 표현의 함수 형식이 주어질 때, X의 타입이 a이고 Y의 타입이 b라면 이 함수 전체의 타입은 $<a,b>$가 된다.

마. λx.[놓다'(x,책',책상에')](인호') ((8라)의 함수를 '인호''에 적용)

바. [놓다'(인호',책',책상에')]   (λ-전환)

(7)에서는 '인호가', '책을', '책상에'를 개체 타입 'e', 즉 고유명사로 설정하였으나, 이는 여러 모로 불합리하다. 첫째, '인호'는 고유명사이지만 '책', '책상'을 이것과 같은 의미론적 범주로 취급할 수는 없다. 형식의미론 연구의 전통에서 전자는 고유명사로서 'e' 타입을 가지는 것으로 인정되지만 후자는 '<e,t>' 타입, 즉 '속성'이라고 생각된다. 둘째, 이들은 구 단위를 이룬다. '책상에'는 후치사구, '인호가'와 '책을'은 보조사구로 볼 수 있다.8) 그렇다면 '-에', '-가', '-을'의 기본 의미를 바탕으로 하여 이들 구가 'e' 타입을 갖게 되는 절차를 명시할 수 있어야 하는데, 위 처리는 그와 같은 점을 전혀 고려하지 않은 것이다.

한국어에서 '-가', '-을' 등의 조사는 '-는, -도, -조차, . . .' 등의 보조사와 계열관계를 이룬다. 보조사들 중 하나인 '-마다'는 양화 의미를 가짐이 오래 전에 주목된 바 있다. 다음은 이익환(1980 : 176)의 형식화를 Heim · Kratzer(1998)의 방식으로 나타낸 것이다.

(9) '-마다'의 의미 : λQ : Q∈D$_{<e,t>}$. λP : P∈D$_{<e,t>}$. ∃x[Q{x} --> P{x}]

이익환(1980)은 '-가', '-을' 등의 '격조사'와 '-는, -도, -조차, . . .' 등의 '보조사(delimiter)'를 통사 규칙을 통하여 도입하는 반면, 보조사 중의 하나로 취급되어 온 '-마다'는 '모든, 그, 한' 등과 한가지로 독립적인 양화 의미를 기지는 것으로 처리하는 것이다.9) (9)의 논리식은, 가령 "사람마다 뛴다." 문장에서 <e,t> 타입의 명사 '사람'을 논항으로 취하고, 다음으로 동사로서

---

8) 양정석(2002)로부터의 필자의 입장이 이와 같은 것이다.

9) (9)는 전체적으로 존재 양화의 형식으로 기술되었으면서도, 내부적으로는 'Q{x} --> P{x}'와 같이 보편 양화의 표현에서 사용되는 형식을 가지고 있다. 그러나 '-마다'의 전체적인 의미는 보편 양화이고, 여기에 특정의 전제가 추가되어야 하는 것으로 본다.

<e,t> 타입인 '뛴다'를 논항으로 취하는 것이 보조사 '-마다'의 의미라고 기술하는 것이다.[10] 위 (9)의 함수 표현에 표시된 '-마다'의 타입은 <<e,t>,<<e,t>,t>>이다. 존재양화를 표현하는 한정사(determiner)로 해석된 것이다. 주어를 이루는 한정사와 일반 명사의 결합이 <e,t> 타입의 서술부를 취하여 양화 의미를 나타내는 것으로 분석할 때, <<e,t>,t> 타입('속성들의 집합')을 가지는 이 '한정사+일반 명사'의 결합을 '일반화 양화사(generalized quantifier)'라고 부른다.

영어의 'every/all', 'some'과 같이 한국어의 보조사 '-마다'를 이렇게 일반화 양화사를 구성하는 한정사로 해석하는 것이 가능하다. 이에서 더 나아가, 다른 보조사들과, 주격조사로 다루어져 온 '-가'도 동일한 역할을 하는 것으로 해석할 수 있으리라 본다.[11]

형식의미론 연구에서 널리 쓰이는 합성성 구현의 규칙들을 모아 보면 다음과 같다. 다음에 제시하는 규칙의 형식은 Heim·Kratzer(1998)의 접근 방법과 표기법을 따라 한국어의 시제, 상 표현들의 의미 해석을 시도한 연구인 송민영(1999)으로부터 가져온 것이다. (10)-(12)는 Heim·Kratzer(1998)에서 보이는 형식이며, (13)은 일반화 양화사 이론에 따른 명사구(또는 한정사

---

10) '사람마다 뛴다' 문장의 논리식을 얻기 위해서는 다음 (a), (b)의 절차가 적용된다. 이 계산이 정상적으로 수행되려면 (c), (d)에 제시하는 Montague(1974)의 '중괄호 규약', '아래-위 삭제 규약'이 마련되어 있어야 한다.

  a. $\lambda Q.\lambda P.\exists x[Q\{x\} \to P\{x\}](^{\wedge}사람)$

    $\Longrightarrow \lambda P.\exists x[사람\{x\} \to P\{x\}]$ (λ-전환)

    $\Longrightarrow \lambda P.\exists x[^{\vee\wedge}사람(x) \to P\{x\}]$ (중괄호 규약)

    $\Longrightarrow \lambda P.\exists x[사람'(x) \to P\{x\}]$ (아래-위 삭제)

  b. $\lambda P.\exists x[사람'(x) \to P\{x\}](^{\wedge}뛴다)$

    $\Longrightarrow \lambda P.\exists x[사람'(x) \to P\{x\}](^{\wedge}뛴다)$

    $\Longrightarrow \exists x[사람'(x) \to ^{\wedge}뛴다'\{x\}]$ (λ-전환)

    $\Longrightarrow \exists x[사람'(x) \to ^{\vee\wedge}뛴다'(x)]$ (중괄호 규약)

    $\Longrightarrow \exists x[사람'(x) \to 뛴다'(x)]$ (아래-위 삭제)

  c. 중괄호 규약 : $F\{x\} \Longrightarrow ^{\vee}F(x)$

  d. 아래-위 삭제 규약 : $^{\vee\wedge}F \Longrightarrow F$

11) 이렇게 보조사를 가지는 주어 명사구, '-가'를 가지는 주어 명사구를 일반화 양화사로 처리할 경우, 이들 보조사와 '-가'는 동일성 함수(identity function)로 기술될 수 있다. 위 (4)에서 보이는 것과 유사한 형식으로 그 전제 의미가 추가되어야 한다고 본다.

구 : DP)의 해석을 위한 규칙이며, (14)는 고유명사의 구를 일반화 양화사로
해석하기 위한 규칙이다. α′, β′은 각각 α와 β를 논리 언어(내포논리)로 번역
한 형식이다.

(10) 함수 적용 규칙(FA : Functional Application)[12]

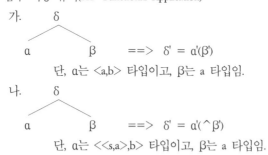

　　가.　　δ

　　α　　　β　　　==>　δ′ = α′(β′)

　　　　단, α는 <a,b> 타입이고, β는 a 타입임.

　　나.　　δ

　　α　　　β　　　==>　δ′ = α′(^β′)

　　　　단, α는 <<s,a>,b> 타입이고, β는 a 타입임.

(11) 비-분지 교점 규칙(RUN : Rule for the Unary Node)

　　　β

　　　|

　　　α　　==>　α′ = β′

(12) 종단 교점 규칙(RTN : Rule for the Terminal Node)

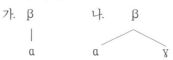

　　가. β　　　나.　　β

　　　|

　　　α　　　　α　　　γ

　　(가) 또는 (나)에서, α가 β 범주의 어휘항목이면 α는 α′으로 번역된다.

---

12) (10가)의 δ′ = α′(β′)을 Heim · Kratzer(1998)의 형식으로 나타내면 〔δ〕 = 〔α〕(〔β〕)
　　와 같다. (10나)는 내포 의미를 가지는 함수의 경우이다.

(13) 양화 규칙(QI : Quantifying-In)[13]

단, α는 $<<s,<\tau,t>>,t>$ 타입이고, τ는 e 또는 i 타입, β는 t 타입, j는 지표임.

(14) 고유명사의 타입 상승 규칙(Type Raising Rule for Name)

통사구조의 적법한 연쇄 (αi, ti)에서 αi가 명사구이고 α'∈MEe인 α'로 번역되면 αi는 α"∈ME$_{<<s,<e,t>>,t>}$인 α"으로 번역된다. 여기에서 α" = λ P[P{α'}]이며 P는 $<s,<e,t>>$ 타입의 변수이다. 가령, 고유명사 'j'는 'λ P.[P{j}]'로 타입 상승이 된다.

Heim · Kratzer(1998)에서는 합성성 구현의 규칙으로 (10)-(12) 외에 다음의 두 규칙, 즉 PM과 PA를 더 도입하고 있다. '서술어 추상 규칙'에서는 지표가 매우 중요한 역할을 하고 있다.

(15) 서술어 수식 규칙(PM : predicate modification rule, Heim · Kratzer 1998 : 95)

A가 분지교점이며, B와 C가 그 딸성분이고 둘 다 $<e,t>$ 타입이면, 모든 치할당 함수 α에 대해서 $[\![A]\!]^{α}$ = λx : x∈De. $[\![B]\!]^{α}$(x) = $[\![C]\!]^{α}$(x) = 1이다.

(16) 서술어 추상 규칙(PA : predicate abstraction rule, Heim · Kratzer 1998 : 114)[14]

A가 분지교점이며 Bi와 C가 그 딸성분이고, B는 관계대명사나 "such"이고, i∈N이면, 모든 변수 치할당 함수 α에 대해서 $[\![A]\!]^{α}$ = λx : x∈De. $[\![C]\!]^{α \ x/i}$이다.

---

13) α는 일반화 양화사인 명사구이고, β는 αi와 같은 지표를 가지는 흔적 ti를 포함해야 한다. 이들 규칙에서 가정하는 통사구조는 LF 표상이라는 점에 유의해야 한다.

14) 위첨자로 나타낸 'α x/i'는 그 자신이 다시 위첨자를 가지는, (17)의 'α$^{x/i}$'를 나타내고자 한 것이다. 입력상의 어려움으로 인하여 이와 같이 표시되었다.

(16)' 공범주 연산자 O를 위한 서술어 추상 규칙(PA')[15]
> A가 분지교점이며 Bi와 C가 그 딸성분이고, B는 공범주 연산자 O이
> 고, i ∈N이면, 모든 치환당 함수 a에 대해서 $[\![A]\!]^{a}$ = $\lambda x : x \in D_{e}$.
> $[\![C]\!]^{a \, x/i}$이다.

(16) 또는 (16)'은 절 단위의 표현이 그 안에 지표 붙은 대명사나 흔적을 가지는 경우, 이 절 단위의 의미를 함수 표현으로 바꾸는 규칙이다. 절 안에 두 개 이상의 대명사/흔적이 나타나는 예들을 통합적으로 설명하기 위해서는 다음과 같은 지표갱신치할당 규칙(assignment modification)이 필요하다 (Heim · Kratzer 1998 : 112).

(17) a가 치할당 함수이며, i∈N이고 x∈D_e라고 상정하면, $a^{x/i}$는 다음의 조건들을 만족하는 유일한 치할당 함수이다.
> (ⅰ) $a^{x/i}$의 영역은 a의 영역과 {i}의 합집합이고,
> (ⅱ) $a^{x/i}$(i) = x이고,
> (ⅲ) $a^{x/i}$의 영역의 원소인 모든 j에 대해서 j ≠ i일 때, $a^{x/i}$(j) = a(j)이다.

이제까지 제시한 규칙들 중에서 (13), (14)는 (10)의 함수 적용의 특수한 경우라고 할 수 있으므로, 결국 FA, PM, PA의 세 가지 주요 규칙이 통사구조의 두 구성성분의 결합에 적용되어 상위 구성성분의 의미를 합성한다는 것을 알 수 있다. 이것이 표준적인 형식의미론에서 합성성 원리를 구현하는 방법이다.

(6)-(8)에 예시된 형식의미론적 기술과 관련하여 눈에 띄는 문제점을 한

---

15) 이 규칙 PA'과 (15)의 PM이 적용되는 예를 보이면 다음과 같다. (a)는 그 통사구조 (b)와 번역된 논리식 (c)로 기술된다. 그 통사구조에 대해서는 양정석(2010 : 308-318) 참조. (e)에서 보는 바와 같이 관계절과 피수식 명사의 결합은 <e,t> 타입의 함수가 된다.
> a. 인호가 책상에 놓은
> b. [_CP O_i [_IP 인호가 t_i 책상에 놓-았-]-는]
> c. λx.놓았다'(인호', x, 책상에') (PA')
> d. 책 : λx.x is book
> e. 인호가 책상에 놓은 책 : λx.[놓았다'(인호', x, 책상에') $\wedge$ x is book] (PM)

가지를 지적한다면, '장소'와 다른 '경로' 개념을 구별할 방도가 없다는 점이다.

> (18) 가. 인호가 책을 책상에 놓았다.
>   나. *인호가 책을 책상으로 놓았다.
>
> (19) 가. 인호가 부산에 머물렀다.
>   나. *인호가 부산으로 머물렀다.

완전한 의미 이론은 장소와 다른 경로의 개념을 포착할 수 있어야 한다. 뒤에서 도입하는 개념의미론의 체계에서는 한국어 조사 '-에'는 장소 함수에 대응되고 '-로'는 경로 함수에 대응된다. '-에'와 '-로'의 의미는 다음과 같이 기술된다. 'AT^u'는 'at, on, in, . . .' 등의 무표적(unmarked) 형식을, 'TO^u'는 'to, toward, via, . . .' 등의 무표적 형식을 나타낸다.

> (20) 가. $\lambda x.AT^u(x)$:
>   책상에 닿았다/책상에 놓았다/책상에 넣었다/부산에 있다, . . .
>   나. $\lambda x.TO^u(x)$:
>   부산으로 갔다/부산으로 향했다/산길로 간다/길이 목포로 뻗었다, . . .

이렇게 장소의 '-에'와 경로의 '-로'가 구별되면, (18), (19)에서 보이는 문법성의 차이는 동사 '놓-', '머무르-'가 그 선택제약으로 경로 함수 아닌 장소 함수를 요구한다고 함으로써 설명할 수 있다. 그러나 종래의 형식의미론의 방법으로는 '-에'의 장소 의미와 '-로'의 경로 의미를 구별하여 나타내는 일이 쉽지 않다. 예를 들어, '부산에 갔다'와 '부산으로 갔다'의 의미를 진리조건적 의미론에서 구별할 방도를 찾기는 쉽지 않다. 표준적인 형식의미론의 의미 기술과 이에 바탕을 둔 문법 기술들이 여러 가지 '격조사' 구문의 체계적인 처리에서 근본적인 난점을 가진다는 것을 다음 2.2절에서 자세히 알아보기로 한다.

2.2. 격교체와 구문적 의미의 설명

한 동사가 서로 다른 '격구조'에 실현되는 경우, 이들을 동음이의어로 취급하는 것이 종래의 지배적인 관행이었다. 이 점이 분명히 표현된 예를 임홍빈(2007)에서 찾을 수 있다.

> (21) 임홍빈(2007 : 646 이후)의 '통사적 논항구조' :
> 　　가. 가1- : <주격조사구, (출격조사구), 달격조사구__>
> 　　나. 가2- : <주격조사구, (출격조사구), 경로격조사구__>
> 　　다. 가3- : <주격조사구, 대격조사구__>
> 　　라. 가4- : <주격조사구, 달격조사구, 대격조사구__>
> 　　마. 가5- : <주격조사구, 처격조사구, 대격조사구__>

> (22) 가. 철수가 (집에서) 학교에 간다.
> 　　나. 철수가 (집에서) 학교로 간다.
> 　　다. 철수가 학교를/학교에를/학교로를 간다.
> 　　라. 철수가 극장에 구경을 간다/도박꾼이 우리 쪽에 만 원을 갔다.
> 　　마. 그 물건은 품질에서 일등을 간다.

5개로 표시된 '통사적 논항구조'는 5개의 동사가 그 어휘기재항(lexical entry)에서 가지는 문법적 자질이다. 생성문법 연구 초기로부터 이러한 것을 '하위범주화틀'이라고 지칭해 왔다. 이는 5개의 서로 다른 동음이의어를 설정하는 것이다. 모든 이동동사가 (21)과 같은 격구조에 실현되므로, 모든 이동동사들 하나하나에 대해서 이들 격구조를 중복적으로 기술해야만 한다. 서로 다른 격구조에서 실현된 것이기는 하지만 이들 경우의 '가다'는 결국 하나의 단어라는 것이 한국어 화자의 언어 직관이라고 보는 것이 타당하다면, 임홍빈(2007)을 비롯한 종래의 연구들은 이 점을 설명하지 못한다는 궁극적인 결점을 가진다. 이희승(1949)와 같은 전통문법서에서, '-에'는 구문의 차이에 따라 '처소격, 향진격, 열거격, . . .' 등의 상이한 격을 표시하는 격조사로 취급된다. '-로'는 구문의 차이에 따라 '도구격, 방향격, 자격격, . . .' 등의 상이한 격을 표시하는 격조사로 취급된다. 격 범주를 잘게 하위분류하더라도 궁극적으로 포착하지 못하는 격조사의 용법이 언제나 발견될 수 있다는 것은 이러한 접근의 근본적 문제점이다. 이정식(1992)나 최현숙(1986)과 같은 원리매개변인 이론적 연구, 남승호(2000, 2002)와 같은 생성어휘부 이론의 격 처리의 실례에서도 같은 문제점이 드러난다.[16]

(23) 이정식(1992), 최현숙(1986)의 핵 이동 접근 :
'학교에 가다'와 '학교를 가다'의 경우에는 동일한 '가다'의 구문이 핵 이동을 매개로 연관되는 것으로 설명하나, 그 외의 경우에는 (21)과 같이 상이한 하위범주화틀을 가지는 동음이의어 어휘항목들을 설정해야 한다.

(24) 생성어휘부 이론의 어휘개별적 격조사 기술(남승호 2000, 2002) :
한 동사 단어의 어휘기재항에 'x-가 y-를', 'x-가 y-로', 'x-가 y-에' 등, 가능한 모든 격구조를 낱낱이 기재한다. 이는 (21)의 모든 격구조 가능성과 다음 (25)의 의미역적 의미의 차이에 따른 모든 조합의 가능성을 한 단어의 어휘 기술에 집약한 것으로, 임시방편적 기술의 문제점을 피할 수 없다.

다음에서와 같이 동일한 격조사를 가지는 명사항들의 의미역적 의미가 다를 수 있으므로, (21)과 같은 격구조의 차이를 5개의 동음이의어로 구별하더라도, 의미역적 의미에 따른 동음이의어를 더 세부적으로 나누어야 할 것이다. 더욱이, 종래의 지배적 관행에 따르면, (22), (25)에 더하여, (26가)의

---

16) 이정식(1992), 최현숙(1987)의 핵이동 접근이 가지는 문제점은 양정석(2002 : 5.1절)에서, 남승호(2000, 2002)의 생성어휘부 이론의 격조사 기술의 문제점은 양정석(2004)에서 논한 바 있다.

구문 구조를 가지는 '가다'의 또 다른 어휘항목을 설정하지 않으면 안 된다.

> (25) 가. 인호가 <u>학교로</u> 갔다. (목표)
>   나. 인호가 <u>학교에</u> 갔다. (목표)
>   다. 인호가 <u>학교를</u> 갔다. (목표)
>   라. 인호가 <u>산길로</u> 갔다. (경유지)
>   마. 인호가 <u>산길을</u> 갔다. (경유지)
>   바. 인호가 <u>동쪽으로</u> 갔다. (방향)

> (26) 가. 인호가 공부하러 학교에/로 갔다/왔다.
>   나. *인호가 공부하러 학교에/로 뛰었다/달렸다/움직였다/있다/머물렀다.

그러나 '가다'의 의미를 하나로 설정해서 모든 경우의 의미역적 의미의 차이를 일관되게 설명할 수 있다. 그 어휘기재항을 (27가)와 같이 하나만 기술하고, 비정규적인 의미역적 의미를 가지는 경우들(25라, 마, 바)과, (26)과 같은 특수한 구문적 의미를 가지는 경우에는 '부가어 대응규칙'이 적용되는 것으로 설명한다. 3절과 4절에서는 이와 같은 기술이 가능함을 보이려고 한다.[17]

> (27) '가-', V, [$_{Event}$ GO ([$_{Thing}$]$_A$, [$_{Path}$]$_A$)]

홍재성(1987)의 '이동동사'는 (28가)처럼 '-러' 연결어미 절과 공존한다는 통사적 특성을 중심으로 정의되는 통사적 자연군이다. 양정석(2004)에서는 이와 함께 (28나, 다)의 두 가지 기준을 더 들어 이동동사를 정의하였다.

---

17) (27)의 개념구조에서 'GO'는 곧이어 소개할 'MOVE' 등과 함께 보편적 개념구조를 구성하는 기본 단위의 하나이다. 개념구조의 요소들의 목록은 뒤의 (54), (55), (55)'에 제시할 것이다. 자세한 설명은 Jackendoff(1990), 양정석(1995, 2002) 등을 참고하기 바람. 아래첨자의 'A'는 해당 부분이 명시적 논항임을 나타내는 Jackendoff(1990)의 표시이다. 이를 'A-표시'(논항 표시)라고 한다.

(28) 가. '-러'와의 공존 : 인호가 공부하러 학교에 간다.

　　나. 종결성(telic) : 인호가 한 시간 만에 학교로 갔다.

　　　　cf. 인호가 한 시간 만에 학교로 뛰었다/달렸다. (비종결성atelic)

　　다. '-로', '-에'와 공존 가능 : 인호가 학교에 갔다/왔다.

　　　　cf. *인호가 학교에 뛰었다/달렸다/움직였다.

다음은 이동동사와 움직임동사의 목록이다. 이 목록은 한국어의 최상위 빈도순(약 3000번까지) 동사들 중에서 고른 것이다(양정석 2002 : 402).

(29) <u>이동동사</u>

오다, 나오다, 나타나다, 나가다, 들어가다, 가다, 다니다, 오르다, 돌아오다, 보내다, 들어오다, 돌아가다, 올라가다, 찾아오다, 지나가다, 가져오다, 내려오다, 내려가다, 다가오다, 찾아가다, 올라오다, 나아가다, 넘어가다, 날아가다, 달려가다, 달려오다, 귀가하다, 몰려오다, 끌려가다, 다가가다, 되돌아가다, 따라오다, 침투하다, 데려가다, 출동하다, 시집가다, 내려서다, 솟아오르다, 되돌아오다, 전전하다, 밀려오다, 쇄도하다, 퇴장하다, 옮겨가다, 이전하다, 입대하다, 쳐들어오다, 뛰쳐나가다, 침범하다, 넘어오다, 넘나들다, 날아들다

(30) <u>움직임동사</u>

뛰다, 걷다, 기다, 움직이다, 돌다, 달리다, 날다, 튀다, 흐르다, 구르다, 뒹굴다, 미끄러지다, 헤엄치다, 거닐다, 서성거리다, 뛰놀다, 운동하다, 운행하다, 질주하다

다음은 일부 움직임동사 어휘로부터 특이하게 발달한 용법이다. 이들은 숙어적 용법으로 취급할 수밖에 없다.

(31) 가. 인호가 (집으로/*집에) 뛴다/걷는다/긴다/달린다/?움직인다/. . .

　　나. 환율이 1500원으로 뛰었다/상류의 오염된 강물이 바다로 흘렀다/비행기가 고도 2천미터 상공으로 떴다/범인이 부산으로 튀었다/부대가 청송으로 움직였다.

홍미로운 점은, 영어에도 (31나)에 상응하는 구문 현상이 발견된다는 것이다. 다만, 영어에서 이러한 구문은, (31나)와는 달리, 일단의 동사 부류에 광범위하게 나타나는 생산적인 구문이다.

> (32) Willy danced/wiggled/spun/bounced/jumped into Harriet's arms.
> (Jackendoff 1990 : 223)
> cf. 윌리는 해리엇의 품으로 *춤추었다/*움찔거렸다/*돌았다/*뛰었다.

이와 같은 관찰을 바탕으로, 한국어의 (31나) 구문에 실현되는 동사 '뛰다, 흐르다, 뜨다, 튀다, 움직이다'는 다음과 같이 두 개의 어휘기재항을 가지는 것으로 처리한다.

> (33) 동음이의어 처리 :
> 가. $_a$/움직이-^{1}/, $_aV_h$, $[_{Event}$ MOVE $([_{Thing}$　$]_A)$ $]_h$
> 나. $_a$/움직이-^{2}/, $_aV_h$,
> $[_{Event}$ GO $([_{Thing}$　$]_A^\alpha$, $[_{Path}$　$]_A)$; WITH/BY $[$MOVE $([_{Thing}$ α $]_A)$ $]$ $]_h$

뒤의 3절과 4절에서는 이동동사 '가다'에 대해서 (27)의 어휘개념구조만을, 움직임동사 '움직이다'에 대해서 (33가)의 어휘개념구조만을 설정하여, 이들이 다양한 격구조의 문장들 속에 실현되는 것을 일관되게 포착할 수 있음을 보이려고 한다.

2.3. 의미영역들을 가로지르는 일반화

2.2절은 '가다' 동사가 격구조의 차이, '-러' 문장과 같은 특정 구문 구조의 차이에 구애되지 않고 개념구조에서 'GO'를 가지는 동사로 기술되어야 함을 보여준다. 다음에서는 이와 아주 다른 차원의 의미 변이가 나타난다.

(34) 가. 공간적 : 그가 서울로 갔다./공이 골대로 갔다.

　　　나. 사회적-소유 : 재산이 둘째아들에게로 갔다.

　　　다. 사회적-조직 : 그 사람은 영업부로 갔다.

　　　라. 심리적 : 후보자의 전력에 관심이 갔다./그에게 믿음이 간다.

　　　마. 심리적-지각 : 눈길이 벽보에 갔다.

(34가-마)에서 지적한 의미영역의 차이는 '가다'가 가지는 고유 의미를 변화시키는 것이 아니다. 그러므로 이들 모두에서 '가다'는 그 개념구조에 'GO'를 가지는 것으로, (27)과 같이 기술하는 것이 타당하다. '공간적', '사회적', '심리적', . . . 등의 의미영역에 따른 전이 의미는 해당 의미영역에서 대상 의미역과 목표 의미역이 해석되는 일반적 원리에 따라 실현되는 것으로 설명할 수 있다. 이 때의 원리를 Jackendoff(1983 : 188)는 '의미역 관계 가설'이라고 표현하고 있다.18)

이처럼 고유 의미를 하나로 형식화하고, 구문에 따른, 또는 의미 영역에 따른 변이 의미는 구문 규칙이나 의미 해석의 일반적 원리에 따라 일관되게 설명할 수 있다. 종래의 형식의미론적 관행에서 이들 현상을 어떻게 포착할 수 있을지 의문스럽다.

한편, 형식의미론에서 개발해 온 이론적 장치 중, 타입 메커니즘을 바탕으로 한 람다 표기법은 체계적인 함수의 표현을 가능하게 함으로써 합성성 원리를 구현하는 효과적인 장치로 활용될 수 있음을 앞에서 살펴보았다. 4절에서 이러한 장치를 적극 활용할 것이다.

---

18) (33나)의 움직임동사의 경우처럼, 이 경우에도 '손이 (많이) 가다, 맛이 가다, 물이 가다, 골로 가다, . . .'와 같이 새 어휘항목으로 기술해야 할 숙어의 예들이 있다.

3. 개념구조의 합성

3.1. Jackendoff(1990)의 문법의 조직

의미의 합성성은 특정의 통사구조, 특정의 통사적 구성성분 구조를 전제하는 개념이므로 문법의 조직이 문제가 된다. Jackendoff(1990)에서 상정하는 문법의 전반적인 조직은 다음 그림에서 보이는 것과 같은 '3원적 병렬 체계'(Tripartite Parallel Architecture : Jackendoff 1990 : 16, Jackendoff 2002 : 348)이다.

(35)

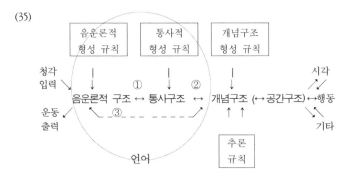

위 그림은 음운론적 구조와 통사구조와 개념구조가 독립된 표상 층위를 이루고 있음을 보이고 있다. 특히 개념의미론은 개념구조를 인지 체계 속의 한 단원(module)으로 상정한다. 개념의미론은 개념구조가 의미 자체라고 상정한다는 점에서 개념론적 의미론이다. 즉, 개념구조는 의미구조이다. 동그라미는 Jackendoff(1990, 1997, 2002)의 개념의미론에서 '언어' 개념이 가지는 범위를 나타내 준다. 동그라미 안에 포함된 구조와 대응규칙들이 '언어'를 이룬다. '통사구조'와 '음운론적 구조'는 언어에 포함되지만 '개념구조'는 언어에 포함되지 않는다. 통사구조와 개념구조 사이의 대응의 체계인 ②는 언어에 포함된다.[19)]

각 표상 층위가 독립적으로 존재하고, 대응에서의 규칙성이 존재한다. ①, ②, ③이 대응규칙의 위치를 보인다. 논항연결원리와 부가어 대응규칙이 통사구조와 개념구조를 연결하는 대응규칙(②)의 주요 내용을 이룬다.

3.2. 논항연결원리와 세 유형의 부가어 대응규칙

개념구조의 형성은 (35)와 같은 표상 층위들의 병렬적 체계에서 이루어지는 것이므로, 개념구조 형성을 이해하기 위해서는 통사구조 형성의 방법에 대한 이해가 필요하다. 기초적으로 상정해야 할 통사구조 형성의 원리는 다음과 같다.[20] 통사구조는 어휘항목의 범주와 통사 자질을 바탕으로, 독립적으로 형성된다.[21]

    (36) 핵계층 도식 :

        가. $X \rightarrow Y\ X$ (Y는 머리성분 범주인 부가어)

        나. $X' \rightarrow YP\ X$ (YP는 보충어, $YP = Y''$)

        다. $X' \rightarrow YP\ X'$ (YP는 중간투사의 부가어)

        라. $X'' \rightarrow YP\ X'$ (YP는 명시어)

        마. $X'' \rightarrow YP\ X''$ (YP는 최대투사의 부가어)

    (37) 통사구조 형성 절차 예시 :

        가. $V \Longrightarrow [_{V'}\ XP\ V\ ] \Longrightarrow [_{V''}\ YP\ [_{V'}\ XP\ V\ ]]$

        나. $I \Longrightarrow [_{I'}\ XP\ I\ ] \Longrightarrow [_{I''}\ YP\ [_{I'}\ XP\ I\ ]]$

---

19) 한국어 의미학 40집(2013)에 게재된 본 논문의 17쪽에는 인쇄 과정에서의 오류로 ②가 동그라미의 범위('언어') 안에 들지 않는 것으로 표시되었다. 위와 같이 바로잡아야 한다.

20) 이는 (36다)를 제외하고는 Chomsky(1986)의 핵계층 이론(X' Theory)을 따른 것이다.

21) (37)에서 보이는 것처럼, 통사구조의 형성 과정은 기본적으로 상향식(bottom-up)의 과정이라고 상정된다. 부가어 대응규칙은 이러한 상향식 절차가 진행되는 도중에 하향식(top-down)의 제약을 가한다는 특징을 가진다.

(37나)는 핵계층 이론에 따른 일반적인 절차이나, 다음에 제시하는 '굴절소 대응규칙'으로 말미암아 한국어에서 VP와 I의 결합이 필수적인 결합이 된나. 이렇게 자동적으로 이루어진 통사구조에서 주어지는 [DP, IP], [DP, VP], [XP, V']의 위치와 동사의 어휘개념구조상의 논항 위치의 대응을 확립하는 원리가 논항연결원리(이후 '원리A'라 칭함)이다.[22] '원리A'와 함께 뒤에서 논의할 부가어 대응규칙들을 모두 제시하기로 한다.

A. 논항연결원리

다음 제약을 만족하면 통사구조와 개념구조의 논항 위치에 각각 동지표 i, j, k를 붙이라.

가. 작용자/반작용자나 행위자는 [DP, IP]로 연결된다. 이에 따라 i를 붙인다.

나. 피작용자/자극이나 대상은 [DP, VP]로 연결된다. 이에 따라 j를 붙인다.

다. 그 밖의 논항은 [XP, V']로 연결된다. 이에 따라 k를 붙인다.

라. 피작용자/자극과 대상이 결속되지 않고서 함께 주어지면 피작용자가 우선적으로 연결된다.

마. 동사가 가지는 모든 명시적 논항은 통사구조의 성분으로 일의적으로 연결되어야 한다.

B. 굴절소 대응규칙 : [23] I 유형

[$_{I'}$ VP$_j$ I$_h$]는 다음에 대응된다.

$\lceil$ [   ]$_h$ $\rceil$

---

22) '[DP, IP]'는 'IP에 직접관할되는 DP'를 뜻한다. 다음의 논항연결원리는 양정석(2002)에서 제시한 것으로서, Jackendoff(1990)의 논항연결원리와는 같지 않다. (마)의 '동사'는 양정석(2002)에서는 '서술어'라고 표현하였으나, '원리A'가 다루고 있는 대상은 동사의 어휘개념구조에 논항으로 표시되는 것들만으로 한정되므로 이와 같이 수정하기로 한다. 여기에서 '행위자'는 'CS(x,. . .)'의 논항 위치인 x를, '대상'은 'GO(x,. . .)', 'MOVE(x)', 'BE(x,. . .)'의 논항 위치인 x를 가리킨다. 'AFF(x, y)'의 x는 '작용자', y는 '피작용자', 그리고 'REACT(x, y)'의 x는 '반작용자', y는 '자극'이다.

23) B와 C의 부가어 대응규칙에서 굴절소와 보문소는 머리성분(head) 단위로서, 다음과 같은 어휘항목들이 대체될 수 있음을 예상하여 규칙화한 것이다.

a. '-었-' : PERF '-겠-' : PRESUM '-었었-' : EXPER

b. '-다' : DECL '-느냐' : QUES '-어라' : IMP '-자' : PROPOS

$$\left\lfloor \begin{array}{cc} [&]_j \end{array} \right\rfloor$$

C. 보문소 대응규칙 : I 유형

    $[_{C'}\ IP_j\ C_h]$는 다음에 대응된다.

$$\left\lceil \begin{array}{cc} [\quad]_h & \end{array} \right\rceil$$
$$\left\lfloor \begin{array}{cc} [\quad]_j & \end{array} \right\rfloor$$

D. '경유지' 부가어 대응규칙 : I 유형

    $[_{V'}\ [_{PP}\ NP_j\text{-}로]\ [_{V'}\ \ldots V_h\ ]]$는 다음에 대응된다.

$$\left\lceil \text{GO}([\quad]_A{}^\alpha\ ,\ [\text{VIA}([\ +1d\ ]_j\ )]) \right\rceil$$
$$\left\lfloor [\text{WITH/BY}\ [\text{MOVE}([\ \alpha\ ])/\text{GO}([\ \alpha\ ],\ [\quad])]_h \right\rfloor$$

E. '경유지' 목적어 대응규칙 : I 유형

    $[_{V'}\ DP_k\ [_{V'}\ V_h\ ]]$는 다음에 대응된다.

$$\left\lceil \text{GO}([\quad]A^\alpha\ ,\ [\text{VIA}([+1d]_k\ )]) \right\rceil$$
$$\left\lfloor [\text{WITH/BY}\ [\text{MOVE}([\ \alpha\ ])\ /\ \text{GO}([\ \alpha\ ],\ [\quad])]_h \right\rfloor$$

F. '방향' 부가어 대응규칙 : II 유형

    NP가 '+place/+direction' 자질을 가지면

    $[\ldots DP^1{}_v \ldots [NP\text{-}로]^1{}_k \ldots]$는 다음 개념구조에 대응된다.

$$\left\lceil \begin{array}{l} -b \\ F(\ldots[\quad]^\alpha{}_v \ldots) \\ [\text{WITH}[\text{ORIENT}([\ \alpha\ ],\ [\text{TO}([\quad]_k)])]] \end{array} \right\rfloor$$

G. 목적절 'IP-러' 부가어 대응규칙 : III 유형

    $[_{VP}\ [_{CP}\ IP\text{-}러]_j\ VP_k]$는 다음에 대응된다.

$$\left\lceil [\text{GO}([\quad],\ [\quad])]_k \right\rceil$$
$$\left\lfloor [\text{FOR}(\quad)]_j \right\rfloor$$

H. 피작용성 DP 부가어 대응규칙 : III 유형

    $[_{VP}\ DP_j\ VP_k\ ]$는 다음에 대응된다.

$$\left\lceil \text{AFF}(\ldots,\ [\quad]^\alpha{}_j) \right\rceil$$
$$\left\lfloor [\ldots [\text{GO}([\quad]_A,\ [\ \alpha\ ])]]_k \right\rfloor$$

다음은 평범한 한국어 문장에 대한 해석 절차를 보인 것이다. 개개의 어휘항목들을 시작으로, 세 층위에서 단일화에 의한 단위들의 결합이 진행된다.[24] 위 그림 (35)에서의 ①, ②, ③이 나타내는 대응, 또는 연결의 국면은

'←--→'가 나타내며, 동지표들이 대응 관계가 확립됨을 표시한다. 어휘항목
으로서의 동사 '놓다'는 세 가지 층위의 표상들 사이에 동지표가 맺어짐이
표시되었다(39가). 이 동사의 개념구조에 있는 빈 논항 위치는 통사구조의
논항 위치를 예측하는 근거가 된다. 이를 실행하는 원리가 위 '원리A'이다.
이 원리가 작동하여 논항 위치에 동지표가 부여된다. 이 동지표화의 구체적
작용은 'A-표시'(논항 표시)를 상수 연결로 바꾸는 것이다. 여기에서 상수는
i, j, k로 표시한다. 이 동지표는 개념구조의 빈 논항에 명사항의 개념구조를
채워 넣는, '논항융합'을 위한 지침이 된다. '원리A'가 적용되기 전의 명사
구(DP : 보조사구), 후치사구(PP)의 의미, 동사의 의미는 임시 기억장소에 저
장된다고 상정한다. 이러한 개념구조 단위는 ';'를 써서 본 개념구조 단위와
구별한다.

(38) 인호가 책을 책상에 놓았다.

(39) 가. $_a$/놓-/ ←--→ $_a$V$_h$ 　　　　나. $_b$/책상에/ ←--→ $_b$[$_{PP}$ NP P]$_1$

$[CS([\ \ ]_A, [INCH[BE([\ \ ]_A, [\ \ ]_A)]])]_h$ 　　　$[ON[DESK]]_1$

다. $_c$/책을#$_b$책상에#$_a$놓-/ ←--→ [$_{VP}$ $_c$DP$_2$ [$_{v'}$ $_b$PP$_1$ $_a$V$_h$]]

$[BOOK]_2$; $[ON[DESK]]_1$; $[CS([\ \ ]_A, [INCH[BE([\ \ ]_A, [\ \ ]_A)]])]_h$

라. $_c$/책을#$_b$책상에#$_a$놓-$_d$았-/←--→ [$_{I'}$ [$_{VP}$ $_c$DP$_2$ [$_{v'}$ $_b$PP$_1$ $_a$V$_h$]] $_d$I$_3$]

$[BOOK]_2$; $[ON[DESK]]_1$; $PERF_3$; $[CS([\ \ ]_A, [INCH[BE([\ \ ]_A, [\ \ ]_A)]])]_h$

마. 굴절소 대응규칙(규칙B) 적용 :
　　$_c$/책을#$_b$책상에#$_a$놓-$_d$았-/ ←--→ [$_{I'}$ [$_{VP}$ $_c$DP$_2$ [$_{v'}$ $_b$PP$_1$ $_a$V$_h$]] $_d$I$_3$]

$[BOOK]_2$; $[ON[DESK]]_1$;

---

24) 단일화의 개념에 대해서는 Shieber(1986) 참조. 뒤 4절의 논의에서는 X와 Y의 단일화를
(X, Y)로 표시한다.

$$\begin{bmatrix} \text{PERF}_3 \\ [\text{CS}([\ ]_A, [\text{INCH}[\text{BE}([\ ]_A, [\ ]_A)]])]_h \end{bmatrix}$$

바. /$_e$인호가#$_c$책을#$_b$책상에#$_a$놓–$_d$았–/ ←—→ [$_{IP}$ $_e$DP$_4$ [$_{I'}$ [$_{VP}$ $_c$DP$_2$ [$_v$ $_b$PP$_1$ $_a$V$_h$]] $_d$I$_3$]]

[BOOK]$_2$; [ON[DESK]]$_1$; [INHO]$_4$;

$$\begin{bmatrix} \text{PERF}_3 \\ [\text{CS}([\ ]_A, [\text{INCH}[\text{BE}([\ ]_A, [\ ]_A)]])]_h \end{bmatrix}$$

사. 논항연결원리(원리A) 적용 :

/$_e$인호가#$_c$책을#$_b$책상에#$_a$놓–$_d$았–/←—→ [$_{IP}$ $_e$DP$_i$ [$_{I'}$ [$_{VP}$ $_c$DP$_j$ [$_v$ $_b$PP$_k$ $_a$V$_h$]] $_d$I$_3$]]

[BOOK]$_j$; [ON[DESK]]$_k$; [INHO]$_i$;

$$\begin{bmatrix} \text{PERF}_3 \\ [\text{CS}([\ ]_i , [\text{INCH}[\text{BE}([\ ]_j , [\ ]_k)]])]_h \end{bmatrix}$$

아. 논항융합 적용 :

/$_e$인호가#$_c$책을#$_b$책상에#$_a$놓–$_d$았–/ ←—→ [$_{IP}$ $_e$DP$_i$ [$_{I'}$[$_{VP}$ $_c$DP$_j$ [$_v$ $_b$PP$_k$ $_a$V$_h$]] $_d$I$_3$]]

$$\begin{bmatrix} \text{PERF}_3 \\ [\text{CS}([\text{INHO}]_i , [\text{INCH}[\text{BE}([\text{BOOK}]_j , [\text{ON}[\text{DESK}]]_k)]])]_h \end{bmatrix}$$

자. 보문소 대응규칙(규칙C) 적용 :

/$_e$인호가#$_c$책#$_b$책상에#$_a$놓–$_d$았–$_f$다/←—→ [$_{CP}$[$_{IP}$ $_e$DP$_i$ [$_{I'}$ [$_{VP}$ $_c$DP$_j$ $_b$PP$_k$ $_a$V$_h$] $_d$I$_3$]] $_f$C$_4$]

$$\begin{bmatrix} \text{DECL}_4 , \text{PERF}_3 \\ [\text{CS}([\text{INHO}]_i , [\text{INCH}[\text{BE}([\text{BOOK}]_j , [\text{ON}[\text{DESK}]]_k)]])]_h \end{bmatrix}$$

부가어를 포함하는 특별한 구문들에 대해서 위에 제시한 '원리A'와 세 유형의 부가어 대응규칙(B–H)이 적용되는 일반적 순서는 다음과 같다.[25]

(40) ① 부가어융합 : 머리성분 'Xh' 형식을 가지는, 'I유형'의 부가어 대응 규칙에서 개념구조의 'h' 표시된 성분에 'Xh'의 개념구조를 결합하 여 단일화(unification)한다.

---

25) 이는 Jackendoff(1990 : 279)의 서술을 바탕으로 다소 조정한 것이다.

② 논항연결원리 적용 : '원리A'에 따라 통사구조와 개념구조의 논항 위치에 동지표를 붙인다. 이는 논항 표시('A-marking')를 상수 연결로 바꾸는 의의가 있다(상수는 i, j, k로 표시한다).

③ 서술화 원리를 이용하는 규칙('II유형'의 부가어 대응규칙) : v, w 등의 변수지표를 상수 지표로 바꾼다.

④ 논항융합 : 이상의 절차를 이용하여, 통사구조의 논항과 동일한 지표가 붙어 있는 의미구조의 논항 위치에 해당 논항의 개념구조를 결합하여 단일화한다.

⑤ 제한적 수식어 대응규칙('III유형'의 부가어 대응규칙) : 통사구조에 제한적 수식어를 덧붙이고, 이에 대응되는 개념구조를 종속적 성분으로 덧붙인다.

I유형의 부가어 규칙은 통사적 머리성분(head)을 그 논항의 하나로 취하는 특징을 가진다. 위 (39)에서 '규칙B'와 '규칙C'의 적용례를 이미 살펴보았다. 다른 적용례로 '규칙D'에 주목하기로 한다.[26]

(41) 가. 인호가 산길로 뛰었다. ('경유지' 의미로)
　　 나. 뛰- : [+run, MOVE([ ]$_A$)], 인호 : [인호], 산길 : [산길]

(42) 가. D 규칙에 부가어융합 적용(①) :
　　　　 [$_{v'}$ [$_{PP}$ NP$_k$-로] [$_{v'}$ . . .[$_v$ 뛰-]$_h$]] ←→
　　　　 ⌈GO([ ]$_A^{\alpha}$, [VIA([+1d]$_k$)])　　⌉
　　　　 ⌊[WITH/BY [+run, MOVE([α])]$_h$　⌋
　　 나. 논항연결원리 적용에 따른 동지표화(②) : 동지표 'i'가 첨가된 것이 유일한 변화임) :
　　　　 DP$_i$ [$_{VP}$ [$_{v'}$ [$_{PP}$ NP$_k$-로] [$_{v'}$ . . .[$_v$ 뛰-]$_h$]]] ←→
　　　　 ⌈GO([ ]$_i^{\alpha}$, [VIA([+1d]$_k$)])　　⌉
　　　　 ⌊[WITH/BY [+run, MOVE([α])]$_h$　⌋
　　 다. 서술화 원리에 따른 서술화 지표가 없으므로 ③은 적용되지 않음.
　　 라. 논항융합 적용(④) :

---

26) 지면의 제약으로 자세한 예시는 양정석(2011나)에 의존하기로 한다.

$$[_{DP} \text{인호가}]_i \, [_{VP} \, [_{v'} \, [_{PP} \, [_{NP}\text{산길}]_k\text{-로}] \, [_{v'} \ldots [_v \text{뛰-}]_h \,]]] \longleftrightarrow$$

$$\begin{bmatrix} \text{GO}[\text{인호}]_i^{\alpha} \,, \, [\text{VIA}(\, [\,+1d, \text{산길}]_k \,)]) \\ [\text{WITH/BY} \, [+run, \text{MOVE}([\, \alpha \,])]_h \end{bmatrix}$$

①, ④에 서술된 '부가어융합'과 '논항융합'은 동사 위치와 논항 위치에 의미 성분이 대입되는 것이 단순한 '대입'이 아닌 '융합'임을 강조한다. '융합'은 '단일화'의 특수한 방식이다. (42가)의 절차에서는 선택 부호 '/'로 결합된 'MOVE([α])/GO[α], [   ]'' 형식에서 앞의 것만이 선택되었다. 또, 선택된 'MOVE([α])' 부분은 이 형식을 핵심 부분으로 가지는 개념구조의 형식이 요구됨을 나타낸다. 이는 선택제약의 표현이다. 선택제약이 보통 그러하듯이 해당 위치에 대입되는 성분이 기존의 성분과 모순되지 않는 다른 정보를 포함하는 것도 용인된다. 그래서 '+run'과 같은 자질을 포함하는 의미 성분이 'WITH/BY'에 이끌리는 개념구조의 종속절에 포함될 수 있게 되었다.[27]

예문 (43가-다)에서 'NP-로' 형식을 가지는 부가어는 주어의 이차 서술어와 목적어의 이차 서술어의 기능을 아울러 가질 수 있다. 이 유형의 부가어를 허가하는 부가어 대응규칙이 II유형 부가어 규칙인데, 이는 순수한 통사적 원리인 '서술화 원리'의 적용 결과를 개념구조와의 대응 관계를 확립하는 데에 활용한다. 서술화 원리는 그 적용 결과로 통사구조에 '서술화 지표'를 남긴다. (44나) 이후에 위첨자 지표 '1'로 표시된 것이 그것이다.

(43) 가. 인호가 <u>왼쪽으로</u> 뛰었다. ('방향'의 의미로)
　　　나. 인호가 <u>학교로</u> 간다. ('방향'의 의미로)
　　　다. 그가 나를 <u>경애 쪽으로</u> 밀었다. ('방향'의 의미로)

---

27) 'WITH/BY'는 'BY'뿐 아니라 'WITH'의 의미를 아울러 가지는 상위 개념의 종속화 함수로 상정되는 것이다. Jackendoff(1990 : 216)에서는 'BY'가 'WITH'에 비해서 '의지성([vol])' 정도의 자질이 더해진 의미를 가진다고 보고 있다. 'WITH/BY'는 두 연산자의 중화적 의미를 표시하는 것으로 생각할 수 있다.

(44) 가. 논항연결원리 적용(②)에 따른 동지표화 :

DP$_i$ [$_{VP}$ [$_{PP}$ NP-로] [$_{VP}$ [$_V$ 뛰-]$_h$]] ←--→

[+run, MOVE([　]$_i$)]$_h$

나. 통사적 서술화 원리 적용(서술화 지표 '1' 첨가) :

DP$_i^1$ [$_{VP}$ [$_{PP}$ NP-로]$_k^1$ [$_{VP}$ [$_V$ 뛰-]$_h$]] ←--→

[+run, MOVE([　]$_i$)]$_h$

다. 서술화 원리에 따른 서술화 지표를 이용하여 '규칙F' 적용(③) :

DP$_i^1$ [$_{VP}$ [$_{PP}$ NP-로]$_k^1$ [$_{VP}$ [$_V$ 뛰-]$_h$]] ←--→

$$\begin{bmatrix} -b \\ [+run, MOVE([\ ]^a_i)]_h \\ [WITH\ [ORIENT([\ a\ ], [TO([\quad]_k)])])] \end{bmatrix}$$

라. 논항융합 적용(④) :

[$_{DP}$ 인호가]$_i^1$ [$_{VP}$ [$_{PP}$ [$_{NP}$ 왼쪽]-로]$_k^1$ [$_{VP}$ [$_V$ 뛰-]$_h$]] ←--→

$$\begin{bmatrix} -b \\ [+run, MOVE([인호]^a_i)]_h \\ [WITH[ORIENT([\ a\ ], [TO([왼쪽]_k)])])] \end{bmatrix}$$

III유형 부가어 규칙의 하나인 '규칙G'가 보이는 특징은, 머리성분 X가 아닌, 부가어가 결합되는 모체인 최대투사('VP')에 동지표('k')가 표시되어 있다는 것이다. 'VP'와 'CP'는 이 규칙의 논항으로 취해진 것이라고 이해할 수 있다. 또, 'GO'와 'FOR'가 이 규칙이 적용되기 위한 의미적 조건(선택제약)이 된다. 'ξ'는 개념구조의 조응사(anaphor)를 나타내는 변수이다 (Jackeodnff1990 : 66).

(45) 인호가 공부하러 도서관에 있다.

(46) 가. 주절에서 ①-④의 절차 적용 :

[$_{VP}$ 도서관에 가-]$_k$ ←--→ [GO([　], [TO([AT([도서관])])])]$_k$

나. 연결어미절에서 ①-④의 절차 적용 :

[$_{CP}$ O$_i$ [t$_i$ 공부하-]-러]$_j$ ←--→ [FOR([공부하([ξ$_i$])])]$_j$

다. ⑤ 적용 :

　i) $[_{VP}$ CP$_j$ $[_{VP}$ 도서관에 가$-]_k]$ ⟵⟶

$$\left[\begin{array}{l} [GO([\quad], [TO([AT([도서관])])])]_k \\ [FOR([\quad])]_j \end{array}\right.$$

　ii) $[_{VP}$ $[_{CP}$ O$_i$ $[$ t$_i$ 공부하$-]-$러$]_j$ $[_{VP}$ 도서관에 가$-]_k]$ ⟵⟶

$$\left[\begin{array}{l} [GO([\quad], [TO([AT([도서관])])])]_k \\ [FOR([공부하([\xi_i])])]_j \end{array}\right.$$

　iii) 이 대응규칙과는 독립적인 요인에 따라 'ξ_i'가 'GO'의 첫째 논
　　항과 동지시된다.

$$\left[\begin{array}{l} [GO([인호]^\alpha, [TO([AT([도서관])])])]_k \\ [FOR([공부하([\alpha_i])])]_j \end{array}\right.$$

　4절에서는 개념의미론을 대수 체계로 형식화함으로써 규칙 적용의 절차
를 더욱 체계적으로 기술할 수 있음을 보이고자 한다.

4. 개념의미론의 대수 체계

　프레게의 합성성 원리는 수학적 함수 개념에 입각한 것이었다. 2절과 3절
에서 부분적으로 도입한 개념의미론 체계는 느슨한 형식으로 되어 있어 연
구자의 직관에 의존하는 흠이 있다. 이것이 합성성 원리를 충족하는 체계인
지를 확인하기 위해서는 개념의미론의 체계를 수학적 대수 체계로 재구성
하여 검토하는 것이 유익할 것이다. Zwarts · Verkuyl(1994)에서는 Jackendoff
(1990)을 중심으로 하는 개념의미론 체계를 모형이론적 대수 체계로 재구성
하였다. 4.1에서는 이 체계에 대해 알아보고, 4.2에서는 3절의 원리와 규칙
들을 이들의 체계를 이용하여 기술해 본다.

4.1. Zwarts · Verkuyl(1994)의 체계

개념의미론의 대수 체계는 그 안에 통사론과 의미론의 체계를 가진다. 통사론은 적격한 개념구조의 표현들을 정의하는 형성 규칙을 그 핵심 내용으로 포함한다. 의미론은 모형에 입각해서 주어진 통사적 형식의 각 구성성분을 해석하는 지침들로 이루어진다.

Zwarts · Verkuyl(1994)에서는 통사구조와 개념구조, 그리고 개념구조를 해석하는 근거로 상정되는 모형의 관계를 다음과 같이 나타내고 있다. 이들이 형식화하는 개념구조 표현들의 대수 체계를 CS^F라고 지칭한다.

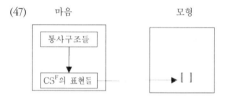

4.1.1. 개념구조의 적격성 정의

개념구조의 형식을 구성하는 요소들로는, 함수들의 지표 달린 집합인 'FUNCi'(i는 0과 자연수), 지표들의 집합 'INDEX', '개념' 형성 연산자 'Δ', 이 밖의 연산자 '$\wedge$', '$\vee$', '$-$' 등이 있다. 'FEAT0'는 0자리 함수인 'PIANIST, TYPE, STATE, . . .' 등의 집합을 뜻하며, 'FEAT1'는 1자리 함수 'TO, AT, . . .' 등의 집합을, 'FEAT$_2$'는 2자리 함수 'GO, BE, . . .' 등의 집합을 뜻한다. 이들은 어느 것이나 '자질'이라고 지칭된다. 'CONC'는 'Δ'에 의해 형성되는 '개념'들의 집합이다. [F6]의 'F*C'는 제한적 수식 구조를 나타낸다.

(48) [F1] F $\in$ FUNC$_i$이면, F $\in$ FEAT$_i$이다.

　　[F2] F $\in$ FEAT$_i$이고(i≠0), C $\in$ CONC이면, F(C) $\in$ FEAT$_{i-1}$이다.

　　[F3] F $\in$ FEAT$_0$이면, −F $\in$ FEAT$_0$이다.

　　[F4] F, F′ $\in$ FEAT$_0$이면, F $\wedge$ F′ $\in$ FEAT$_0$이다.

　　[F5] F, F′ $\in$ FEAT$_0$이면, F $\vee$ F′ $\in$ FEAT$_0$이다.

　　[F6] F $\in$ FEAT0이고 C $\in$ CONC이면, F * C $\in$ FEAT0이다.

(49) [C] F $\in$ FEAT$_0$이고 F $\neq$ 0$_F$이고 i $\in$ INDEX이면 Δ(F)$_i$ $\in$ CONC이다.

(50) [C$_\wedge$] C $\in$ CONC이고 C′$\in$ CONC이면, C $\wedge$ C′$\in$ CONC이다.

　　[C$_\vee$] C $\in$ CONC이고 C′$\in$ CONC이면, C $\vee$ C′$\in$ CONC이다.

　　[C−] C $\in$ CONC이면, −C $\in$ CONC이다.

(51) [C$_i$] i $\in$ INDEX이면, i $\in$ CONC이다.

특히 (51)은 담화 표상에서 'CS(1, [GO([인호], [TO(학교)])])'와 같이 지표 '1'이 개념구조 구성성분으로 사용되는 것을 허용하고자 하는 것이다.

집합 FEAT의 원소들, 즉 '자질'들 간에는 다음과 같이 교(meet), 합(join), 보(complement)의 연산이 작동하므로, 순서쌍 <FEAT, $\wedge$, $\vee$, −, 0$_F$, 1$_F$>는 부울 대수(Boolean algebra)이다.

(52) 가. F $\wedge$ F′ = F′ $\wedge$ F

　　나. F $\vee$ F′ = F′ $\vee$ F

　　다. F $\wedge$ (F′$\wedge$ F″) = (F $\wedge$ F′) $\wedge$ F″

　　라. F $\vee$ (F′$\vee$ F″) = (F $\vee$ F′) $\vee$ F″

　　마. F $\wedge$ (F′$\vee$ F″) = (F $\wedge$ F′) $\vee$ (F $\wedge$ F″)

　　바. F $\vee$ (F′$\wedge$ F″) = (F $\vee$ F′) $\wedge$ (F $\vee$ F″)

　　사. F $\wedge$ −F = 0$_F$이며, F $\vee$ −F = 1$_F$이다.

　　아. F $\vee$ 0$_F$ = F이며, F $\wedge$ 1$_F$ = F이다.

집합 'FEAT'는 부분순서를 가지는 격자(lattice) 구조를 이루고 있다. 포섭 관계(≤_F)가 이 부분순서 관계를 부여한다. 그 정의는 다음과 같다.

(53) 모든 F와 F'에 대해서 F ≤_F F'이라는 것은 F ∧ F'= F이라는 뜻이다.

다음의 격자 구조에서 위의 자질은 아래의 자질을 포섭한다.[28]

(54)

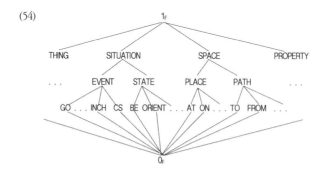

포섭 관계 '≤_F'는 뒤의 부가어 대응규칙 기술에 긴요하게 쓰이는 형식이
므로 주의를 요한다.

[F1]에서 도입된, 집합 'FUNC'의 원소로 인정되는 함수들은 다음 (55가,
나)와 같다. (54)에 표시되지 않은 것들은 Jackendoff(1990)에서 가져와 보충
하였다. 그 외의 자질들은 모두 집합 'FEAT₀'의 원소로 간주된다.

(55) 가. $FUNC_1 = FEAT_1 = \{$ INCH, MOVE, AT, ON, IN, TO, FROM, VIA, . . . $\}$
　　 나. $FUNC_2 = FEAT_2 = \{$ GO, BE, ORIENT, EXT, STAY, CS, . . . $\}$
　　 다. $FEAT_0 = \{$ SITUATION, THING, PROPERTY, SPACE, PLACE, PATH, . . .,
　　　　　 BOOK, INHO, . . . $\}$

Zwarts · Verkuyl(1994)에서 결하고 있는 것은 개념적 종속절을 이루는 연
산자들의 처리이다. 필자는 이들 연산자가 다른 함수들과 같이 집합

---

28) 'SPACE ≤_F 1_F'이며, 'PLACE ≤_F SPACE'이며, . . . 등등. 'AT'는 장소(PLACE)의 자질이
　 며, 'TO'는 경로(PATH)의 자질이라는 점이 이 격자 구조에서 정의된다.

'FUNC'의 원소라고 상정하고자 한다.[29] 이들은 존재론적 범주 '상황 (SITUATION)'을 이루는 함수라고 정의하고자 한다. 여기에 덧붙여, '상황' 범주를 형성하는 2자리 함수들을 (55나)'과 같이 상정하고자 한다.[30]

> (55)' 가. $FUNC_1$: BY, WITH, FOR, FROM, EXCH, . . .
>   나. $FUNC_2$: KETUN(-거든), CA(-자), . . .

다음 4.1.2절에서 제시하는 타입의 정의에 따르면, 'FUNC1'의 함수들은 $<e,E>$ 타입을, 'FUNC₂'의 함수들은 $<e,<e,E>>$ 타입을 가진다.

4.1.2. 개념구조의 해석

개념구조 구성성분들의 타입에 대한 정의는 다음과 같다. 기본적으로 'e' 는 개념의 타입이며, 'E'는 '$FEAT_0$'인 자질의 타입이다. (49)의 정의에 따라, 'E' 타입인 '$FEAT_0$' 자질만이 개념형성 함수 'Δ(F)'(또는 '[F]')의 논항 'F'가 될 수 있다.

---

29) Zwarts · Verkuyl(1994)는 일반적인 연산자 ∧와 ∨가 있어 자질들뿐만 아니라, 위 (50)과 같이 e 타입의 '개념'과 '개념'을 연결하도록 설정하였으므로 BY, WITH 등의 연산자는 별도로 필요하지 않다고 보는 듯하다. 그러나 Jackendoff(2002)에서는 종래의 개념구조의 내용을 이루는 것들을 '기술 층렬(descriptive tier)'이라고 부르고, 개념구조의 새로운 층렬 로 '지시 층렬(referential tier)'을 설정하고 있다. 진리조건적으로 취급할 만한 지시적 의미 의 국면은 이 새로운 층렬인 지시 층렬에서 기술하게 되므로 ∧와 ∨가 상황 의미를 가지는 개념들을 진리조건적으로 연결하는 역할을 맡도록 할 필요는 없다. 반면, ∧나 ∨, 또는 이들의 조합만으로는 나타낼 수 없는, 절과 절의 연결 요소들을 자연언어에서 발견할 수 있다. 이러한 연결 요소의 의미를 개념구조에서 명기할 필요가 있다. 또, [F6]에 의해 규정되는 'α * β'와 같은 제한적 수식 구조에서 β는 BY, WITH, . . . 등을 가질 수 있다. 이들 연산자는 $<e,E>$ 타입의 함수로 정의될 필요가 있다. 이상의 이유로 BY, WITH 등을 유지하고, 이들을 집합 FUNC의 원소들로 귀속시키고자 한다.

30) 양정석(2011가)에서는 한국어의 연결어미 '-거든', '-자' 등이 통사적으로 보충어와 명시어를 취하는 요소이며, 의미적으로도 이에 상응하는 개념구조를 가진다고 논한 바 있다. 선행절은 보충어이며, 후행절은 명시어로서, 가령 "인호가 오거든 나에게 말해라"와 같은 문장의 개념구조는 대략 '[-거든'([인호가오-])[나에게말해라])]'와 같다. '-거든', '-자'의 개념구조상의 위치와 이를 포함하는 보편적 연결 요소들의 총목록을 정하는 일은 범언어적 연구의 과제가 될 것이다.

(56) 개념구조 타입들의 집합 T_J는 다음을 만족하는 최소집합이다.

    (i) $e, E \in T_J$

    (ii) $\alpha, \beta \in T_J$이면 $\langle\alpha,\beta\rangle \in T_J$

가령 1자리 서술어 '뛰-'는 '$\lambda x.MOVE(x)$'와 같은 개념구조를 가지므로 그 타입은 '$\langle e,E\rangle$'이며, 2자리 서술어 '가-'는 '$\lambda y.\lambda x.GO(x,y)$'와 같은 개념구조를 가지므로 그 타입은 '$\langle e,\langle e,E\rangle\rangle$'이며, 3자리 서술어 '놓-'은 '$\lambda z.\lambda y.\lambda x.CS(x,[INCH[BE(y,z)]])$'와 같은 개념구조를 가지므로 그 타입은 '$\langle e,\langle e,\langle e,E\rangle\rangle\rangle$'가 된다.

[F1]-[F6]의 형식들에 대응되는 해석 규칙들은 다음과 같다. I는 모형에 의해 주어지는 해석 함수로서, FUNC의 원소들에 외연을 할당한다.

(57) [SF1] $\alpha \in$ FUNC이면, 그리고 그 경우에만 $[\![\alpha]\!]^{M,f} = I(\alpha)$이다.

    [SF2] $\alpha \in FEAT_i$이고 $\beta \in CONC$이면, $[\![\alpha(\beta)]\!]^{M,f} = [\![\alpha]\!]^{M,f}([\![\beta]\!]^{M,f})$ 이다.

    [SF3] $\alpha \in FEAT_0$인 모든 α에 대해서, $[\![-\alpha]\!]^{M,f} = ([\![\alpha]\!]^{M,f})'$이다.

    [SF4] $\alpha, \beta \in FEAT_0$인 모든 α, β에 대해서,

        $[\![\alpha \wedge \beta]\!]^{M,f} = [\![\alpha]\!]^{M,f} \bigcap [\![\beta]\!]^{M,f}$이다.

    [SF5] $\alpha, \beta \in FEAT_0$인 모든 α, β에 대해서,

        $[\![\alpha \vee \beta]\!]^{M,f} = [\![\alpha]\!]^{M,f} \bigcup [\![\beta]\!]^{M,f}$이다.

    [SF6] $\alpha \in FEAT_i$이고 $\beta \in CONC$이면,

        $[\![\alpha * \beta]\!]^{M,f} = [\![\alpha]\!]^{M,f} \bigcap \{d : R(d, [\![\beta]\!]^{M,f})\}$이다.

(49)에서 '$\Delta(F)i$'와 같은 형식으로 정의된 '개념'의 해석을 위한 정의는 다음과 같다.

(58) [SC] $i \in dom(f)$이고 $f(i) \in [\![F]\!]^{M,f}$이면 $[\![\Delta(F)i]\!]^{M,f} = f(i)$이며, 이 외의 경우에는 정의되지 않는다.

개념의미론에서 의미는 진리치와 동일시되지 않고, 어떤 개념구조 성분

도 그 자체가 '의미'라고 인정된다. 어떤 개념의 진리치를 판단할 수 있는
경우는 그 개념 형식이 상황일 경우에 한한다. 이 점을 다음 정의가 명확히
해 준다.

> (59) '참임'의 정의(truth definition) :
> Δ(SITUATION $\wedge$ F)$_i$는, 다음 형식이 정의될 수 있게 해 주는 어떤 치
> 할당 함수 f가 존재하면, 그리고 그 경우에만, 모형 M에서 참이다.
> $[\![\Delta(\text{SITUATION} \wedge \text{F})i]\!]^{M,f}$

여기에서의 '함수 f'는 담화표상이론에서 담화 표상들에 진리치를 부여해
주는 함수('verifying embedding function')와 같은 역할을 하는 것으로 설명하
고 있다. 발화의 맥락에 따라 언어 표현에 진리치를 부여하는 함수가 존재
한다고 상정하는 것이다.

양화사 표현 '∃x, ∀x' 및 람다 표현 'λx'는 Zwarts · Verkuyl(1994)에서는
제시하지 않았으나, 그 필요성에 대해서는 언급하고 있다. 이들을 위한 적
격성 조건들을 구체적으로 정의하지는 않겠지만, 완전한 체계에는 람다 표
현이 포함되어야 한다고 본다. 다음 절에서는 한국어 표현들의 개념구조 기
술을 위해서 람다 표현을 활용할 것이다.[31]

4.2. 새 체계의 적용

위 (39)에서의 적용 절차를 새 체계를 이용하여 기술하면 다음과 같다. 편
의상 'Δ( )'와 같은 형식이 아닌 '[ ]' 형식을 여전히 사용하여 개념 단위
를 나타내기로 한다. 한 예로 (60가)의 개념구조 형식을 새 체계에 따라 완
전히 표기하면 '$\lambda z : z \leqslant_F \text{PLACE}.\lambda y : y \leqslant_F \text{THING}.\lambda x : x \leqslant_F \text{THING}.$

---

31) 뒤에서 '∃x'를 사용하여 개념구조를 표기하기도 하였으나((69), (70)), 이는 잠정적인 표기
   임을 밝혀둔다.

CS(x, △(INCH(△(BE(y, z)))))h'와 같이 된다.

(60) 가. $_a$/놓-/ ←--→ $_aV_h$

$λz : z ≤_F$ PLACE.$λy.λx.$CS(x, [INCH[BE(y, z)]])$_h$

나. $_b$/책상에/ ←--→ $_b$[$_{PP}$ NP P]$_1$

[ON[DESK]]$_1$

다. $_b$/책상에#$_a$놓-/ ←--→ [$_{v'}$ $_b$PP$_1$ $_aV_h$]

[ON[DESK]]$_1$; $λz : z ≤_F$ PLACE.$λy.λx.$CS(x, [INCH[BE(y, z)]])$_h$

라. /$_c$책을#$_b$책상에#$_a$놓-/←--→ [$_{VP}$ $_cDP_2$ [$_{v'}$ $_b$PP$_1$ $_aV_h$]]

[BOOK]$_2$; [ON[DESK]]$_1$; $λz : z ≤_F$ PLACE.$λy.λx.$CS(x, [INCH[BE(y, z)]])$_h$

마. /$_c$책을#$_b$책상에#$_a$놓-$_d$았-/←--→ [$_{I'}$ [$_{VP}$ $_cDP_2$ [$_{v'}$ $_b$PP$_1$ $_aV_h$]] $_dI_3$]

[BOOK]$_2$; [ON[DESK]]$_1$; PERF$_3$;

$λz : z ≤_F$ PLACE.$λy.λx.$CS(x, [INCH[BE(y, z)]])$_h$

바. 굴절소 대응규칙(규칙B) 적용 :

/$_c$책을#$_b$책상에#$_a$놓-$_d$았-/←--→ [$_{I'}$ [$_{VP}$ $_cDP_2$ [$_{v'}$ $_b$PP$_1$ $_aV_h$]] dI$_3$]

[BOOK]$_2$; [ON[DESK]]$_1$;

[PERF$_3$ $⋀$ $λz : z ≤_F$ PLACE.$λy.λx.$CS(x, [INCH[BE(y, z)]])$_h$]

사. /$_e$인호가#$_c$책을#$_b$책상에#$_a$놓-$_d$았-/←--→ [$_{IP}$ $_eDP_4$ [$_{I'}$ [$_{VP}$ $_cDP_2$ [$_{v'}$ $_b$PP$_1$ $_aV_h$]] dI$_3$]]

[BOOK]$_2$; [ON[DESK]]$_1$; [INHO]$_4$;

[PERF$_3$ $⋀$ $λz : z ≤_F$ PLACE.$λy.λx.$CS(x, [INCH[BE(y, z)]])$_h$]

아. 논항연결원리(원리A) 적용 :

/$_e$인호가#$_c$책을#$_b$책상에#$_a$놓-$_d$았-/←--→ [$_{IP}$ $_eDP_i$ [$_{I'}$ [$_{VP}$ $_cDP_j$ [$_{v'}$ $_b$PP$_k$ $_aV_h$]] dI$_3$]]

[BOOK]$_j$; [ON[DESK]]$_k$; [INHO]$_i$;

$[\text{PERF}_3 \wedge \lambda z_k : z_k \leqslant_F \text{PLACE}.\lambda y_j.\lambda x_i.\text{CS}([x_i \,, [\text{INCH}[\text{BE}(y_j \,, z_k)]])_h]$

자. 논항융합 적용 :

$/_e$인호기$\#_c$ 책을$\#_b$ 책상에$\#_a$ 놓$_d$았%←→$[_{IP}\ _e\text{DP}_i\ [_{I'}\ [_{VP}\ _c\text{DP}_j\ [_{V'}\ _b\text{PP}_k\ _a\text{V}_h\ ]]\ _d\text{I}_3\ ]]$

$[\text{BOOK}]_j \,; \, [\text{INHO}]_i \,;$

$[\text{PERF}_3 \wedge ([\text{ON}[\text{DESK}]]_k, \lambda z_k : z_k \leqslant_F \text{PLACE}.\lambda y_j.\lambda x_i.\text{CS}(x_i \,, [\text{INCH}[\text{BE}(y_j,\ z_k)]])_h)]$

(단일화)

$[\text{BOOK}]_j \,; \, [\text{INHO}]_i \,;$

$[\text{PERF}_3 \wedge \lambda y_j.\lambda x_i.\text{CS}(x_i,\ [\text{INCH}[\text{BE}(y_j,\ [\text{ON}[\text{DESK}]]_k)]])_h]$

$(\lambda-전환)$

$[\text{INHO}]_i \,;$

$[\text{PERF}_3 \wedge ([\text{BOOK}]_j\ ,\lambda y_j.\lambda x_i.\text{CS}(x_i,\ [\text{INCH}[\text{BE}(y_j,\ [\text{ON}[\text{DESK}]]_k)]])_h)]$

(단일화)

$[\text{INHO}]_i \,;$

$[\text{PERF}_3 \wedge \lambda x_i.\text{CS}([x_i \,, [\text{INCH}[\text{BE}([\text{BOOK}]_j,\ [\text{ON}[\text{DESK}]]_k)]])_h]$ $(\lambda-전환)$

$[\text{PERF}_3 \wedge ([\text{INHO}]i, \lambda x_i.\text{CS}(x_i,\ [\text{INCH}[\text{BE}([\text{BOOK}]_j,\ [\text{ON}[\text{DESK}]]_k)]])_h)]$

(단일화)

$[\text{PERF}_3 \wedge \text{CS}([\text{INHO}]_i \,, [\text{INCH}[\text{BE}([\text{BOOK}]_j \,, [\text{ON}[\text{DESK}]]_k)]])_h]$ $(\lambda-전환)$

차. 보문소 대응규칙(규칙C) 적용 :

$/_e$인호기$\#_c$책$\#_b$책상에$\#_a$놓$_d$았$_f$다$/$←→$[_{CP}[_{IP}\ _e\text{DP}_i\ [_{I'}\ [_{VP}\ _c\text{DP}_j\ [_{V'}\ _b\text{PP}_k\ _a\text{V}_h]]\ _d\text{I}_3]]_f\text{C}_4]$

$[\text{DECL}_4 \wedge \text{PERF}_3 \wedge \text{CS}([\text{INHO}]_i \,, \, [\text{INCH}[\text{BE}([\text{BOOK}]_j \,, \, [\text{ON}[\text{DESK}]]_k)]])_h]$

다음으로, 부가어 대응규칙들이 적용되는 절차를 살펴보자. 부가어 대응 규칙은 동사의 논항이 아닌 구 단위가 그 개념구조와 대응됨을 확립하는 기제이다.[32] 구 단위 안에 둘 이상의 구성성분이 동지표를 가지고 있어서 특정 개념구조의 형식과 대응되게 되어 있다. (60자)에서 적용된 '단일화'가 여기에서는 조금 더 복잡하게 적용된다. 구에 대응되는 개념구조와, 그 구

---

32) 위 (36다)에 따라, X'' 수준의 구에 부가되는 부가어 외에도, '규칙D'와 '규칙E'처럼, X' 수준의 구에 부가되는 부가어도 생성될 수 있음에 유의해야 한다.

의 동지표 붙은 구성성분들에 대응되는 개념구조 형식들 모두가 단일화되는 것이 부가어 대응규칙 적용의 일반적 패턴이다.

이미 (60마, 차)에서 적용된 굴절소 대응규칙, 보문소 대응규칙을 포함하여, I유형 부가어 규칙들을 새 체계에 따라 기술한 형식들을 보이면 다음과 같다.

> B. 굴절소 대응규칙
>
> $[_{\text{I'}} \ \text{VP}_j \ \ \text{I}_h \ ] \longleftrightarrow \lambda f_h.\lambda P_j.[f_h \ \bigwedge \ P_j \ ]$
>
> C. 보문소 대응규칙
>
> $[_C \ \text{IP}_j \ \ \text{C}_h \ ] \longleftrightarrow \lambda f_h.\lambda P_j.[f_h \ \bigwedge \ P_j \ )]$
>
> D. 경유지 부가어 대응규칙
>
> $[_{V'} \ [_{PP} \ \text{NP}_j-\text{로}] \ [_{V'} \ . \ . \ .\text{V}_h \ ]] \longleftrightarrow \lambda f_h : f_h \leqslant_F \text{MOVE}/f_h \leqslant_F \text{GO}.\lambda y_j : y_j \leqslant_F \text{1d}. \ \lambda x.$
>
> $\qquad\qquad \text{GO}(\ x, \ [\text{VIA}(\ y_j \ )]) * [\text{circumstantial} \ \bigwedge \ \text{WITH/BY}(\ f_h \ )]$
>
> E. '경유지' 목적어 대응규칙
>
> $[_{V'} \ \text{DP}_j \ [_{V'} \ . \ . \ .\text{V}_h \ ]] \longleftrightarrow \lambda f_h : f_h \leqslant_F \text{MOVE}/f_h \leqslant_F \text{GO}.\lambda y_j : y_j \leqslant_F \text{1d}. \ \lambda x.$
>
> $\qquad\qquad \text{GO}(x \ , \ [\text{VIA}(\ y_j \ )]) * [\text{circumstantial} \ \bigwedge \ \text{WITH/BY}(\ f_h \ )]$

'규칙D'와 '규칙E'에 보이는 'circumstantial'은 공간(경로와 장소) 함수의 논항으로 나타난 상황 개념구조의 첫째 논항이 그 주절의 첫째 논항과 동지시됨을 유발하는 자질이다. Jackendoff(1990)에서는 'GO$_{\text{circumstantial}}$'과 같이 주절의 상황 함수에 자질로 첨가하여 표시한 바 있다. 몬태규 의미론의 '의미공준'에 상응하는 다음과 같은 규정이 필요하다. 개념의미론에서는 개념구조와 개념구조를 관련짓는 규칙의 형식을 '추론규칙'이라고 한다.

> (61) $F(x,. \ . \ .) * [\text{circumstantial} \ \bigwedge \ \text{WITH/BY/FOR}([G(y,. \ . \ .)]$
>
> $\qquad ==> F(x,. \ . \ .) * [\text{circumstantial} \ \bigwedge \ \text{WITH/BY/FOR}([G(x,. \ . \ .)]$

I유형 부가어 규칙의 대표적인 예로서, '규칙D'가 적용되는 절차를 살펴보기로 한다. (63)은 "인호가 산길로 뛰었다."의 해석 절차이다.[33)]

(62) 통사구조의 해당 구성성분 : $[_{v'} [_{PP} NP_j-로] [_{v'} . . .V_h]]$

부가어 대응규칙의 의미 : $\lambda f_h : f_h \leqslant_F MOVE/f_h \leqslant_F GO.\lambda y_j : y_j \leqslant_F 1d. \lambda x.GO(x,$
$[VIA(y_j)]) * [circumstantial \bigwedge WITH/BY(f_h)]$

구성성분 V_h의 의미 : $\lambda z.MOVE(z)_h$

구성성분 NP_j의 의미 : $[산길]_j$

(63) "인호가 산길로 뛰었다."의 해석 절차 :

$[산길]_j$;

$[(\lambda z.MOVE(z)_h, \lambda f_h : f_h \leqslant_F MOVE/f_h \leqslant_F GO.\lambda y_j : y_j \leqslant_F 1d. \lambda x.GO(x, [VIA(y_j)]))]$
$* [circumstantial \bigwedge WITH/BY(f_h)]]$ (규칙D, 단일화)

$[산길]_j$;

$[\lambda y_j : y_j \leqslant_F 1d. \lambda x.GO(x , [VIA(y_j)]) * [circumstantial \bigwedge WITH/BY(\lambda z.$
$MOVE(z)_h)]]$ (λ-전환)

$[([산길]_j, \lambda y_j : y_j \leqslant_F 1d. \lambda x.GO(x , [VIA(y_j)]) * [circumstantial \bigwedge WITH/BY$
$(\lambda z.MOVE(z)_h)])]$ (단일화)

$[\lambda x.GO(x , [VIA([산길]_j)]) * [circumstantial \bigwedge WITH/BY(\lambda z.MOVE(z)_h)]$
         (λ-전환)

$[\lambda x.GO(x , [VIA([산길]_j)]) * [circumstantial \bigwedge WITH/BY(\lambda x.MOVE(x)_h)]$
         (위 (61) 적용)

$[\lambda x.GO(x , [VIA([산길]_j)]) * [circumstantial \bigwedge WITH/BY(MOVE(x)_h)]]$
         ((61) 규칙의 효과)

$[PERF \bigwedge GO([INHO]_i, [VIA([산길]_j)]) * [circumstantial \bigwedge WITH/BY(MOVE[INHO]_i)_h)]$
         (규칙B, 원리A, 논항융합)

II유형 부가어 규칙의 대표적인 예로 들었던 '방향' 부가어 대응규칙은 다음과 같이 기술된다.

---

33) 한국어의미학회 공동주제발표(2013.2.13.)에서 지정토론자 한정한 교수는 "철수가 정문으로 갔다."와 같은 문장이 중의성을 가진다고 지적하고, 이를 본 이론에서 어떻게 처리하는지 물었다. 이 예에서 '정문으로'는 '목표'와 '경유지'의 의미를 가질 수 있다. '목표'의 의미역을 가지는 경우는 '원리A'만이 적용된 것이고, '경유지' 의미역을 가지는 경우는 '규칙D'가 적용된 것이다. 이처럼 서로 다른 규칙/원리가 선택되는 조건은 담화표상이론과 같은 장치 안에서 기술되는 상황맥락의 정보에 의해서 주어진다고 본다.

F. '방향' 부가어 대응규칙

[. . .DP^l_v. . .[NP-로]^l_k. . .] ⟷ $\lambda Q.\lambda P_k : P_k \leqslant_F TO^u. Q * [WITH[ORIENT(\xi_v, P_k)]]$

이 부가어 대응규칙이 "인호가 왼쪽으로 뛰었다." 문장에 적용되는 절차는 다음과 같다.

(64) 통사구조의 해당 구성성분 : [$_{IP}$[$_{DP}$ 인호]^l_v [$_{I'}$ [$_{VP}$ [$_{PP}$ 왼쪽으로]^l_k VP]]]
구문 부가어 대응규칙의 의미 : $\lambda Q.\lambda P_k : P_k \leqslant_F TO^u. Q * [WITH[ORIENT(\xi v, P_k)]]$
구성성분 PP$_k$의 의미 : $TO^u ([왼쪽])_k$
구성성분 IP의 의미 : $[PERF \wedge MOVE([인호]_v)]$

(65) "인호가 왼쪽으로 뛰었다."의 해석 절차 :
[$_{VP}$ [$_{PP}$ 왼쪽으로]$_3$ [$_{VP}$ 뛰$_h$]] ⟷ $TO^u ([왼쪽])_3$; [$\lambda x.MOVE(x)_h$]
[$_{I'}$ [$_{VP}$ [$_{PP}$ 왼쪽으로]$_3$ [$_{VP}$ 뛰$_h$]]-었-]
　　　⟷ $TO^u ([왼쪽])_3$; [$PERF \wedge \lambda x.MOVE(x)_h$] (규칙B, 단일화)
[$_{IP}$ [$_{DP}$ 인호가]$_4$ [$_{I'}$ [$_{VP}$ [$_{PP}$ 왼쪽으로]$_3$ [$_{VP}$ 뛰$_h$]]-었-]]
　　　⟷ $[인호]_4$; $TO^u ([왼쪽])_3$; [$PERF \wedge \lambda x.MOVE(x)_h$]
[IP [DP 인호가]$_i$ [$_{I'}$ [$_{VP}$ [$_{PP}$ 왼쪽으로]$_3$ [$_{VP}$ 뛰$_h$]]-었-]]
　　　⟷ $[인호]_i$; $TO^u ([왼쪽])_3$; [$PERF \wedge \lambda x_i.MOVE(x_i)_h$] (원리A)
[$_{IP}$ [$_{DP}$ 인호가]^l_i [$_{I'}$ [$_{VP}$ [$_{PP}$ 왼쪽으로]$^l_3$ [$_{VP}$ 뛰$_h$]]-었-]]
　　　⟷ $[인호]_i$; $TO^u ([왼쪽])_3$; [$PERF \wedge \lambda x_i.MOVE(x_i)_h$]
　　　　　　　　　　　　　　　　　(통사적 서술화)
[$_{IP}$ [$_{DP}$ 인호가]^l_v [$_{I'}$ [$_{VP}$ [$_{PP}$ 왼쪽으로]^l_k [$_{VP}$ 뛰$_h$]]-었-]] ⟷ $[인호]_v$;
$TO^u ([왼쪽])_k$; [$PERF \wedge (\lambda x_v.MOVE(x_v)_h , \lambda Q.\lambda P_k : P_k \leqslant_F TO^u. Q *$
$[WITH[ORIENT(\xi_v, P_k)]])$]　　　　　　　　(규칙F, 단일화)
[$_{IP}$ [$_{DP}$ 인호가]^l_v [$_{I'}$ [$_{VP}$ [$_{PP}$ 왼쪽으로]^l_k [$_{VP}$ 뛰$_h$]]-었-]] ⟷ $[인호]_v$;
$TO^u ([왼쪽])_k$; [$PERF \wedge \lambda P_k : P_k \leqslant_F TO^u. \lambda x_v.MOVE(x_v)_h *$
$[WITH[ORIENT(\xi_v, P_k)]$　　　　　　　　　　(λ-전환)
[$_{IP}$ [$_{DP}$ 인호가]^l_v [$_{I'}$ [$_{VP}$ [$_{PP}$ 왼쪽으로]^l_k [$_{VP}$ 뛰$_h$]]-었-]] ⟷ $[인호]_v$;
[$PERF \wedge (TO^u ([왼쪽])_k , \lambda P_k : P_k \leqslant_F TO^u. \lambda x_v.MOVE(x_v)_h *$

[WITH[ORIENT(ξ_v, P$_k$)]])] (단일화)

[$_{IP}$ [$_{DP}$ 인호가]^1_v [$_{I'}$ [$_{VP}$ [$_{PP}$ 왼쪽으로]^1_k [$_{VP}$ 뛰$-_h$]]$-$었$-$]] $\longleftrightarrow$ [인호]$_v$;

[PERF $\bigwedge\lambda$x$_v$.MOVE(x$_v$)$_h$ * [WITH[ORIENT(ξ_v, TO^u ([왼쪽])$_k$)]]] (λ-전환)

[$_{IP}$ [$_{DP}$ 인호가]^1_v [$_{I'}$ [$_{VP}$ [$_{PP}$ 왼쪽으로]^1_k [$_{VP}$ 뛰$-_h$]]$-$었$-$]] $\longleftrightarrow$ [PERF $\bigwedge$

([인호]$_v$, λx$_v$.MOVE(x$_v$)$_h$ * [WITH[ORIENT(ξ_v, TO^u ([왼쪽])$_k$)]])]

(논항융합, 단일화)

[$_{IP}$ [$_{DP}$ 인호가]^1_v [$_{I'}$ [$_{VP}$ [$_{PP}$ 왼쪽으로]^1_k [$_{VP}$ 뛰$-_h$]]$-$었$-$]] $\longleftrightarrow$ [PERF $\bigwedge$

MOVE([인호]$_v$)$_h$ * [WITH[ORIENT(ξ_v, TO^u ([왼쪽])$_k$)]]] (λ-전환)

[$_{IP}$ [$_{DP}$ 인호가]^1_v [$_{I'}$ [$_{VP}$ [$_{PP}$ 왼쪽으로]^1_k [$_{VP}$ 뛰$-_h$]]$-$었$-$]] $\longleftrightarrow$ [PERF $\bigwedge$

MOVE([인호]$_v$)$_h$ * [WITH[ORIENT([인호]$_v$, TO^u ([왼쪽])$_k$)]]]

(동지표 v의 효과)

III유형의 예로 들었던 부가어 대응규칙 두 가지를 살펴보기로 한다.

G. 목적절 'IP-러' 부가어 대응규칙

[$_{VP}$[$_{CP}$ IP-러]$_j$ VP$_k$] $\longleftrightarrow$ λQ$_k$: Q$_k \leqslant_F$ GO.λP$_j$: P$_j \leqslant_F$ FOR. Q$_k$ * [circumstantial $\bigwedge$ P$_j$]

이 규칙이 적용되는 절차는 다음과 같다. 흔적(ti)과 동지표로 맺어지는 통사구조의 공범주 연산자 'Oi'를 신호로 해서 작동되는, 위 (16)'에 상응하는 의미 합성 규칙이 적용되어 '−러' 연결어미 절의 의미가 얻어지는 것으로 본다.

(66) 통사구조의 해당 구성성분 : [$_{VP}$ [$_{CP}$ O$_i$ t$_i$ 공부하러]$_j$ [$_{VP}$ 도서관에 가$-$]$_k$]
부가어 대응규칙의 의미 : λQ$_k$: Q$_k \leqslant_F$ GO.λP$_j$: P$_j \leqslant_F$ FOR. Q$_k$ * [circumstantial $\bigwedge$ P$_j$]
구성성분 CP$_j$의 의미 : λx.FOR([공부하다(x)])$_j$
구성성분 VP$_k$의 의미 : λy.GO(y, [TO[AT(도서관)]])$_k$

(67) "인호가 공부하러 도서관에 갔다."의 해석 절차 :
λx.FOR([공부하다(x)])$_j$;

$[(\lambda y.GO(y, [TO[AT(도서관)]])_k, \lambda Q_k : Q_k \leqslant F\ GO.\lambda P_j : P_j \leqslant_F FOR.\ Qk *$
$[circumstantial \wedge P_j]])]$ (규칙G, 단일화)
$\lambda x.FOR([공부하다(x)])_j$;
$[\lambda P_j : P_j \leqslant_F FOR.\ \lambda y.GO(y, [TO[AT(도서관)]])_k * [circumstantial \wedge P_j]](\lambda-전환)$
$[(\lambda x.FOR([공부하다(x)])_j, \lambda P_j : P_j \leqslant_F FOR.\ \lambda y.GO(y, [TO[AT(도서관)]])_k *$
$[circumstantial \wedge P_j]])]$ (단일화)
$[\lambda y.GO(y, [TO[AT(도서관)]])_k * [circumstantial \wedge \lambda x.FOR([공부하다(x)])_j]]$
  $(\lambda-전환)$
$[\lambda y.GO(y, [TO[AT(도서관)]])_k * [circumstantial \wedge \lambda y.FOR([공부하다(y)])_j]]$
  (위 (61) 적용)
$[\lambda y.GO(y, [TO[AT(도서관)]])_k * [circumstantial \wedge FOR([공부하다(y)])_j]]$
  ((61) 규칙의 효과)

III유형 부가어 규칙의 다른 예, 즉 '규칙H'는 다음과 같이 형식화된다.

H. 피작용성 DP 부가어 대응규칙
  $[_{VP}\ DP_j\ VP_k\ ] \longleftrightarrow \lambda Q_k : Q_k \leqslant_F GO.\lambda P_j : P_j \leqslant_F AFF.\ [\exists x.[AFF(x, P_j)\wedge Q_k]]$

(68) 가. 인호가 부산을 갔다.
    나. 그는 자기 아들을 부산을 보냈다.

(68가)와 같은 문장에 이 규칙이 적용되는 절차는 다음과 같다.[34]

(69) 통사구조의 해당 구성성분 : $[_{VP}\ [_{DP}\ 부산을]_j\ [_{VP}\ t_j\ 가-]_k$
    부가어 대응규칙의 의미 : $\lambda Q_k : Q_k \leqslant_F GO.\lambda P_j : P_j \leqslant_F AFFECTED.\ [Q_k \wedge \exists z.$
      $AFF(z,\ P_j)]$
    구성성분 DP_j의 의미 : $[AFFECTED \wedge 부산]_j$
    구성성분 VP_k의 의미 : [35] $\lambda y_j.\lambda x.GO(x,\ y_j)_k$

---

34) 양정석(2002)에서는 (68가) 문장을 '원리A'만이 적용되는 예라고 보았으나, (68나)의 예와 통합하여 '규칙H'가 적용되는 것으로 설명하고자 한다.
35) 통사구조 구성성분인 VP가 흔적이 가지는 지표를 계승받아 '$[_{VP_j}\ t_j\ 가-]_k$'와 같은 형식이 되고, 이를 바탕으로 위 (16), (16)'의 서술어 추상 규칙(PA)에 상응하는 규칙이 적용된다

(70) "인호가 부산을 갔다."의 해석 절차 :

[AFFECTED $\wedge$ 부산]$_j$;

[$(\lambda y_j.\lambda x.GO(x, y_j)_k, \lambda Q_k : Q_k \leqslant_F GO.\lambda P_j : P_j \leqslant_F AFFECTED. [Q_k \wedge \exists z.AFF(z, P_j)])$]
(규칙H, 단일화)

[AFFECTED $\wedge$ 부산]$_j$;

[$\lambda P_j : P_j \leqslant_F AFFECTED. [\lambda y_j.\lambda x.GO(x, y_j)_k \wedge \exists z.AFF(z, P_j)]$] ($\lambda$-전환)

[$([AFFECTED \wedge 부산]_j, \lambda P_j : P_j \leqslant_F AFFECTED. [\lambda y_j.\lambda x.GO(x, y_j)_k \wedge \exists z.AFF(z, P_j)])$]
(단일화)

[$\lambda y_j.\lambda x.GO(x, y_j)_k \wedge \exists z.AFF(z, [AFFECTED \wedge 부산]_j)$] ($\lambda$-전환)

[$\lambda x.GO(x, [AFFECTED \wedge 부산]_j)_k \wedge \exists z.AFF(z, [AFFECTED \wedge 부산]_j)$]
(동지표 j의 효과)

(70)의 절차에 이어, 경로 함수 'TO^u'를 보충하는 절차가 적용되고,[36] 다음으로 주어 명사항의 의미가 융합되어 완성된 문장의 의미가 얻어진다.

5. 마무리

개념의미론을 모형이론적으로 형식화한 Zwarts & Verkuyl(1994)의 체계를 요약·제시하고, 이를 한국어의 이동동사 구문, 움직임동사 구문에서 발견되는 부가어 대응규칙들을 기술하는 데에 활용하였다. 명시적 의미 표상을 갖지 않는 전통문법적 연구나 생성문법의 통사론 중심적 연구는 물론이고, 근래 형식의미론의 의미 표상을 활용하는 연구들에서도 이들 부가어 대응규칙의 기술이 난점을 가지는 만큼, 대수 체계로서의 개념의미론의 필요성

고 본다. Heim·Kratzer(1998 : 7, 8장)에서는 이동된 양화사 구와 인접한 구 사이에 '[QP i [. . .t$_i$. . .]]'와 같이 중간 교점을 두어 지표 'i'를 가지는 것으로 설정한 바 있는데, 이것도 서술어 추상 규칙을 적용하기 위한 방편으로서 본 연구의 취지와 같은 것이다.

36) 경로 함수를 보충하는 추론규칙의 형식은 다음과 같다. 양정석(2002 : 416) 참조.
[$_{Path}$ [Thing/Place]] $==>$ [$_{Path}$ TO^u ([Thing/Place])]

은 강화되는 것이라고 말할 수 있다. 또한 모형의미론적 형식의미론의 장치 중 람다 표현, '함수 적용(FA)'을 비롯한 규칙들을 받아들임으로써 합성성 원리를 효과적으로 구현할 수 있음을 보였다. 다만, Zwarts & Verkuyl(1994) 이 지시적 의미론의 관점에서 대수 체계를 형식화하는 것에 비해서, 자켄도 프의 개념의미론은, 촘스키의 지속적인 관점과 같이, 언어 의미가 객관 세계에 지시체를 가지는 것과 같은 것으로 파악된다는 주장을 부정하므로, 통상적인 '모형'의 개념보다는, 통사구조와 개념구조와 다른 인지체계의 구조가 마음 속에서 대응 관계에 의해 맺어진다는 '대응규칙 체계'의 관점이 필요하다고 본다.

　개념의미론에 기반한 문법은 현재로서는 약한 합성성을 그 특성으로 가진다. 비록 준동형성을 가정하더라도, 엄격한 의미의 준동형성, 즉 강한 합성성은 발화 맥락에의 의존을 부정하고, 직접 구성성분의 의미에 의한 합성을 요구하는데, 본 연구에서 제시한 개념의미론의 합성 절차에서는 후자의 요구에 부합하지 않는 예가 있음이 발견된다.[37] 그러나 이 점은 구체적인 언어 현상에 광범위하게 적용하는 과정에서 정제될 가능성이 있다고 본다.

---

37) '규칙D'와 '규칙E'가 그 예이다. 이들을 'III유형' 규칙의 형식으로 기술하면 후자의 요구를 충족시킬 수 있다. 지정토론자 한정한 교수는 '규칙D'와 '규칙E'가 형식적으로 유사하다고 지적하였다. 이 둘을 한 규칙으로 통합할 가능성이 있다고 본다.

참고문헌

남승호. 2000. "한국어 이동동사의 논항구조와 사건구조", 「의미구조의 표상과 실현」, 도서출판 소화, pp.229-281.

남승호. 2002. "처소 논항 교체의 의미론 : 자동사와 형용사를 중심으로", 「어학연구」 38-1, pp.295-318.

송민영(Song, M.-Y). 1999. "The Semantics of Tense and Propositiona Attitudes", PH.D, dissertation, Georgetown University.

양정석. 2002. 「시상성과 논항 연결」, 태학사.

양정석. 2004. "개념의미론의 의미구조 기술과 논항 연결 : 이동동사·움직임동사 구문을 중심으로", 「언어」 29-3, pp.329-357.

양정석. 2010. 「개정판 한국어 통사구조론」, 한국문화사.

양정석. 2011가. 「한국어 통사구조와 시간 해석」, 한국문화사.

양정석. 2011나. "부가어 대응규칙과 문법 기술 : 이호승(2010)에 대한 답변", 「형태론」 13-4, pp.375-391.

이익환. 1980. "Korean Particles, Complements, and Questions : Montague Grammar Approach", Seoul : Hanshinmoonhwa Co.

이정민(Lee, C.-M). 2012. "Compositionality reconsidered : with special reference to congnition", 「언어와 정보」 16-2, pp.17-42.

이정식(Lee, J.-S). 1992. "Case Alternation in Korean : Case Minimality. Doctoral dissertation", University of Connecticut.

이호승. 2010. "부가어 대응규칙의 성격과 문제점 검토 : 양정석(2002)를 중심으로", 「형태론」 12-1, pp.91-110.

이희승. 1949. 「초급국어문법」, 박문출판사.

임동식(Lim, D.-S). 2010. "Evidentials and Interrogatives : A Case Study from Korean", PH.D. dissertation, University of Southern California.

임홍빈. 2007. 「한국어의 주제와 통사 분석」, 서울대출판부.

최현숙(Choe, H.-S).1986. "Syntactic Adjunction", A-Chain and the ECP-Multiple Identical Case Construction in Korean, NELS 17. pp.100-120.

홍재성. 1987. 「현대 한국어 동사구문의 연구」, 탑출판사.

Chomsky, N. 1986. *Barriers*. Cambridge. Mass. : MIT Press.

Frege, G. 1892. *Über Begriff und Gegenstand*, Vierteljahrschrift für Wissen-schaftliche Philosophie XVI. Translated as "On Concept and Object" in P. Geach & M. Black (eds.), Translation from the Philosophical Writings of G. Frege. Oxford : Oxford University Press.

Heim, I. & A. Kratzer. 1998. *Semantics in Generative Grammar*. Malden, Mass. : Blackwell.

Jackendoff, R. 1983. *Semantics and Cognition*. Cambridge, Mass. : MIT Press.

Jackendoff, R. 1987. *Consciousness and the Computational Mind*. Cambridge, Mass. : MIT Press.

Jackendoff, R. 1990. *Semantic Structures. Cambridge*, Mass. : MIT Press.

Jackendoff, R. 1997. *The Architecture of the Language Faculty*. Cambridge, Mass. : MIT Press.

Jackendoff, R. 2002. *Foundations of Language*. Oxford : Oxford University Press.

Jackendoff, R. 2007. *A Parallel Architecture perspective on language processing*, Brain Research 1146. pp.2-22.

Montague, R. 1974. *Formal Philosophy : Selected Papers of Richard Montague*, Edited by Richmond H. Thomason. New Haven : Yale University Press.

Partee, B., A. ter Meulan, & R. Wall. 1990. *Mathematical Methods in Linguistics*. Dordrecht : Kluwer Academic Publishers.

Shieber, S. 1986. *An Introduction to Unification-Based Approaches to Grammar*. Stanford, California : CSLI.

Verkuyl, H. & J. Zwarts. 1992. *Time and space in conceptual and logical semantics : the notion of Path*, Linguistics 30. pp.483-511.

Zwarts, J. & H. Verkuyl. 1994. *An algebra of conceptual structure : an investigation into Jackendoff's conceptual semantics*, Linguistics and Philosophy 17. pp.1-28.

| 이 논문은 한국어의미학 40집(2013, 한국어의미학회)에 게재된 논문을 재수록한 것입니다.

국어 항진명제의 통사유형과 의미

이 정 애

1. 들어가는 말

1.1. 항진명제의 철학적 접근과 의미론적 접근

'애들은 애들이다'와 '남자는 남자다'와 같은 'X는 X다'의 통사구문의 표현은 일반적으로 항진명제 또는 항진명제 발화로 불리면서 그 표현 의미에 많은 논의와 관심을 받아왔다.[1] 그 이유는 모든 가능상황에서 언제나 참인 이 표현들은 어떤 특정한 상황에 대한 판단이나 평가 또는 기술에서 언제나 참을 나타내기 때문에 전혀 새로운 정보를 전달하지 못하며 결국 무의미함에도 불구하고, 일상생활에서 매우 빈번하게 사용되며 다양한 의미를 전달하고 있기 때문이다(최중열 1992). 논리적 형식으로는 참이면서 명제의 문자적 의미 그 이상의 의미들을 표현하는 항진명제들에 대한 논의의 흐름은 크게 두 가지로 구분할 수 있다. 첫째는 철학자들에 의한 항진명제의 언급과 항진명제에 대한 철학적 이해를 물려받은 고전 의미론자들의 논의이다. 먼저, 철학적 관점과 의미론적 관점에서 항진명제를 어떻게 규정하고 이해

---

[1] 항진명제란 논리적 형식으로 필연적 참을 나타내는 명제를 지시하지만, 이와 같은 논리적 형식의 참인 명제가 실제 자연 언어에서는 명제의 문자적 의미 그 이상의 의미들을 표현하는 항진명제의 발화인 것이다.

했는지에 대해 시작하기로 한다.

철학자들은 언어의 정확한 사용은 논리의 사용을 전제로 하며, 논리의 법칙들과 부합하지 않는 언어의 사용은 인제나 그르다는 입장을 견시하고 있었기 때문에 항진명제도 역시 논리적 명제로 설명하였다. 명제란 참 또는 거짓이 될 수 있는 것을 말하지만, 항진명제는 무조건적으로 참이므로 모든 가능 상황에서 언제나 참 가능성만을 표현하는 논리적 명제로 규정한 것이다. 논리적 가능성을 배제할 수는 없지만 실제 세계에 대해 어떤 것도 말하지 않는 항진명제는 본질적으로 공허하거나 비정보적인 것으로 본 것이다(Audi 1995 : 903 ; Wong 2006 : 5).[2]

고전 의미론자들은 철학자들의 항진명제에 대한 이해를 계승하였기 때문에 항진명제를 필수적 참이되 어떤 정보도 전달하지 않는 무의미한 진술이며, 일상 언어의 상황에서는 그다지 사용되지 않는다고 보았다(Leech 1969 ; Lehrer 1974 ; Lyons 1995 ; Swart 1998 ; Saeed 2003). Leech에 의하면, 항진명제란 외연적 의미의 관점에서 볼 때 두 개의 동일한 요소로 구성된 단언이라고 하였다. 가령 'boys will be boys'(소년들은 소년들일 것이다)에서 두 개의 'boys' (소년들)는 문자적 의미는 동일하지만 내포적 의미는 다르다고 하였다. 한 단어가 갖는 내포적 의미는 비문자적 의미이며 화자에 의해 표현된 연상적 의미와 감정적 의미를 지시한다(Osgood 1957 ; Allan 1986). 따라서 의미론적 관점으로 이 내포적 의미란 특별히 사용된 단어의 관습적 용법에서 나온 함축이며, 그렇기 때문에 항진명제에서 사용된 명사의 내포적 의미는 맥락 의존적일 수밖에 없다는 결론에 이르게 된다(Allan 1986 : 194-203).

항진명제에 대한 의미론자들의 또 다른 접근은 Trier(1934)가 발전시킨 의미장 이론에 의한 것이다(Lehrer 1974 ; Wong 2006 재인용). 장이론이란 한 언어의 어휘체계는 의미상 어떤 관련성을 가진 어휘들로 집단화되어서 하

---

2) Wittgenstein(1961 : 4.461)에 의하면 "it is either or not raining"(비가 오던지 안 오던지이다)라는 항진명제는 논리적으로 언제나 참이지만, 이 명제는 우리에게 날씨에 대해 어떤 것도 말하지 않는다고 하였다(Wong 2006 : 5 재인용).

나의 장을 이룬다는 이론이다. Trier에 의하면, 한 단어는 그 단어와 개념적으로 연관이 있는 단어들로 묶을 수 있으며, 다시 그 단어들을 연관된 의미자질의 유사성에 따라 묶다보면 또 다른 하위장이 형성된다고 하였다. 따라서 항진명제는 비정보적인 표현이지만 의미적 표현일 수 있는 것은 항진명제의 동일한 두 단어가 같은 어휘장에 속하지만 서로 다른 층위에 속하는 것으로 설명하였다. 예를 들면 'boys will be boys'에 대한 해석이 'boys tend to be mischievous'가 될 수 있는 것은 'boys'라는 단어에는 많은 의미자질이 있으며 이 자질의 유사성에 따라 하위장에 속한 성분들의 단어로 묶을 수 있으며 그 중에서 'mischievous'라는 단어의 의미가 하위장의 선택적 구성성분의 하나라고 설명하였다(Lehrer 1974 : 90). 그런데 이처럼 항진명제의 의미를 설명하게 된다면, 결국 'boys'라는 의미를 'mischievous'로 선택한 것은 맥락 의존적인 화자의 해석임을 설명해야 하며, 화자의 해석은 명백히 의미론의 초점이 아니라는 것을 드러내게 된다.

항진명제의 의미론적 분석은 항진명제의 논리적 비모순성을 강조하였으나 맥락 의존적인 의미를 파악하지는 못하였다. 또한 항진명제를 내포의미와 연상의미로 설명하는 한, 이는 언어 구조의 문제가 아니라 언어 사용의 이론에 속한다는 것을 드러낼 수밖에 없었다. 비로소 항진명제의 구체적인 용법은 화자의 의미가 되며, 이는 항진명제가 의미론의 영역이라기보다 화용론의 문제임이 부각되어 다시 화용론적 입장과 의미론적 입장에서 항진명제의 논의가 점화된 것이 논의의 두 번째의 흐름을 이룬다. 이 두 영역의 입장은 급진적 화용주의자와 급진적 의미론주의자로 구분되기도 한다.

1.2. 항진명제의 급진적 접근들

항진명제에 대한 급진적 화용론적 접근의 옹호자들은 항진명제를 비정보적 발화로 규정한다. Grice(1975)는 'women are women'(여자들은 여자들이다)

와 'war is war'(전쟁은 전쟁이다)와 같은 명백한 항진명제의 발화들은 양의 격률에 대한 위반이며, 결국 '화자는 요구한 정보만큼 기여하라'는 대화 격률을 위반한 것으로 주장하였다(Grice 1975 ; Cole 1981). 이들은 대화란 청자와 화자가 서로 협력한다는 가정(즉, 협력원리) 하에 양, 관계, 태도의 격률을 지켜야 성립되는 것이므로 항진명제를 이 협력원리의 위반으로 처리했지만, 그럼에도 불구하고 화용론적 관점에서는 항진명제를 맥락 의존적인 대화 함축의 차원에서 충분히 이해될 수 있는 것으로 보았다. 달리 말하자면 항진명제는 의미론적으로는 의미가 없지만, 맥락적으로는 의미를 전달하는 발화로 간주한 것이다.

Grice의 대화 함축의 주장에 따라, Levinson은 항진명제의 발화는 원칙적으로 의사소통적 힘(import)을 갖지 않지만 실제로 항진명제의 화자는 협력원리에 의하여 많은 양의 의미들을 전달하며, 이때 대화에서 일정한 정보적 추론이 발생한다고 주장하였다. 그렇기 때문에 '전쟁은 전쟁이다'라는 항진 발화는 '전쟁에서는 항상 무시무시한 일들이 발생하는 것은 당연하므로 특별한 재난에 대해 슬퍼해도 소용없다'라는 의미를 전달한다고 하였다 (Levinson 1983 : 110-111).

이와 같은 Levinson의 주장은 가령 '전쟁은 전쟁이다'라는 항진명제가 추론에 의해 비교적 맥락 독립적인 의미를 전달한다는 것이었지만, 여전히 더 일반적인 항진명제의 해석을 제시하지 못했다는 지적을 받았다. 가령, 전혀 다른 맥락에서 '직업은 직업이다'와 '살인은 살인이다'와 같은 항진명제를 발화했을 때는 '전쟁은 전쟁이다'와 같은 해석이 적용되지 않기 때문이다 (Ward & Hirschberg 1991 : 512). 따라서 항진명제에 대한 좀 더 보편적인 설명을 제시하기 위해 Ward & Hirschberg(1991)는 그라이스식 일반 대화 함축의 이론 틀 안에서 화용적 분석을 시도하였다. 즉 화자들은 항진 명제를 발화함으로써 일반 대화 원리에 근거하여 함축을 허용하고, 청자는 그 함축된 것을 추론하게 된다는 것이다. '테러는 테러다'라는 항진 발화는 테러의 행위는 어떤 종류들로 구별될 수 있는 성질의 것이 아님을 함축으로 전달하며, 그렇기 때문에 화자는 테러리스트에 대한 어떤 협상도 하지 않으며 테러는 테러일 뿐이므로 모든 테러리스트들을 동일하게 처벌해야한다는 뚜렷한 의지를 표명한다는 것이다.[3]

급진적 화용론은 항진명제가 오직 문자적 의미가 아닌 다른 어떤 것을 지시할 때만 오직 의미적인 것으로 해석하였지만 이러한 문자적 의미의 거부는 부정확하게 주장되었다. 이에 비해 급진적 의미론자로 대표되는 Wierzbicka(1987, 1988, 2003)는 항진명제의 의미는 '부분적으로 관습적이고 특정 언어적인 것'이라고 주장하였으며, 보편적 원리, 가령 그라이스의 격률처럼, 항진명제의 의미가 추론가능하다는 것을 거부하였다. Wierzbicka는 각 항진명제의 문장이 각 통사적 패턴을 갖고 있으며 그 통사적 패턴에 따라 중의적인 항진명제들의 의미가 기술될 수 있다고 하였다(2장 참조). 즉 항진명제의 유형이 어느 유형에 속하느냐에 따라 각 의미들을 구분하여 기술하였으며 이러한 의미들은 각 언어의 고유한 구문으로서 언어 특정적인 의미를 갖고 있다고 하였다. 따라서 항진명제란 관습적으로 의사소통적 의미가 기호화된 것이며 언어 독립적인 화용적 격률로 추산될 수 있는 것이 아니며 적절한 의미론적 기술이 가능하다는 것이다. 이처럼 언어 특수적인 측면에서 항진명제의 의미를 기술하는 급진적 의미론자의 태도도 역시 항진명제를 지나치게 언어 특수적인 것으로 분석하였으며, 만족할만한 맥락 독립적인 해석을 제공할 수 없다는 지적을 받았다(Fraser 1988 ; Ward & Hirschberg 1991 ; Okamoto 1993).

마지막으로 화용론적 관점이나 의미론적 관점 중 어느 것도 지지하지 않거나 또는 둘 다를 고려한 비급진적 접근이 있다. 이 비급진적 접근은 항진명제란 의미론적으로 핵심의미를 갖으며, 그것은 맥락 독립적이지만 또한

---

3) 화자는 항진명제를 발화할 때, 양의 격률을 위반함으로써 특정의 대안적 발화가 의도적으로 선택되지 않는다는 추론을 가능하게 한다. 이는 'a는 a다'의 항진명제가 'a는 b다'나 '어떤 a는 b다'와 같은 대안적 발화가 적용될 수 없는 것을 보여주며, 항진발화가 하나의 일반화된 함축만을 전달하게 되므로 항진명제의 해석은 보편적으로 동일한 것으로 보았다(이미순 2012 : 126-127).

그 발화의 맥락으로부터 오직 도출될 수 있는 함축을 전달하고 있다고 주장하였다. 따라서 이 접근은 항진명제의 의미론적 의미(핵심 의미)와 화용론적 의미(함축) 둘 다에 초점을 두고 항진명제를 더 정확하고 적절하게 분석하려고 하였다. 다만 연구에 따라 맥락 의존적인 함축에 더 비중을 두거나 핵심 의미의 탐구에 더 많은 비중을 두기도 한다(Farghal 1992 ; Okamoto 1993 ; Wong 2006).

1.3. 연구 목적

그동안 국어의 항진명제에 대한 논의는 최중열(1992), 이미순(2009), 이정애(2010), 전혜영(2012)에서 이루어졌다. 최중열(1992)은 언어활동이란 우리의 인지세계를 확장시켜나간다는 관점에서 항진명제의 의미해석을 시도하였다. 이미순(2009)은 최중열(1992)의 주장을 Wilson & Sperber(2004)의 인지적 적합성 원칙에 적용하여 설명함으로써 필요한 최소의 정보만이 주어진 항진 명제적 발화의 함축은 적합성을 기저로 하여 최적의 의사소통을 이룰 수 있다고 설명하였다. 또한 항진명제의 함축은 또 양의 격률 외에 관계의 격률도 함께 모두 고려한 Ward & Hirschberg(1990)의 화용적 해석에 대한 대안으로 Levinson(2000)의 GCI이론과 적합성 원칙(Sperber & Wilson 1995 ; Wilson & Sperber 2002)을 제시하고 항진명제란 I-함축의 I-원리(혹은 정보 제보의 원리, Principle of Informativeness)를 준수함으로써 극히 최소의 발화, 주어진 맥락에서는 가장 적합 발화가 사용되는 것으로 주장하였다. 이로써 양의 격률을 위배함으로써 발생되는 대화 함축으로 설명한 Grice의 주장은 Levinson의 일반 대화 함축 이론과 적합성의 원칙에서 볼 때 그 역할이 극히 제한적임을 밝히고 있다.

이정애(2010)는 국어의 항진명제에 대한 의미기술을 Wierzbicka(1999, 2003)의 이론과 방법론을 적용하여 NSM(Natural Semantic Metalanguage, 자

연 의미 메타언어)의 틀에서 시도하였다. 가령 국어의 항진명제들은 동일한 항진명제가 다양한 맥락에서 사용되지만 이들을 일정한 의미설명으로 기술할 수 있으며 이를 '일반화의 인식과 부정', '인간 본성에 대한 체념적 인식', '현실 상황의 수용', '차이에 대한 인식', '차이 없음의 인식', '한계에 대한 인식', '바꿀 수 없는 사실', '강조' 등으로 제시하였다. 전혜영(2012)은 'X는 X다'라는 항진명제 표현의 화용 양상을 특정한 화맥에서 사용되는 X의 성격에 따라 1) 사회·문화적 통념, 2) 높은 인지도에 따라 구분하고, 이러한 전제를 가진 항진명제가 다양한 맥락에 따라 여러 의미로 해석된다고 하였다. 그리고 이러한 항진명제를 사용하는 화자는 1) 청자의 공감 유도, 2) 청자에 대한 설득 기능, 3) 화자의 새로운 인식과 다짐을 표현하고자 이 형식을 사용한다고 기술하였다.

지금까지 논의를 통하여 볼 때 국어의 항진명제도 화용론적 입장과 의미론적 입장에 의해 다양한 의미와 화용론적 기능들이 기술되었다는 것을 알 수 있다. 다만 이들 논의는 주로 '책상은 책상이다'처럼 'X는 X다'로 표현되는 명사의 동어반복의 등위 항진명제를 위주로 하여 논의되었으며, 다른 항진명제의 유형들은 거의 다루지 않았다. 등위 항진명제의 경우만 하더라도 오직 'a는 a이다'의 유형에만 주로 논의되었으며 다른 통사적 구문의 항진명제 발화에 대해서는 관심을 갖지 않았다.

이에 본고는 국어에서 일정한 통사적 패턴을 통해 반복적 표현의 양상을 보이는 항진명제의 발화를 통사 구문의 유형에 따라 구분하고 이 유형들의 의미들을 기술하고자 한다. 이는 결국 항진명제 발화의 의미는 통사적 구문의 유형에 따라 관련이 있으며 이 통사 유형은 언어마다 다르며, 이 항진명제의 발화가 사용되는 맥락에 따라 화용적 기능과 의미도 다르며 이 역시 사회·문화적 특수성에 의한다는 입장에 기초한 것이다. 항진명제란 특정 문화에서만이 통할 수 있는 보편적 진리가 통사유형의 틀에서 표현되며 이는 매우 관습적이고 특정 언어적이며 특정 문화적인 것임을 본고는 드러내고자 한다.

2. 항진명제의 통사유형

이 절에서는 항진명제의 논리형식과 달리 우리의 일상 언어는 항진명제의 발화가 일정한 통사유형에 따라 구분되며, 이러한 유형에 따라 항진명제가 해석되거나 의미가 기술되었음을 살펴보기로 한다.[4]

Levinson은 $\forall x(p(x) \rightarrow p(x))$, $p \lor \sim p$, $p \rightarrow p$라는 논리 형식에 의해서 표현되는 명제로서, 필연적 참이며 모두 같은 진리조건을 갖는 항진명제의 논리형식에 대응하는 영어의 예를 다음과 같이 세 개의 예로서 제시하였다 (Levinson 1983 : 110-111 ; 이익환·권경원 역 1992 : 123-124).

> (1) War is war.(전쟁은 전쟁이다)
> (2) Either John will come or he won't.(John은 오든지 안 오든지 할 것이다)
> (3) If he does it, he does it.(만일 그가 그것을 한다면, 그는 그것을 할 것이다)

이들이 모두 양의 격률을 위배하지만 화자가 실제로 협력하고 있다는 가정이 유지되기 위해서는 어떤 정보적 해석이 이루어져야 하는 것으로 보았으며 여기에는 일정한 정보적 추론을 갖는다고 주장하였다.[5]

Ward & Hirschberg(1991 : 508)는 항진명제를 형식적 항진명제와 자연 언어 항진명제로 구분하였으며 논리적 명제의 관점으로만 항진명제를 정의한다면 전통적으로 자연언어의 항진명제로 간주된 것들은 대부분 배제되어야 하지만 많은 자연 언어의 자료를 통해 항진명제를 다섯 유형으로 구분하고

---

4) Wittgenstein(1961 : 4.461)은 실제 세계에 대해 어떤 것도 말하지 않는 항진명제는 일상 대화에서 사용될 수 없을 것으로 예상되며 일상 대화에서 사용되는 항진명제는 진짜 항진명제가 아니며 다만 항진명제의 형식을 빌려 사용한 것일 뿐이라고 하였다(Wong 2006 : 5 재인용). 이는 논리학적으로 정의된 표현들과 자연언어의 문장 사이의 관계가 일치하지 않는다는 것이다.
5) 그러나 함축된 의미의 세부 사항은 특정 맥락에 의존하며, 이 경우 적절한 대화 함축이 어떻게 예상되느냐는 불분명하다고 주장하였다.

이를 항진명제로 포함하였다.6)

　(형식적 항진명제)

　1. Equatives(등위 항진명제) : a is a

　2 Subordinate Conjunctions(종속절 항진명제) : when p, p

　3. Headless relatives(주어없는 관계절 항진명제) : whatever p, p

　(자연언어 항진명제)

　4. Disjunction(선언적 항진명제) : (either) p or not p

　5. Conditionals(조건절 항진명제) : if p (then) p

　Ward & Hirschberg은 항진명제의 형태에 따른 각각의 문장들을 그라이스
식 일반 대화 함축의 이론 틀 안에서 화용적 분석을 함으로써 청자가 어떻
게 항진명제의 함축을 만들어내는가에 대한 항진명제 함축의 일반적인 해
석을 제시하였으며(이미순 2009 : 126), 결국 항진 발화들의 해석들은 보편
적으로 같으며 일반화된 하나의 함축을 전달하는 것으로 주장하였다.

　다른 한편으로, 급진적 의미론자로 분류되는 Wierzbicka(1987, 1988, 2003)
은 명사의 항진명제에 대해 각각 다음과 같은 통사적 패턴으로 구분하고 이
들을 중요한 의미론적 기여를 하는 것으로 분석하였다.7)

6) Ward & Hirschberg(1991 : 508)은 어떤 발화가 '항진명제'라고 간주될 수 있는가에 대해서
　는 의문의 여지가 있을 수 있음을 제기하였다. 가장 엄격한 정의는 발화의 의미론적 재현
　(representation)이 항진 형식들로 표현되었을 경우에만 항진명제로 한정하는 것이다. 다시
　말해 명제의 논리상 타당한 진술이어야 한다. 이러한 기준을 기초로 한다면, 영어의 경우
　'Either John will come or he won't'나 'If he does it, he does it'와 같은 발화만 자연언어의
　항진명제로 한정해야 한다고 하였다. 이 기준에 의하면 많은 문헌에서 모범적인 항진명제
　의 예로 제시하는 'War is war'나 'Boys will be boys'와 같은 예는 그 기준에 포함되지 못하
　므로 제외해야 하며 또한 조건절도 p⇒p로 적절히 표현될 수 있는가도 분명하지 않다고
　지적하였다.

7) Wierzbicka에 의하면, 1유형은 관사 없는 두 개의 동일한 추상명사로 이루어진 구문으로서,
　인간사의 부정적인 측면에 대한 '현실적인' 태도를 지시하고, 2와 3유형은 '인간 본성에 대
　한 관용적 태도'와 대상에 대한 '화자의 너그러운 태도'를 강조하며, 4유형은 부정관사와
　함께 두 개의 동일한 명사로 이루어진 구문으로 휴일, 게임, 파티처럼 특정한 시간 동안에
　인간 행위에 대해 '관용적인 태도'를 표현한다고 하였다. 만일 4유형에서 a N hum is a N
　hum처럼 인간에 한정한 경우, 항진명제의 의미는 사람들의 피상적인 차이에도 불구하고
　사람들은 다 같다는 것을 의미한다고 보았다. 5유형은 정관사와 함께 두 개의 동일한 명사

1. N abstr is N abstr   (예 : war is war)
2. N pl are N pl   (예 : kids are kids)
3. N pl will be N pl   (예 : boys will be boys)
4. a N is a N   (예 : a party is a party)
5. the N is the N   (예 : the law is the law)
6. N_1 is N_1 (and N_2 is N_2)   (예 : East is East, and West is West)

비급진적 접근론자인 Okamoto(1991)는 일본어 명사 항진명제를 세 개의 구문으로 구별하였다. 먼저 'X wa X'는 'X' 범주의 속성에 대한 화자의 확신을 표현하거나, 그 범주에 속한 개별 항목의 자율성을 강조하며, 'X ga X'는 바람직하지 않은 속성을 지시하며, 'X mo X'는 또 다른 바람직하지 않은 속성과의 비교를 지시하는 것으로 기술하였다. 그러나 동일한 항진명제가 다른 맥락에 따라 다른 의미를 전달할 수 있으며, 가령 일본어 'X wa X'는 'X' 범주의 불변성을 강조할 뿐만 아니라(즉, 핵심 의미) 화자의 체념, 관용, 의무 등의 태도적 의미(즉, 맥락 의존적 의미)도 전달하는 것으로 파악했다.

역시 비급진론적 접근주의자인 Wong(2006)은 만다린어의 항진명제를 통사적 구문에 따라 4가지 유형으로 나누었다.

1. X(Adv) (be) X
2. (although) X be X, (but)
3. X be X, Y be Y
4. X be X, Y be Y, Z be Z ...

위의 통사 구조에 따라 1 유형은 'X가 지닌 특성과 본성을 강조'하며, 2 유형은 '양보적 의미'를 전달하며, 3 유형은 'X와 Y의 좁힐 수 없는 차이'를 나타내며, 4 유형은 'X, Y. Z의 비교할 수 없는 칭찬'으로 기술하였다. 또한

로 이루어진 구문으로, 화자의 의지와 관계없이 '그들의 의무를 강조'하는 데 사용하며, 6 유형은 N과 N의 사이에 '좁힐 수 없는 차이점'을 표현한다고 주장하였다.

항진명제의 화용론적 기능은 대화와 다양한 맥락에 따라, '정중하게 동의하지 않는 답변하기', '화자의 기대에 대한 확신하기', '불필요한 다툼 피하기' 등으로 기술하였다.

항진명제의 발화는 이처럼 언어마다 통사 유형이 다르며, 사용되는 맥락에 따라 의미가 다르나, 이는 다분히 그 사회·문화적 특수성에 의한다는 점을 알 수 있다. 다만 항진명제 발화의 의미를 화용적 원리에 치중하여 설명하느냐 또는 구문과 관련하여 의미론적 기술에 치중하느냐에 따른 차이로 볼 수 있다.[8] 본고는 후자의 입장을 취하는 것으로 국어에서 항진 명제적 발화로 간주될 수 있는 형식들이 다양한 구문을 통해 나타나며 다음과 같은 통사적 유형에 따라 항진명제 발화의 의미들을 기술할 것이다.

1. 등위 항진명제 : 'X는 X다', 'X가 X다', 'X도 X다', 'X는 X고, Y는 Y다'
2. 조건절 항진명제 : 'p어야 p', 'p(이)라면 p', 'p다면 p, q다면 q', 'p(이)면 p' 'p(으)면 p'
3. 시간 부사절 항진명제 : 'p때 p'

3. 국어 항진명제의 의미

3.1. 등위 항진명제

등위 항진명제란 'X는 X다'처럼 두 지시 표현의 지시 대상이 동일하다는 것을 말하는 것으로 명사의 동어 반복적 구문이다. 이 유형은 국어 항진명제 중에서 가장 생산적으로 사용되며 관용적으로 사용되는 구문이 많다. 명

---

8) 후자의 입장을 취한 Wierzbicka(2003)은 화용론을 언어적 화용론과 비언어적 화용론으로 구분해야 하며, 여기서 언어적 화용론을 의미론의 영역으로 포함시켰다. 따라서 맥락에 따른 화자의 태도적 의미들도 다른 종류의 의미와 똑같은 기술적 틀로 다루어질 수 있다고 하였다(이정애 외 옮김 2013 : 77-78).

사 다음의 조사의 유형에 따라 'X(은)는 X다'와 'X(이)가 X다'와 'X도 X다'
로 구분되며, 'X는 X고, Y는 Y다'처럼 대등적 연결 구조를 보이는 항진명
제도 있다.

3.1.1. 'X(은)는 X다'

국어에서 널리 사용되는 항진명제의 발화 'X(은)는 X다'는 'X'의 범주 양
상에 따라 다양한 의미와 화자의 태도적 의미를 나타낸다. 이 경우 'X' 범
주가 갖는 전형적인 속성이나 그 범주가 갖는 절대적 속성 혹은 속성의 불
변성을 의미하며 맥락에 따라 화자가 이를 재확인, 재확신, 체념, 수용 등의
태도를 나타낸다.9) 우선 'X' 범주의 일반화에 대한 사실을 화자가 발화함으
로써 기지의 사실이 확인되며 청자의 입장에서도 화자의 발화에 의해 이것
이 재확인된다. 이러한 태도를 갖는 몇 개의 예만 들어 본다면 다음과 같
다.10)

> (4) 가. 세상이 아무리 변해도 <u>남자는 (어디까지나) 남자다</u>.
> 나. 아무리 나이가 어리다고 해도 <u>남자는 (어디까지나) 남자인지라</u> 큰
> 소리를 친다.
> 다. <u>남자는 (어디까지나) 남자니까</u> 집안의 일에 책임을 져야한다.
> 라. <u>남자는 (어디까지나) 남자일 뿐</u> 여자의 마음을 속속들이 알지
> 못해.

(4-가)-(4-라)의 '남자는 남자다'라는 항진명제의 발화는 '남자'라는 범주

---

9) 최중열(1992)에서 '김영삼은 김영삼이다'라는 항진명제의 의미는 화자가 이미 알고 있는
'김영삼'의 정보가 인지 세계에서 새롭게 확인되어 참임에 틀림없다는 사실을 화자가 발화
함으로써 기지의 사실에 대한 일종의 확인이며 청자의 입장에서도 화자의 발화를 통하여
이를 또한 확인하게 되어 화자와 청자 모두의 확인을 통한 인지세계의 확장 작업임을 논
하였다.
10) 이 항진명제 발화의 의미론적 기술은 'X'의 범주의 속성과 이에 대한 화자의 태도라고 할
수 있다(이정애 2010 참조).

의 절대적인 또는 전형적인 속성을 지시하며 화자는 이를 재확인하면서 현실적 수용 또는 체념하는 태도를 나타낸다. 'X' 범주의 절대적 속성은 특정 사회에서 부여되며 이 속성이 절대 변할 수 없다는 것은 다음과 같은 국어의 항진명제에서 잘 드러난다. 이 구문은 다음과 같은 수식어를 동반하여 그 의미의 절대적 불변성을 강조한다.

> (5) 가. 한번 신하는 영원한 신하
> 　　나. 한번 군주는 영원한 군주
> 　　다. 한번 해병은 영원한 해병

위의 항진명제적 발화는 'X' 범주의 변할 수 없는 절대적 속성을 나타내지만 맥락에 따라서 화자의 태도적 의미들을 나타내고 있다. 영원한 충성심의 강조(5-가), 권위의 위세 또는 위협(5-나), 'X' 범주의 자부심의 확인(5-다) 등이 그것이다.

다음처럼 'X' 범주가 사회에서 어떤 가치와 명예 또는 권위를 부여되는 것도 있으며 이 가치에 대한 화자의 확인이나 확신 또는 수용을 나타낼 수 있다. 이때 화자의 태도는 '역시'와 같은 부사어에 의해 강화될 수 있다.

> (6) 가. <u>참기름은 (역시) 참기름이야</u>. 정말 고소해.
> 　　나. <u>돈은 (역시) 돈이야</u>. 누구도 무시할 수 없다.
> 　　다. <u>박지성은 (역시) 박지성이다</u>.

다른 한편으로 'X'의 범주가 개별 대상의 독자성 및 정체성을 강조하는 경우도 있다.

> (7) 가. 나는 엄마 딸도 아니고 아빠 딸도 아니예요. 아줌마 딸도 아니예
> 　　　　요. <u>나는 나예요</u>(드라마 '힘내라 이순신' 대사)
> 　　나. 아빠가 된 세대 'X 대디', 소비와 문화에서도 "<u>나는 나</u>"(인터넷 기
> 　　　　사).

이 밖에 항진명제적 발화의 의미는 'X'의 범주와 맥락에 따라 다양하게 기술될 수 있다(이정애 2010 ; 전혜영 2012). 다른 한편으로, 'X'가 명사구나 명사형 어미 '-기'형의 항진 명제직 발화가 있다. 이 발화에서는 주로 'X'에 대한 강조와 화자의 재확인에 태도를 나타낸다.

> (8) 의논 끝에 마치 작은 수풀처럼 보이는 위장하우스를 만들기로 한두 사람은 각자 자신의 역할을 다하며 집 짓기에 돌입했다. 그런데 이때 스트라이커 안정환의 골 결정력이 남다른 방법으로 드러났다. 자신이 벨 수 있을 만한 나무를 고르는 안정환은 '<u>안되는 건 안되는 거다</u>'라는 게 자신의 신조라면서 자신의 능력치에 맞지 않다 싶으면 누구보다 빠르고 과감하게 포기를 결정했다(다음미디어 인터넷).

위의 예문은 '안 되는 것'에 대한 강조와 화자의 재확인을 나타내며 '이것은 안되는 것이다'라는 단언보다 더 강조적 효과를 갖고 있다. 그로 인해 '안되는 것', 즉 불가능한 것에 대한 화자의 포기, 현실 수용, 그에 대한 현명함을 표현한다. 물론 맥락에 따라 이 발화는 부정적 체념을 나타낼 수 있을 것이다.

다음은 명사형 어미 '-기'형의 항진명제적 발화로서 이 역시 동일한 명사구를 반복함으로써 화자의 태도가 강조되고 있다. 국어의 조사 '은(는)'은 화제의 기능을 하며 이미 화자가 인식한 정보(old information)에 쓰이는 것과도 관련된다(채완 1976). 화자는 이를 다시 반복하면서 재확인하는 것이다.

> (9) 가. 이 밖에도 김성균은 대기실 에피소드도 전했다. "촬영 중간 중간 대기실에서 진구랑 탁구를 쳤다. <u>젊긴 젊더라</u>. 힘이 넘친다. 진구는 지칠 줄을 모르더라. 아빠들이 몇 번 치고 힘들어서 그만 두려고 하는데 진구는 끝까지 치자고 하더라."
> 나. A : 아이 하나 더 안 낳으세요?
> 　　B : 아휴, <u>낳긴 낳아야죠</u>. 지금 여러 가지로 능력이 없어서 그렇죠.

　　다. "나 없어도 잘 살겠지 하는 생각을 하다가도 <u>아쉽기는 아쉽다</u>. 다
　　　　내려놨다고 생각해도 그게 잘 안 된다."(인터넷 댓글).
　　라. 네가 돈을 주니까 내가 어쩔 수 없이 <u>받기는 받는다마는</u> 염치가
　　　　없구나.

　(9-가)는 '젊다'라는 사실이 강조되며 (9-나)는 B의 대답이 '낳아야죠'처
럼 단순한 서술어로 단언하는 것과 다른 점은 '낳다'라는 행위가 화자에 의
해 한 번 더 확인되고 있다. 그러나 화자는 쉽게 낳을 수 없다는 현실적 상
황을 전제로 '나도 낳아야 한다는 것을 알고 있다. 그러나 쉽게 낳을 수 없
는 상황이라는 것을 안다'라는 것을 뜻하고 있다. (9-다)는 '아쉽기는 아쉽
다'라고 반복함으로써 '아쉽다'라는 심리적 상태가 다시 한 번 화자에 의해
더 확인되고 있다. 화자는 '아쉽다'의 정도가 더 강함을 표현한다. (9-라)는
화자의 체념적 수용이라는 태도가 강조되어 있다.

3.1.2. 'X(이)가 X다'

　'X(은)는 X다'라는 항진명제의 발화에서 '은(는)'은 화자가 이미 분명하게
알고 있는 기지의 주제를 표시하는 문법적 기능을 지니는 것에 비해, 'X(이)
가 X다'에서의 '(이)가'는 새로운 정보를 나타내는 조사로서 화자가 이미 충
분하고도 정확한 정보를 지니고 있으면서 그 정보가 참으로 사실이라는 주
장을 할 때 사용한다(최중열 1992 : 144).[11] 화자는 이 사실적 주장을 강조
하며 특히 'X'라는 개별 대상을 화자가 재확인하거나 재확신하고 있다.

---

11) 최중열(1992 : 144)에서는 '김영삼은 김영삼이다'는 자연스럽지만, '[??]김영삼이(가) 김영삼
　　이다'는 어색하게 느껴지며, 그 이유가 국어에서는 주어 위치에 있는 명사구에 대하여 충
　　분하고도 명확한 정보를 지니고 있을 때는 무표적으로 이를 나타낼 수 있는 '은(는)'이 존
　　재하기 때문에 이를 이용하는 것이 자연스럽고 '(이)가'를 사용하면 어색하다고 기술하였
　　다. 그러나 (10)의 예들처럼 국어에서는 화자가 분명히 알고 있으면서 사실적 강조를 할
　　때 자연스럽게 쓰이고 있다.

(10) 가. <u>김철수가 김철수지.</u> 누군 누구야.
     나. 맞아 <u>(이) 김환영이 (그) 김환영이야.</u>
     다. 시어머니께서 '너 가서 지렁이(충청도 방언 : 간장이라는 뜻) 좀 퍼
        오거라.'라고 하셨을 때 제가 '네? 지렁이라구요? 그게 뭡니까?'하
        고 물으니 '<u>지렁이가 지렁이지!</u> 뭐긴 뭐야. 얼마나 가난하면 지렁
        이조차도 못 먹어봤겠어. 그러게 정말 별일이야. 지렁이도 못 먹어
        보다니.'라고 하는 게 아닙니까?(어느 다문화이주 여성 이야기).

다음의 항진명제 발화는 화자가 'X'의 범주를 부정적 상황에서 새롭게
인식하면서 이에 대한 중요성이나 심각성을 지시한다.

(11) 가. 내가 더 말을 하고 싶지만 <u>자리가 자리인지라</u> 그만 물러나겠다.
     나. <u>사안이 사안이니만큼</u> 중요하게 다루어라.
     다. <u>사태가 사태이니까</u> 누구나 조심해야겠지.
     라. (비오는 것을 보면서) <u>날씨가 날씨인지라</u> 오늘 소풍은 못 갈 것 같
        구나.

다음의 예들도 'X'에 대한 중요성에 대한 화자의 인식과 이 대상에 대한
체념적 수용을 나타낸다.

(12) 가. <u>아버지가 아버지이니까</u> 자식을 당연히 부양해야지요.
     나. <u>돈이 돈이다보니,</u> 무시하지 못하고 어쩔 수 없이 회사를 나갔다.
     다. <u>나이가 나이인지라</u> 힘이 부친 것도 사실이다.
     라. <u>시대가 시대인만큼</u> 나이 든 사람들이 변해야 한다.

한편, 'X'가 중요한 대상이 아닌 경우, 'X'의 상황적 한계를 지시한다. 화
자는 이러한 'X'를 강조하면서 이를 부정적으로 수용하고 있음을 나타낸다.
따라서 다음의 예는 '집은 집일뿐이다' 또는 '애는 애일뿐이다'와 같은 의미
가 있다.

(13) 가. <u>집이 (그냥) 집이지</u>. 뭐 별거있냐?

　　 나. <u>애가 애지</u>, 어른이겠어?

한편으로, 다음과 같은 항진명제 발화는 관용적으로 사용되며 '차이없음' 의 뜻을 전달한다.

(14) 가. 그냥 월급 신경 쓰지 말고 젊을 때는 지금 하는 일에서 최고가 되고 미래를 위한 공부를 같이 하고 그 외에는 아무것도 신경 안 쓰는 게 답입니다. 어차피 월급은 <u>거기서 거기고요</u>. 그냥 아무 은행이나 일 년짜리 적금 넣고 모인 돈 예금 넣어도 주식 대박나지 않는 이상 큰 차이 안 납니다(인터넷 댓글).

　　 나. 요새같이 전세 돈은 안 췄는디, 팽 일로 해준 게 <u>그거이 그거제</u>(구술자료).

　　 다. 골목에 들어섰는데 <u>그 집이 그 집이어서</u> 전혀 찾을 수 없었다.

마지막으로, 다음의 예는 국어에서 관용적으로 쓰이면서 '현실적 타협을 종용'하는 뜻으로 사용된다.

(15) 한국말 중에 '좋은 게 좋은 거다'란 말이 있다. 실제로 이 말은 갈등상황이 벌어졌을 때 이 것 저 것 따지기보다, 좋은 게 좋은 거니까 분란 없이 그냥 좋게 넘어가자는 뜻으로 흔히들 사용한다. 두루 두루 좋은 게 좋은 거고, 좋게 생각하면 좋아질 수 있는 것이라는 뜻이니 세상에 이 말처럼 훈훈하고 관용과 포용력을 지닌 언어도 없다고 생각할 수도 있다. 모두에게 좋은 방향으로 일을 마무리하자는 것이니 갈등상황에서 '좋은 게 좋은 거'라며 설득할 수 있다(인터넷 댓글, 2013. 3).

3.1.3. 'X도 X다'

'X도 X다'라는 구문은 두 가지의 용법이 있다. 하나는 X의 바람직하지

않거나 정상적이지 않는 속성을 지시하며 이에 대한 화자의 체념적 태도를
나타내는 '(Y도 Y이지만) X도 X다'의 형태로 쓰이는 것과, 또 하나는 'X'의
속성에 내한 화사의 수용이나 인성을 나타낸다.

다음의 항진명제적 발화는 'X'의 바람직하지 않은 속성에 대한 체념적
인식을 나타낸다.

> (16) 가. 나도 나지만 참 너도 너다.
>   나. (사소한 일로 동생과 다투는 형에게) 동생도 동생이지만 너도
>   너다.

다음의 예는 'X'의 속성에 대한 긍정적 인식과 화자의 수용적 태도를 나
타낸다.

> (17) 가. <u>돈도 돈이지만</u> 마음이 중요하지요.
>   나. (칼국수 집에서)
>   A : 가격이 너무 싸지요?
>   B : <u>싼 것도 싼 것이지만</u> 맛은 얼마나 좋다고요.
>   다. 어렸을 때 단칸방에서 같이 고생을 하였고, 정말 우애가 깊은 형
>   제였는데, 형의 변한 모습을 보니 너무 마음이 아픕니다. 저는 <u>재
>   산도 재산이고</u> … 형을 잃을까봐도 고민이 되네요(인터넷 댓글).
>   라. 『십팔사략』은 다른 작품에 비해 한층 더 흥미있고 유익한 작품으
>   로 읽혔다. 수많은 영웅호걸들의 고사를 읽는 <u>재미도 재미이려니
>   와</u> 십팔사략 하나로 그간 읽었던 삼국지나 초한지 등의 개별적인
>   이야기들을 중국 역사 전체를 아우르며 연대 별로 머릿속에 새롭
>   게 지징하게 되는 기쁨 또한 컸다(『십팔사략』 표지 2007).

3.1.4. 'X는 X고 Y는 Y다'

이 항진명제의 발화에서 화자는 'X'와 'Y'가 서로 관련이 없음을 의미한

다. 따라서 화자는 이 둘을 서로 비교하거나 동일한 관점으로 취급되는 것을 거부한다(이정애 2010 : 194-195 참조).

(18) 가. A : 커피 많이 마시면 잠이 잘 안오죠?

　　　　B : 저는 그렇지 않아요. 커피는 커피고 잠은 잠이에요.

　　나. 최효종 : 예쁜 발의 발레리나를 보면 '쟤는 열심히 안 했구나' 생각되지는 않으세요?

　　　　강수진 : 아뇨. 열심히 해도 발 모양이 흐트러지지 않는 사람들도 있어요. 그 사람들의 발을 볼 때는 '아, 예쁘네' 하고 그걸로 끝이에요(웃음). 그 사람 발은 그 사람 발이고, 제 발은 제 발이니까요. (인터넷 기사, 2013)

　　다. 국정원 사태와 이석기의 시대착오적 행위는 다르다. 그 문제는 그 문제고 이 문제는 이 문제다.

　　라. 공은 공이고 사는 사다.

3.2. 조건절 항진명제

3.2.1. 'p어야 p'

국어에서 '어야'는 '산에 가야 범을 잡지.'의 예처럼 반드시 이루어져야 하는 조건을 나타낸다. 이 '어야'는 가상으로 내세우는 조건이 아니라 반드시 실현되어야 함을 보이기 때문에 그것이 이루어지지 않으면 후행 절 서술 내용이 실현될 수 없음을 나타낸다(서정수 2006[1994] : 1211-1212). 그런데 국어에서 이 조건절과 후행의 서술이 동일 명제로 반복되는 항진명제 발화들이 사용될 수 있다.

(19) 어느 조그만 절의 주지가 그 절에서 수도하며 심부름을 하는 어린 사미(沙彌)를 데리고 밭에 메밀을 파종하는데 사미가 싫증을 내기에 지금은 이렇게 고생스럽지만 가을에 맛있는 메밀국수를 실컷 먹을 것이

아니냐하면서 달래니 사미가 "<u>먹어야 먹은 듯하지요.</u>"라고 말했다(김준영 2006 : 161).[12]

위의 예에서 조건절 항진명제로 된 이 표현은 가상의 일은 실현되기 전에는 믿을 수 없다는 뜻을 전달한다. 사실 '어야'는 뒷 절이 실현되려면 그 조건이 반드시 이루어져야 하는 소위, 필수 조건이 되는 것을 말하는데(서정수 2006), '먹어야 먹은 듯하다'라는 것은 앞 조건절과 뒷 절의 서술내용이 동일하게 반복됨으로써 이 필수 조건을 무위로 만들어 버린 것이다. 조건절과 서술절이 동일 명제로 반복되어 불필요한 잉여성을 만드는 이 항진명제 발화는 상대방의 말을 믿지 못하는 화자의 태도를 관습적으로 나타내고 있다.

또 기상청의 일기예측이 정확하지 않다는 것을 믿는 화자가 '내일 비가 온다.'는 예보를 듣고 '비가 와야 오는 것이지.'라고 할 수 있다. 기상청의 일기 예보는 믿을 수 없으며 내일 실제로 비가 오는 것을 확인해야 알 수 있다는 뜻이다. 역시 신뢰할 수 없는 사람이 '나 내일 서울 간다.'라고 했을 때 상대방은 '가야 가는 것이다.'라고 하면서 그 사람의 말은 믿을 수 없고 가는지 안 가는지는 실제로 가는 것을 확인해야 알 수 있다는 뜻을 나타낸다. 이처럼 'p어야 p'는 가상의 일에 대한 화자의 불신의 태도를 나타낸다.

3.2.2. 'p(이)라면 p'

국어에서 '(이)라면'은 주로 가상법을 나타내는 기능을 한다. 이것은 '(이)라고 하면'의 줄임형인데 실제로는 이 줄임형이 많이 사용되며 조건절을 구성한다. 특히 '(이)라면'은 불가능한 세계를 나타내거나 약간은 불확실한 명제를 전제로 도입하는 데에도 쓰일 수 있지만 확실한 사실을 전제로 하는

---

12) '먹어야 먹은 듯하지요'는 우리말에서 즐겨 쓰는 표현 중의 하나로, 김준영(2006 : 161)에서는 이를 '신뢰할 수 없는 사람이 하는 일은 완성되기 전에는 못 믿는다는 뜻으로 쓰는 익은말'로 소개하고 있다.

조건문에는 쓰이지 않는 특징이 있다(서정수 2006[1994] : 1208).[13]

(20) 북한에 남겨둔 가족을 만나는 일이 노인의 소원이라면 소원이다.

위의 예문에서 '소원이라면'은 실현 불가능한 일을 전제로 한 조건절이다. 이 조건절 명제를 후행절에서 다시 반복함으로써 화자는 쉽게 실현될 수 없는 현실임을 나타내고 있다. 확고한 사실이 아닌 불확실성의 전제를 조건절로 하는 이 항진명제의 발화는 화자가 결코 이 전제의 내용을 현실 가능한 것으로 받아들일 수 없으며, 받아들인다고 해도 가장 소극적인 태도로 인정함을 뜻한다.

(21) 가. (나이가 많은 노인이 청강생 자격으로 대학의 강의실에서 강의를 듣고 있는 상황에서) 그 할아버지도 학생이라면 학생이지.
    나. (겉모양이나 기능이 정상적인 차라고 인정할 없는 차를 보면서) 자동차라면 자동차다.

위의 예도 역시 이러한 가상으로 전제하는 일을 화자가 소극적으로 수용하거나 인정함을 나타내고 있다. 따라서 'p(이)라면 p'는 불확실한 가상의 일에 대한 소극적 수용이나 인정을 나타내며, '그 할아버지도 학생은 학생이다'와 '자동차는 자동차다'가 더 강한 화자의 확신적 태도를 나타낸다는 점에서 차이가 있다.

---

13) (1) '내일이 공휴일 {이면/이라면} 가게 문을 닫지요?'
    (2) 그 사람들이 일요일 {이면/*이라면} 교회에 갑니다.

(1)의 예문처럼 불확실성이 있는 전제로서 '면'과 '이라면'은 함께 쓰일 수 있으나, (2)의 예처럼 확고한 사실 전제일 때는 '이라면'의 형태가 쓰이지 못한다. 이처럼 '이라면'은 확고한 사실을 전제로 하는 조건문에는 쓰이지 않는다(서정수 2006[1994] : 1208).

3.2.3. 'p다면 p, q다면 q'

국어에서 '다면'의 형태도 '(이)라면'처럼 가상법을 나타내는 기능을 보이며, '다고 하면'의 축약형이다. '다고 하면'은 일종의 인용문 형식이기 때문에 그것에 내포되는 보문인 선행문의 내용이 반사실적인 조건, 과거 사실의 반대, 염원 등등 무엇이든 간에 객관적인 사실의 진술이 될 수 있으며, 이것으로 인해 '다면'을 객관적인 조건 구문을 형성하는 것으로 보고 있다(이광호 1980).

국어에서는 'p다면 p, q다면 q'의 항진명제적 발화가 사용되어 과거 사실에 대한 불확실한 화자의 태도를 나타내고 있다. 이 항진명제적 발화는 화자가 어떤 사실에 대한 판단이나 확신을 회피하고 청자의 판단으로 돌리거나, 두 가지의 전제가 다 맞을 수도 있고, 다 아닐 수 있다는 뜻을 나타낼 때 사용된다.

> (22) 가. <u>쉽다면 쉽고 어렵다면 어렵다</u>(시험문제의 난이도에 대한 질문의 답).
> 나. <u>먹었다면 먹은 거고 안 먹었다면 안 먹은 거지</u>(식사를 했느냐에 대한 질문의 답).

(22-가)의 예는 시험문제가 쉽다고도 할 수 있고 어렵다고도 할 수 있다고 함으로써 불확실한 화자의 태도를 나타내며, (22-나)는 밥을 먹었으나 대충 먹거나 조금밖에 먹지 못한 상황에서 사용되며 만족스럽게 밥을 먹은 것이 아닌 화자의 불만족을 나타낼 수 있다.

3.2.4. 'p(이)면 p'

'(이)면'은 확실한 사실을 전제로 도입하여 일종의 조건문을 이룬다. 조건절이란 불확실하거나 불가능한 전제를 도입하는 것이 그 특징이라고 할 수 있는데 '(이)면'은 확실한 명제로 인정되는 선행절을 도입하는 구실을 하며 이 때문에 조건절이면서도 '만일'이나 '만약'이라는 부사어와도 함께 어울리지 못한다(서정수 2006[1994] : 1205). 이 조건절의 항진명제 발화는 사실 조건의 강조와 이에 대한 화자의 분명한 확인이나 강한 확신이 표현되고 있다.

> (23) 가. 철수는 <u>노래면 노래, 춤이면 춤, 개그면 개그</u>, 다 잘한다.
> 가′. 철수는 노래, 춤, 개그를 다 잘한다.
> 나. 철수는 <u>노래면 노래, 춤이면 춤, 개그면 개그</u>, 어느 하나 잘하는 게 없다.
> 나′. 철수는 노래, 춤, 개그 어느 하나 잘하는 게 없다.

(23-가)의 예는 '칭찬'의 뜻을 전달하고 있으며 (23-나)의 예는 '비난' 또는 '질책'의 뜻을 전달하고 있다. 그러나 (23-가)과 (23-나)의 예는 (23-가′)와 (23-나′)에 비해 '노래, 춤, 개그'라는 것을 사실 조건으로 하고, 이를 화자가 강하게 확신하고 있는 태도를 나타낸다.

다음의 조건절 항진명제 발화의 예는 구체적인 조건이 제시되는 상황에서 화자의 확신이 표현되고 있다.

> (24) 집이 너무 있이 살고 너무 거식허문 없이 산 집얼 낮차봐뿐 게 살림이 글만헌 사람허고 살아야 사람얼 안 낮차보고 괜찮허게 사는 것이여. 이러트믄 <u>성제간이믄 성제간. 세력이면 세력. 거시기믄 거시기</u> 다 비등비등헌 사람들끼리 그렇게 중매럴 헌 것이여(구술자료).

위의 예에서도 '성제간', '세력', '거시기'들을 하나의 사실 조건으로 표현하고 이를 후행절에서 반복함으로써 사실조건에 대한 강조와 이에 대한 화자의 재확인을 드러낸다. 다음은 숫자가 사용되는 경우이다.

> (25) 가. <u>열이면 열</u>, 다 반대한다.

나. <u>백 개면 백 개</u>, 다 맨들어 놓으면 그거이 다 멀쩡허니 성할 수는 없지.

위의 '면'의 선행절은 거의 100% 확실한 명제를 드러낸다. 화자는 '열' 또는 '백'의 숫자를 반복적으로 사용함으로써 확실한 전제가 확실한 사실임을 나타내며, 이를 확신하고 있다. 그러나 관습적으로 '열이면 열'/ '백이면 백'은 가능하지만, '열하나면 열하나/백하나면 백하나'라고 하지 않는다.

3.2.5. 'p(으)면 p'

국어의 '(으)면'은 실현 불가능한 세계를 전제로 나타내어 가정법을 이루는 경우에 사용된다. 현실적으로 불가능한 것을 상정하여 소망, 아쉬움이나 유감 따위를 나타내는 가상 표현에도 '면'이 쓰인다(서정수 2006[1994] : 1205). 국어에서는 이처럼 전혀 실현성이 없거나 현실적으로 불가능한 것을 가상적으로 표현하는 '면'의 조건절 명제가 후행절에 반복되는 조건절 항진 명제의 발화가 사용된다.

(26) 가. 내가 <u>굶으면 굶었지</u>. 빌어먹을 수 없다.
　　 가′. 내가 <u>굶었으면 굶었지</u>. 빌어먹을 수 없다.
　　 나. 내가 <u>죽으면 죽었지</u>. 그것만은 못해.
　　 나′. 내가 <u>죽었으면 죽었지</u>. 그것만은 못해.
　　 다. 내가 길거리로 <u>나앉으면 나앉았지</u>. 아쉬운 소리를 왜 해.
　　 다′. 내가 길거리로 <u>나앉았으면 나앉았지</u>. 아쉬운 소리를 왜 해.

위의 예는 거의 불가능하거나 극단적인 사실 조건이므로 화자는 결코 원하지 않거나 바라지 않은 사실을 조건으로 나타내고 있다. 조건절과 후행절이 모두 현재형과 과거형이 가능하지만, 과거형이 강력한 화자의 의지가 표현되며 대부분 부정적이거나 극단적인 상황에서 더 이상 선택될 여지가 없음을 표현하고 있다.

3.3. 시간 부사절 항진명제

국어에서는 'P 때(는) P해라/하자'라는 시간 부사절 항진명제가 있으며, 특정 시간에는 특정 행위에 충실해야 된다는 의미를 전달하고 있다.

> (27) 가. <u>마실 땐 마셔라</u>(모 음료 광고 문안).
> 나. <u>놀 땐 놀아라.</u>
> 다. <u>먹을 땐 먹어라.</u>

(27)에서 '마실'의 'ㄹ'은 '때'나 '적' 따위의 시점을 가리키는 시간어와 결합할 경우에 그 본디 의미가 중화되어, '(으)ㄹ'이 드러내는 추정의 뜻이 제 기능을 발휘하지 않는다(서정수 2006[1994] : 1219). 시간적인 중화 현상을 일으킨 '마실 때'란 마시는 시간을 지시하는데, 이 때 다시 후행절에서 잉여적으로 동일하게 반복되는 항진명제 발화의 특성을 보이고 있다. '놀 때 놀고, 공부할 때 공부하자.'도 역시 특정 시간과 그 행위에 대한 충실성을 강조하고 있다.

다음의 예는 시간 부사절 항진명제 발화가 가상적 현실을 인정하는 양보절로 표현되는 것을 보여준다.

> (28) 가. (아무리/ 비록) <u>죽을 때 죽더라도</u> 포기할 수 없다.
> 나. (아무리/ 비록) <u>혼날 때 혼나더라도</u> 수업을 빼먹고 콘서트에는 꼭 가야겠다.
> 다. <u>떠날 때 떠나더라도</u> 오늘만큼은 잘 지내자.

(28)의 '죽을 때'란 당연히 죽는 시간을 말하는 특정한 때인데 이 때를 인

정하고 받아들이는 뜻 곧 '양보'로 표현하고 있다. 현실적으로 아주 어려운 일이나 불가능한 일을 양보절로 표현함으로써 화자는 주장의 강함을 나타내고 있다. 그렇기 때문에 양보절의 앞머리에 '비록'이나 '아무리'라는 양보성 부사어가 나타나면 이 항진명제적 발화는 더욱 강한 양보문의 효과를 얻게 된다(서정수 2006(1994) : 1232).

4. 맺는 말

본고는 국어에서 일정한 통사적 패턴을 통해 반복적 표현의 양상을 보이는 항진명제의 발화를 통사 구문의 유형에 따라 구분하고 이 유형들의 의미들을 기술하였다. 항진명제란 논리적 형식으로 언제나 참인 명제이다. 그러나 자연언어에서 항진명제의 발화는 명제의 문자적 의미 그 이상의 의미를 표현한다.

먼저, 본고는 지금까지 항진명제의 논의의 흐름을 다음 두 가지로 정리하여, 가장 주된 항진명제의 초점이 무엇인가를 살펴보았다. 첫째 항진명제에 대한 철학자의 견해와 고전 의미론자의 견해이다. 이 논의의 초점은 '논리'와 '의미'다. 둘째, 급진적 화용론자의 견해와 급진적 의미론자의 견해이다. 이 논의의 초점은 '맥락'과 '의미'이다.

다음으로, 본고는 국어의 다양한 항진명제의 발화에 대한 통사 유형을 세 가지로 구분하고 이 유형에 따른 의미를 기술하였다. 첫째, 등위 항진명제의 발화 유형이다('X는 X다', 'X가 X다', 'X도 X다', 'X는 X고, Y는 Y다'). 둘째, 조건절 항진명제의 발화 유형이다('p어야 p', 'p(이)라면 p', 'p다면 p, q다면 q', 'p(이)면 p', 'p(으)면 p'). 셋째, 시간부사절 항진명제의 발화이다('p때 p'). 이 논의를 통하여 항진명제의 발화는 언어마다 다른 통사유형이 있으며, 통사 구문은 항진명제의 의미에 일정하게 기여한다는 것을 살펴보았다.

지금까지 국어의 항진명제의 발화는 주로 '책상은 책상이다'처럼 'X는 X
다'로 표현되는 명사의 동어반복의 등위 항진명제를 위주로 하여 논의되었
으며 다른 항진명제의 유형들은 거의 논의되지 않았다. 등위 항진명제의 경
우만 하더라도 오직 'a는 a이다'의 유형에만 주로 논의되었으며 다른 통사
적 구문의 항진명제 발화에 대해서는 논의되지 않았다. 본 연구를 통하여
항진명제란 일정한 통사유형의 틀에서 표현되며 이는 매우 관습적이고 특
정 언어적이며 특정 문화적인 것임을 알 수 있었다.

참고문헌

김준영. 2006. 「입에 익은 우리 익은 말」, 학고재.

서정수. 2006[1994]. 「국어문법」, 지문당.

이미순. 2009. "항진 명제 발화의 해석에 대한 재검토", 「담화와 인지」 16-2, pp.123 -147.

이정애. 2010. "국어 항진명제에 대한 의미 연구", 「한국어의미학」 33, 한국어의미학 회, pp.179-202.

전혜영. 2012. "구어 담화에 나타나는 'X는 X다' 표현의 화용 양상", 「국어학」 64, 국어학회, pp.273-299.

채 완. 1976. "조사 '-는'의 의미", 「국어학」 4, 국어학회, pp.93-113.

최중열. 1992. "항진명제(tautology)의 의미해석", 「전주대 인문과학연구」 창간호, pp.139-150.

Allan. K.. 1986. *Linguistic Meaning*. London : Routledge & Kegan Paul.

Audi. R.(ed).. 1995. T*he Cambridge Dictionary of Philosophy*. 2nd. Cambridge : Cambridge University Press.

Cole. Peter(ed.).. 1981. *Radical pragmatics*. New York : Academic Press.

Farghal. M.. 1992. *Colloquial jordanian arabic tautologies*. Journal of Pragmatics 17 : 223-240.

Fraser. Bruce.. 1988. *Motor oil is motor oil : an account of English nominal tautologies*. Journal of Pragmatics 12 : pp.215-220.

Grice. Paul.. 1975. *Logic and conversation*. Syntax and Semantics 3 : pp.41-58.

Leech. Geoffrey.. 1969. *Towards a Semantic Description of English*. London : Longman.

Leech. Geoffrey.. 1981[1974]. *Semantics. Penguin Books*.

Lehrer. A.. 1974. *Semantic Fields and Lexical Structure*. Amsterdam : Norht-Holland ; New York : American Elsevier.

Levinson. Stephen.. 1983. *Pragmatics*. Cambridge : Cambridge University Press. 「화용론」. 이익환·권경원 옮김(1991). 한신문화사.

Lyons. John.. 1995. *Linguistic Semantics : An Introduction*. Cambridge : New york. Cambridge University Press.

Okamoto. Shigeko.. 1991. *Nominal 'Tautologies' in Japanese*. In Proceedings of the 17th annual meeting of the Berkeley Linguistics Society. pp.218-229.

Saeed. John I.. 2003. *Semantics*. 2nd. Malden. MA : Blackwell.

Sperber. Dan & Deirdre Wilson.. 1995. *Relevance.* 2nd. Oxford : Blackwell.

Swart. H.. 1998. *Introduction to Natural Language Semantics*. Stanford. Calif. : CSLI.

Trier.J.. 1934. *Das sprachliche Feld. Eine Auseinandersetzung.* Neve Jahrbücher für Wissenschaft und Jugenbildung 10 : pp.428-449.

Ward. Gregory & Julia Hirschberg.. 1991. *A pragmatic analysis of tautological utterances.* Journal of Pragmatics 15 : pp.507-520.

Wierzbicka. Anna.. 1987. *Boys will be boys : "Radical Semantics" vs "Radical Pragmatics.".* Language 63 : pp.95-114.

Wierzbicka. Anna.. 1988. *Boys will be Boys : A rejoinder to Bruce Fraser.* Journal of Pragmatics 12 : pp.221-224.

Wierzbicka. Anna.. 2003. *Cross-Cultural Pragmatics.* The Semantics of Human Interaction. Mouton de gruyter. 「다문화 의사소통론」. 이정애 외 옮김(2013), 역락.

Wilson. Deirdre & Dan Sperber.. 2002. *Truthfulness and relevance.* Mind 111 : pp.583-632.

Wittgenstein. Ludwig J.. 1961. Tractatus : *Logico-Philosophicus.* Translated by D.F. Pears & B.F. McGuinness. London and Henley : Routledge & Kegan Paul.

Wong. King-on. John.. 2006. *Semantics and pragmatics of tautology in Cantonese.* The University of Hong Kong.

| 이 논문은 한국언어문학 87집(2013, 한국언어문학회)에 게재된 논문을 재수록한 것입니다.

한국어 동사의 사건구조와 사건함수 '-고 있다'의 기능

김 윤 신

1. 서론

상(相, aspect)이란 동사가 나타내는 사건의 양상을 나타내는 것으로 동사의 의미구조에 매우 중요한 역할을 하는 개념이다. 특히, 벤들러(Vendler)(1967) 이후, 동사의 상적 특징은 동사의 의미에 대한 연구에 매우 흥미롭고 중요한 문제로 대두되었다. 그러나 벤들러(1967)가 제시한 상적 부류(aspectual class)가 아주 간단하고 다소 모호하기 때문에 많은 학자들은 그의 상적 부류를 지지하는 증거나, 혹은 그 타당성을 약화시키는 반례를 찾고자 노력했으며 그 노력은 지금도 계속되고 있다.

'-고 있다'에 대한 논의는 '-어 있다'와 함께 한국어 동사의 상에 대한 연구에 중요한 문제로 취급되어 왔다. 또한 영어의 진행형의 대응형으로서의 '-고 있다'는 동사의 상적 부류를 결정하는 기준으로 받아들여지기도 했다. 그런데 장석진(1973)은 '-고 있다'는 단순히 영어의 진행형(progressive)인 'be ~ing'에 대응하는 것이 아니라 과정의 계속과 결과상태의 지속이라는 중의성을 갖는다는 점을 지적하였고 이로부터 한국어 '-고 있다'의 의미적 특수성이 주목받기 시작했다.

기존의 '-고 있다'에 대한 논의는 주로 그 중의성에 대한 관찰과 그 통사·의미적 결합제약을 중심으로 이루어져 왔다. 이지양(1982)등은 '-고 있다'의 중의성을 포괄하는 '지속'을 제 3의 의미기능으로 부여하였고 옥태권 (1988)은 '-고 있다'와 결합하는 동사들의 어휘부류에 따라서 중의성을 설명하고 있다. 그리고 장석진(1973), 서정수(1976), 김홍수(1977), 이남순 (1987), 김성화(1992), 박덕유(1998) 등은 '-고 있다'의 '-고'의 성격을 둘로 나누어 기술하고 있다.

그러나 이와 같은 기존의 논의에 대하여 다음과 같은 문제를 제기할 수 있다. 그 각각을 살펴보면 다음과 같다.

첫째, 각각의 논의가 부분적인 설명에 그친다. 선행동사와 어미, 그리고 후행하는 '있다'의 의미에 대한 총체적인 설명이 부족하다. 분명히 각 부분이 전체의 의미에 기여하는 바가 있으나 '-고 있다'나 '-어 있다'와 같은 구성은 그 각 부분의 의미를 떼어내기 어렵다. 그러므로 오히려 각 부분의 합으로 접근하기보다는 '-고 있다' 구성을 하나의 문법구성으로 파악하고 그 전체의 기능을 중심으로 그 의미를 파악하는 것이 옳다고 생각한다.

둘째, 어휘부류에 대한 설명이 추상적인 자질의 나열일 뿐이다. 좀더 분석적인 동사가 나타내는 내부구조에 대한 설명이 필요하다. 이에 본고는 푸스테욥스키(Pustejovsky)(1995)의 생성어휘부(Generative Lexicon) 이론의 틀을 사용하여 사건구조를 그 내부구조까지 표상하고자 한다.

셋째, '-고'의 성격을 다른 것으로 구분하는 것은 잉여적이다. 사실상 중의성을 보이는 '-고 있다' 구성의 '-고'는 각각 다른 두 가지로 나타난다고 보기 어렵다.

본고에서는 옥태권(1988) 등에서 주장하고 있는 바과 같이 '-고 있다' 구성의 의미가 그와 결합하는 동사에 따라서 각각 다른 상적인 의미해석을 갖는다는 사실로부터 우리는 '-고 있다'의 상적 의미가 동사의 사건구조, 더 나아가서는 의미구조에 의존하여 결정된다고 가정한다. 필자는 '-고 있다'를 그와 공기하는 동사와의 결합관계를 통해서 전체 동사구나 문장의 의미를 결정하는 사건함수로 파악하고자한다. 본고는 '-고 있다' 구성의 다양한 상적 의미를 먼저 살펴보고 각각의 다른 의미로 실현되는 동사의 유형별로 그들의 사건구조를 제시하고 각 사건구조에 따른 사건함수 '-고 있다'의 결합가능성과 '-고 있다' 구성의 상적 의미 결정의 원리를 논의하고자 한다.

2. '-고 있다'의 분포와 상적 의미

앞에서 밝힌 것처럼 지금까지의 '-고 있다'에 대한 논의에서는 일반적으로 '-고 있다' 구성의 의미는 '과정의 계속'과 '결과상태의 지속', 이 두 가지였다. 본고에서는 '-고 있다'의 의미를 다음과 같이 세 가지로 제시하고자 한다.

먼저 '-고 있다'는 다음과 같이 어떠한 동작이나 과정의 계속을 의미한다. 다음의 예를 살펴보자.

 (1) 가. 철수가 뛰고 있다.
   나. 철수가 집을 짓고 있다.

 (2) 가. 철수가 뛰고 있는 중이다.
   나. 철수가 집을 짓고 있는 중이다.

(1가)에서는 '철수가 뛰는 동작'의 계속, 그리고 (1나)에서는 '집을 짓는 과정'의 계속을 각각 나타내고 있다. 이는 영어의 진행형의 의미와 대응하는 것으로 생각할 수 있다. 그러므로 이러한 문장들은 (2가)와 (2나)에서와 같이 과정진행의 의미가 두드러지는 '-중이다'로 환언할 수 있다. 이러한 경우에 '-고 있다'와 공기하는 동사는 '뛰다'와 같은 동작동사(動作動詞, activity verb)나 '짓다'와 같은 완성동사(完成動詞, accomplishment verb)이다.

반면 다음의 예들에서 볼 수 있는 것처럼 '-고 있다'는 어떤 사건의 결과

상태가 지속됨을 의미할 수도 있다.

　　(3) 가. 나는 그의 이름을 알고 있다.
　　　　 나. 나는 지금 그의 이름을 잊고 있다.

　　(4) 가. ^{?*}나는 그의 이름을 알고 있는 중이다.
　　　　 나. ^{?*}나는 지금 그의 이름을 잊고 있는 중이다.

　　(5) [*]영희가 아름답고 있다.

　(3가), (3나)가 결코 '아는 과정'이나 '잊는 과정'의 지속을 의미할 수 없다. 오히려 알게 되었거나, 잊게 된, 그리고 믿게 된 후의 결과상태의 지속을 의미한다. 따라서 (3)의 문장들은 모두 (4)와 같이 분명한 과정의 계속을 나타내는 '-는 중이다'로 환언할 수가 없다.[1] 이와 같은 (4)의 예문들에 나타난 '알다', '잊다' 등의 동사들이 (1)과 (2)의 '뛰다'나 '짓다'와는 다른 유형의 것임을 시사한다고 할 수 있다. 그리고 아무런 변화를 전제하지 않는 (5)와 같은 형용사의 경우에는 '-고 있다'와의 결합이 허용되지 않는다는 점에서 이들 동사들은 형용사와 구별된다.

　그리고 이와 같은 동사들은 사건의 완결(完結, telicity)에 육박함을 나타내는 부사 '거의'와 공기여부에서 '뛰다'와 같은 동작동사나 '짓다'와 같은 완성동사와 차이가 난다. 그리고 '-고 있다' 구문으로 실현되었을 경우에도 그 문법성 판단의 차이가 나타난다. 다음의 예들을 살펴보자.

　　(6) 가. ^{?*}나는 거의 뛰었다.
　　　　 나. ^{?*}나는 거의 뛰고 있다.

---

[1] 이정민(1999)은 '-는 중이다' 구성은 과정의 계속을 의미할 뿐이라고 주장하고 있다. 실제로 많은 실례들에서 이를 확인할 수 있으므로 본고에서는 이 의견을 동작의 계속과 상태의 지속을 구별하는 중요한 기준으로 삼도록 한다.

(7) 가. 철수가 집을 거의 지었다.
　　나. ᵞ*철수가 집을 거의 짓고 있다.

(8) 가. 나는 그의 이름을 거의 알았다.
　　나. ᵞ*나는 그의 이름을 거의 잊고 있다.

(9) 가. 나는 그의 이름을 거의 잊었다.
　　나. ᵞ*나는 그의 이름을 거의 잊고 있다.

　(6가)와 (6나)에서와 같이 동작동사인 '뛰다'는 완결된 결과상태를 함의하지 못하기 때문에 완결점으로의 육박을 의미하는 '거의'와 함께 나타날 수 없다. 또한 (7가)의 '짓다'는 완성동사로 결과상태를 함의하므로 완결을 나타내는 '-었-' 선어말 어미와 함께 나타나는 경우에는 '거의'와 공기할 수 있지만 (7나)에서와 같이 '-고 있다'와 결합한 경우에는 '거의'와 공기할 수 없다. 즉 '짓고 있다'는 결과상태를 함의하는 완성동사로 실현되었다기보다는 '짓고 있는 과정'의 계속을 의미한다. 따라서 동작동사인 '뛰다'의 경우와 마찬가지로 과정의 계속을 나타낸다. (8), (9)의 동사들도 모두 (7)의 '짓다'와 마찬가지로 완결을 의미하는 선어말 어미인 '-었-'과 함께 나타날 경우에는 완결의 의미를 갖게 되므로 '거의'와 공기하여 완결점으로의 육박을 의미할 수 있으나 '-고 있다'가 나타나는 경우에는 공기할 수 없다. 그러나 (8), (9)의 동사들은 '짓다'와 달리 '-고 있다'와 결합한 형태가 동사가 나타내는 사건의 결과상태가 지속됨을 의미한다. 그러므로 이는 형용사에 '거의'가 공기하는 경우와 같은 경우에 속한다. 이와 같은 결과상태 지속의 '-고 있다'는 '알다', '잊다'와 같은 인지나 심리적인 변화와 관련된 달성동사이며 통사적으로는 타동사로 실현된다. 이러한 동사들을 심리달성동사라고 하기로 하자.
　그런데 위의 (3)과 (4)의 심리달성동사와 다른 부류의 심리술어가 있다. 즉, 모든 심리술어들이 동일한 행태를 보이는 것은 아니다. 반 부어스트

(Van Voorst)(1992) 등은 모든 심리술어는 달성동사라고 정의했으나 이에 대하여 이정민(1999)은 심리술어 가운데에 동작동사나 달성동사로 작용하는 것이 있다고 주장한다. 다음의 예들을 살펴보자.

> (10) 가. 철수는 영희를 미워하고 있다.
> 나. 철수는 영희를 보고 있다.
> 다. 철수는 영희를 생각하고 있다.

(10가), (10나), (10다)의 심리동사는 앞에서 제시한 심리달성동사와 다른 양상을 보인다. (10가)의 '미워하다'는 감정동사(emotional verb)이며 (10나)의 '보다'는 지각동사(perceptional verb)이다. 또한 (10다)는 명제인지동사(verbs of cognition denoting propositional attitude)로 이다. 이 동사들은 심리동사이나 '알다'나 '잊다'와 같은 심리달성동사와 달리 화자의 심리 상태에 대한 서술로 인식되는 경향이 있다. 따라서 일종의 상태동사로서 기술되는 경향이 있으나 실제로 순수한 상태서술동사인 한국어 형용사와 달리 다음과 같은 '-는 중이다' 구문으로 환언이 가능하다.

> (11) 가. ^{???}철수는 영희를 미워하고 있는 중이다.
> 나. 철수는 영희를 보고 있는 중이다.
> 다. 철수는 영희를 생각하고 있는 중이다.

(11가)의 경우에는 약간의 부자연스러움이 있으나 지금 현재의 심리적인 상황의 지속을 나타낼 수 있으며 (11나)와 (11다)는 모두 문법적이다. 실제로 정신적인 동작은 눈이 보이지 않는 정적인 동작이므로 상태에 대한 기술과 혼돈될 수 있다. 그러나 순수하게 '동작의 계속'만을 나타내는 이러한 구문으로의 환언이 가능하다는 사실은 이와 같은 심리술어들이 나타내는 사태가 일종의 동작임을 분명하게 보여 준다. 이러한 사실을 통해서 벤들러(1967)에 근거한 획일적인 상적 부류가 '-고 있다' 구성의 의미뿐만 아니라

동사의 상적 특징에 대하여 충분한 설명을 하지 못한다는 것을 알 수 있다.

달성동사에 대하여 일반적으로 '-고 있다' 구성은 불가능하다. 그러나 다음 예들에서와 같이 달성동사를 포함하는 '-고 있다' 구성은 사건 전체의 반복을 의미할 수 있다.[2]

   (12) 가. 기차가 계속 도착하고 있다.
        나. 지금 서울역에 각 지방에서 출발한 기차가 여러 대 도착하고 있다.
        다. 여기 둔 휴지통이 자꾸 없어지고 있다.

   (13) 가. ?*기차가 계속 도착하고 있는 중이다.
        나. ?*지금 서울역에 각 지방에서 출발한 기차가 여러 대 도착하고 있
           는 중이다.
        다. ?*여기 둔 휴지통이 자꾸 없어지고 있는 중이다.

일반적으로 위의 예 (12)와 (13)의 '도착하다'와 같은 전형적인 달성동사는 '-고 있다'와 결합하기가 어렵다. 그러나 이러한 '-고 있다'와의 결합제약은 '-고 있다'를 과정의 계속인 진행의 의미로만 인식할 경우에만 해당하며 만약 (12가)와 같이 전형적인 달성동사를 포함하는 '-고 있다' 구성에 대하여 '도착하는 전체 사건'의 반복이라는 해석을 한다면 이때에만 이러한 동사들에 대해서도 '-고 있다' 구성이 허용된다고 할 수 있다. 특히 (12나)에서와 같이 주어가 복수로 실현될 경우 그 반복의 의미가 더욱 확실해진다. 이 경우에는 기차가 한 대씩 도착하는 사건이 여러 번 일어난다고 할 수 있으므로 동일한 유형의 사건의 반복의 경우이다. 이와 달리 (12다)의 경우에는 휴지통이 계속해서 없어지는 동일한 사건의 반복을 의미한다. 이러한 동사들과 결합하는 경우에도 역시 '-고 있다' 구성은 (13)의 예문에서 볼

---

2) (12)의 예들은 '도착하다'의 의미파악에 유의해야 하는데 이를 과정으로 인식할 경우에는 이를 '기차가 역에 도달하다'의 의미가 아닌 '기차가 역으로 들어오다'로 잘못 인식하는 경우이다. 이러한 오해로부터 '도착하다'의 의미가 '들어오다'라는 의미로 확장되는 경향이 생겨났다고 생각할 수 있는데 이 논문에서는 이러한 의미의 확장은 논의의 범위에서 제외하기로 한다.

수 있는 것처럼 과정의 계속을 나타내는 '-중이다'로의 환언이 불가능하다. 이러한 사건의 반복이라는 상적 의미를 나타내는 '-고 있다'는 상태변화를 나타내는 전형적인 비대격 달성동사와 함께 나타난다.

  이러한 일반적인 비대격 달성동사들도 모두 같은 상적인 특징을 나타내는 것은 아니다. 다음과 같은 달성동사들은 '-고 있다'와의 결합에 아무런 제약이 없을 뿐만 아니라 결과상태의 지속이나 사건전체의 반복이 아닌 과정상태의 계속을 의미한다. 다음 예들을 살펴보자.

> (14) 가. 눈이 녹고 있다.
>   나. 눈이 녹고 있는 중이다.

  (14가)와 (14나)는 모두 문법적이다. 이와 같이 상태변화를 나타내는 달성동사들 가운데에서 지속부사와 함께 나타나거나 과정의 계속을 의미하는 동사에 대한 관찰은 다우티(Dowty, 1979) 이래로 계속되었다.3) 다우티(1979)는 이러한 동사들을 정도달성동사(定度達成動詞, degree achievement)라고 하였으며 '도착하다'와 같은 전형적인 달성동사는 '-고 있다'와 결합하기가 어려우며 만약 결합이 가능한 경우에는 사건 전체의 반복을 의미한다.

  다음에 제시된 예들의 '-고 있다' 구성은 과정의 계속과 결과상태의 지속을 모두 나타낼 수 있다.

> (15) 가. 영희가 빨간색 옷을 입고 있다.
>   나. 영희가 오늘 하루종일 빨간색 옷을 입고 있다.

---

3) 다우티(1979)는 이와 관련하여 다음과 같은 예를 제시했다.
  (가) Snow is melting.
  (나) The soup cooled for ten minutes.
  위의 예문에서 (가)의 'melt'와 (나)의 'cool'은 각각 진행형으로 실현가능하며 'for ten minutes'와 같은 지속부사구의 수식이 가능하다. 따라서 순간적인 상태변화를 나타내는 달성동사임에도 불구하고 과정의 변화에 대한 관찰이 가능한 정도달성동사인 것이다. 이러한 동사들도 또한 벤들러 식의 상적 부류에 대한 일종의 반례라고 할 수 있으며 이는 동사의 상이나 사건구조에 대한 연구의 쟁점이라고 할 수 있다.

　　다. 영희가 빨간색 옷을 천천히 입고 있다.

(16) 가. 영희가 아이를 안고 있다.
　　나. 영희가 아이를 1시간 동안 안고 있다.
　　다. 영희가 아이를 천천히 안고 있다.

　(15가)와 (16가)는 각각 그 문장만으로는 과정의 계속과 결과상태의 지속을 모두 나타낼 수 있다. 바로 중의적인 문장인 것이다. (15나)와 (16나)에서와 같이 '하루종일'이나 '1시간 동안'과 같은 지속부사구와 함께 나타나면 중의성이 해소되어 결과상태의 지속을 의미하고, 또한 (15다)와 (16다)와 같이 과정동작을 양상(manner)을 수식하는 부사구와 함께 나타나면 과정의 계속을 의미한다. 이러한 '-고 있다'를 나타내는 동사는 '입다', '안다', '업다'와 같은 타동사인 달성동사이다. 이와 같은 동사들은 주어의 행위가 주어에 위치나 상태에 영향을 주는 재귀적 동사들이다.

　지금까지 '-고 있다'가 갖는 세 가지 의미와 중의성의 양상을 살펴보았다. 이를 다음과 같이 정리할 수 있다.

(17)

선행동사	'-고 있다' 구성의 상적 의미
동작동사 (예. 뛰다)	과정계속
전형적 달성동사 (예. 도착하다, 죽다, …)	(전체사건 반복)
정도달성동사 (예. 녹다, …)	과정계속
심리달성동사 (예. 알다, 잊다, …)	결과상태지속
재귀적 달성동사 (예. 입다, 업다, 타다, …)	중의성 (과정계속/결과상태지속)
완성동사 (예. 만들다, 짓다, …)	과정계속

위의 예들로 분명히 알 수 있는 것은 '-고 있다'가 나타내는 세 가지 상적 의미가 갖는 공통점은 '과정'이나 '결과상태', 또는 '사건' 자체가 유지됨을 나타낸다는 것이다. 따라서 '-고 있다'의 기본의미를 '사건의 부분이나 전체의 유지'라고 가정할 수 있다.4) 본고에서는 '-고 있다' 구성을 통해서 실현되는 구성전체의 상적 의미는 선행하는 동사의 사건구조에 대한 단순화에 의해서 실현된다고 주장하고자 한다. 실제로 '-고 있다'와 결합하는 동사가 복합 사건구조를 갖는 달성동사와 완성동사의 경우에는 두 하위 사건 중에 하나로 전체 '-고 있다' 구성의 사건을 축소 또는 단순화시키는 기능을 하는 함수로 정의하고자 한다.

이러한 '-고 있다' 구성의 다양한 의미는 벤들러(1967) 식으로 동사를 단순하게 네 가지 상적 부류로 나누는 것에 대한 반례를 제공하며 보다 정밀한 동사의 상 분류가 필요하다는 것을 알 수 있다. 이에 본고는 푸스테읍스키(1995)의 생성어휘부 이론에서 제시한 동사의 사건구조를 이용하여 위에 제시한 동사의 사건구조를 살펴보고 사건함수인 '-고 있다'의 기능에 대하여 논의하도록 한다.

3. 사건구조의 확장 : 동사의 내부 사건구조와 선후관계

사건함수 '-고 있다'와 관련하여 선행하는 동사의 상을 생성어휘부 이론의 사건구조의 관점에서 살펴보기 위해서 먼저 생성어휘부 이론의 사건구조에 대하여 언급하도록 한다.

---

4) 이는 '있다'의 의미가 '존재'를 의미하는 것과 관련이 있다. 이에 대한 논의는 장석진(1973)을 비롯한 기존의 논의에서 충분히 제시되었다고 판단하여 여기서는 구체적인 설명을 하지는 않겠다.

3.1. 생성어휘부 이론의 사건구조

다우티(1979)는 벤들러가 제시한 동사의 네 개의 상적 부류를 다음과 같이 형식화했다.

(18) 가. 상태 : P(x1,…,xn)
　　 나. 동작 : DO(x1,Pn(x1,…,xn))
　　 다. 달성 : BECOME(Pn(x1,…xn))
　　 라. 완성 : CAUSE(ϕ,BECOME(Pn(x_1,…,x_n)))

이와 같은 표상은 동사의 의미구조를 생성의미론의 어휘분해(lexical decomposition)를 이용하여 개념화한 것으로 자켄도프(Jackendoff)(1990)의 어휘개념구조(lexical conceptual structure)에 영향을 주었고 BECOME, CAUSE 등의 술어는 이후의 어휘의미론에서 기초술어로 사용되고 있다. 물론 사건의 진행이 시간의 흐름을 따라서 이루어지는 것은 사실이고 이와 같은 표상이 그러한 사실을 잘 나타내고 있다. 그러나 이러한 표상은 어떠한 하위사건이 전체 사건구조에서 어떤 비중을 갖는지를 명시적으로 나타낼 수가 없다. 즉 사건의 내부구조를 정밀하게 고려할 수 없는 것이다. 또한 푸스테욥스키(1991)는 제한된 수의 기초술어를 사용하여 기술하고자 하는 어휘분해의 관점은 자연언어에 나타난 술어를 표상할 수 없다는 점에서 생성적이지 못하다고 지적하고 있다.

푸스테욥스키(1991)는 사건구조를 순서지워진 하위사건으로 분해하여 사건의 내부구조를 표상했다. 기본사건 유형은 과정(process), 상태(state), 전이(transition)이고 각 사건구조는 하나의 기본사건으로 구성되는 단순사건과 두 개의 기본사건으로 구성되는 복합사건으로 이루어진다. 이러한 구조는 제한된 수의 기초술어를 사용하는 대신 제한된 수의 생성적 장치(generative device)를 사용하여 어휘분해의 비생성적인 특징을 보완할 수 있는 것이다.

또한 푸스테욥스키(1995)는 기본적으로 복합사건이 두 가지 단순사건으로 이루어져 있고 그 단순사건들 사이의 관계를 선후관계로 표시하고 있으며 하위사건들 사이의 현저성(顯著性, prominence) 차이, 즉 사건에서 차시하는 비중의 차이는 중점(headedness)이라는 장치를 이용하여 나타낸다. 여기서 제시하고 있는 선후관계는 '유순(exhaustive ordered part of)'와 '중첩(exhaustive overlap part of)', 그리고 '유순 중첩(ordered ovelap)'의 세 가지 관계로 이루어져 있다.

생성어휘부에 제시된 이러한 사건구조의 기본적인 요소들을 근거로 벤들러(1967)가 제시한 동사의 상적 부류를 다음과 같이 나타낼 수 있다.5)

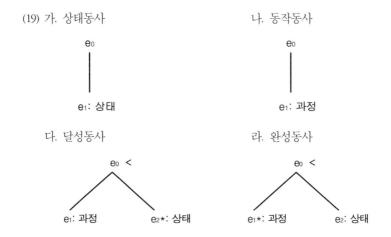

(19) 가. 상태동사   나. 동작동사

e_0 / e_1: 상태 e_0 / e_1: 과정

다. 달성동사   라. 완성동사

$e_0 <$ / e_1: 과정 / e_2*: 상태 $e_0 <$ / e_1*: 과정 / e_2: 상태

(19가)는 상태동사를, (19나)는 동작동사를 각각 나타내는데 이 두 사건구

---

5) 다음 (19)와 이후에 나타날 도식에 사용되는 기호는 다음과 같다.
   (가) e_0 : 최상위의 전체사건을 표시한다.
   (나) e_1, e_2, … e_n : 전체사건을 구성하는 하위사건을 표시한다.
   (다) $<$: 사건의 순서지워진 선행관계를 나타내며 왼쪽의 사건은 선행사건을, 오른쪽의 사건을 후행사건(유순사건)을 표시한다.
   (라) ㅇ : 두 하위사건이 중첩되는 경우(중첩사건)를 나타낸다.
   (마) $<$ㅇ : 두 하위사건이 순서지워진 선행관계를 가지면서 일부 중첩되는 경우(유순중첩사건)를 나타낸다.

조는 각각 상태나 과정으로 하나의 사건으로 구성된 단일사건구조이다. (19다)는 달성동사의 사건구조이며 (19라)는 완성동사의 사건구조를 나타내는 나무그림이다. (19다)와 (19라)의 사건구조에서 '*'는 사건의 중점을 나타내며 이는 전체사건을 구성하는 하위사건에서의 두드러짐을 나타낸다. (19다)와 (19나)의 사건구조는 선행하는 과정사건과 후행하는 결과상태로 이루어진 복합사건구조를 나타낸다.

이와 같이 사건구조를 이원적인(binary) 나무구조로 표상하는 것은 사건구조에 대한 분석적인 틀을 제공한다고 할 수 있다. 사건은 시간의 흐름에 따라서 진행되는 비분절적인 연속체이다. 그러나 이러한 비분절적인 연속체를 그대로 분석하는 것은 사건의 내부구조를 일반화할 수 없다. 따라서 사건을 이와 같이 이원적 내부구조를 갖는다고 가정하면 많은 학자들이 제시하고 있는 동사의 상적 유형을 사건구조의 유형으로 바꾸어 각 사건구조의 유형이 갖는 특성을 보다 분명히 나타낼 수 있는 것이다.

3.2. 사건구조의 확장과 선후관계(先後關係, temporal ordering relation)

2.에서 제시한 '-고 있다' 구성의 다의적인 양상과 그 선행동사의 유형의 상관관계를 벤들러(1967)식의 상적 부류와 함께 고려해 보면 3.1.에서 제시한 사건구조를 보다 정밀하게 기술해야할 필요성이 제기된다. 특히, 동작동사나 완성동사의 경우에는 단일한 행태를 보이는 반면, 막연하게 달성동사에 해당하는 것으로 여겨졌던 심리달성동사나 정도달성동사, 그리고 재귀적 달성동사에 대해서는 하위사건 간의 관계를 고려한 새로운 사건구조의 제시가 필요하다. 이와 같은 사실을 근거로 본고에서는 달성동사의 사건구조의 확장에 중점을 두고자 한다.

그런데 이들 달성동사들 사이에 나타나는 상적 의미의 차이를 기술하는 것은 쉽지만 그 내부구조의 사이를 파악하기 위한 증거를 찾는 것은 매우 어렵다. 그러나 하위사건의 관계를 푸스테윱스키(1991, 1995)가 제시한 선후관계로 파악한다면 각 상적 의미의 차이를 설명할 수 있을 것이라고 예상할 수 있디. 특히 앞에서 밝힌 바와 같이 푸스테윱스키(1995)에서 제시하고 있는 선호관계를 '유순', '중첩', '유순중첩'으로 나누고 있다. '유순'의 선후관계를 갖는 하위사건들은 선후관계가 분명하며 두 사건의 구별해 내기가 쉬운 반면, '중첩'이나 '유순중첩'의 하위사건들은 두 사건의 구별이 어렵다. 따라서 후자의 경우에는 동일한 사건으로 취급하기 쉬울 것이다. 그렇다면 선후관계의 차이를 파악하기 위한 증거가 논의의 전개에 필요한 요소가 된다.

이러한 선후관계의 특징은 다음 (20)에 제시된 바와 같은 미완료역설 (imperfective paradox)을 통해서 파악할 수 있다.

(20) 가. 영희가 뛰고 있다.　　　→ 영희가 뛰었다.
　　 나. 영희가 집을 짓고 있다. ↛ 영희가 집을 지었디

원래 미완료역설은 (20가)와 같이 진행을 나타내는 문장이 완결된 상황을 나타내는 문장을 문장을 함의하는 경우를 말한다. '뛰고 있는' 과정이 현재 진행 중이라면 조금 전까지 '뛰었다'는 상황이 이루어졌다는 것을 의미한다.6) 반면, (20나)와 같은 경우에서 볼 수 있는 것처럼 복합사건구조로 이루어진 '짓다'와 같은 완성동사는 함의관계가 성립하지 않고 미완료역설이 적용되지 않는다. 이는 동사가 나타내는 상의 동질성을 파악하는 기준이 되어 왔다. 하나의 사건을 구성하는 동사는 미완료역설이 적용되지만 두 개 이상

---

6) 이것은 과정만으로 이루어진 동작동사가 나타내는 상황을 보다 자세히 살펴보면 경우, 동일한 순간적인 과정의 반복이나 그 한 순간 한 순간의 과정사건을 분리할 수 없다는 것을 의미하는 것이다. 그리고 '뛰었다'는 그 자체로 완결된 상황을 나타낼 수도 있다. 그러나 이는 '뛰다' 동사 자체의 완결성과는 관계없이 수도 있는 것이다. 그것은 한국어의 선어말어미 '-었-'이 항상 상적인 의미와 관련이 없이 시제를 나타내는 형태소로 작용하는 것이 아니라 완결을 나타내는 상표시의 형태소로 기능할 수도 있기 때문이다. 따라서 '뛰었다'의 완결성은 반드시 '뛰다'의 완결성 여부에 의하여 결정되는 것은 아니다.

의 사건으로 이루어진 사건을 나타내는 동사는 미완료역설이 적용되지 않는다.

그런데 다음과 같은 다양한 유형의 달성동사는 이와 같은 미완료역설에 차이를 보인다. 다음의 예들을 살펴보자.

(21) 가. 영희가 그의 이름을 알고 있다.
→ 영희가 그의 이름을 알았다.   (항상)
나. 눈이 녹고 있다.
⇢ 눈이 녹았다.   (애매성)
다. 영희가 빨간 원피스를 입고 있다.
(→) 영희가 빨간 원피스를 입었다.   (때때로)
라. *강아지가 죽고 있다.
↛ 강아지가 죽었다.   (불가능)

(22)

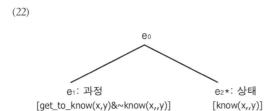

(21가)에서 '알다'에는 미완료역설이 적용된다. 그러나 '알다'나 '잊다'와 같은 심리달성동사의 경우에는 동작동사와 달리 반드시 그 변화를 함의한다. (22)에서 제시된 것과 같이 '알게 되는 과정사건'이 없이는 '아는 상태'에 이를 수 없는 것이다. 그러나 그 변화가 경험주인 주어의 내부에 일어나는 재귀적인 변화이므로 인식과정과 동시에 인식의 상태가 도입된다고 추론할 수 있다. 그러므로 두 개의 하위사건은 동시에 일어난다고 할 수 있다. 반면, '생각하다'나 '보다'와 같은 동사가 나타내는 사태는 2.에서 밝힌 바와 같이 심리달성동사와 달리 내적인 정신적 동작에 관련된 것으로 그 동작 자

체가 정적이므로 상태를 나타내는 것으로 오해될 수도 있다. 만약 순수하게 상태만을 나타낸다면 형용사와 같이 '-고 있다'와의 결합이 불가능해야 하지만 그렇지 않다.

(21나)의 정도달성동사의 경우에는 어느 정도의 사건의 달성이 완결된 상태인지에 대한 기준이 없고 척도가 계속되는 한은 정도의 변화가 계속 일어날 수 있다. 결과상태의 애매성(曖昧性, vagueness)도 이와 같은 사건의 내부구조로부터 기인한다고 할 수 있다. 최초의 원인사건은 결과상태 이전에 일어나지만 그 결과상태는 또 다시 다른 원인사건의 최초의 상태가 된다고 할 수 있다. 즉 사건이 사슬의 연쇄와 같이 부분적으로 중첩되어 있다고 할 수 있다. 그러나 그 어떤 사건도 두드러지지 않으므로 중점을 갖지 못한다.

(21다)의 '입다'와 같은 재귀적 달성동사의 경우에는 '-고 있다'의 의미가 중의적이므로 상황에 따라서 결정된다고 할 수 있다. 그러나 심리달성동사와 마찬가지로 행동주인 주어가 행위의 결과를 자신에게 직접 나타내는 재귀성을 가지지만 주어 내부의 변화는 아니다. 그러나 그 과정의 사건이 매우 순간적이므로 중첩되는 것처럼 보일 수도 있으나 분명한 시간 순서가 있다. 그러나 어떠한 사건도 두드러지지 않으므로 맥락에 따라서 '입고 있다'는 중의성을 갖는다.

(21가), (21나), 그리고 (21다)와 달리 전형적 달성동사인 (21라)는 '-고 있다'형이 일반적으로 가능하지 않을 뿐만 아니라, 미완료역설이 적용되지 않는다. 그러므로 이러한 유형의 달성동사는 전체 사건을 이루는 두 개의 하위사건들이 분명하게 구별되는 순서를 갖는다고 추론할 수 있다.

이와 같이 달성동사의 중첩의 정도는 네 유형의 달성동사에 따라 다르게 나타난다. 이와 같은 정도차이는 다음과 같이 표시할 수 있다.

(23) 중첩(overlapping)의 정도 :
심리달성동사 > 정도달성동사 > 재귀적 달성동사 > 전형적 달성동사

그러면 이러한 중첩의 정도를 선후반계에 반영하여 각 유형의 달성동사들의 사건구조를 다음과 같이 제시할 수 있다.

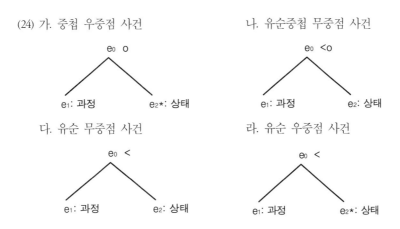

(24) 가. 중첩 우중점 사건

e_0 ○

e_1: 과정 e_2*: 상태

나. 유순중첩 무중점 사건

e_0 <○

e_1: 과정 e_2: 상태

다. 유순 무중점 사건

e_0 <

e_1: 과정 e_2: 상태

라. 유순 우중점 사건

e_0 <

e_1: 과정 e_2*: 상태

(24가)는 '중첩 우중점 사건'을 나타내며 '알다', '잊다'와 같은 심리달성동사가 이러한 유형의 사건구조를 갖는다. (24나)는 '유순중첩(부분중첩) 무중점 사건'으로 정도달성동사의 사건구조이며 '녹다', '식다' 등의 동사들이 이 유형에 속한다. 그리고 (24다)는 '유순 무중점 사건'으로 '입다', '벗다'와 같은 재귀적 달성동사의 사건구조이다. 마지막의 (24라)는 '죽다', '도착하다'와 같은 전형적인 달성동사의 사건구조로 유순 우중점 사건이다.

4. 사건함수 '-고 있다'의 기능

그러면 4장에서는 앞의 논의된 '-고 있다'구성의 상적 의미를 바탕으로 이러한 상적 의미를 결정하는 기제에 대하여 논의하고자 한다. 이를 위해 어미와 조동사로 이루어진 '-고 있다'의 형태를 사건함수로 정의하고자 한다.

이에 대한 본격적인 논의를 하기 전에 먼저 한국어 '-고 있다'와 대응되는 일본어 '-te iru' 형태에 대해서 살펴보자. 일반적으로 한국어의 '-고 있다'와 일본어의 '-te iru'는 거의 유사한 행태를 보이기 때문에 같은 기능을 하는 것으로 취급된다. 나이팅게일(Nightingale)(1998)은 일본어 '-te iru' 구성의 상적 의미를 설명하기 위하여 다음과 같은 하위사건조합(subeventual combination)을 제안하였다.

(25) 가. 동작동사 + -te iru = 과정
　　 나. 달성동사 + -te iru = 상태
　　 다. 완성동사 + -te iru = 상태 (또는 과정)

(26) 가. kodomo　ga　　　asonde　　iru.
　　　　 Children- NOM　play-TE　be
　　　　 '아이가 놀고 있다'
　　 나. Maru-san ga　　shaken　ni ukatte　　iru.
　　　　 Maru-san- NOM exam-LOC　　　　 pass-TE　be
　　　　 '마루씨가 시험에 ^{??}합격해 있다/[*]합격하고 있다.'
　　 다. Maru-san ga　　　tegami o　　　　kaite　　iru.
　　　　 Maru-san- NOM letter-OBJ　　　　 write-TE　be
　　　　 '마루씨가 편지를 쓰고 있다/써 놓았다.'

나이팅게일(1998)은 푸스테욥스키(1991, 1995)의 사건구조를 근거로 (25)와 같은 하위사건조합을 제안하였다. (25)에서 볼 수 있는 것과 같이 '-te iru'는 결합하는 동사의 사건구조를 단순화시키고 있다. 물론 (26)의 예에서 알 수 있는 것처럼 한국어 '-고 있다'와 일본어의 '-te iru'가 의미상 완전히 일치하지는 않지만 (25)에 제시된 바와 같은 사건 단순화이 기능은 동일하다고 할 수 있다.

이러한 유사점에 근거한 추론을 통해 사건함수 '-고 있다'의 기능을 동사

의 어휘상이 나타내는 사건구조를 단순화시켜서 전체 동사구의 사건구조를
상태 또는 과정으로 바꾸는 것이라 할 수 있다. 이러한 사건함수 '-고 있다'
의 적용결과는 다음과 같다.

(27) 가. **KO_ISSTA**(e_1)(과정) $= e_{11}$(과정)$(e_{11} \subset e_1)$ (동작동사)
　　나. **KO_ISSTA**$(e_1 * <_\infty e_2) = e_1$(과정)　　　(완성동사)
　　다. **KO_ISSTA**$(e_1 <_\infty e_2 *) = 0$　　　　　(달성동사)
　　라. **KO_ISSTA**$(e_1 < \circ _\infty e_2) = e_1$(과정)　(정도달성동사)
　　마. **KO_ISSTA**$(e_1 \circ _\infty e_2 *) = e_2$(상태)　(심리달성동사)
　　바. **KO_ISSTA**$(e_1 <_\infty e_2) = e_1$(과정)$/e_2$(상태) (재귀적 달성동사)

(27가)는 동작동사가 논항일 경우 과정사건만으로 단순화하는 함수의 연
산을 정의한 것이다. 엄밀하게 논의하자면 동작동사의 사건은 단순사건이므
로 단순화라는 사건함수의 기능에 어긋나는 것으로 느껴질 수도 있다. 그러
나 동작동사는 사실상 n개의 동일한 과정의 하위사건으로 구성된 복합사건
이다. 이러한 특성을 고려한다면 동작동사의 단순화도 사건함수 '-고 있다'
의 연산결과로 실현될 수 있다. 이것은 개체층위(個體層位, individual level)의
술어를 단계층위(段階層位, stage level)의 술어로 실현시켜 주는 것으로 함수
적용의 결과로 실현되는 과정사건은 전체과정사건의 부분집합으로 단순화
의 결과라고 생각할 수 있다. 그렇지만 각 하위사건들이 매우 동일하게 때
문에 다른 사건들과 달리 동질적이고 각 하위사건으로 나누어지지 않으므
로 하나의 단순사건으로 개념화하여 처리하는 것이 타당하며 단순화를 단
계층위술어화라고 간주한다면 논리적인 문제도 사라지게 된다. (27나)는 완
성동사에, (27다)는 전형적인 달성동사에,[7] (27라)는 정도달성동사에, (27마)
는 심리달성동사에, 그리고 마지막으로 (27바)는 재귀적 달성동사에 대하여

---

7) 2.에서 전형적인 달성동사의 경우 사건전체를 의미하는 경우가 있음을 밝혔다. 그러나 이
　는 분류사나 복수형태 등의 주어명사나 술어동사에 대한 특별한 수식이 존재하는 경우이
　므로 이에 대한 논의는 앞으로 풀어야 할 과제로 남겨두기로 한다.

각각 적용된 결과이다. 주목할 만한 것은 대부분 중점을 갖는 두드러진 하위사건이 단순화의 결과로 실현되며 중점이 없는 경우에는 그 사건이 완전히 중첩되지 않는 경우에 중의적으로 과성이나 결과상태의 사건이 실현된다는 것이다.

마지막으로 이러한 사건함수를 다음과 같이 정의할 수 있다.

> (28) 사건단순화 함수 **KO_ISSTA** :
>
> n개의 하위사건 se_x으로 이루어진 사건논항 e_x에 대하여(n>0),
>
> 가. e_x이 과정사건이나 좌중점 사건인 경우,
>
> **KO_ISSTA**(e_x) = 과정(중점사건)
>
> 나. e_x이 중첩 우중점 사건인 경우에만,
>
> **KO_ISSTA**(e_x) = 상태(중점사건)
>
> 다. e_x이 중첩 무중점 사건인 경우에만,
>
> **KO_ISSTA**(e_x) = 과정(선행사건)
>
> 라. e_x이 유순 무중점 사건일 경우,
>
> **KO_ISSTA**(e_x) = 상태/과정 (중의성)
>
> 마. e_x가 (가), (나), (다), (라)의 경우가 아닐 경우에는
>
> **KO_ISSTA**(e_x) = 0

(28)의 함수정의를 살펴보면 (28가), (28나)와 같이 중점이 있는 경우에는 중점이 있는 사건이 단순화의 결과로 실현된다. 반면 무중점 사건이면서 하위사건의 순서가 있는 (28라)의 경우에는 각각의 사건이 모두 다 실현되어 중의성을 갖는 문장이 된다. 또한 (28다)의 하위사건이 완전히 중첩된 정도달성동사의 경우에는 선행하는 과정사건이 실현된다는 것을 파악할 수 있다.

5. 결론

본고는 '-고 있다' 구성의 상적 의미를 통해서 동사의 사건구조를 보다 정밀하게 정의하고 '-고 있다' 형태를 공기하는 동사의 사건구조를 과정, 또는 상태로 단순화하는 사건함수로 기능한다는 것을 밝혔다. 이와 같은 논의를 통하여 동사 상의 연구에 있어서 항상 중심적인 생각으로 고려되었으나 동시에 늘 문제가 되어왔던 벤들러(1967)식의 상적 부류에 대한 보완이 가능해졌다고 할 수 있다. 또한 푸스테욥스키의 생성어휘부이론에서 제시한 사건구조를 보다 폭넓게 이용하여 보다 정밀한 사건의 내부구조를 기술할 수 있는 가능성을 제시했다.

마지막으로 본고의 연구에 다음과 같은 미제의 문제들을 언급하고자 한다. 첫째, 위에 제시한 사건구조의 선후관계를 검증하기 위한 증거가 더 필요하다. 현재 미완료역설의 성립여부만을 유일한 증거로 삼고 있을 뿐이다. 따라서 보다 많은 증거가 필요하다.

둘째, 유사한 기능을 하는 '-어 있다'와 '버리다', '말다', '가다', '오다' 등의 다른 상조동사류(相助動詞類)의 분포도 함께 살펴보아야 한다. 유사한 기능의 형태의 상적 의미에 대한 포괄적인 비교연구는 한국어 동사의 상에 대한 보다 깊은 연구에 기여할 것이다.

참고문헌

김성화. 1992. 「국어의 상 연구」, 한신문화사.

김윤신. 2001ㄱ. "파생동사의 어휘의미구조-사동화와 피동화를 중심으로-", 서울대
학교 박사학위논문.

김윤신. 2001ㄴ. "-고 있다의 중의성과 동사의 의미구조", 「2001년 한국언어학회 겨
울학술대회 논문집」, 한국언어학회.

김윤신. 2002. "The Ambiguity of '-ko issta' Construction and the Event Structures of
Korean Verbs", in *the Proceedings of the 2002 LSK International Summer
Conference*. vol. 1.

김윤신. 2003. "The Generative Lexicon Approach to the Aspectual Complex Predicate
Construction 'V-ko issta' in Korean", in *the Proceedings of GL '2003 Second
International Workshop on Generative Approaches to the Lexicon*.

김홍수. 1977. "계기의 '-고'에 대하여", 「국어학」 5, 국어학회, pp.113-136.

나이팅게일(Nightingale, Stephen). 1998. "Japanese Aspectual Conjunctions". *Proceedings of
the 1998 Postgraduate Conference*. The University of Edinburgh.

다우티(Dowty, David R.). (1979). *Word Meaning and Montague Grammar*. Dordrecht :
Reidel.

박덕유. 1998. 「국어의 동사상 연구」, 한국문화사.

박양규. 1985. "국어의 재귀동사에 대하여", 「국어학」 14, 국어학회, pp.361-381.

반 부어스트(Van Voorst, Jan). 1992. "The Aspectual Semantics of Psychological Verbs".
Linguistics and Philosophy 15, 65-92.

벤들러(Vendler, Zeno)(1967), "Verbs and Times". in *Linguistics in Philosophy*. Ithaca. N
Y : Cornell University Press.

서정수(1976), "국어 시상형태의 의미분석 연구", 「문법연구」 3.

엥겔버그(Engelberg, Stefan). 1999. "Punctuality and Verb Semantics". *UPenn Working
Papers in Linguistics Volume* 6.1.

양현권. 1994. "'사건논항'의 상적 본질", 「언어」 19-1, 한국언어학회, pp.161-176.

옥태권. 1988. "국어 상 조동사의 의미 연구", 부산대학교 박사학위논문.

이남순. 1981. "현대국어 시제와 상에 대한 연구", 「국어연구」 46, 한국어문교육연구
회, pp.5-30.

이남순. 1987. "에, 에서와 -어 있(다), -고 있(다)", 「국어학」 16, 국어학회, pp.567-595.

이영민. 2001. "現代 國語의 -어 있- 構成과 -고 있- 構成의 結合 制約에 對한 統合的 記述을 위한 試論", 「어문연구」, 한국어문교육연구회, pp.75-99.

이정민. 1999. "Aspects of aspect in Korean psych-predicates : Implications for psych-predicates in general. in Abraham". Werner and Leonid Kulikov (eds.). *Tense-Aspect, Transitivity and Causativity*. John Benjamin Publishing Co., pp.223-249.

이정민 · 남승호 · 강범모. 1998. "Lexical Semantic Structure for Predicates in Korean", in J. Boas and P. Buitelaar (ed.), *Proceedings of ESSLLI-98* (Tenth European Summer School in Logic. Language and Information) Workshop : Lexical Semantics in Context-Corpus, Inference and Discourse : 1-15.

이지양. 1982. "현대 국어의 시상형태에 대한 연구", 서울대학교 석사학위논문.

임홍빈. 1975. "부정법 {어}와 상태진술의 {고}", 「국민대학논문집」 8, 국민대학교, pp.13-36.

임홍빈. 1998. 「국어문법의 심층1-문장범주와 굴절」, 태학사.

자켄도프(Jackendoff, Ray)(1990), *Semantic Structures*, Cambridge, MA : The MIT Press.

장석진. 1973. "부정법 {어}와 상태진술의 {고}", 「어학연구」 9-2, 서울대학교, pp.58-72.

테니(Tenny, Carol L.). 1994. *Aspectual Roles and the Syntax-Semantics Interface*, Kluwer Academic Publishers.

파슨스(Parsons, Terence). 1990. *Event in the Semantics of English : A Study in Subatomic Semantics*. The MIT Press.

푸스테욥스키(Pustejovsky, James). 1991. The syntax of event structure. in Levin, B. and S. Pinker (eds.) *Lexical and Conceptual Semantics*, Cambridge & Oxford : Blackwell.

푸스테욥스키(Pustejovksy, James). 1995. *The Generative Lexicon. Cambridge*, MA : The MIT Press.

한동완(1999), "'-고 있-' 구성의 중의성에 대하여", 「한국어 의미학」 5, 한국어의미학회, pp.215-248.

한동완(2001), "韓國語의 結果狀態相", 「국제고려학」 7, 국제고려학회, pp.1-14.

| 이 논문은 형태론 6-1집(2004, 형태론)에 게재된 논문을 재수록한 것입니다.

내포문에서의 화제화 제약과 정보구조

한 정 한

1. 들어가기

이 글의 목적은 아래 예문 (1)-(4)에서와 같이 오랫동안 '내포문에서의 화제화 제약'(Kuno 1983, 유현경 1986, 최재웅 1999)으로 알려져 왔던 문장들을 정보 구조(Information Structure), 혹은 정보 포장(Information Packaging) 이론의 관점에서 그 원인을 밝히고 설명해 보려는 데 있다(Vallduvi 1993, 1994, Lambrecht 1994, J-H Han 1999).

(1) 가. [내가 새라면] 날아갈 텐데.   [부사절]
    나. #[나는 새라면] 날아갈 텐데.

(2) 가. 철수는 [형이 다니는] 대학교에 들어갔어.   [관형절]
    나. #철수는 [형은 다니는] 대학교에 들어갔어.

(3) 가. 철수는 [자기엄마가 죽었다]는 사실을 모른다.   [명사 보문절]
    나. #철수는 [자기 엄마는 죽었다]는 사실을 모른다.

(4) 가. 그는 [영이가 자기와 결혼해 주기]를 바란다.   [명사절]
    나. #그는 [영이는 자기와 결혼해 주기]를 바란다.

먼저 (1가)와 같은 부사절에서, 절 내 주어 성분인 '나'는 주격조사 '-가'
와 자연스럽게 공기하지만, 화제표지(topic)인 '-는'과는 잘 어울리지 못한
다.1) 같은 방식으로 (2나)에서 관계절 내의 주어인 '형', (3나)에서 명사 보문
절 내의 주어인 '자기 엄마', 그리고 (4나)에서 '-기' 명사절 내의 주어인
'영이'는 모두 화제표지 '-는'과 공기하지 않는다는 점에서 공통점이 있다.

그러나 이와는 대조적으로 같은 복문 구조이면서도 아래 (5)와 같이 절보
문(sentential complement)을 가지거나, (6)과 같이 독립적인 절(대등절)을 가
진 문장은 앞의 '화제화 제약'으로부터 자유롭다.2)

　　　[절보문]
　　(5) 가. 그는 [신은 죽었다고] 말했다.
　　　　나. 누구나 [인간은 존엄하다고] 믿는다.
　　　　다. 나는 [인류의 진보는 불의 발명, 산업혁명, 정보산업사회로 요약되
　　　　　　는 기술혁명의 결과라고] 생각한다.

　　　[대등절]
　　(6) 가. 그녀는 창 밖을 보았으나, 비는 아직도 내리고 있었다.
　　　　나. 그녀는 창 밖을 보았고, 비는 아직도 내리고 있었다.

화제화가 허용되지 않는 (1)-(4)와 화제화가 허용되는 (5)-(6)의 문장들의
차이를 설명하기 위해서 필자는 첫째, 통사론과 정보론은 서로 다른 문법
모듈이므로 분리해서 다루어야 한다는 것, 둘째, 통사구조의 차이, 예컨대,

---

1) 화제(topic) '-는'과 달리, 대조(contrast)니, 총칭적(general) 의미의 '-는'은 내포문에 나타날
　수 있다. 이것은 일본어의 경우도 비슷하다. "However, the contrast 'wa' can appear in
　subordinate clauses."(Kuno 1983 : 56). 그리고 여기서 기호 '#'는 해당 문장이 주어진 담화
　문맥에서 부적절하다(inappropriate)는 표시로 문법적으로 그 문장의 실현이 봉쇄된 '*'와는
　그 용법이 다르다.
2) 화제 '-는'과 공기하지 않는 (1)-(4)는 넓게 보아 복합명사(Complex NP) 보어를 가지는 문
　장인데 비해서, 공기하는 (5)-(6)은 절 보어(Sentential complement)를 가지는 문장이라는 점
　에서 차이가 난다. 이 점을 지적해 주신 익명의 심사위원에게 감사드린다. 다만 복합부사
　절(Complex ADVP)은 이점에서 복합명사와 같은 행동을 보인다.

종속절이 주절의 직접 딸(direct daughter)인지 혹은 명사절(complex NP)이나 부사절(complex ADVP)과 같이 최대투사인지가 정보구조에 영향을 미친다고 주장한다.[3] 즉, 위의 경우, 화·청자는 상호 의사전달의 목적을 위해 지식을 정보로 포장하는 과정에서, 특정 통사구조(내포절) 전체를 하나의 폐쇄된 정보단위(topic or focus)로 만들고, 따라서 이 내포절 안에 동일한 정보단위를 표시하는 표지(topic or focus)가 다시 삽입되는 것을 허용하지 않는다.

2. 배경 지식

2.1. 문장을 보는 서로 다른 관점

정보구조 이론은 문장을 보는 서로 다른 관점이 존재한다는 사실을 인정하는 것에서 출발한다. 즉 문장은 형태·통사론의 관점에서 (7가)처럼 분석될 수도 있고, 의미론의 관점에서 (7나)처럼 분석 될 수도 있으며, 정보론의 관점에서 (7다)처럼 분석될 수도 있다.

> (7) 가. S= NP+VP etc.
>
> 나. S= Proposition(명제)+Modality(양태) etc.
>
> 다. S= Topic(화제)+Comment(평언)/Background(바탕+Focus(초점) etc.

---

3) 역으로 정보구조의 차이가 통사구조에 영향을 줄 수 도 있다. 대표적인 경우가, (1나, 2나)와 같은 한국어의 분열문의 어순이다.
  (1) 가 : 오늘이 은정이 생일이지?
      나 : 은정이 생일은 [Focus 어제]였어.
  (2) 가 : 오늘이 누구 생일이지?
      나 : #은정이 생일은 [Topic 어제]였어.
  (1나)에서 초점(신정보)은 '어제'이고 따라서 이것이 통사구조에 영향을 미쳐 초점이동(문말)을 하였다. 그러나 (2나)의 문맥에서는 '어제'가 더 이상 초점이 아니기 때문에 분열문을 사용할 수 없게 된다.

그런데 문제는 위의 각 문법 모듈들이 어느 하나로 대체 혹은 통합될 수 있는 성질의 것들이 아니라는 데 있다. 먼저 통사론과 의미론의 불일치는 전자가 개별 언어에 의존적인데 비해서 후자는 상대석으로 언어 보편적이라는 점에서 피할 수 없는 결과이다. 예를 들어 아래 (8)의 문장들은 서로 형태·통사구조가 조금씩 다르다.

> (8) 가. [[NP 그는][VP [V 가] [NEG 지 않] [PAST 았][DEC 다]].
> 나. [[NP He][VP [AUX did] [NEG not] [V go]].
> 다. [[NP 地][VP[NEG 沒][V 走]。
> 라. [[NP 皮は][VP[V 行き][NEG ません][PAST でし][DEC た]]。

한국어, (8가)에서 본동사 '가-'는 VP의 최초 위치에 나타나고, 부정 보조 동사 구성인 '-지 않-'이 그 뒤를 잇는다. 그리고 굴절요소인 과거의 '-았-'과 서법요소인 '-다'가 문말 위치에 나타난다. 이에 비해서 영어, (8나)의 예는 VP의 최초 위치에 조동사 'do'가 오고 부정어 'not', 그리고 본동사 'go'가 문말에 온다. 중국어, (8다)의 예에서는 부정어 '沒'이 VP의 최초 위치에 나타남은 영어와 같으나, 이것이 '不'의 과거형이라는 점에서 영어의 조동사 'do'와 부정어 'not'의 기능이 '沒'에 융합되어 있음을 보여 준다. 마지막으로 일본어, (8라)의 예에서는 다른 것은 한국어와 유사하나, 부정이 보조 동사 구성이 아니라, 어미('-ません')로 실현된다는 점이 다르다.[4]

그런데, (8)의 예들이 상호 번역이 가능한, 즉 의미적으로 동치의 문장들이라는 점에서는 다르지 않다. 따라서 (8)의 예들은 모두 아래 (9)와 같은 의미구조로 표시할 수 있다. 즉 (9)의 단일한 의미구조가 (8)의 서로 다른 형태·통사구조로 실현되고 있다는 것이다.

---

4) 동일 의미가 언어에 따라, 혹은 동일 언어에서도 서로 다른 형태·통사 구조로 실현되는 예는 많이 있다. Dorr(1994)에서는 이런 예들을 언어간의 번역불일치(translation divergences) 라는 표제 아래 소개하고 있다. 또, 한정한(2001)은 한, 중, 일, 영어의 비교를 통해 번역 불일치의 예를 보여주고 있다.

(9) [[GO (3rd.singular.masculine)]+[NEG+PAST+DEC]

마지막으로 (7다)의 정보론이 통사론 또는 의미론과 분리되어야 하는 이
유는 아래 (10가, 나)와 같은 예에서 찾을 수 있다.

(10) 가 : 어제 철수가 영이한테 뭘 주었다고?
　　　나 : [TOPIC 어제 철수가 영이한테 [FOCUS 장미 한 송이를] 주었어.]

(10가)에 대한 (10나)의 대답 중에서 '장미 한 송이'는 의문사 '뭐'(wh-
words)에 대한 응답 부분이므로 (10나)에게는 '새로운 정보'이고 따라서 이
문장의 초점 영역이 된다. 그리고 초점을 제외한 나머지 부분은 '구정보'이
므로 화제 영역이 된다. 그런데 (10나)의 분석은 통사구조에서는 그에 대응
하는 구조를 찾을 수 없는 매우 이질적인 구조이다.[5] Vallduvi(1993 : 174)의
아래 예도, (11), 통사구조와 정보구조의 차이를 보여준다.

(11) 가. When we were in China, we only lived on rice.
　　　나. Boy, I'm glad I wasn't there. I'm not finicky.
　　　　　but, only on rice [FOCUS I couldn't live].

(11나)에서 밑줄 친 'only on rice'는 '화제화(topicalization)'되어 문장의 앞
으로 이동되었고, 'I couldn't live'는 새로운 정보이므로 초점영역이다. 여기
서도, (10)에서와 비슷한 논리로, 주어와 동사만으로 구성된 통사구조는 없
음을 상기할 필요가 있다. (10), (11)의 예로부터 우리는 정보구조가 통사, 의
미구조에서 분리되어 별도의 투사(projection)구조를 가져야 함을 알 수 있
다.[6]

---

5) 필자는 목적어를 제외하고 문장의 나머지 부분만으로 구성된 통사구조를 알지 못한다.
6) (30')의 정보투사(Information projection) 참조.

2.2. 정보구조 형성 제약

문장을 화제나 초점과 같은 정보범주로 분석하기 위해서는 그 문장이 발화될 수 있어야 한다. 즉, 실제 담화에 사용될 수 있어야 한다는 것이다. 아래 (12가)의 질문에 대한 적절한 대답은 오직 (12나)뿐이고, 다른 것들은 적절한 대답이 되지 못한다. 이것은 (12다, 라)가 발화수반력(Illocutionary force) 표지를[7] 수반하지 않았기 때문이라고 할 수 있다.

> (12) 가. 철수는 어디 갔니?
> 　　　나. 철수는 설악산에 갔어요.
> 　　　다. #철수는 설악산에 갔.
> 　　　라. #철수는 설악산에 감.

따라서 서법 표지(문장종결어미)가 없는 (12다, 라)의 문장들은 아래 (13)의 정보구조 형성 제약을 위반하고 있다.

> (13) 정보구조 형성제약
> 　　　화제(topic)나 초점(focus)과 같은 정보 범주는 반드시 발화단위에서만 형성될 수 있다.[8]

그러나 (13)에는 한 가지 단서가 있다. 즉 우리가 말하는 발화수반력 표지는 형태적 표지뿐만이 아니라 영어의 경우에서와 같이 어순이나, 또는 운율(prosody)과 같은 음운적 표지로도 실현될 수 있다는 것이다. 운율의 경우를 예로 들면,

---

7) 한국어의 경우 이것은 서법표지인 평서, 의문, 명령, 청유형 문장 종결어미가 형태적으로 실현되어야 함을 뜻한다.

8) Jacobs도 이와 비슷한 주장을 했다. "Jacobs(1984, 1986) proposes that informational notions like topic and focus be represented at the level of illocutionary meaning." (Vallduvi 1993 : 31 에서 재인용)

(14) 가. 철수는 영희와 결혼한다. ↘   (평서)
　　 나. 철수는 영희와 결혼한다. ↗   (의문)
　　 다. 철수는 영희와 결혼한다. ↗↘   (청유)
　　 라. 철수는 영희와 결혼한다. ↓   (명령)

(14가)는 평서문 표지('-ㄴ다')와 평서문의 내림조 운율 구조를 가지고 있다. 그러나 (14나)는 비록 동일한 평서문 표지를 가지고 있으나, 의문문 특성의 올림조 운율을 가지고 있기 때문에 의문의 발화수반력을 가지게 된다. 같은 방식으로, (14다)는 비록 평서문 표지를 가지고는 있으나, 오르내림조의 운율을 가지고 있기 때문에 청유의 발화수반력을 행사하게 되고, 마지막으로 (14라)는 끊음조의 운율을 가지고 있으므로 명령문으로 쓰일 수 있음을 보여주고 있다. '철수는 사실 영희와 결혼을 원하지 않지만, 화자가 강요하는 입장'에서 말할 때 이런 끊음조가 가능하다고 본다.

2.3. 최소정보단위(minimal information unit)

화제나 초점이 되기 위한 두 번째 제약으로 최소정보단위(minimal information unit)가 있다. Lambrecht(1994 : 215)는 최소단위가 최소한 구(phrase)이어야 한다고 주장한다. 예를 들어, 아래 (15가)의 질문에 대해서 (15나)는 적절한 응답이 될 수 있지만, (15다)와 같이 전치사 단독으로는 답이 되지 않는다.

(15) 가. What did you do to the pigs?
　　 나. Talk to them.
　　 다. #To

이러한 예는 국어에서도 어렵지 않게 발견된다.

(16) 가. 어떤 책이 좋다는 거야?
　　　나. 이 책.
　　　다. #이

　(16가)의 질문에 대해서 (16나)는 새로운 정보를 주는 초점이 될 수 있지만, (16다)의 지시관형사는 단독으로는 초점 형성 자체가 불가능하다.

　Lambrecht(1994 : 215)는 최소정보구조가 구(phrase)이어야 한다는 것의 이유를 아래와 같이 설명하고 있다.

> (17) 이것은 초점 영역이 구범주이어야 한다는 것을 함축한다(verb or adjective phrases, noun phrases, prepositional phrases, adverbial phrases, and sentence). 초점 영역은 어휘범주일 수 없다. 왜냐하면, 정보구조는 단어와 그것의 의미, 혹은 단어들의 의미와 구 혹은 문장의 의미 사이의 관계가 아니라, 주어진 담화 상황에서 개체와 사태간(entities and state of affairs)의 화용적 해석에 관련되어 있기 때문이다. 개체와 사태는 통사적으로 어휘 단위가 아니라 구 단위로 실현된다.

　위의 설명은 개체와 사태간의 화용적 해석, 즉 질문과 응답을 하기 위한 최소한의 단위가 구라는 것, 그리고 구 내의 의존성분(dependant)이 그것의 모체인 핵(head) 없이 홀로 정보단위가 되지 않는다는 것, 마지막으로 통사핵(head)은 그 자체로도 구를 형성할 수 있으므로 단독으로도 정보단위가 될 수 있다는 것 등으로 해석될 수 있겠다.

2.4. 정보구조의 정의

　이상의 논의를 통하여 필자는 정보구조의 정의를 아래와 같이 내린다.[9]

---

9) Vallduvj(1993 : 27)는 이를 '문장 화용론'이라고도 부른다.

(18) 정보구조의 정의

화자 A가 명제 Ø를 청자 B에게 전달하고자 할 때, 화자 A는 명제 Ø에 대한 청자 B의 지식(old/new information), 활성화(activated/inactivated)[10] 상태를 고려하여 명제 Ø를 재구성하는데, 이것이 정보구조이다. 그리고 정보구조가 개별언어에서 음운적, 형태적 통사적으로 포장(코딩)되는 방식이 정보포장이다.

현재 학계에서 정보구조(information structure)와 정보포장(information packaging)은 상호 호환되는 것으로 보고 있는 것 같다. 다만, 학자에 따라서 어느 하나를 선호하는 것으로 보인다. 예를 들어, Lambrecht(1994)는 전자를, Valludiví(1993)는 후자, 혹은 정보론(informatics)이라는 용어를 쓴다. 그러나 전자와 후자는 서로 다른 것으로 보는 것이 좋겠다. 왜냐 하면, 발화 내의 성분들이 어떻게 화제와 평언으로 또는 배경과 초점으로 구조되어 있는가 하는 것과 그러 한 구조가 개별언어의 형태·통사구조에 어떤 식으로 포장(코딩)되는가 하는 것은 서로 다를 수 있기 때문이다.

예를 들어/ 영어의 초점은 주로 음운적 돋들림(prominence, i.e., focal accent or intonation)으로 포장되는데 비해서, 한국어의 화제와 초점은 주로 형태적

---

10) 신정보/구정보와 활성화/비활성화의 개념은 서로 일치하지 않는다. Lambrecht(1994)는 신정보/구정보를 전제(presupposition)와 단언(assertion)의 차이로 설명하고 있다.
(1) A : Who saw John? B : MARY saw John.
위 문답에서 화청자가 공유하고 있는 구정보, 즉 전제는 someone saw John이고, (1B)의 신정보, 즉 단언은 someone is Mary임을 알 수 있다. 그러나 이러한 분석으로 해결이 되지 않는 애들이 있다.
아래는 Dryer(1996)의 예이다.
(2) A : Who saw John?   B : NOBODY saw John
(3) A : Who if anyone saw John?   B : MARY saw John.
(1B)와 달리 (2B)에서는 someone saw John라는 전제가 부정하고 있다는 것을 알 수 있다. 그리고 (3A)는 if anyone를 통해서 알 수 있듯이 A 스스로가 위의 전제를 취소하고 있다. 문제는 만약 전제(구정보)가 곧 화제라고 정의한다면, (2)와 (3)의 문맥에서 화제가 없다는 결론이 나온다는 것이다. 이러한 문제를 해결하기 위해서 Dryer(1996)는 구정보(전제)가 아니라 활성화(activated)가 곧 화제라고 말한다. 즉, 비록 (2)와 (3)에서 someone saw John이라는 전제가 취소되고 있지만, 이것이 활성화되었다는 점에서는 (1),(2),(3)이 모두 동일하기 때문이다.

('-는', '-만', '-도', '조차', '마저' 등) 표지를 이용하여 포장된다. 또 언어에 따라서는 초점요소가 동사에 선행하지 못하는 제약 때문에, 특수한 초점 포장 구조가 발달해 있는 경우도 있다(예, 프랑스어의 C'est ma voiture qui est en panne. '고장난 것은 내 차다.'). 또 한국어와 같이 어순이 주로 정보 포장에 관여하는 언어가 있는가 하면 영어와 같이 어순이 주로 통사구조에 관여하는 언어가 있다.[11]

2.5. Vallduvt(1993)의 삼분법 정보구조
: 연결(link), 꼬리(tail), 초점(focus)

기본적인 정보 범주에 어떤 것이 포함되는가? 그리고 그것은 몇 개인가? 이런 질문에 대하여 전통적으로 '주제(theme)-논술(rheme)'/'화제(topic)-평언 (comment)', '화제(topic)-초점(focus)', '배경 (background)-초점 (focus)' 같은 정보 범주들이 소개되어 왔다.[12]

그런데, Vallduvi(1993 : 54)는 기존의 정보구조 분류법이 아래 두 가지로 포괄 될 수 있다고 본다.

> (19) 가. 화제(topic)-평언(comment)
>   나. 배경(background)-초점(focus)

(19가)에서 화제는 '그것에 대해서 뭔가가 말해지는 어떤 것'(aboutness), '메시지로서의 문장을 위한 출발점', 또는 '문장의 최초에 오는 요소'를 말한다. 이에 대해서 평언은 다시 앞의 '화제에 대하여 말하여지는 어떤 것'이

---

11) J-H Han(1999 : 74-87), 3.5 "A taxonomy of focus structure"는 한국어의 정보 포장 방식을 음운적 코딩, 어휘적 코딩, 형태적 코딩, 어순 코딩, 통사적 코딩으로 나누어 정리하고 있다.

12) 이들 개념에 대한 소개는 Vallduvi(1993 : 35-65)를 참고

다. 그리고 (19나)에서 초점은 문장의 신정보(new information), 또는 정보적인(informative) 부분, 그리고 배경(prince 1984, 1986의 open-proposition)은 발화시점에서 화·청자에 의해서 참이라고 믿어지고 있는 것으로 이해되는 '공유되는 지식'(shard Knowledge)이다.

그러나 Vallduvi(1993 : 57)는 (19가, 나)와 같은 2분법이 간과하고 있는 경험적 정보 범주가 있음을 지적하면서 그의 3분법 체계(link-tail-focus)를 주장하고 있다. 그는 먼저 화제-평언 분류법이 아래 (20)의 차이를 설명해 주지 못하고 있다고 본다.

(20) 가. What about Mary?
　　　나. [TOPIC She] [COMMENT gave the shirt to Harry]
　　　다. What about Mary? What did she give to Harry?
　　　라. [TOPIC She] [COMMENT gave the SHIRT to Harry]

(20가)의 질문에 대한 응답인 (20나)에서 'gave the shirt to Harry'는 VP전체가 평언이고 새로운 정보이지만, (20다)의 질문에 대한 응답인 (20라)에서 새로운 정보를 주는 것은 단지 'shirt'뿐이다. 따라서 'shirt'를 제외한 평언 내의 다른 요소들은 초점도 아니고 화제도 아닌 요소가 된다. 화제-평언 분류법은 이 부분에 대한 범주가 없다.

두 번째로 (19나)의 배경-초점에 대해서도, Vallduvi는 이것이 아래 (21)의 차이를 설명해 주지 못하고 있다고 본다.

(21) 가. What about Mary? What did she give to Harry?
　　　나. [BACKGROUND She gave [FOCUS the SHIRT] to Harry.]
　　　다. What about Harry? What did Mary give to him?
　　　라. [BACKGROUND To Harry she gave][FOCUS the SHIRT].

(21가, 다)의 질문에 대한 응답인 (21나, 라)는 각각 배경과 초점으로 분리

되어 있다는 점에서는 동일하지만, 문장의 어순이 서로 다르다는 점에서 차이가 있다. 이것은 (21나, 라)의 각 문장이 무엇에 '대하여'말하고 있는가 하는 관점에서 서로 다르다는 것으로, (21나)는 'she'에 대하여 말하고 있으나, (21라)는 'Harry'에 대해서 말하고 있다. VallduVi에 따르면 배경-초점 분류법에는 이 '대하여성'(aboutness) 범주가 없다.

(19)의 두 가지 분류법이 가지는 '불충분성'을 해결하기 위해서 Vallduvi (1994 : 29)는 아래 (22)과 같은 삼분법(연결-꼬리-초점) 체계를 주장한다.

(22)	link	tail	focus
	ground		focus
	topic	comment	

(22)에서 (19가)의 '평언'이 '꼬리'와 '초점'으로, 그리고 (19나)의 배경이 '연결'과 '꼬리'와 대응되고 있음을 알 수 있다. Vallduvi(1993 : 59)에 따르면, '연결'은 청자를 주어진 주소(혹은 Reinhart (1982), Hdim(1983)의 파일카드)로 이동하도록 지시한다는 의미에서 주소 포인터이다. 그리고 이러한 포인터 기능은 배경(background)의 정보닻(information anchor) 역할을 담당하며 일반적으로 모두 위치에 나타난다. 이제 이러한 3분법에 의하여 위의 (20)와 (21)을 다시 분석하면 아래와 같이 된다.

(20') 가. What about Mary?
　　　나. [LINK She] [FOCUS gave the shirt to Harry]
　　　다. What about Mary? What did she give to Harry?
　　　라. [LINK She] [TAIL gave [FOCUS the SHIRT] to Harry]

(21') 가. What about Mary? What did she give to Harry?
　　　나. [LINK She] [TAIL gave [FOCUS the SHIRT] to Harry.]
　　　다. What about Haary? What did Mary give to him?
　　　라. [LINK To Harry] [TAIL she gavel] [FOCUS the SHIRT].

　본고는 이제부터 Vallduvi(1993, 1994)의 주장을 받아들여서, 화제-평언, 배경-초점의 이분법 대신에 연결(link)-꼬리(tail)-초점(focus)의 삼분법 체계를 따르기로 한다.13)

2.6. 초점 구조

　앞 절에서 필자는 정보 범주의 예로 연결, 꼬리, 초점이 있음을 소개했다. 그런데 문장 내 어떤 정보단위(구 이상)도 연결, 꼬리, 그리고 초점이 될 수 있다는 점에서 정보범주는 통사범주와 차이가 있다. 그러므로 연결, 꼬리, 초점이 모두 정보구조의 기준으로 사용될 수 있겠지만, Lambrecht(1994 : 221), Van Valin & LaPolla(1997 : 206)는 문장 내 생략 가능성이 가장 낮은 초점을 기준으로 아래와 같이 3가지의 기본적인 초점구조를 제시하고 있다.

(23)

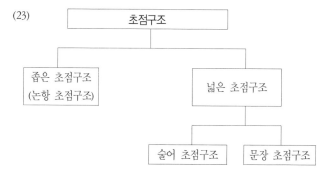

　먼저 좁은 초점구조는 논항 초점구조라고도 불리는 것으로 초점 영역이 문장 내 단일 정보단위로 제한되는 정보구조를 말한다. 아래 (24)는 명사구

---

13) 필자는 '연결'보다는 '고리'라는 번역이 더 정확한 번역이라고 보나, 기존 관례에 따라 (이익환·이정민(1998)의 '연결-꼬리-초점'을 따랐음) 박철우(1997)는 Vallduvi의 체계를 소개하면서, 한국어의 화제표지 '-는'이 화제(topic)가 아니라 고리(link)에 해당한다고 주장한다.

가 초점으로 사용된 예이다.

> (24) 가. 우리 집에 불이 났다고?
> 나. 아니, [FCOUS 옆 집에].

(24가)의 화자는 '우리 집에 불이 났다'고 전제하고 있고, 따라서 이것이 위 문맥에서 화·청자의 공유된 지식(shared knowledge)이 된다. 그리고 (24나)의 화자는 화제 중 '우리 집'을 '옆 집'으로 정정함으로써 후자가 새로운 정보, 즉 초점임을 알리고 있다. (24)를 초점이 아니라 화제의 관점에서 보면 '술어화제(predicate topic)' 구조가 된다.

이와 달리 넓은 초점구조는 하나 이상의 정보단위가 초점 영역에 포함되는 경우를 말한다. 아래 (2)는 술부(화제를 제외한 문장의 나머지 부분) 전체가 초점을 받는 '술어초점(predicate focus)' 구조의 예이다.[14]

> (25) 가. 철수는 뭐하니?
> 나. [LINK (철수는)] [FOCUS 자기 방에서 공부하고 있어요].

(25가)의 의문사 '뭐'에 해당하는 부분은 화자가 모르는 부분이고, 이에 대한 응답인 (25나)의 술부는 모두 초점을 받고 있다.

마지막으로 문장 초점구조는 문자 그대로 문장 전체가 초점영역이 되는 정보 구조이다. 일반적으로 아래 (26)과 같이 화·청자 간에 서로 공유된 지식이나 전제가 없을 때 나타난다. 이것은 무화제(topicless) 문이라고도 부른다.

> (26) 가. 무슨 일이야?
> 나. [FOCUS 우리 집에 불이 났어].

---

14) Vallduvi(1993 : 62)의 Link-focus.

(26가)의 화자는 현 상황에 대한 이해가 없는 상태에서 사건의 내용을 묻고 있고, (26나)의 화자는 현 상황을 보고(사건 보고문)하고 있다.[15]

2.7. 초점 기능 영역과 실제 초점 영역

일반적으로 문장 내 어떤 성분이든 초점을 받을 수 있고, 따라서 문장 전체가 초점 가능 영역(potential focus domain)이 된다. 그리고 문장 내에서 실제로 초점을 받은 성분이 실제 초점 영역(actual focus domain)이 된다. 아래 (27)은 이러한 예를 보인 것이다.

> (27) 가. 밖에 누가 왔다고?
>   나. [PFD [AFD 김선생님이] 오셨어요].

그러나 좀 더 자세히 살펴보면, 한 문장 내에서 실제로 초점이 실현될 수 있는 영역과 그렇지 않은 영역은 언어에 따라, 또 문자의 구조에 따라 약간씩 달라진다.[16] 아래 (28), (29)는 우리말에서 초점이 오지 못하는 영역이 있음을 보여주는 예이다.

---

15) 이런 용법을 부르는 용어는 학자마다 약간씩 차이가 있다 : Event-reporting(Lambrecht 1994), neutral descripiton(Kuno 1972), thetic sentences(Kuroda 1972, Sasse 1987).

16) 예를 들어, Lambrecht(1994 : 223)에 따르면 프랑스어나 이태리어에서는 초점 성분이 동사 선행위치(pre-verbal position)에 나타나지 않는다. 아래 예에서 영어(a)나 일본어(d)는 초점 (대문자) 요소가 동사에 선행할 수 있지만, 이태리어(b)이나 프랑스어(c)에서는 이 경우 초점요소를 동사에 후행시키거나 'it-that-'식의 특수용법에 의존하게 된다.

  a. MY CAR broke down.
  b. Si è rotta la mia MACCHINA. (lit. 'broke down my car')
     È la mia MACCHINA che si è rotta. (lit. 'it's my car which broke down')
  c. C'est ma VOITURE qui est en panne. (lit. 'it is my car which broke down')
  d. KURUMA ga kosyoo-si-ta
  즉 프랑스어와 이태리어의 동사선행위치는 초점가능영역(PFD)이 아니다.

(28) 가. 어제 누가 서울에 왔다고?
　　　나. [FOCUS촘스키 교수가] 왔어요, 서울에.
　　　다. #서울에 왔어요, [FOCUS촘스키 교수가].

위 (28)의 대화에서 의문사 '누구'의 답이 되는 부분, 즉 (28나, 다)의 '촘스키 교수'는 초점영역이고, 이것이 (28나)에서처럼 동사 선행 위치 (pre-verbal position)에 오는 것이 아무런 문제가 되지 않지만, 동일 초점 영역이 동사 후행 위치(post-verbal position)에 오는 것은, (28다)에서 보듯이, 문장을 매우 어색하게 만든다. 그러나 아래 (29)에서 보듯이 화제는 이와 다르다.

(29) 가. 촘스키 교수는 어느 대학에 있지?
　　　나. [LINK촘스키 교수는] MIT에 있어요.
　　　다. MIT에 있어요, [LINK촘스키 교수는].

위 (29)의 대화에서 '촘스키 교수'는 화제이고, 이것은 (29나)에서처럼 전형적인 문두 위치에 올 수도 있지만, (29다)에서처럼 동사 후행 위치 (post-verbal position)에 나타날 수도 있다. 따라서 우리는 국어의 동사 후행 위치는 원칙적으로 초점이 올 수 없는 자리, 즉 초점 가능 영역(PFD)의 밖에 위치한다는 것을 알 수 있다. 우리는 이것을 아래와 같이 표시하기로 한다.

(29다')

위 그림에서 보듯이 post-verbal position은 원칙적으로 초점이 오지 않는 영역이므로 초점가능영역(PFD)에서 제외되었다. 그리고 초점가능영역(PFD) 내에서도 실제초점영역(AFD)은 'MIT'만에 한정된다.

3. 내포절의 정보 구조

이제 다시 최초의 문제, 즉 내포절의 화제화 제약으로 돌아가 보자. 문제의 핵심은 어째서 내포절에 화제 표지 '-는'의 삽입의 부적절한가 하는 것이었다.

    (30) [내가/#나는 새라면] 날아갈텐데.   [부사절]

    (31) 철수는 [형이/#형은 다니는] 대학교에 들어갔어.   [관형절]

    (32) 철수는 [자기 엄마가/#자기 엄마는 죽었다]는 사실을 모른다. [명사 보문절]

    (33) 그는 [영이가/#영이는 자기와 결혼해 주기]를 바란다.   [명사절]

이 문제와 관련하여 필자는 앞에서 두 가지 주장을 했다. 첫째, 통사구조와 정보구조는 서로 이질적인 문법구조를 가지고 있다는 것, 둘째, 통사구조의 차이가 정보구조에 영향을 미칠 수 있다는 것이었다. 먼저 내포절의 정보구조상 특징을 살펴보자.

3.1. 내포절은 폐쇄된 정보단위(최대투사)

첫 번째 주장과 관련하여 우리는 내포절 내의 어떤 요소도 전체 문장의 화제나 초점이 되지 않는다는 사실에 주목할 필요가 있다.

아래 (34나)는 내포절(부사절) 안의 한 성분을 화제('나는')로 하고, 동일절 내 나머지 부분('새라면')과 주절을 합하여 초점으로 하는 정보구조를 가정해 본 것이다.

(34) 가. #너는 새라면 고향 땅으로 날아가고 싶니?
나. #[LINK 나는] [FOCUS 새라면 고향 땅으로 날아가고 싶다].

그런데 (34나)의 정보구조가 실제로 가능하려면 이러한 응답을 이끌어낼 수 있는 질문이 가능해야 하는데, (34가) 문장의 비적절성에서 보듯이 그러한 질문은 가능하지가 않다.[17] 즉 (34나)의 정보구조는 그것을 유도해 낼 수 있는 질문을 가정할 수 없으므로, 허용될 수 없는 정보구조라는 것이다. 이로써 우리는 내포절내의 한 성분을 잘라 내어 그것을 '연결'로 하는 정보구조를 형성할 수 없다는 결론을 얻을 수 있다.

그러면 이번에는 내포절 내의 어느 한 성분이 전체 문장의 초점이 될 수는 있는가? 즉, 아래 (35)에서 (35나)의 응답을 유도해 낼 수 있는 질문이 가능한가?

(35) 가. #철수는 누가 죽었다는 사실을 모르니?
나. #[LINK 철수는] [FOCUS 자기 엄마가] [TAIL 죽었다는 사실을 모른다].

(35나)의 정보구조가 가능하기 위해서는 (35가)의 질문이 가능해야 한다.

---

17) 익명의 심사위원은 (34가) 예문이 자연스럽다고 본다. 그러나 필자가 보기에 이 문장은 '네가 새라면 고향 땅으로 날아가고 싶니?' 보다 훨씬 부자연스럽다. 즉 부사절 '네가 새라면'의 일부 요소가 전체 문장의 화제나 초점으로 분해되지 않았을 때에 가장 자연스러운 문장이 된다.

그러나 이 문장은 정상적인(appropriate) 질문이 아니다.[18] 그러므로 내포절의 한 성분을, '자기 엄마가', 초점으로 가지는 (35나)의 발화도 허용되지 않는 정보구조이다.[19]

그렇다면 마지막으로 내포절 전체가 정보단위가 될 수 있는가? 아래 (36)은 내포절 전체의 정보단위가 초점이 된 예이다.

> (36) 가. 저도 극장에 들어갈 수 있나요?
> 나. [FOCUS 19세 이상이면] 들어 갈 수 있단다.

> (37) 가. 철수가 뭘 모른다는 거야?
> 나. 철수는 [FOCUS 자기 엄마가 죽었다는 사실]을 모르고 있어.

(36가)의 화자는 어떻게 하면 '극장에 입장이 가능한가' 하는 정보를 묻고 있고, 이러한 신정보는 (36나)에서 내포절 전체에 담겨 있다. 같은 맥락에서 (377나)는 내포절(명사절) 전체가 초점으로 쓰인 예이다.

3.2. 절보문은 개방된 정보단위(주절의 직접 지배)

앞 절의 예증을 통하여 우리는 내포절이 정보적으로 폐쇄된 단위임을 알 수 있었다. 즉 내포절의 일부 요소는 전체 문장의 화재나 초점이 될 수 없다. 그렇다면 같은 복문이면서도 화제화 제약이 적용되지 않는 아래 절보문

---

18) 의문사 '누구'를 의문사(wh-words)가 아니라, 불특정 대명사(indefinite-specific pronoun)인 '누군가'(someone)로 해석하면 문장의 적정성이 조금 나아진다. 그러나 이렇게 해성하면 네/아니오(yes/no) 답변이 나와야 한다.

19) 익명의 심사위원은 "내포문 안에서 화제화 표지가 주절 전체의 명제에 대한 화제가 아니고 내포문의 명제에 대한 화제를 표시하기 위해 사용될 수도 없음을 설명해야 한다고" 지적하였다. 필자는 예문 (35가) 가능하지 않은 것이 그 경험적 이유라고 생각한다. 또 차후 (39)에서 밝히겠지만 이론적 설명도 가능하다고 본다. 즉 내포절(Complex NP)은 최대투사(장벽)이므로 주절의 직접지배를 받지 않으므로 초점가능영역(Potential focus domain)에서 제외된다. 즉 화제나 초점은 PFD밖으로 투영되지 못한다.

과, 대등절 예문들은 어떻게 된 것인가?

> [전보문]
> (38) 가. 그는 [신은 죽었다고] 말했다.
> 나. 누구나 [인간은 존엄하다고] 믿는다.
> 다. 나는 [인류의 진보는 불의 발명, 산업혁명, 정보산업사회로 요약되
> 는 기술혁명의 결과라고] 생각한다.

> [대등절]
> (39) 가. 그녀는 창 밖을 보았으나, 비는 아직도 내리고 있었다.
> 나. 그녀는 창 밖을 보았고, 비는 아직도 내리고 있었다.

화제화가 허용되지 않는 (30)-(33)과, 화제화가 허용되는 (38)-(39) 문장들의 통사구조상의 차이는 전자, 즉 부사절(adverb phrase), 관형절(adjective phrase), 명사 보문절(noun phrase complement), 명사절(noun phrase)의 절 내 성분들이 모두 최대투사(장벽)이므로 주절의 직접 지배를 받지 않는데 비해서 후자의 절보문이나 대등절의 독립절은 절 자체가 주절의 직접지배(direct daughter)를 받고 있다는 데 있다. 이 문제와 관련하여 Van Valin & LaPlla(1997 : 485)는, 영어의 예를 들면서, 아래 (40)과 같은 규칙을 제안하고 있다.

> (40) 복문에서의 초점 가능 영역
> 발화수반행위 표지를 가지는 주절의 직접 딸(의 딸)인 경우 내포절은
> 초점가능 영역의 범위 안에 들어 올 수 있다.[20]

필자는 이것이 국어에도 그대로 적용된다고 본다. 이에 따르면 절보문이나 대등절 내의 한 성분이 초점을 받을 수 있다. 아래 그림은 역할·지시문

---

20) The potential focus domain in complex sentences :
   A subordinate clause may be within the potential focus domain if it is a direct daughter of
   (a direct daughter of) the clause node which is modified by the illocutionary force operator.

법(Role and Reference Grammar(Van Valin &LaPolla (1997)))의 모형21)에 따라서 (30), (31), 그리고 (38가)의 통사구조와 정보구조를 함께 그려 보인 것이다.

(30') 가. #나는 새라면 날아갈텐데.
나.

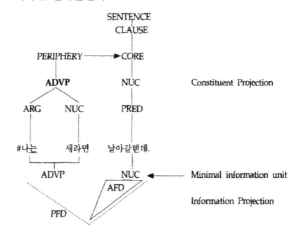

　위 그림의 위 부분인 통사구조(constituent projection)를 보면 내포절(부사절)이 주절에 의해서 직접 지배를 받지 않는 부가적(periphery)인 성분이라는 것을 알 수 있다. 그리고 아래 부분인 정보구조(information projection)를 보면 부사절 전체(ADVP)가 '최소 정보 단위(MIU)'로 묶여 있어서 부사절 내부의 일부 요소는 전체문장의 정보단위가 될 수 없음을 표시하고 있다. (30')은 이것을 위반하고 부사절 내에 화제표지('-는')을 삽입해서 부적절한 문장이 된 것이다. 같은 방식으로 우리는 아래 (31') 문장의 부적절성도 설명할 수 있다.

---

21) 통사구조 표시에 대한 설명은 Van Valin & LaPolla (1997 : 17-76)을 참조하기 바란다.

(31') 가. #철수는 형은 다니는 대학교에 들어갔어.

나.

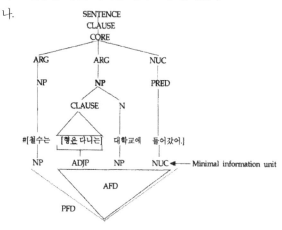

위 그림의 통사구조에서 관형절(ADJP) '형은 다니는'은 주절의 최대투사 '대학교'(NP)에 의해서 막혀 있기 때문에 주절의 직접 지배를 받지 않는다. 그리고 정보구조에서 관형절 전체가 최소정보단위로 묶여 있기 때문에 그 내부의 어떤 요소도 화제나 초점이 될 수 없다. (31')는 이것을 어겨서 부적절한 문장이 되었다.

그러나 이와 달리, 아래 (38가)의 예문에서는 첫째, 절보문 전체를 막는 주절의 최대투사 범주가 없기 때문에 주절의 직접 지배를 받을 수 있고, 둘째, 따라서 절 내 성분들이 정보구조 상 주절에 개방되어 있는 최소정보단위라는 점이 앞의 예문들과 다르다. 그러므로 절보문 내부의 '죽었다고'가 아래와 같이 초점을 받을 수 있다.

(38가') 가. [LINK그는] [TAIL신은 [FOCUS죽었다고] 말했어].
　　　　나.

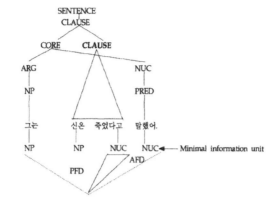

　필자는 (38, 가')의 정보구조와 관련하여서, Heim(1982)의 서류철 변동 의
미론(File change semantics)을 정보포장이론에 도입한 이익환·이민행(1998)
의 설명이 도움이 된다고 생각한다. 그들은 Vallduvi의 세 구성성분이 수행
하는 인지적인 기능을 아래 (41)과 같이 정리하고 있다.

(41) 가. 초점성분 : 한 문장이 가지고 있는 정보 중에서 청자의 정보상태
　　　　에 실제적으로 유일하게 기여할 수 있는 정보
　　나. 연결성분 : 해당 담화지시체에 대한 정보가 수록되어 있는 뇌 속
　　　　의 서류카드를 찾아내도록 하는 지침의 근거
　　다. 꼬리성분 : 뇌속의 서류카드에 수록되어 있는 특정한 기록(record)
　　　　을 찾아내도록 하는 지침

　그리고 이러한 일련의 지침 유형들을 정보구조에 의해 수행되는 인지적
기능으로 재해석하여 정보구조의 유형과, 지침유형 그리고 정보구조의 인지
기능간의 상호대응관계를 아래의 표 (42)를 통해 정리했다.

(42)

	정보구조유형	정보구조의 인지기능	지침유형
가	연결-꼬리-초점구조	해당 서류카드를 찾아, 관련기록의 정보를 새로운 정보로 대치시킨다.	• GOTO(fc) • UPDATE-REPLACE (Is, record(fc))
나	연결-초점구조	해당 서류카드를 찾아, 새로운 정보를 추가한다.	• GOTO(fc) • UPDATE-ADD(Is)
다	꼬리-초점구조	현재 활성화 되어 있는 서류카드 내, 관련기록의 정보를 새로운 정보로 대치시킨다.	• UPDATE-REPLACE (Is, record(fc))
라	초점구조	현재 활성화되어 있는 서류카드 안에 새로운 정보를 추가한다.	• UPDATE-ADD(Is)

필자는 아래 (43나)의 정보구조를 (42가)에 의해 해석할 수 있다고 본다. 즉, (43나)의 '그'는 아래 (44가)의 파일카드를 가지는 것으로 본다.

(43) 가. 철수가 신의 존재를 믿을까?
　　　나. [LINK그는] [TAIL신은 [FOCUS죽었다고] 말했어].

(44) 가.　　　　　　　　　　　　　　　나.

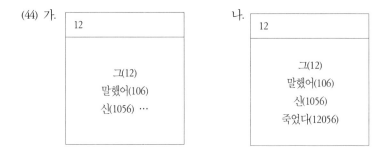

카드 위쪽의 숫자 '12'는 현 문맥에서 대명사 '그'로 표현되는 대상을 카드 내에서 지칭하는 것이고, 아래쪽의 숫자들 '106', '1056'도 실세계의 대상들을 대신 지칭하는 것이다. (43)의 문맥에서 '그'는 '연결'이고, 따라서 전체 카드번호가 12, 그리고 '신'과 '말했어'는 각각 활성화된 '꼬리'정

보이다.

(43나)는 카드 12에 '신'(106)에 대한 새로운 정보를 추가하고 있는 것이므로, 여기에 (42가)의 인지기능이 수행되면 (44나)와 같은 새로운 카드가 만들어진다.

4. 결론

지금까지 국어 내포문에서의 화제화 제약을 정보구조(또는 정보 포장)이론에 근거하여 설명해 보았다. 필자는 첫째, 정보구조가 기존의 통사구조나, 의미구조와는 다른 독립된 문법 모듈이라는 점, 둘째, 내포절은 주절의 직접 딸(인용절)인지 또는 최대투사(명사절, 부사절)에 의해서 막혀있는지에 따라서, 주절의 정보구조로부터 폐쇄, 또는 개방된다고 주장했다.

이러한 논의는 통사구조와 정보구조 사이의 상호 관계를 밝혀주는 데 도움을 주고, 기존의 정보구조 해석을 위한 인지적 모형에서 복문구조를 어떻게 처리할 것인지에 대한 시범적 모형을 제공해 줄 수 있다고 생각한다. 그러나 '-도', '-만', '-조차', '-마저' 등과 같은 기존의 초점표지들(focus sensitive elements)도 화제 '-는'과 마찬가지로 내포절에 나타나지 않는다는 점 등은 깊이 다루지 못했다.

참고문헌

김미경. 1999. "정보구조화 관점에서 본 한국어의 이동규칙", 「언어」 24-1, 한국언어
학회, pp.1-22.

박철우. 1997. "한국어 정보구조에서의 화제와 초점", 서울대학교 박사학위논문.

유현경. 1986. "국어 접속문의 통사적 특질에 대하여" 「한글」 191, 한글학회, pp.77-104.

이익환·이민행. 1998. "지시적 표현과 정보구조의 해석을 위한 인지적 모형", 「언어」
23-1, 한국언어학회, pp.65-85.

채완. 1975. "조사 '는'의 의미", 「국어학」 4, 국어학회, pp.93-113.

최재웅. 2001. "화제와 정보구조", 「언어정보」 4, 고려대학교 언어정보연구소, pp.71-99.

한정한. 2001. "다국어 기계번역시스템을 위한 의미표시방법", 「민족문화연구」 35,
고려대민족문화연구원, http://ikc.korea.ac.kr/free/board2_start_htm.

한정한. 2002. "'가', '를'의 연결이론", 「어학연구」 38 3, 서울대 어학연구소, pp.827-850.

Danes. Frantisek. 1968. Some thoughts on the semantic structure of the sentence. *lingua*
21. pp.55-69.

Dorr. Bonnie J. 1993. *Machine Translation : A View from the Lexicon*. Cambridge. Mass :
MIT press.

Dryer. Matthew S. 1996. Focus. pragmatic presupposition. and activated propositions.
Journal of Pragmatics 26 : pp.475-523.

Firbas. J. 1964. On defining the theme in functional sentence perspective. *Travaux
linguistiques de prague* 1. 267-280.

Firbas. J. 1971. On the concept of communicative dynamism in the theory of Functional
Sentence Perspective. *Brno Studies in English* 7. pp.12-47.

Hajičová. E. 1984. Topic and Focus. In P. Sgall. ed. Contributions of Functional syntax.
Semantics and Language Comprehension (LLSEE. 16). Amsterdam/Philadelphi
a : John Benjamins. pp.189-202.

Halliday. M.A.L. 1967. Notes on transitivity and theme in english. part Ⅱ. *Journal of
Linguistics* 3. pp.199-244.

Han. Jeunghan. 1999. *Morphosyntactic coding of Information Structure in Korean*. PH.D.

dissertation. State University of New York at Buffalo.

Heim. Irene. 1982 *The Semantics of Definite and Indefinite Noun Phrases*. Ph.D. dissertation. University. of Massachusetts.

Hockett. Charles. 1958. *A Course in Modern Linguistics*. New York : Macmillan.

Kuno. Susumo. 1972. *The structure of Japanese language*. Cambridge. MA : MIT press.

Kuroda. S-Y. 1972. The categorical and the thetic judgment : Evidence from Japanese syntax. *Foundation of Language* 9. pp.153-85.

Lambrecht. Knud. 1994. *Information structure and sentence forms : Topic Fous. and mental representation of discourse referent*. Cambridge : Cambridge Univ. press

Reinhart. Tanya. 1982. Pragmatics and linguistics : An analysis of sentence topics. *Philosophica* 27. pp.53-94

Sgall. P. E. Hajičová & J. Panevová. 1986. *The meaning of the sentence in its semantic and pragmatic aspects*. Dordrecht : Reidel.

Sasse. J. J. 1987. The thetic/categorical distinction revisited. *Linguistics* 25. pp.511-80.

Vallduvi. Enric. 1993. *The Information Component*. Ph.D dissertation University of Pennsylvania.

Vallduvi. Enric. 1994. "The Dynamics of Information Packaging." in E. Engdahl. ed. *Integrating Information Structure into Constraint-based and Categorial Approaches*. 4-26. HCRC Publications. University of Edinburgh.

Van Valin. Robert D. Jr. & Randy J. Lapolla. 1997. *Syntax : Structure. Meaning & Function*. Cambridge Textbooks in Linguistics.

| 이 논문은 언어 27-3집(2002, 한국언어학회)에 게재된 논문을 재수록한 것입니다.

연상조응의 문법범주화에 대한 이론적 정합성 검토

김 광 희

1. 머리말

이 연구는 조응(anaphora)을 문법규칙으로 체계화하는 과정에서 이른바 '연상조응'을 그 하위 체계의 하나로 설정하고, 연상조응사를 문법범주로서 구별하는 것이 조응의 본질적 면이나 문법의 체계화 면에서 이론적인 정합성을 확보할 수 있는지를 비판적으로 검토하려는 데 목적이 있다.

넓은 의미에서 조응은 서로 다른 두 표현이 그 해석을 위해 의미적으로 상호 의존 관계를 맺는 것(이성범 2001 : 272)으로 정의될 수 있다. 그러나 조응을 상호 의존관계에 의한 표현의 해석으로 규정하는 것은 텍스트의 응집성을 확보하는 의미가 있음에도 불구하고 그 적용의 범주가 지나치게 확장되는 결과를 불러오므로 오히려 개념의 적용이 모호해질 수 있고, 두 표현 간의 상호 의존성에 대한 문법적 동기를 구체화하기 어렵다는 문제를 지니게 된다. 이런 이유에서 문법연구에서는 그 의미를 좁혀 사용하는 것이 일반적인 경향이다. 곧 조응의 양상을 대명사와 같은 범주가 앞서 나온 표현을 대신하여 사용하는 것으로 제한하는 것이다. 그리고 동일 표현의 중복 사용을 피하고, 긴 표현을 대명사의 짧은 표현으로 대신하는 경제적 효과 면에서 그 동기를 설명한다. 국어의 조응에 대한 지금까지의 여러 연구들이

대명사에 관심을 집중해 온 것도 이런 이유에서였다.[1)

다양한 언어 현상 가운데는 경제성을 양보하더라도 의사소통의 효과나 의미 관계의 명확성 등 나른 목적을 위해서는 소응사를 사용하지 않거나 심지어 동일 표현을 거듭 반복하는 예도 있다. 이른바 연상조응을 문법범주로 설정하고 이를 텍스트의 구성과 이해의 면에 적극적으로 활용하려는 일련의 연구들은 모두 이러한 경향에 서 있다.[2) 대표적인 연구로는 Charolles (1999), Apothéloz(1999), Kleiber(1999)와 국내 연구로서 윤홍옥(2001), 윤홍옥 외(2002), 구자은(2003), 이동연(2004) 등이 있다. 이 가운데 윤홍옥 외(2002)에서는 연상조응사를 4가지 종류로 나누고 이 조응사의 의미·화용론적 제약을 설정한 바 있다.

이 글에서는 이와 같은 조응 연구의 두 갈래 흐름을 서로 대비하여 살펴보는 것으로부터 논의를 시작한다. 특히 조응이란 우리말의 경우 대명사나 대명사 상당어구 — 지시사, 지시사+의존명사, 일부 수사 등 — 에 제한적으로 적용되어야 하고, 조응의 용법상 선행사와 조응사 간에 동일지시성의 제약을 전제해야 할 것으로 보는 것이 이 연구의 입장이다. 이와 대비되는 명사에 의한 대용 곧 연상조응은 조응의 테두리에서 벗어나는 것으로 이해한다. 이를 논증하기 위하여 본고에서는 조응의 문법적 기능과 그 형식을 재검토하고, 우리말에서의 동지시적 조응의 형식과 연상조응의 형식을 대비해 보려고 한다. 또한 연상조응사로 취급되는 명사가 선행명사와 의미적으로 연관성을 갖지만 이는 추론에 의한 새로운 의미의 도입으로서 변항성을 특징으로 한 동지시조응과는 근본적으로 다르다는 점을 드러내게 될 것이다.

---

1) 언구자에 따라서는 조응사 대신 대용사라는 용어를 신호하였딘 짐도 우리밀 조응의 기본적인 양상이 대용에 있었음을 나타내는 것이다. 변형문법에 의한 결속이론과 이 이론에 의한 국어 대명사의 연구들을 여기 모두 열거할 수는 없으나 대체로 이 경향에 서 있다고 할 수 있다.

2) 이 글에서는 연상조응사의 문법범주화에 동의하지 않는다. 다만 대명사에 의한 동지시조응과 구별하기 위한 목적으로 연상조응(사)라는 용어를 어쩔 수 없이 임시적으로 사용하기로 한다. 필자의 의도를 정확히 담아내기 위해서는 '이른바 연상조응사'라 표현하는 것이 적절할 것이로되 매번 그런 표현을 반복하는 것이 도리어 번거로울 수 있겠기에 편의상 '연상조응사'란 용어를 쓰기로 한다.

2. 조응의 개념과 그 문법적 동기

이미 언급된 어구를 다시 가리키는 대명사나 관사 등의 용법을 Jespersen (1909)에서 조응으로 규정한 이후, 그 자체에 무엇인가를 지시할 수 있는 능력을 갖추지 못하고 항상 다른 요소를 통해 그 지시대상이 분명해지는 단어나 구 그리고 넓게는 모든 종류의 대용어(pro-forms)를 포괄적으로 규정하는 것이 조응의 일반적인 정의이다.[3] 이러한 정의는 Bloomfield(1933 : 247-249)에서 어떤 관습적 상황에서 일정한 부류의 언어형식을 대신하는 언어형식 또는 문법자질로 규정한 것과 같은 맥락이다.[4] 국어를 대상으로 장경희(1990 : 271-272)에서도 언어적 문맥이나 담화의 상황에서 되풀이되어 쓰인 요소가 보다 추상적이고 형식적인 언어형식으로 대체되어 표현되는 언어현상으로 조응을 정의하고, 대명사와 지시관형사, 재귀대명사 등 대용어 전반을 그 대상으로 제시하였다. 한편 Lyons(1977 : 660)에서는 선행사가 지시하는 대상을 다시 지시하는 것이라 하여 조응 개념의 적용 범위를 상대적으로 축소시키되 이 현상의 문법적 기능을 더 명확하게 규정하였다. 이와 같은 개념에 따라 조응의 전형적인 예를 제시한다면 (1)과 같다.

(1) 흐르는 것이 물뿐이랴. <u>우리</u>가 <u>저</u>와 같아서 강변에 나가 삽을 씻으며 <u>거기</u> 슬픔도 퍼다 버린다. (정희성, 저문 강에 삽을 씻고)

(1)에는 두 가지 다른 의미 속성의 명사들이 있다. '물, 강변, 삽, 슬픔' 등이 한 부류이고, '우리, 저, 거기' 등이 다른 부류이다. 전자는 그 자체로서 지시적 의미를 갖는 명사라는 점에서 그것이 결여된 후자의 명사와 의미적으로 구별된다. 게다가 후자의 명사들은 그 지시하는 바가 무엇인지를 문맥

---

3) 영어학 사전(신아사, 1990) p.65-66 참조.
4) Bloomfield(1933)에서는 이러한 정의에 해당하는 개념으로 대용어(substitute)를 제시하여 조응과는 다른 용어를 사용하였다. 현상에 대한 용어로 조응을, 그 현상의 문법형식으로 대용어를 쓴 것으로 이해되므로 전혀 새로운 개념 규정을 제기한 것으로 볼 필요는 없다.

에서 확인하는 절차를 필요로 하며, 그 지시성이 확인된 연후에야 그 명사
는 물론 그것이 구성하는 텍스트 전체의 의미해석이 가능해진다. 지시 확인
은 문맥으로부터 주어지는 구체적인 상황이나 담화 보형(맥락)을 통해 이루
어진다. 지시 대상을 확인할 수 있는 별도의 절차가 주어져야 하는 까닭에
이들 어휘는 지시적으로 미확정적이거나 혹은 가변적이라 할 수 있다. 이러
한 속성을 김광희(1997)에서는 변항(variables)이라는 개념으로 규정하였다.5)

정항성을 특질로 갖는 지시적으로 완전한 표현들은 다른 문법적 장치의
도움이 없이도 의미 기능이 독립적으로 발휘될 수 있지만, 변항성을 속성으
로 하는 표현들은 지시적으로 공백인 범주들이므로 반드시 정항으로 변환
되는 별도의 문법적 절차 — 결속이론 — 를 거쳐야 의미적으로 완전한 해
석이 가능해진다.6) 이와 같은 지시 구현의 과정은 변항의 의미 해석을 위하
여 정항인 범주와 변항인 범주간의 지시적 결속을 전제로 하므로 이를 조응
(anaphora)이라 한다.

문법범주로서의 완결성을 위하여 변항은 의미면에서 정항이 되어야 하며
이를 위해 직접 지시 능력이 없는 변항의 범주가 실질적 의미를 갖는 다른
표현을 매개로 삼아 어휘로서의 지시를 획득하는 것이 조응의 문법적 동기
가 된다.

여기에서 우리는 변항성을 속성으로 갖는 문법범주의 중요한 특성을 살
펴볼 필요가 있다.

---

5) 변항과 달리 어떤 상황에서나 항상 고정된 지시 대상을 의미로 갖는 어휘가 존재한다. 앞
의 예에서 보면 '물, 강변, 삽, 슬픔' 등의 명사가 여기에 해당된다. 이 부류의 어휘들이 갖
는 지시적으로 고정된 의미 속성을 '정항성'으로 구분하여 위의 변항성과 대비시킬 수 있
다(김광희 1997 : 32).

6) 어떤 표현이 완전하게 해석되기 위해서는 적어도 두 가지 조건을 충족시켜야 한다. 첫째
언어 표현을 구성하는 모든 요소는 통사적으로 인허되어야 하고 또 그럴 때에만 도출되고
표시될 수 있다. 둘째 모든 논항 요소는 반드시 그것의 지시 대상을 가져야 의미적으로 완
결될 수 있다. 논항 요소가 지시를 가져야 하는 이유는 문장이 서술 내용과 서술 양식의
결합이라 할 때(시정곤 1992 : 219) 서술 내용의 핵심은 논항이기 때문이다. (서술 양식이
란 시칭·겸칭·서법 등을 말하는 것으로 이들은 지시 대상이 아닌 작용의 표현 양식일
뿐이다.)

(2) 가. 라인홀트 메스너는 유럽 알피니즘의 거장이다. 그는 히말라야에
　　　몸을 갈아서 없는 길을 헤치고 나갔다. 그는 늘 혼자서 갔다.
　　나. 퇴계는 평생을 산이 가까운 고향 마을에서 살았다. 산 가까이 살
　　　기 위하여 그는 무려 40여 차례나 임금에게 사직서를 보냈다.
　　다. 산에 가서 안개와 노을을 마시고 햇빛을 먹으려는 자들을 퇴계는
　　　가까이 하지 않았다. 산에 속아 넘어가서 결국 자신을 속이게 되
　　　는 인간들을 퇴계는 가엾게 여겼다. (이상 김훈, 자전거 여행)

(2)에서 밑줄 친 어휘들은 모두 변항의 속성을 갖는 문법범주들이다. 이들
변항범주들은 다음과 같은 몇 가지 특성을 공유한다.

첫째, 이들은 공통적으로 그 자체의 지시적 대상을 특정할 수 없다. 텍스
트나 담화상의 맥락을 통해 (2)의 대명사 '그'와 '자신'의 지칭 대상이 확인
되기 전까지 이 두 대명사는 실질적으로 지시 대상을 갖지 못한 상태이다.
정항인 언어 표현이 실재적이든 추상적이든 간에 지시 대상으로서의 실체[7]
를 갖는다는 점과 대조되는 점이다.

둘째, 의미의 구성을 크게 내포와 외연으로 나눌 수 있다면 변항은 내포
는 있으나 그에 대당되는 외연을 찾기가 어렵다.[8]

셋째, 지시적으로 공백 요소의 특징을 보이는 대명사는 (2가,나)에서 보듯
모든 문장에서 동일 형태 '그'로 실현될 수 있지만 문맥으로부터 전수되는
의미 정보는 구체적인 문맥에 따라 상이하게 결정된다.

이상의 세 가지 관찰을 통하여 우리는 조응사가 어떤 언어 형식과 지시
적으로 결속되는 변항임을 확인하게 되는데, 이는 조응어가 추상성을 주요
한 속성으로 갖는 문법범주이기에 가능한 것이다.[9] 이 추상성이야말로 조응
사의 가장 본질적인 속성이라 말할 수 있다.

---

7) 언어 표현의 지시 대상에 대해서는 Lyons(1977 : 442-445) 참조.
8) 여기서 말하는 내포란 특정한 대상의 실질적 의미소가 아니라 추상적인 의미 자질의 최소
　명세를 가리킨다.
9) 이 추상성은 그 지시 영역이 대단히 광범위하므로 상황에 따라 그에 적합한 여러 실체들을
　지칭하는 포괄적 지시 즉 보편 지시로도 실현될 수 있다.

끝으로 한 가지 덧붙인다면, (2다)에서는 지시적 선행사와 변항인 대명사가 후방조응(cataphora)으로 맺어진다. 후방조응이 성립할 수 있다는 점은 뒤에 살피게 될 연상조응에서는 발견되지 않는 동지시조응만의 독특한 조응 형식이다.

조응을 이와 같이 지시적으로 공백인 표현이 지시성을 획득해가는 문법 현상으로 이해하는 관점에 선다면 우리는 대명사의 조응성을 비교적 명확하게 이해할 수 있다. 그러나 문제는 대명사가 아닌 일반 명사에서도 지시적으로 불명료한 해석을 내리게 되는 예가 있다는 점이다. 얼핏 동지시조응과 크게 달라 보이지 않는 다음의 예들을 보자.

> (3) 가. 라인홀트 메스너는 <u>유럽 알피니즘의 거장</u>이다. (=2가)
> 나. 신은 우리를 가만히 지켜보시는 게 <u>그</u> 본성이다. 그이는 색도 모양도 웃음도 눈물도 잠도 <u>망각</u>도 시작도 끝도 없지만 어느 곳에나 있다. (황석영, 바리데기)
> 다. 그들은 둘이 다 오늘 아침 면사무소 마당에서 손자들을 화물자동차에 실어 보내고 돌아오는 길이었다. 왜놈들은 끝내 이 두메에서까지 <u>병정</u>을 뽑아 내었던 것이었다. (이범선, 학마을 사람들)
> 라. 내 세상 뜨면 풍장시켜 다오. 섭섭하지 않게, 옷은 입은 채로 <u>전자시계</u>는 가는 채로 <u>손목</u>에 달아 놓고… (황동규, 풍장1)

(3가)는 앞서 (2가)에서 읽은 예문이다. 이 문장에서 명사구 '유럽 알피니즘의 거장'은 특정 대상의 고유한 명칭이 아니라 대상에 대한 지칭 판단의 의미 기능으로 쓰였다. 따라서 '유럽 알피니즘의 거장'은 이 예문에서 '라인홀트 메스너'를 선행사로 하여 연결되어야만 그 의미가 분명해진다. 명사의 지시적 불명료성을 생각하게 하는 더 나은 예로서 (3나)를 보자. 이 예문에서 '색, 모양, 웃음, 눈물, 잠, 망각, 시작, 끝' 등은 그 자체로서 지시성을 갖기도 하지만 이 예문에서만큼은 '신'을 선행사로 하여 의미적으로 결속되어야 완전하게 해석될 수 있다. (3다,라)의 '병정', '옷', '전자시계' 등 역시 이

예문의 맥락 속에서 특정 선행사와 연결되어야만 해석되는 명사들이다. 여기에서 우리는 다음과 같은 의문을 갖게 된다.

(4) 가. 명사들이 선행사와 지시적으로 결속되어 해석되는 일 역시 조응
　　　의 한 양상으로 보아야 하는가?
　　나. 특정 문맥에서 지시적으로 불명료성을 드러내는 이들 명사들을
　　　조응사의 범주로 규정지을 수 있는가?

머리말에서 소개한 바 있는 연상조응론자들은 이 물음에 대하여 긍정적인 답을 내린다. 그리고 그들은 이 현상을 이른바 연상조응으로, 이들 명사를 연상조응사로 처리하려 한다. 이제 연상조응(사)의 존재를 제시하는 연구들의 이론적 출발점과 동기를 더 자세히 살펴보고, 연상조응사가 기존의 조응범주들과 이론적인 정합성을 갖는지 검토해보기로 한다.

3. 연상조응사 설정의 이론적 정합성

(3)의 예문을 읽으면 굳이 문학적 상징성을 따지지 않더라도 밑줄 친 명사들이 문맥에 의해 주어지는 '맥락 의존적인 의미'를 갖는다는 사실을 알수 있다. 이 명사들의 해석이 반드시 선행사인 명사들이 제공하는 의미의 지시영역 내에서 해석되어야 함에 따른 판단이다. 의미짝을 이루는 <선행사-명사>의 형식만을 본다면 이는 동지시조응의 그것과 유사하다. 이점이 바로 연상에 의한 조응현상을 의미연구에 적극적으로 도입하려는 문법적 동기가 된다.

그러나 필자는 앞 절에서 논의한 <선행사-대명사>의 연결과 이제 살펴려 하는 <선행사-명사>의 연결을 모두 조응의 한 가지로 취급하고자 하는 저간의 여러 논의에 대하여 강한 의구심을 갖는다. 결론부터 말하자면 동지

시에 의한 조응과 연상에 의한 조응은 그 성격이 완전히 다르므로 연상조응은 조응의 범주에서 배제되어야 한다고 생각한다. 이를 논증하기 위하여 3장에서는 다음과 같은 문제의식을 갖고 기왕에 제기된 연상조응사론을 검토해 보려 한다.

(5) 가. 조응 해석의 기제로 제시되는 연상의 개념과 기능은 무엇인가?
　　나. 문맥 응집성의 측면에서 동지시조응사와 연상조응사는 기능과 방법 면에서 동질적인가?
　　다. 변항범주의 조응과 명사의 조응은 의미 정보의 처리 면에서 동일한가?

3.1. 연상의 개념과 문맥 응집성

연상(association)이란 심리학에서 인간의 기억과 정신을 구조화하기 위하여 도입된 개념으로서 어떤 개념이 다른 개념의 촉발작용에 의해 회상(reminding)될 수 있을 때 이 양자 사이의 연관관계를 '연상'으로 규정할 수 있다(Gordon and Hobbs 2004 : 57-58). 연상의 기초는 우리가 무엇을 기억한다면 그 기억은 그것에 의해 '연상'되는 다른 개념을 기억의 영역에서 접근 가능하게 만드는 작용을 한다는 것이다.

Gordon & Hobbs(2004 : 58)의 논의에 따르면 인간의 정신을 주의집중(focus of attention) 영역과 기억 영역으로 눌 수 있고, 정신작용은 학습을 통해 습득한 개념이 주의집중 영역에서 기억의 영역[10]으로 저장되거나 저장된 개념이 기억의 영역에서 주의집중 영역으로 회상되는 과정의 지속적인 반복을 포함한다. 주의집중을 받은 특정 개념은 그것과 연상관계로 맺어진 제3의 개념을 접근 가능한 기억의 영역으로 끌어올리거나 주의집중의 영역으로 추출(회상)해낼 수도 있다. 그러므로 기억 속의 개념(도식의 concept 4)

---

10) 기억의 영역은 다시 접근 가능한 영역과 접근 불가능한 영역으로 나누어질 수 있다.

을 끄집어내도록 작용하는 연상의 다른 축인 개념(concept 1)은 기억의 인출
단서(retrieve cue)의 역할을 한다.[11] 이처럼 연상은 둘 이상의 개념을 우리의
정신 영역에서 연결시키는 비문법적 작용이다.

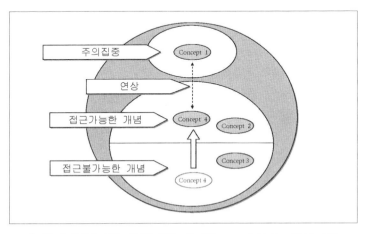

[그림 1] 연상에 의한 개념의 접근 가능성(Gordon & Hobbs 2004 : 58)

연상이 정신과 기억 등의 심리적 작용 영역에서 주로 다루어지는 까닭에
이 개념은 언어습득이나 언어 능력을 설명하는 데에도 유용한 개념으로 사
용된다. 국어 화자의 언어 지식의 영역에서 어떤 단어군들이 상호간에 연합
되어 기억 속에 갈무리되어 있음을 밝히고 각 어휘들간의 연합의 얼개를 연
상을 통해 추출하거나 검증하는 일은 의미론 분야에서나 언어 심리학 분야
에서 언어능력을 이해하는 방법론으로서 유용하게 활용되고 있다. 그러나
연상을 지시의 문제와 결부하여 조응현상의 영역으로까지 확대시킬 수 있
느냐 하는 것은 이런 연구의 효용성과는 전혀 별개의 문제이다. 구체적인
예를 가지고 이를 살펴보기로 한다.

---

11) Mckoon & Ratcliff(1992)에서는 연상의 강도에 영향을 끼치는 맥락적 요소와 관련하여 개
    념간에 발생하는 맥락으로 구성된 단서(cue)를 사용함으로써 의미기억에 접근이 가능하다
    는 주장을 펴고 있다(윤홍옥 외 2002 : 2-3 재인용).

연상조응의 양상과 그 해석의 방법을 다룬 Charolles(1999)에서는 연상조응을 설명하기 위한 전형적인 예로서 (6)을 제시하고 있다.

> (6) 편지 한 통이 홈즈를 기다리고 있었다. (그) 봉투는 찢어지고, (그) 우표도 절반이 떨어져 나갔으며, (그) 소인은 전날 발송된 것임을 표시하고 있었다.12)

(6)에서는 명사 '편지'와 후행하는 한정명사구 '그 봉투, 그 우표, 그 소인'들이 서로 의미적 연관성을 갖고 있다. '봉투, 우표, 소인'이 독자적인 의미 영역을 형성하는 것이 아니라 선행사 '편지'를 전제로 제한적으로 의미 해석이 된다. 예 (6)에서는 (7)과 같은 연상의 짝들이 추출된다.

> (7) <편지, 봉투>, <편지, 우표>, <편지, 소인>

Charolles(1999)에서 드러내고자 하는 의도는 (6)의 <봉투, 우표, 소인>의 해석이 (8)의 그것들과 전적으로 다르다는 점이다.

> (8) 가. 봉투는 편지나 서류 등을 넣는 종이로 만든 주머니를 말한다.
> 나. 우표는 처음 영국에서 사용하기 시작했다.
> 다. 청산우체국 소인이 찍힌 편지

독자적인 의미 영역을 형성하는 용법(8의 예)과 선행사로 영역이 제한되는 용법(6의 예)이란 그 의미 해석이 선행사와 결부되어 있는가 아닌가에 따라 지시의미가 달라진다는 것을 가리킨다. (6)의 봉투'는 다른 봉투가 아닌 '홈즈에게 배달된 편지'의 봉투로 제한되지만, (8가)의 봉투는 그런 지시적

---

12) 이 예의 원문은 "*A letter* was awaiting Sherlock Holmes. *The envelope* was crumbled, *the stamp* was half off and *the postmark* indicated that it had been sent the day before."(Charolles 1999 : 312)로서 비한정명사구와 연결되는 한정명사구를 중요하게 구별하여 다루고 있다. 우리말로 번역된 (6)에서 원문과 다르게 지시어 '그'를 괄호로 묶은 것은 우리말에서는 '그 봉투'의 형식보다는 '봉투'의 형식이 더 자연스럽기 때문이다.

제한이 없는 일반적인 의미로 해석될 수 있다는 말이다. 전자를 맥락 제한적(context bound) 명사 해석이라고 한다면 후자는 맥락 자유(context free) 명사 해석이라 부를 수도 있을 것이다.

(8)의 '봉투, 우표, 소인'은 그 자체로서 지시적 완결성 ― 맥락에 결부되지 않고 고정된 지시를 갖는 정항 속성 ―을 갖는다. 이점을 중요하게 부각시킨다면 (6)의 한정명사구들은 그 지시성이 선행명사에 의해 결정되므로 연상에 의한 조응 특히 명사조응이라는 주장이 설득력을 얻을 수 있을 것 같다. Hawkins(1978) 이후로 이처럼 대명사가 아닌 한정명사구가 주어진 문맥 안에서 '연상'에 의하여 선행명사구와 의미 해석상 결속되는 현상을 가리켜 연상조응(associative anaphora)이라 하고, 이 한정명사구를 연상조응사라 칭하여 왔다.[13]

여기에서 한 가지 전제해 둘 사항이 있다. '편지-봉투, 우표, 소인'은 우리의 경험세계 속에서 후자의 명사들이 편지를 구성하는 구성소이거나 혹은 각 명사들 사이에 강한 연상의 고리를 형성하고 있다는 점이다. 그렇다면 연상관계를 형성하는 어휘들 사이에는 어떤 필연적이거나 인과적인 연관성이 맺어져 있는 것은 아닐까?

Anderson(1995)는 이와 관련하여 지식의 표상들이 개념들 사이에 고정된 관계로 존재함으로써 어떤 개념의 연상은 복잡한 연산망에서 연상 경로(associative pathways)를 통해 확산되어 활성화된다는 연상의 확산모형이론(Spreadibg Activation Model)을 제안하였다. 이 이론에 따르면 연상적 점화라는 것이 의미적으로 서로 연상된 단어가 의미 기억에 표상된 네트워크를 통해서 제시된 단어에서 연상된 단어로 확산되며, 단어를 처리한다는 것은 그 의미에 해당하는 의미 기억 속의 개념마디(semantic node)를 활성화시키는 것이라고 보았다(윤홍옥 외 2002 : 2-3).

---

13) '편지'와 같은 명사를 선행사(antecedent)라 부르고 뒤의 '그 봉투'와 같은 한정 명사구를 연상조응사라 하는데, 논자에 따라서는 선행사라는 명칭 대신 점화어(trigger, Cornish 1986), 정보원(source, Corblin 1987), 정박어(anchor, Fraurud 1990) 등으로 달리 칭하였다.

그러나 연상조응론자들의 견해처럼 만약 어떤 연상의 어휘망을 가정하고, 특정 어휘가 연상에 의해 기억으로부터 다른 어휘를 회상하는 과정으로 조응을 이해한다면 앞장에서 말한 조응의 일반석인 개념과 용법 그리고 조응의 대표적인 형식인 동지시조응과는 근본적으로 그 기능과 양상이 달라지게 된다. 대명사는 특정의 어휘와 어떤 어휘적 연상망도 형성하지 않는, 문맥에서 일종의 위치항(place holder)으로 작용하는 것임에 비해 연상조응사는 이미 어휘부에서 어휘망을 형성하고 어휘 연합의 어떤 체계를 전제로 존재하게 되기 때문이다.

한 걸음 나아가 어휘부나 화자의 정신 영역 혹은 기억에 어휘들 간의 연상망이 존재한다는 것을 전제한다면, 한 텍스트의 명사들이 단일 주제로 응집되는 한, 모두 연상망 내적인 존재가 되고, 결과적으로는 그 명사들을 모두 연상조응사로 처리하더라도 이는 전혀 억지스러운 것이 아닐 것이다. 과연 그러한가? 다음 (9)에 그 한 가지 실례를 들어 보인다.

> (9) 가. 모짤트는 중국대사관 뒷길에 줄지어 서 있던 건물의 삼층(→건물)에 있었다. 서쪽 창가(→건물)에 앉으면 대사관(→중국대사관) 후원(→중국대사관)에 늘어선 벗나무와 살구나무 가지가 손끝에 닿을 듯했다. 봄날에는 흩날린 꽃잎(→벗나무와 살구나무)이 열린 창가(→건물)로 날아와 다탁(→모짤트) 위에 내려앉을 정도였다. 동쪽 창가(→건물)로는 비좁은 골목길(→중국대사관 뒷길)이 내려다보였고 여러 모양의 간판을 내건 작고 예쁜 가게며 주점과 식당들이 내려다보였다. (황석영, 개밥바라기 별)
>
> 나. 분량의 재료로 육수를 만든다. 물 8컵에 쇠고기, 대파, 마늘, 생강을 넣고 40분간 끓인 뒤 면보에 거른다. 고기는 결대로 찢어 둔다. 입진육은 가슴 쪽의 살로, 다른 부위에 비해 약간 질기지만 끓이면 끓일수록 부드러워 주로 국거리나 삶는 요리에 많이 쓰인다. 대파는 끓는 물에 소금을 넣고 데쳐서 찬물에 헹군 다음 마지막에 넣는다. 그래야 대파의 끈끈함이 없어져 음식물이 빨리 상하지 않고 국물이 탁해지지 않는다. 고춧가루는 약한 불에 볶아야 타지 않고, 끓였을 때 육개장의 색깔이 곱다.(http://kr.blog.yahoo.com/sue9pb74/1002)

(9)의 텍스트에서 대부분의 명사는 앞에 제시된 명사의 맥락 정보 내에서 후행명사의 의미가 파악된다. (9가)에서 '삼층, 창가, 후원' 등의 명사들은 모두 '모짤트'라는 특정 공간과 연관되는 내용들이므로 이 텍스트의 명사들은 모두 연상관계에 있다고 해야 할지 모른다. (9나)는 '육개장 끓이는 방법'의 주제로 작성된 요리법 텍스트인데, 마찬가지로 텍스트를 구성하는 명사들 대부분은 '육개장'이라는 상황 속에서 해석되어야 한다. 그렇다면 이 텍스트의 명사들은 모두 연상조응사들인가? 텍스트란 단일한 주제성을 갖는 글이기 때문에 텍스트 내의 모든 요소들은 그 주제 아래 응집되게 마련이다. 그러므로 연상에 의한 문맥 응집성을 논하게 되면 이처럼 동일한 주제 아래 서술되는 문장 요소들 모두가 연상조응사의 기능으로 이해된다 한들 그 극단성을 제한할 방법이 궁색해질 수밖에 없다.

문맥 응집성은 텍스트를 텍스트로서 존재하게 만드는 필수적인 속성이다. 물론 문맥 응집성의 유지가 조응의 기능 중 큰 비중을 차지하기는 하지만 조응이 아닌 다른 명사들 또한 모두가 문맥 응집성에 기여하는 방향으로 문장에서 활용되고 있는 것도 사실이므로 문맥 응집성이 조응을 판별하는 선결조건은 될 수 없으며, 비조응 어휘와 조응사를 구별하는 결정적인 기준도 아니다. 같은 의미에서 특정 명사의 해석이 선행사와 결부되고, 또 그 해석을 통하여 문맥 응집성을 유지하는 데 기여하는 효과를 보인다고 할지라도 그것만으로 이 명사를 조응사로 처리하는 것은 논리적으로 자연스러운 귀결이라 말하기 어렵다.

3.2. 신정보 도입과 추론

Apothéloz(1999 : 364)에서는 연상조응사에 대하여 '담화에 새롭게 나와 이전 맥락에 명확히 언급되지 아니한 실체를 지시하며, 이전 단계에서 담화의 세계로 도입된 자료를 통해서만 그 지시적 해석이 가능하다'고 설명하고

있다. 이 견해를 받아들인다면 연상조응사는 담화에 새롭게 등장하는 신정
보의 전달자이다. 연상이란 바로 이 신정보의 해석이 기왕의 문맥에 제시된
구정보에 의존하여 해석된다는 의미가 된다. 이러한 정보의 처리 과정과 그
양상에 있어서도 동지시조응과 연상조응은 큰 차이를 보인다.

> (10) 가. 강원도 산에는 굴피i가 많다. 이것i을 가지고 지붕을 덮는다.
>   나. 달력을 선물로 받았다. 풍경이 아주 멋지다.
>   다. *풍경이 아주 멋지다. 달력을 선물로 받았다.

동지시적 조응현상을 형성하는 (10가)의 <굴피, 이것> 사이에는 부분과
전체라거나 개체와 속성 등의 어떤 논리적 필연성이 내재되어 있지 않다.
단순히 동일 지시성을 매개로 대명사가 선행사를 대용하고 있을 뿐이다. 그
렇다고 선행사가 조응의 관계를 점화하지도 않는다. 이는 대명사에는 어떤
정보를 가감하는 문맥 조작의 적극적 기능이 없다는 뜻이다. 반면 연상조응
으로 분류되는 (10나)의 경우에는 담화의 초점이 '달력'에서 그것을 구성하
는 '풍경'으로 집약되게 만드는 효과와 함께 달력의 맥락에 풍경이라는 새
로운 맥락 정보를 부가하는 정보처리의 적극적 기능을 발휘하고 있다. 그러
므로 연상조응사는 신정보의 전달매개가 되는 것이다.

(10다)에서 보듯 선행사와 조응사의 연결 순서가 달라지면 그 정보의 처
리과정이 달라지게 되어 원래의 문장과는 다른 의미를 갖거나 적절치 못한
문장이 될 수 있다.14) 즉 연상조응의 경우에는 역행조응의 예를 생각할 수
없다는 것이다. 오직 점화어와 조응어의 일방향성만이 존재한다. 일반적으
로 동지시조응의 경우 선행명사의 반복을 피하기 위혜 후행명사의 자리에
대명사와 같은 변항범주를 제시하고 이 변항범주가 지시성의 회복을 위해
선행사와 결속된다. 그러므로 조응사를 지시적으로 완전하게 만드는 정보제
공자가 선행사이지만 그 결속의 동인은 조응사에게 있다. 그러나 선행사를

---

14) 앞에서 제시한 (2다)의 예도 이 경우에 해당한다.

확인하고 여기서 연상되는 조응사를 찾는 연상조응의 경우에는 조응사의 변항성 해소를 위해 선행사를 찾는 것과는 그 방향성이 다르다. 선행사는 구정보로서의 선행사와 신정보로서의 조응사가 연결되는 것이므로 해석의 방향성은 신정보가 늘 구정보에 의존하여야 하므로 선후의 방향성이 언제나 일정하게 유지되어야 하고 구정보로부터 신정보를 인출하는 방식으로 전개된다는 점에서 동지시조응사와는 그 문법적 양태와 기능이 다르다.

연상조응의 신정보 도입 기능은 전적으로 구정보인 선행사로부터의 추론에 의해 이루어진다. 추론(inference)이란 미리 알고 있는 하나 또는 둘 이상의 명제 또는 판단으로부터 새로운 하나의 명제 또는 판단을 이끌어내는 것을 말한다(이성범 2001 : 30). 이 정의에 따르면 연상조응현상의 선행사는 이미 알고 있는 명제나 판단이 되는 셈이어서 연상조응사의 정보를 이끌어내는 전제가 된다고 말할 수 있을 것이다. 다음 (11)의 예를 보자.

(11) 가. 공연장으로는 세종문화회관이 좋다. 의자도 푹신하고 로비도 넓기 때문이다.
　　 나. 연속된 야근으로 김 대리는 지쳐 있었다. 눈도 충혈되고, 어깨도 축 처져 있으며, 머리카락도 헝클어져 있었다.

Charolles(1999 : 315)에 따르면 (11가)는 '전체+부분'의 관계를 맺고 있기에 이른바 상례성(stereotypicality)에 부합하고 전이불가능의 조건을 갖지 않으므로 연상조응의 조건을 갖추고 있다고 보았다. 이와 달리 (11나)는 Keiber(1999 : 308)가 제시하는 존재동질성(ontological congruence)의 조건에 비추어 <김 대리, 눈>과 같이 신체 부위는 두 지시물 사이에 존재적 의존성이 높아 '분리-자립'의 조건을 갖지 못하며, 선행사에는 유생명사로서 의도성을 갖지만 조응사에는 그 자질이 없어 존재동질성의 원칙에 부합하지 않으므로 연상조응에서 배척된다고 보았다. 그러나 우리는 위에 제시한 추론의 정의에 비추어 (11가)는 연상조응이 되지만 (11나)는 연상조응에서 제외되어야 하는 까닭에 수긍하기 어렵다. 왜냐하면 (11나)가 존재적 의존성이 커서 연상조응이 불가능하다고 하나 이는 이론 내적인 문제일 뿐이며, 오히려 존재적 의존성이 크므로 후행명사는 선행명사에 의존되는 깃으로 보아야 하고, 그 해석 역시 선행명사에 전적으로 결속되어 있다고 보아야 하기 때문이다.

  선행사와 후행명사의 의미 추론의 관계는 크게 다음과 같은 유형으로 체계화되기도 한다(윤홍옥 외 2002).[15]

  (12) 가. <u>달력</u>을 받았는데, <u>풍경</u>이 아주 멋지다.
      나. <u>외식</u>을 했는데 <u>가시</u>가 목에 걸려 혼났어.

  (13) 가. <u>스피커</u>를 샀는데, <u>소리</u>가 아주 좋다.
      나. <u>딸기</u>가 제철이다. <u>색깔</u>이 너무 곱다.

  (14) 가. <u>보험</u>을 들었는데, <u>돈</u>은 둘째가 받는다.
      나. <u>남편</u>이 죽자, <u>미망인</u>은 실성했다.

  (15) 가. <u>극장</u>가자. <u>공짜표</u>가 생겼어.
      나. <u>김치</u> 담그는구나. <u>통</u>은 준비했니?

  연상조응론자들은 (12)-(15)와 같이 연상조응을 다양한 갈래로 유형화한다. 선행사와 후행명사 사이의 의미적 관계를 따져서 (12)는 분의적 관계(meronymic relation)로 맺어진 연상조응, (13)은 속성적 관계의 연상조응, (14)는 행동-결과 논항관계의 연상조응, (15)는 특정한 의미관계를 포착하기 어렵지만 연상적 관계를 추출할 수는 있는 형식 등으로 분류한다.

  (12가)의 <달력, 풍경>이 연상조응의 관계에 있다는 논리는 개체인 '달력'을 구성하는 많은 요소 중 하나로 '풍경'을 상정할 경우에만 가능하다.

---

15) 이러한 유형에 비추어 보더라도 (11나)를 이 범주에서 배제시킬 만한 논리적 이유를 찾기는 어렵다.

따라서 '멋진 풍경'이란 '달력'이라는 상황 맥락 내에서 존재하고 해석되어야 한다는 전제에 동의할 경우 풍경의 의미는 달력에 결속된다고 말할 수 있다. 그러나 분의적 관계로 분류되는 (12나)의 <외식, 가시> 사이의 연결은 쉽게 수긍이 되지 않는다. 비록 윤홍옥 외(2002)에서는 '생선 요리'의 중재 없이도 연상망 상에서 상당한 거리에 놓여 있을 <외식, 가시>의 쌍을 어렵지 않게 추론할 수 있다고 보았지만 필자의 견해로는 다음 (16)과 같은 추론의 과정을 별도로 거쳐야만 해석될 수 있다고 본다.16)

> (16) 외식을 했는데, 생선요리를 주문했고, 그 생선을 먹는 중에 생선의 가시가 목에 걸려 혼났어.

이러한 방식의 추론이 필요하다는 것은 연상조응사를 지탱하는 '연상망'이라는 이론 체계가 가질 수밖에 없는 논리적 약점이다. 어떤 형식은 연상조응이 되고, 어떤 형식은 배제되어야 하는 이유가 문법적 속성의 다름에 있지 않고 '추론'에 의해 야기되는 결과라는 연상조응론자들의 논리는 도리어 추론방법을 도입함으로써 연상조응을 조응의 범주에 포함시키기 어렵게 만드는 가장 주된 이유가 된다. (17)을 보자.

> (17) 가. 벼는 가을 하늘에도 서러운 눈 씻어 맑게 다스릴 줄 알고 바람 한 점에도 제i 몸의 노여움을 덮는다. 저i의 가슴도 더운 줄을 안다. (이성부, 벼)
> 나. 모감주나무는 원래 중국 산둥반도에서만 자라는 나무다. 그 씨앗 하나가 바닷물에 실려 안면도 바닷가로 흘러와 이 숲을 이루게 된 것으로 식물학자들은 보고 있다. (김훈, 자전거 기행)

(17가)는 동지시조응사로서 대명사 '제, 저'가 사용되고 있다. 국어화자는 이 조응사의 해석을 위해 별도의 추론과정을 필요로 하지 않는다. 자연스럽

---

16) 윤홍옥 외(2002)에서도 이 문제에 대해 논리적 부자연스러움을 진술하고 있다.

게 문맥을 통해 그 선행사를 확인하게 된다. 그러나 (17나)의 <모감주나무, 씨앗>은 이와 달라서 '모감주나무의 씨앗'이라는 별도의 해석과정을 거쳐야 가능하며 뒤이은 '이 숲' 역시 모감수나무라는 선행사와 결속되어야 명료한 해석이 된다. 여기에서 더 중요한 것은 '모감주나무에는 씨가 존재한다. 모감주나무는 씨앗의 파종으로 번식된다'는 백과사전적 지식을 미리 갖고 있어야 이 문장을 논리적으로 완전하게 해석하게 된다. 마찬가지로 (12나)의 <외식, 가시>의 연상관계도 '외식에서 생선요리를 주문했다'는 사실을 전제로 세우는 추론과정을 거치지 않고서는 쉽게 해석될 수 없다. 여기에서 우리는 연상조응사의 해석에 '추론'의 과정이 개입되어야 함을 생각하게 된다. 이 추론과정이야말로 동지시조응과 연상조응을 분명하게 구분하는 또 하나의 본질적 차이에 해당될 것이다. 2장에서 살핀 조응의 개념과 그 문법적 동기에 근거를 두고 판단하여 보건대, 추론은 지시적 조응과는 근본적으로 다른 언어논리이며, 이런 본질적인 차이로 인하여 연상은 조응의 문법적 기제가 될 수 없다고 생각한다.

3.3. 연상 강도와 정보의 친숙성

또 한 가지 확인할 문제는 (18)의 예와 같이 연상망 내에 존재하는 어휘 간의 친숙성 문제이다.

> (18) 가. 농부는 농사를 짓는다. 허리가 항상 아프다.
> 나. 비행기가 움직이기 시작했다. 불이 켜졌다.
> 다. 교통사고가 일어났다. 알콜이 말썽이다.

이 예에서 <농부, 허리>의 어휘관계는 국어 화자라면 큰 어려움 없이 둘 사이의 연관성을 생각할 수 있다. 그러나 <비행기, 불>, <교통사고, 알콜>

은 조금 다르다. 이 두 부류의 어휘 사이에는 특별한 추론이 필요하기 때문이다. 이 추론은 맥락 정보의 양적 충분성이나 질적 일관성이 확보되지 못한다면 화자에 따라 각각 다른 추론과 해석을 내릴 수도 있다.

(19) 가. <u>비행기</u>가 움직이기 시작했다. (객실에는 <u>실내등</u>이 있다.) 불이 켜졌다.

나. <u>비행기</u>가 움직이기 시작했다. (노즈기어에는 <u>등</u>이 달려 있다.) 불이 켜졌다.

다. <u>비행기</u>가 움직이기 시작했다. (활주로에는 <u>표시등</u>이 있다.) 불이 켜졌다.

(20) 가. <u>교통사고</u>가 일어났다.(트렁크에 <u>알콜</u>을 싣고 있었다.) (<u>알콜</u>에 불이 붙었다.) <u>알콜</u>이 말썽이다.

나. <u>교통사고</u>가 일어났다.(운전자가 <u>술</u>을 마셨다.) (<u>음주</u> 상태로 운전을 했다.) <u>알콜</u>이 말썽이다.

다. <u>교통사고</u>가 일어났다.(보행자가 <u>술</u>을 마셨다.) (보행자가 <u>술</u>에 취해 무단횡단을 했다.) <u>알콜</u>이 말썽이다.

이 예에서 우리는 해석자에 따라 (18나,다)의 용인성 여부가 엇갈릴 수도 있고, 또 용인된다고 하더라도 (19,20)처럼 주어진 맥락에 따라 얼마든지 다양한 추론과 해석이 가능할 수 있음을 발견한다.

선행사와 연상조응사 사이에 연상 강도가 존재한다고 보는 것이 연상조응론자들의 공통된 의견이다. 연상 강도란 바로 선행사와 연상조응사 사이에 친숙성의 정도가 어휘마다 다르다는 것을 의미한다. 말하자면 <농부, 허리>의 연상 강도가 <농부, 넥타이>보다 더 강할 것이고, <비행기, 날개>가 <비행기, 불>보다, <교통사고, 사망자>가 <교통사고, 알콜>보다 연상의 강도가 더 강할 것임은 어렵지 않게 짐작할 수 있다.[17]

---

17) 실제로 윤홍옥(2002), 이동연(2004) 등의 연구에서는 어휘들간의 연상과 추론의 정보량에 대한 실험조사와 텍스트 분석을 시행하고 있다.

결국 선행사와 연상조응사는 지시와 대용의 관계로 맺어지는 것이 아니라 어휘의 속성과 논리성에 바탕을 둔 추론의 관계로 맺어져 있다. 문제는 이 연상조응의 관계가 언어회지의 백과사전적 지식을 요구하기도 하고, 추론의 방법을 동원할 것을 요구하기도 한다는 것이다. 게다가 이 지식에 의한 추론에서도 화자마다 지식의 영역이 다를 수 있기에 어휘들 사이에 친숙성의 정도가 일치하지 않는 문제가 발생할 수 있어 선행사와 연상조응사의 결속이 무질서(random)하거나 즉흥적(ad hoc)일 수 있는 약점을 내포하게 된다.

연상 조응론자들이 제시하는 많은 어휘의 예들은 Halliday & Hasan(1976 : 284-292)에서 말하는 어휘 연어(collocation)에 해당한다고 보는 것이 오히려 타당할 것이다. 연상조응을 연어의 개념으로 이해할 수 있다고 보는 이유는 (21가)의 환경에서 실현될 만한 어휘가 (21나)에서 보듯 다양하게 연상될 수 있기 때문이다.[18]

> (21) 가. 자동차를 새로 구입했다. _____이/가 아주 맘에 든다.
> 나. {엔진, 타이어, 시트, 에어컨, 오디오, 에어백, 소음, 승차감, 크기, 가격, 할부 조건, 전문가 평가, 소비자 만족도}

이와 같이 화자의 문화적 배경이나 환경 등 비언어적 요인에 의해 연상을 일으키는 두 어휘간의 연상 강도가 달라질 수 있음은 연상에 의한 조응현상의 설정이 문법적으로는 타당하지 않음을 입증하는 근거가 될 수 있다.

3.4. 연상과 대용의 변별성

Halliday and Hasan(1976 : 4)은 응집성을 텍스트 속의 한 요소가 다른 요소에 의지하여 해석되는 순전히 의미론적 현상으로 규정하였다. 응집성의

---

18) 이는 '자동차'가 제시되었을 때 연상될 수 있는 어휘 목록과 다를 바 없다.

구체적 실현은 텍스트 내의 지시, 대치, 생략, 접속 등의 통사적 기법이나 어휘를 통해 이루어진다. 대명사나 대부사, 지시사 등을 통해 선행 문장과 후행 문장이 결속되거나 동일한 어휘의 반복을 통해 하나의 텍스트를 구성하는 것이 그 구체적인 방식이다. 통사·의미적으로 응집성을 실현하기 위한 가장 대표적인 방법은 어떤 대상을 명명하고, 텍스트의 전개 과정에서 그 명칭을 거듭 반복하거나 대명사나 의존명사를 사용하여 조응을 꾀하는 것이다.[19] 명명의 과정은 객관적 세계에 존재하는 사물을 언어를 매개로 표상(지시)하는 것을 의미한다.

> (22) 저는 당신께 제 심정을, 복잡하게 들끓고 있는 이 심정을, 단 몇 가닥만이라도 말씀을 드리려고 했습니다. 그 여자가 건드려 놓은 제 심정에 대해서 말이에요. 역시 당신은 무슨 소린지 도저히 모르겠다는 표정이셨지요. 저는 제 심정을 글로 옮겨놓는 재주만 없었던 게 아니라, 눈썹 하나만 까딱해도 무슨 말을 하는지 안다고 생각했던 당신, 다름 아닌 그 당신께 말로 옮기는 재주조차 없었던 것입니다. (신경숙, 풍금이 있던 자리)

초기언급을 위해 사용된 어휘를 계속 반복하여 텍스트를 구성하는 것은 독자에게 단조롭고 지루한 느낌을 주기 때문에 초기언급을 제외한 나머지 어휘는 대명사의 조응성을 활용하거나 의미가 같은 다른 어휘를 대용하여 의미는 변함없이 유지하되 표현의 변화를 꾀하는 것이 일반적인 표현법이다. 그러나 (22)에서는 어휘의 나열과 열거를 통해 강조의 효과를 얻으려는 의도에서 표현이 지루해지는 것을 감수하고 명사 '심정'이 계속 반복되고 있다. (22)에서 초기언급의 '심정'을 제외한 다른 어휘들을 임의의 대명사로 교체한다면 대명사 본유의 변항성으로 인하여 반복의 경우에 비해 '화자의 의지'를 전달하는 강도가 미약할 수밖에 없어 작가는 의도적으로 대명사를

---

19) 고영근(1990 : 17~18)에서는 이러한 방식을 명명적 연쇄라 하고, 특별히 명명의 과정을 초기언급으로, 명칭의 반복을 재언급으로 구분하였다.

사용하지 않고 명사를 반복한 것으로 이해된다.

(23) 그 때 막 중학생이 되었던 까까머리 큰오빠는 무슨 마피아의 두목 같
았습니다. 숨이 넘어갈듯 울어제끼는 강보의 동생과 어쩔 줄 모르고
손을 맞비비고 있는 그 여자와, 뽀끔뽀끔 담배 연기를 내뿜는 아버지
를 남겨둔 채 우리는 어린 두목에게 이끌려 마을 다리로 나갔습니다.
큰오빠는 우리 셋을 나란히 줄 세웠어요. 그리고 자기는 중앙에 서서
엄숙하게 말했습니다. (신경숙, 풍금이 있던 자리)

(23)에는 명명을 위한 초기언급으로서 명사 '큰오빠'가 사용되었다. '큰오
빠'는 어떤 시·공의 구체적인 상황 속에 존재하는 개체이다. 이 개체와 명
칭 '큰오빠'는 직접적으로 관련되어 있다. 여기서 우리의 관심을 끄는 것은
명사구인 '어린 두목'이다. 이 표현은 앞에 제시된 '큰오빠'와 관련되어야
그 지시대상이 분명해진다는 점에서 동지시조응사와 기능상 유사하나 그것
이 명사라는 점에서 연상조응사의 성격도 지닌다. 특히 '어린 두목'은 큰오
빠에 새로운 정보나 속성을 부가하고 있다는 점에서 신정보를 제공하는 연
상조응사의 기능과도 통한다. 우리의 국어생활에서는 어떤 대상을 다른 명
사표현으로 바꾸어 지칭하는 일이 드물지 않다.

(24) 가. 철수는 아침 8시에 잠이 깬다. 이 게으름뱅이를 엄마는 너무나 사
랑한다.
나. 가을 하늘은 높푸르다. 벽공을 보노라면 마음이 상쾌해진다.
다. 철수가 학교에서 돌아왔다. 할머니는 내 강아지라고 부르며 반겨
맞으신다.

(23)의 '어린 두목'이나 (24)의 '이 게으름뱅이, 벽공, 강아지' 등의 명사들
도 모두 문맥에서 선행사와의 연관 속에서 이해되고, 전후 문맥의 응집성을
확보하는 중요한 기능을 발휘한다. 그렇다면 이들 명사(구)들도 모두 연상조
응사로 분류될 수 있는가? 우리는 앞절에서 문맥의 응집성을 확보하느냐의

문제는 동지시조응이나 연상조응을 구분짓는 결정적인 기준이 되지 못함을 언급하였다. 그러므로 어떤 명사(구)가 연상조응사가 되기 위해서는 다른 제약 조건을 갖추어 그 독특성을 명확하게 드러내야 할 것이다.

Charolles(1999)에서는 연상조응사는 선행사와 상례성(stereotipicality)과 전이불가능성(non-transitivity)의 조건을 충족해야 한다는 제약을 제시하였다.[20] 이는 선행사와 연상조응사는 일상적이고 보편적인 관계에 있어야 한다는 제약이다. 앞에서 살핀 (6)의 <편지, 봉투>의 짝은 누가 보더라도 일반적이고 상례적인 관계에 있다. 그뿐만 아니라 두 명사 사이에는 다른 매개명사를 요구하지도 않기에 전이성과는 무관하다. 그러나 <큰오빠, 어린 두목>은 둘 사이에서 일반적이거나 상례적인 관계성이 발견되지 않는다. 설령 두 명사 사이에 어떤 중간적 매개개념을 삽입하여 양자의 전이성을 설명하고자 하더라도 양자가 전혀 연관성이 없는 <큰오빠, 어린 두목>에서 어떤 개념상의 중간자를 생각하는 일은 불가능하다. '어린 두목'이 큰오빠를 구성하는 하위 요소도 아니고, Kleiber(1999)가 제시하는 분리 자립성의 제약을 적용할 대상도 아닐 뿐더러, 존재 동질성의 제약을 만족시키지도 못한다.[21] <큰오빠, 어린 두목>은 문맥의 응집성을 유지하기 위한 기능적 조건을 갖추고는 있지만 연상조응의 관계를 이루지는 못한다.

---

20) Charolles(1999 : 315~6)에서 연상조응사의 지시관계는 선행사 명사구나 선행 문장에 의해 유발된 상례적인 부분에 한정한다는 제약을 제시하고 그 구체적인 예로서 <a letter, the address>, <a letter, the signature> 등을 제시하고, 불가능한 예로서는 <a letter, the rubber>, <a letter, the waiter> 등을 들었다. 같은 논문에서 또 다른 제약으로서 전이불가능성(non-transitivity) 제약을 제시하는데, 명칭 그대로 연상조응되는 한정명사구는 전이되지 않는다고 하고 <a letter, the picture>, <a letter, the ribbon>을 예로 들었다. 이들은 각각 'letter-(stamp)-picture'와 'letter-(typewriter)-ribbon'의 중간 매개체를 생략하고 곧바로 전이가 이루어져 잘못된 예로 판단하였다.

21) 분리-자립성제약(alienation)과 존재동질성(ontological congruence)은 모두 Kleiber(1999 : 339~362)에 제시된 제약으로서 전자는 선행사와 관련하여 연상조응사는 독립적으로 분리되거나 자립할 수 있는 조건을 유지해야 한다는 것이고, 후자는 선행사와 조응어 사이에는 유형적으로 동일성이 유지되어야 한다는 제약이다. <큰오빠, 어린 두목>에서 선행사와 조응사는 각각 독립적이어서 분리-자립성을 유지한다. 그러나 선행사는 실질적 개체를 지칭하는 반면 조응사는 은유적 대체어로서 실체와 의도성의 면에서 차이를 보여 존재적 동일성을 충족시키지 못하고 있다.

대명사나 재귀사를 사용하는 것과 어떤 명사를 다른 명사로 대치하는 것의 가장 두드러진 차이점은 전자는 사물을 지시하는 언어표현을 다른 표현으로 대치하되, 대치되는 어휘가 변항범주로서 텍스트에 그 어떤 의미의 변화를 유발하거나 정보를 가감하는 적극성이 없는 반면 후자의 경우는 대치과정이라는 점은 전자와 동일하지만 대치하는 어휘가 정항범주로서 표현전체에 새로운 정보를 부가하여 의미변화를 일으키는 가역성을 갖는다는점이다. 이러한 차이점에 근거하여 필자는 전자의 '조응'에 대하여 후자를'대용'(substitution)이라 하여 개념상으로 구별하고자 한다. 따라서 연상조응으로 처리되던 용례들은 실은 명사에 의한 대용 혹은 대치의 예로 다루어져야 할 경우도 있다.

3.5. 한정 명사구의 지시어 기능 분화

다른 문제로서 한정성(definition)과 비한정성(indefinition)에 따른 형식과 의미상의 차이를 기준으로 동지시조응과 연상조응을 살펴보기로 한다.

> (25) 지금 당신이 있는 그 도시. 제가 강사로 나가던 그 스포츠 센터의 에어로빅 저녁반 시간에 어느 날 한 중년 부인이 새로 들어왔었죠. 아! 당신께 말씀드렸지요? 첫 시간 수업 도중에 폭삭 무너지며 통곡을 했다는 그 중년 부인 말이에요. (신경숙, 풍금이 있던 자리)

한정명사구 '그 중년 여인'은 Charolles(1999)가 제시한 예 (6)에 제시된 연상조응사의 전형적인 형식과 일치한다. 그러나 형식상의 일치에도 불구하고 우리말 한정명사구 내지 3인칭 대명사의 의미기능과 연상조응사의 의미기능 사이에는 분명한 차이가 있다.

첫째, '{이/그/저}+NP'형식의 우리말 한정명사구나 대명사는 그 자체가 구정보이지만 연상조응사는 선행사를 구정보로 하여 신정보를 도입하므로 양자간에는 근본적인 기능상의 차이를 보인다. (25)에서 초기언급은 비한정 표현의 형식으로 도입되고, 이것이 재언급될 때에는 한정표현으로 나타난다. 전자는 새로운 정보의 성격으로 비한정표현을 통해 도입되어 활성화되고 이 표현이 다시 언급의 대상이 될 때에는 후자와 같이 이미 주어진 정보로서 한정표현에 의해 이끌리게 되는 것이다. 초기언급 '한 중년 부인'은 아직 화자와 청자간의 공통된 인식의 영역 속에 존재하지 못하는 새로운 정보이므로 '한 중년 부인'이라는 다소 포괄적인 어휘로 발화된 뒤에 그 외연을 좁혀가는 한정화 과정을 거치게 되어, '첫 시간 수업 도중에 폭삭 무너지며 통곡을 했다는 그 중년 부인'이라는 '한정(수식)구 + 명사'의 형식을 취하게 된다. 일단 '한 중년 부인'의 표현을 화자와 청자가 모두 인식하게 되면 그 이후부터는 '그 중년 부인'이라는 한정표현이나 '그 여인'이라는 조응표현이 사용된다.22)

둘째, 우리말 3인칭 대명사의 구성 형식과 용법 중 실질적으로 조응의 기능은 지시어의 기능이고, 명사구는 반복 내지 대치의 기능으로 쓰였다고 보아야 옳다. 이에 비해 연상조응사는 그 성격상 추론에 의한 어휘 연쇄일뿐이므로 우리말 3인칭 대명사와 연상조응사는 그 형식의 유사성에도 불구하고 성격이 다르다. 국어의 3인칭대명사 대부분은 (26)과 같이 '지시사+의존명사'의 구성을 이루고 있다(김광희 1997 : 171-174).23)

(26) {이, 그, 저} + {이, 것, 분, 자, 놈, …}

'지시사+의존명사' 구성에서 대명사로서의 대용성은 지시사가 아닌 의존

---

22) 따라서 뒤에 나타나는 조응표현인 '그 여인'은 '첫 시간 수업 도중에 폭삭 무너지며 통곡을 했다는 그 중년 부인'이라는 장황한 표현을 응축(condensation)하는 효과도 갖는다.
23) 우리말에는 한정기능의 지시어가 생략된 채 명사구만 쓰이는 일도 잦다. 이 경우 그 형식은 윤동옥(2002a)에서 제시된 연상조응사의 용례(본문의 (12~15)의 예들 참조)와 형식상 같아진다. 그럼에도 그 기능은 분명 다르다.

명사가 갖는다는 점에 주목할 필요가 있다.[24] 아울러 의존명사 '이, 분, 놈, 자…' 등은 각각 [± honority], [± male], [±animate] 따위의 선행사 선택제약을 가지므로 '이분, 이이, 저분, 저놈, 그이, 그녀' 등 3인칭대명사에서 대명사적 성격은 <의존명사>에 있음을 짐작할 수 있다. 여기에서 제기되는 문제는 의존명사의 '대용성'을 연상조응과 동일한 것으로 이해할 수 있느냐 하는 점이다.

> (27) 가. 철수가 군대에서 제대했다. 이 녀석의 건강이 입대전보다 더 좋아
>   진 것 같다.
>   나. 모든 인간은 평등하다. 이것이 인권선언의 기본 정신이다.
>   다. 세종대왕은 조선 4대 임금이다. 이분께서 한글을 만드셨다.

(27)의 '녀석, 것, 분' 등의 의존명사를 연상조응의 기능으로 이해할 수 있다면, 선행사 '철수, 인간, 세종대왕'은 구정보이고 이들 의존명사가 신정보를 지니고 있어야 할 일이지만, 의존명사는 재언급으로서 단순히 선행사에 대한 대용의 기능만을 실현하고 있을 뿐이다. 게다가, 앞에서 살핀 연상조응의 제약과도 전혀 무관하게 작용하므로 3인칭 대명사의 구성성분인 의존명사를 따로 연상조응사와 동일시하는 것은 온당치 못한 것으로 보인다.

4. 결론

이 글에서는 지금까지 조응현상의 개념과 그 구체적인 문법적 실현의 방식인 동지시조응을 개략적으로 소개하고, 이를 바탕으로 이른바 연상에 의

---

24) 장경희(1980)에서 '이, 그, 저'의 용법을 실재적 지시, 기호적 지시, 상념적 지시로 나눈 것은 우리말 3인칭 대명사에 공통적으로 나타나는 지시사의 기능을 분명하게 확인한 결과다.

한 조응과 비교함으로써 문법범주로서 연상조응사를 설정하는 일이 타당하지 못함을 논의하였다.

텍스트를 구성함에 있어 문체적이거나 경제적인 효과를 위해서 동일어구의 반복을 피하고 대명사를 비롯한 변항범주를 택해 조응표현을 구성하는 것은 우리말을 포함한 언어 보편적 현상이다. 이때 변항범주는 문맥이나 담화 속 선행사와의 결속을 통해서 동지시성을 확보함으로써 바르게 해석된다.

한편, 대명사에 의한 동지시조응과 달리 명사나 한정명사구를 선행사와의 어휘 연상관계로 결부시켜 그 의미를 추출하고자 하는 이른바 연상조응의 방안이 연구되어 오고 있다. 연상조응사는 근본적으로 동지시성을 바탕으로 성립되는 대명사류의 조응과는 그 성격이 근본적으로 다르다. 물론 후행명사의 의미 해석이 선행명사가 제시하는 맥락에서 제한적으로 이루어지는 까닭에 후행명사의 정보와 그 해석이 선행사인 구정보의 작용역 안에 들어 있음은 분명한 사실이다. 그렇다 하더라도 조응을 규정하는 다음 몇 가지 조응의 기준에 비추어 연상에 의한 어휘 결속관계를 조응의 하위범주로 독립, 설정하는 것은 이론적인 정합성을 갖지 못하는 것이라 생각한다.

첫째, 연상조응의 핵심 어휘인 후행명사는 변항범주가 아니므로 독자적인 지시성과 의미를 지니고 있는 완전한 정항범주이다. 따라서 그 의미 해석이 전적으로 선행사와 동일지시적인 관계로 결정되는 것이 아니고 다만 선행사와 유관한 해석을 받을 뿐이다.

둘째, 연상조응사는 선행사를 구정보로 삼아 도입되는 신정보이다. 이는 조응사가 그 문맥에 새로운 정보를 추가하거나 변개시키는 능력을 가지고 있다는 것으로 단순히 지시적 정보나 맥락 의미를 전수받는 동지시조응사와는 그 성격이 다르다.

셋째, 어떤 선행사에 결부되는 연상조응사는 화자에 따라 그 연상 강도가 다르고, 선행사에 의해 유발되는 연상어휘의 목록도 각기 다르며, 이에 따라 의미 해석 역시 맥락 해석에 따라 달라지게 된다. 이는 연상조응사라는 것이 일시적이고 임의적인 존재임을 자증하는 일이다. 그러므로 연상조응사는 선행사와 조응형상을 구축하여 결속하는 것이 아니라 두 어휘 사이에 어휘의미적으로 일종의 연어관계를 형성한다고 보는 것이 논리적으로 타당할 것이다.

넷째, 이상의 속성에 근거하여 연상조응사는 문법범주로 독립될 수 없고, 두 어휘의 연합에 의한 의미 해석 곧 연상적 추론에 의하여 어휘 상호간의 유관성을 확인하는 일과 구정보의 영역에 신정보를 도입하되 구정보를 고려하여 제한적인 의미의 해석을 유발하는 일반적인 문법현상일 뿐이다.

다섯째, 선행사와 후행명사 간의 연상관계가 조응으로 처리될 수 없음은 정보 도입의 방향성에서도 확인된다. 동지시조응이 역행조응을 구성할 수 있음에 비해 연상조응은 언제나 구정보인 선행사로부터 새로운 정보를 인출하는 방식이므로 그 방향성이 '선행사→후행명사'의 형태로 일정하여야 한다.

이상의 논의에 따라 조응은 통사·의미적으로 그 존재 형식과 범주 기능 그리고 명시적 이론화의 가능성 여부 등을 따져볼 때에 변항범주의 동지시적 조응으로만 한정하여야 한다. 그동안 연상조응으로 다루어 온 명사의 의미적 연상현상은 맥락에 의한 어휘의미의 추론으로 처리함으로써 조응과 연상 추론의 경계를 분명히 하여야 할 것이다. 연상조응을 설명하기 위하여 동원된 연상의 점화, 연상의 강도, 연상망 등의 주요한 개념들 역시 추론 형성의 직능을 위하여 사용된 것이므로 이를 어휘부의 체계화와 조직에 활용함으로써 조응과 연상추론의 개념적 변별성을 확립하는 것이 바람직할 것이다.

참고문헌

고영근. 1990. "텍스트 이론과 국어통사론 연구의 방향", 「배달말」 15, 배달말학회, pp.1-33.

구자은. 2003. "연상조응의 내조응 속성과 그 양상에 관한 연구", 「현대영미문학」 21-3, 현대영미어문학회, pp.127-145.

김광희. 1997. 「국어 변항범주 연구」, 한국문화사.

윤홍옥, 이성범, 조숙환, 전영진. 2002. "의미점화와 추론을 통한 연상 조응사의 문장 처리", 「2002 인지과학회 춘계 학술대회 논문집」, pp.65-71.

윤홍옥. 2001. "Pragmatic and Cognitive Approaches to Associative Anaphora", 서강대학교 석사학위논문.

이동연. 2004. "연상조응 실현과 사용에 관한 연구", 부산대학교 석사학위논문.

이성범. 2001. 「추론의 화용론」, 한신문화사.

장경희. 1980. "지시어 '이, 그, 저'의 의미 분석", 「어학연구」 16-2, 서울대 어학연구소, pp.167-184.

장경희. 1990. "조응표현", 「국어연구 어디까지 왔나」, 동아출판사.

Apothéloz. 1999. Interpretations of demonstrative NPs in indirect anaphora, Journal of Pragmatics 31-3, pp.363-397.

Charolles,M. 1999. Associative anaphora and its interpretation. Journal of Pragmatics 31-3. pp.311-326.

Gordon and Hobbs. 2004. Formalizations of Commonsense Psychology. AI Magazine. Winter. 2004. pp.49-62.

Halliday, M.A.K. and R. Hasan. 1976. Cohesion in English. Longman Group Ltd.

Kleiber,G. 1999. Associative anaphora and part-whole relationship : The Condition of alienation and the principle of ontological congruence. Journal of Pragmatics 31-3. pp.339-361.

Lyons, J. 1977. Semantics. Camgridge University Press.

| 이 논문은 중앙어문학 37집(2007, 중앙어문학회)에 게재된 논문을 재수록한 것입니다.

어순 변이와 문장 의미 해석

신 서 인

1. 서론

본고는 어순 변이에 따라 문장 의미 해석이 어떻게 달라지는지 살펴보는 것을 목적으로 한다. 본고에서 관심을 가지는 것은 구체적인 개별 문장에 실현된 어순이다. 어순에 따른 문장 의미 변화를 통사적 층위의 해석과 화용적 층위의 해석으로 구분하여 살펴볼 것이다.

한국어의 어순에 대한 대표적인 언급은 '한국어는 SOV 언어에 속하며 비교적 자유로운 어순을 가진다'는 것이다. 이와 같은 기술은 언어 유형론적인 면에서의 기술로서 한국어 전반에 대한 일반적인 설명으로서는 의의가 있지만, 구체적인 개별 문장에서 어순 변이가 가지는 의미에 대해서는 충분하게 설명해주지 못한다.

어순을 독립적인 문법 현상으로서 다룬 연구는 다른 문법 현상에 비하여 상대적으로 많지 않은 편이다. 또, 어순에 주목한 연구들도 어떤 층위에서 기술하는 것인지 명시적으로 밝히지 않은 경우가 많다. 여기서는 우선 한국어의 어순에 대한 다양한 접근 방식의 층위를 구분하고, 이렇게 구분된 층위에 따라 한국어의 어순 현상이 어떠한 의미를 가지는지 살펴보도록 하겠다.

이 논문에서는 서술어와 서술어가 요구하는 논항들 간의 어순에 대해서만 다루고, 수식어와 피수식어간의 어순, 부사어의 어순 등은 별도의 논의로 미루기로 한다.

2. 언어 유형론적 접근과 개별 문장에 대한 접근

언어 유형론의 관점에서 어순을 다루는 것은 두 가지 목적을 가지고 있다. 첫째는 해당 언어의 어순에 대한 일반화를 통하여 그 언어가 어떤 유형의 언어에 속하는지 밝히는 것이고, 둘째는 여러 언어에 두루 적용될 수 있는 언어 보편적인 원리를 밝히려는 것이다. Greenberg, Dryer, Tomlin 등의 언어 유형론 연구자들이 어순에 관심을 가지고 연구를 하였는데, 이들의 일반화에 따르면 한국어는 SOV 언어에 속한다. 즉, 서술어가 문장의 끝에 위치하고, 주성분들이 주어-목적어 순서로 배열된다는 것이다. 이러한 한국어의 기본 어순에 대해서는 대체로 이견이 없다.

그러면 '한국어의 기본 어순은 SOV'라는 일반화는 어떻게 얻어졌는가? 언어 유형론에서는 개별 문장의 어순에는 관심을 두지 않는다. 한 언어 전체를 대상으로 하여 주성분 간의 배열 순서에 관심을 가지는 것이다. 이때, 서술어에 따라 문장 성분의 순서가 어떻게 달라지는지는 관심의 대상이 아니다. 그렇지만 이러한 일반화는 역시 개별 문장으로부터 출발할 수밖에 없다. 즉, 개별 문장에 대한 조사 결과로부터 일반화하여 언어 유형론적인 사실을 기술할 수 있는 것이다.

그런데, 이 지점에서 주의해야 할 사항이 있다. 구체적인 개별 문장의 어순으로부터 언어 유형론적인 사실을 귀납할 수는 있지만, 일반화된 결과에 대한 언어 유형론적 설명을 개별 문장에 적용할 수는 없다는 것이다.[1] 물론

---

1) 이러한 주장이 어순에 대한 언어 유형론의 성과를 폄하하는 것은 아니다. 언어 유형론의

언어 유형론적인 일반화가 구체적인 개별 문장들의 현상에서 도출된 것이기 때문에 일반적인 경우에 대해서는 언어 유형론적인 설명이 타당하게 적용될 수 있겠지만 예외적인 경우에 대해서는 아무런 설명을 제공하지 못한다.[2] 예컨대 Tomlin(1986)의 유정물 선행 원리는 유정물이 주어로 오는 능동문에 대해서는 올바른 설명이 될 수 있지만, 이러한 문장의 짝이 되는 피동문에 대해서는 설명력을 가지지 못한다.[3]

한편 구체적인 개별 문장에 대한 접근은 개별 어휘를 떠나서 생각할 수 없다. 한 문장의 서술어로 어떤 어휘가 오느냐에 따라 그 서술어가 요구하는 성분들이 정해지고 그것들 사이의 순서도 정해진다. 언어 유형론적인 접근에서는 서술어가 무엇이냐에 관심을 가지지 않는 데 반해 구체적인 개별 문장에 대한 접근에서는 어휘의 속성이 중요한 것이다.

한국어가 SOV 어순을 가지는 언어라는 것은 타동사 구문에서의 성분들 간의 순서에 대해서는 대체로 올바른 예측을 해주지만, 서술어가 주어나 목적어 이외의 성분을 필수적으로 요구할 때 그 성분의 위치가 어디인지는 이야기해주지 않는다.

기본 어순(basic word order)이 무엇이냐는 것 역시 두 가지 차원에서 이야기할 수 있다. 언어 유형론적인 측면에서의 기본 어순은 그 언어에 지배적인 어순(dominant order)을 이야기한다. 다시 말해 가장 빈번하게(most frequently) 출현하는 어순을 이야기한다. 개별 문장에서의 기본 어순은 서술어에 따라 달라진다. 서술어가 필수적으로 요구하는 성분이 무엇이고 그것들이 어떤 순서를 가지느냐가 개별 문장의 기본 어순을 결정한다. 이때의 기본 어순은 무표적인 어순(unmarked order)이다.

설명은 해당 영역 안에서는 유의미한 것이지만, 경계를 넘어서 적용될 때 오해의 소지가 발생한다는 것을 지적하는 것이다. 구체적인 사례에 대해서는 4.1.에서 논의할 것이다.

2) 임홍빈(2008 : 57)에서도 언어 유형론적인 일반화가 한국어의 어순 문제를 해결해 줄 것이라는 기대에 대해 경계하면서, 언어 보편성에 의한 일반화나 예측은 언제나 예외를 가지기 때문에 구체적인 문장의 순서에 대해서는 말해 주는 바가 거의 없다고 주장하고 있다.

3) 이 점은 익명의 심사위원께서 지적해주신 것이다.

요컨대, 어순에 대한 유형론적인 접근과 개별 문장에 대한 접근은 분명하게 구분되어야 한다. 개별 문장에 대한 접근은 다시 통사적 층위의 설명과 화용적 층위의 설명으로 구분할 수 있는데 이에 대해서는 장을 달리하여 살펴보기로 하자.

3. 통사적 층위와 화용적 층위

Payne(1992 : 2)에서는 어순에 대한 설명을 통사적 설명, 인지적 설명, 화용적 설명으로 구분하였다. 통사적 설명에서는 어순을 통사 범주, 특정 형태통사적 구성, 위계적 구조, 핵-의존 관계, 문법 관계 안에서 파악한다. 인지적 설명은 화자의 마음 속에 특정한 정보가 어떤 상태에 있는지, 또 이것이 기존 지식 네트워크에 어떻게 통합되는지 등을 다룬다. 화용적 설명은 어순과 화자-청자 상호작용간의 관계를 다룬다. 인지적 설명과 화용적 설명은 인지-화용적 설명으로 통합되어 표현되기도 하는데, 그렇게 되면 구체적인 개별 문장에 대한 설명은 크게 통사적 층위의 설명과 화용적 층위의 설명으로 나눌 수 있다.

한국어의 어순을 통사적인 것으로 다루는 접근은 다시 두 가지로 나눌 수 있다. 첫째는 규칙으로 어순을 설명하려는 시도이고,[4] 둘째는 어휘부에 어순 정보가 주어진다고 하는 것이다. 어순 현상을 규칙으로 설명하려고 하면 수많은 예외에 대해 또 다른 규칙을 마련해야 한다. 그러나 조사가 상당 부분 문법적인 기능을 나타내고 있는 한국어의 경우에 어순 현상은 일정한 경향으로 이해되어야지 엄밀한 규칙으로 설명하기에는 무리가 있다.

임홍빈(2008 : 56)에서는 통사론의 어디에서 어순이 결정되는가 하는 것

---

4) 이러한 시도는 생성문법에 기반을 둔 연구들로서 김용하(1999), 이정훈(2002) 등이 이에 해당하는데 한국어의 기본 어순이나 어순 변이를 규칙을 통해 설명하려고 한다.

이 분명히 밝혀진 적이 없다고 하면서 논항에 관한 기본적인 순서는 어휘부의 논항 정보에 주어지는 것이라고 하였다. 임홍빈(2008)에서는 어휘부 논항 정보를 다음과 같이 제시하고 있다.

(1) 만나 : V, <NKP(주격 조사구), AKP(대격 조사구), _>

(1)은 '만나-'란 동사가 NKP(주격 조사구)와 AKP(대격 조사구)를 논항으로 가짐을 표현할 뿐 아니라 NKP(주격 조사구)가 AKP(대격 조사구) 앞에 온다는 어순 정보도 나타내고 있다. 이것이 '만나-'라는 동사가 포함된 문장이 가지는 기본 어순이다. 그러나 임홍빈(2008)에서는 어순 정보가 어휘부 내의 다른 정보와 어떤 관계에 있는지에 대해서는 언급하지 않고 있다. 문장 의미를 해석하는 과정에서 어순 정보와 다른 정보가 어떻게 경쟁하는지에 대해서는 4.1.에서 자세히 살펴보도록 하자.

기본 어순의 실재에 대한 근거는 다른 논의에서도 찾을 수 있다. 이기갑(1989)에서는 '형은 나에게 선물을 주었다'라는 문장과 '나는 그를 천재로 알았다'라는 문장에 대해 어순 뒤섞기를 하였을 때 용인성의 차이를 측정하기 위하여 설문조사를 통해 35명에게 자연스러운 순서를 기술하도록 하였다. 조사 결과 분석에 따르면 한국어는 일정한 기본어순을 가지며 문장의 통합관계는 성분 사이의 상대적 선후관계와 인접관계에 의해 결정된다고 하였다.

박철우(2008 : 164)에서는 국어 문장의 실현에서 형식류 사이의 상호 선택 관계와 정보 전달상의 문장 구조 변이가 함께 작용하기 때문에 용언어간 왼편에 나타나는 요소들 사이의 순서를 정하는 문제는 단순한 것이 아님을 인정하면서도, '덕환이가 민지에게 꽃을 주었다'의 논항들 간의 순서에 대해서는 직접구성성분 분석이 [덕환이가 [민지에게 [꽃을 주었다]]]와 같이 되므로 이러한 순서가 가장 표준적이고 중립적이라고 할 수 있다고 하였다.

한편 한국어의 어순 현상을 화용적인 관점에서 보려는 시도가 있다.[5] 화용적인 관점의 연구도 다시 두 가지로 나눌 수 있는데, 정보 구조적 접근과 담화 분석적 접근이 그것이다. 김민선(2007)에서는 목적어 전치 구문을 바탕으로 문두성을 가진 성분에 결합된 조사에 따라 지시적 구정보성 및 관계적 구정보성/신정보성이 어떻게 달라지는지 면밀히 검토하였다. 신서인(2007)에서는 어순 변이의 요인으로 주제화와 초점화를 들고 있다. 그런데 주제화와 초점화만으로는 설명하기 어려운 어순 변이의 예들도 발견되는데 이에 대해서는 4.2.에서 살펴볼 것이다. 강소영(2006, 2008)에서는 원활한 의사소통을 하기 위해 어순이 어떠한 담화 기능을 하는지 살펴보았다. 화용적인 접근에서는 무표적인 어순과 유표적인 어순을 구분하고, 유표적인 어순을 가질 때 어떤 표현 효과가 있는지에 주목하고 있다.

화용적 층위에서의 무표적인 어순은 통사적 층위에서의 기본 어순을 그대로 가져온 것이다. 즉, 어휘부 논항 정보에 주어진 어순 정보를 위배하지 않는 것은 무표적인 어순(unmarked order)이 되고, 이 어순과 차이가 나는 어순은 유표적인 어순(marked order)이 되는 것이다. 무표적인 어순은 중립적인 어순(neutral order) 혹은 기정 어순(default order)으로 표현되기도 하는데, 이때의 기정 어순은 곧 어휘부 논항 정보에 주어진 그대로의 어순이라는 의미를 가진다.

앞의 언어 유형론적인 접근에서는 기본 어순이 무엇이냐에 주로 관심을 기울인 반면, 구체적인 개별 문장에 대한 접근에서는 무표적인 어순과 유표적인 어순 모두를 관심의 대상으로 삼는다. 그 중에서도 통사적 층위에서는 어휘부 논항 정보의 기본 어순이 어떻게 정해지느냐가 중요한 문제이고, 어떤 어순이 가능한가, 가능하지 않은가도 관심의 대상이 된다. 화용적 층위의 주된 관심은 유표적인 어순이며, 화용적 층위에서의 무표적인 어순은 통사부에서 주어진 것이다. 동일한 성분을 가지는 두 개의 문장이 서로 다른

---

5) 인지적인 측면은 화용적 측면과 별도로 둘 수도 있고, 경우에 따라 함께 고려할 수도 있다. 인지적인 측면에서는 화자의 머리 속에 어떤 것이 먼저 떠올랐는지가 문제가 되고, 화용적인 측면에서는 화자-청자 간의 상호작용 속에서 화자가 어떤 의도를 가지는지가 문제가 된다.

어순을 가질 때 명제적으로 동일한 의미를 가진다고 하더라도 화용적으로 일정한 의미 차이를 가진다면 이는 분명 화용론의 연구 대상이다. 화용적 층위에서는 통사적 층위에 비해 어순에 대한 용인 가능성이 더 커진다. 일정한 상황 맥락이 주어지면 다양한 어순 변이가 일어날 수 있는 것이다.

이 장에서는 통사적 층위와 화용적 층위를 구분해 보았다. 다음 장에서는 통사적 층위와 화용적 층위에서 구체적인 개별 문장의 어순을 분석할 때 어떤 점들이 고려되어야 하는지 살펴볼 것이다.

4. 어순 변이 현상의 재검토

4.1. 통사적 층위의 해석

한 문장이 어떤 어순을 가지느냐에 따라 문장의 명제적 의미가 달라지는 경우가 있는데, 이는 통사적 층위에서 논의되어야 할 사항이다. 그런데, 어순 정보는 통사적 층위의 다른 정보들과의 상호 작용 속에서 파악해야 하는 경우가 있다. 채완(1991 : 109~110)의 예 (7~8)을 가져와서 논의해 보자.

    (2) ㄱ. 철수가 책을 읽는다.
        ㄴ. 책을 철수가 읽는다.
        ㄷ. 철수 책 읽는다.
        ㄹ. 책 철수 읽는다.

(2ㄱ)는 무표적인 어순이고, (2ㄴ)는 목적어가 주어 앞으로 도치된 어순 어순이다. (2ㄷ)와 (2ㄹ)는 격표지가 없는데도 격표지가 있을 때와 마찬가지로 자유롭게 어순 도치가 일어날 수 있음을 보인다. 한국어는 격표지인 조사가 발달되어 있기 때문에 어순이 자유롭다고 하지만, (2ㄷ~ㄹ)의 예가

가능한 것에 대해서는 다른 설명이 필요하다.

이들 예는 일견 Tomlin(1986)이 제시한 유정물 선행 원리(The Animated First Principle)에 의해 설명될 수 있는 깃으로 보인다. 즉, 어순과 무관하세 철수는 주어로, 책은 목적어로 설명되는 것이 유정성 때문이라는 것이다. 그러나 채완(1991 : 111)에서는 이것이 유정물 선행 원리 때문이 아니라 '읽다'의 의미 관계에 의해 결정되는 것이라고 하였다. 즉, '*책이 철수를 읽는다'가 비문이기 때문이라는 설명이다.

이러한 설명은 충분히 타당한 설명이기는 하지만, 좀더 세밀하게 검토할 필요가 있다. 첫째, Tomlin(1986)이 제시한 유정물 선행 원리(The Animated First Principle), 동사–목적어 인접(Verb–Object Bonding), 주제 선행 원리 (The Theme First Principle)는 기본 어순에 대한 설명으로 언어 보편적인 원리이다. 이것은 언어 유형론의 관점에서 일반화된 결과에 대한 설명이지 개별 문장에 대한 설명은 아니다. 즉, (2)의 예가 유정물 선행 원리라는 대원칙에 부합한다고 이야기할 수는 있지만, 유정물 선행 원리가 어순 변이를 유발하거나 제약하는 적극적인 요인으로서 기능한다고 할 수는 없는 것이다.

둘째, 어순 변이에도 불구하고 (2ㄷ)와 (2ㄹ)가 명제적으로 동일한 의미로 해석되는 것은 통사적 층위에서 설명될 수 있는 것이다. '읽다'라는 동사의 어휘부 논항 정보는 (1)과 유사하게 기술될 수 있다. 그런데 어휘부에 저장되는 정보로는 그밖에도 다음과 같은 것들을 더 생각할 수 있다.

(3) ㄱ. 동사 '읽다'는 주어 명사구와 목적어 명사구를 논항으로 취한다. (논항 정보)

ㄴ. 주어 명사구와 목적어 명사구는 각각 주격 소사와 목석격 조사에 의해 표시된다. (격표지 정보)

ㄷ. 논항들의 배열 순서는 주어 명사구–목적어 명사구 순이다. (어순 정보)

ㄹ. 주어 명사구는 행동주(agent), 목적어 명사구는 대상(theme)의 의미 역을 가진다. (의미역 정보)

ㅁ. 주어 명사구에는 읽는 주체로서의 유정물이 오고, 목적어 명사구
　　에는 읽는 대상이 되는 무정물이 온다. (선택제약 정보)

　이러한 어휘부 논항 정보에 따르면 (2ㄱ)는 무표적이고, (2ㄴ~ㄹ)는 모두
유표적이다. (2ㄴ)는 (3ㄷ)의 어순 정보를 따르지 않지만, 그 밖의 정보는 그
대로 가지고 있기 때문에 (2ㄱ)와 동일한 명제적 의미로 해석되는 데에 무
리가 없다. (2ㄷ)는 (3ㄴ)의 격표지 정보를 따르지 않지만, '철수'와 '책'이
각각 주어와 목적어로 해석될 수 있는 것은 다른 정보들이 유효하기 때문이
다. 즉, (2ㄷ)에서는 격표지 정보가 없더라도 어순 정보, 의미역 정보, 선택
제약 정보에 의해 (2ㄱ)와 동일한 명제적 의미로 해석될 수 있는 것이다. 한
편 (2ㄹ)는 (3ㄴ)와 (3ㄷ)의 정보를 따르지 않지만, (3ㄹ)와 (3ㅁ)의 정보에
따라 역시 (2ㄱ)와 동일한 명제적 의미로 해석될 수 있다. (2ㄱ~ㄹ)가 모두
동일한 명제적 의미로 해석되는 것은 통사적 층위에서 일어나는 일이다. 여
기에는 언어 유형론적인 설명이 끼어들 여지가 없다. 한편 (2ㄴ)와 (2ㄹ)는
어순의 측면에서 유표적이다. 이는 화용적 층위에서 설명되어야 한다. 이에
대해서는 4.2.에서 자세히 살펴보자.

　채완(1991)에서는 유정성 원리가 어순 도치 허용 여부와 무관하다는 것을
입증하기 위하여 다음 예들을 함께 제시하고 있다. (아래 예 (4~8)은 채완
(1991 : 110~111)의 예를 일부 수정하고, 비문(*)으로 표시된 것 중 일부를
동일한 의미가 유지되지 않는다는 표시(≠)로 바꾼 것이다.)

　　(4) ㄱ. 철수가 영이를 사랑한다.
　　　　ㄴ. 영이를 철수가 사랑한다.
　　　　ㄷ. 철수 영이 사랑한다.
　　　　ㄹ. ≠영이 철수 사랑한다.

　(4)에서는 주어 명사구와 목적어 명사구에 모두 유정물이 온다. (4ㄷ)와 (4
ㄹ)가 동일한 의미로 해석될 수 없는 것은 '사랑하다'라는 동사의 어휘부 논

항 정보 중 주어 명사구의 선택제약 정보(유정물)를 철수와 영이가 모두 만족시키기 때문이다. 즉, 선택제약 정보에 의해서는 이 두 명사구의 문법적 기능이 정해지지 않는다. 그리하여 격표지가 없을 경우에는 어순 정보가 우선적으로 적용되어 (4ㄷ)는 (4ㄱ)와 같은 의미로, (4ㄹ)는 '영이가 철수를 사랑한다.'와 같은 의미로 해석되는 것이다.6) (4ㄴ)의 문장은 화용적인 면에서는 '영이를'이 주제로, '철수가'가 초점으로 해석될 가능성이 있다. 역시 일정한 맥락이 주어지는 경우에 한한다.

한편 위 (2)의 예와는 달리 선택제약이 적극적으로 기능하지 못하는 경우도 있다. 다음 예를 살펴보자.

> (5) ㄱ. 최루탄이 철수를 울렸다.
>   ㄴ. 철수를 최루탄이 울렸다.
>   ㄷ. 최루탄 철수 울렸다.
>   ㄹ. ≠철수 최루탄 울렸다.

(5ㄱ)의 문장은 주어 명사구에 무정물이, 목적어 명사구에 유정물이 오는 경우이다. 이 예는 일견 (2)의 예문과 유사한 것 같으나 선택제약에 차이가 있다. (2)에서는 선택제약이 비교적 엄격하게 적용되어 (2ㄹ)와 같이 어순이 변이된 경우에도 유정물이 주어로, 무정물이 목적어로 해석되었다. 그러나 (5)에서는 무정물이 유정물처럼 해석될 여지가 있다.

'울리다'의 논항 선택제약 정보에 의하면 주어 명사구는 울릴 수 있는 대상으로서의 유정물이, 목적어 명사구는 울 수 있는 대상으로서의 유정물이 와야 한다. (5가)의 '최루탄'은 무정물이지만 상대방을 울리는 역할을 한다. 이때는 주어의 선택제약이 (2)만큼 엄격하지 않다. '아침 드라마가 주부들을 울렸다.'나 '정부가 내놓은 정책이 서민들을 울렸다.'와 같은 문장에서처럼 무정물도 얼마든지 유정물을 울릴 수 있는 것이다. 따라서 (5ㄷ)의 문장은

---

6) 물론 어느 한 쪽 명사구에 조사가 실현되면 다른 명사구의 문장성분도 정해진다. 예컨대, '영이 철수가 사랑한다.'와 같은 문장은 (4나)와 동일한 의미로 해석되는 것이다.

(5ㄱ)와 같은 명제적 의미를 가지는 것으로 해석되는 것이다.

한편 (5ㄹ)는 '철수가 최루탄을 울렸다.'의 의미를 가지는 것으로 해석된다. 이러한 해석은 (5ㄷ)만큼 자연스럽지는 않지만 '최루탄'이 울 수 있는 존재인 것처럼 의인화되는 것이다. 예컨대 철수가 최루탄 사용 금지령을 내렸다거나 혹은 최루탄보다 더 강한 무기를 개발하여 더 이상 최루탄이 쓸모 없게 되었다면 이러한 표현도 가능하다. 이때에는 유정물이 주어로 해석되는 원리를 따르지 않고 선택제약보다 어순 정보가 더 우선적으로 적용되어 앞에 나온 것은 주어로, 뒤에 나온 것은 목적어로 해석되는 것이다.

다음으로 두 개의 명사구가 모두 선택제약을 어기는 경우를 살펴보자.

(6) ㄱ. 구름이 달을 따라간다.
　　ㄴ. 달을 구름이 따라간다.
　　ㄷ. 구름 달 따라간다.
　　ㄹ. ≠달 구름 따라간다.

(6)은 주어 명사구와 목적어 명사구에 모두 무정물이 온 경우이다. '구름'과 '달' 두 개의 명사구는 모두 무정물이다. '따라가다'의 논항의 선택제약은 따라가는 주체로서의 주어 명사구와 앞서가는 대상으로서의 목적어 명사구가 모두 유정물인 것이 자연스러우나, (6)의 문장에서 '구름'과 '달'은 모두 유정물로 의인화되어 해석된다. 이때 선택제약의 측면에서 '구름'과 '달'은 어느 것이 주어로 해석될지 또 어느 것이 목적어로 해석될지 정해지지 않는다. (6ㄱ)나 (6ㄴ)와 같이 격조사가 실현되는 경우는 그 정보를 따르면 되겠으나, (6ㄷ)나 (6ㄹ)와 같이 그렇지 않은 경우에는 어순 정보를 참조할 수밖에 없다. (6ㄷ)의 문장에서는 어순 정보에 의하여 앞에 나오는 '구름'은 주어로, 뒤에 나오는 '달'은 목적어로 해석된다. (6ㄹ)의 문장에서도 어순 정보에 의하여 앞에 나오는 '달'이 주어로, 뒤에 나오는 '구름'이 목적어로 해석된다. (6ㄹ)의 문장을 '달을 구름이 따라간다'와 같이 해석하기에는 그

밖의 정보가 주어 명사구와 목적어 명사구에 대하여 구분되지 않는다.

다음으로 선택제약 정보의 측면에서는 유정물과 무정물에 따라 주어와 목적어가 구분되지 않는 경우를 보자.

(7) ㄱ. 철수가 책을 덮쳤다.
　　ㄴ. 책을 철수가 덮쳤다.
　　ㄷ. 철수 책 덮쳤다.
　　ㄹ. ≠책 철수 덮쳤다.

(8) ㄱ. 책이 철수를 덮쳤다.
　　ㄴ. 철수를 책이 덮쳤다.
　　ㄷ. 책 철수 덮쳤다.
　　ㄹ. ≠철수 책 덮쳤다.

(7)은 주어 명사구에 유정물이, 목적어 명사구에 무정물이 온 경우이고, (8)은 주어 명사구에 무정물이, 목적어 명사구에 유정물이 온 경우이다. '덮치다'의 논항의 선택제약 정보를 살펴보면, 주어 명사구에는 덮치는 주체로서 '경찰특공대'와 같은 유정물이 올 수도 있지만, '장마'와 같은 무정물이 올 수도 있다. 또, 목적어 명사구에는 덮침을 당하는 대상으로서 '철거민'과 같은 유정물이 올 수도 있지만 '망루'나 '마을'과 같은 무정물이 올 수도 있다. 따라서 (7ㄱ)와 같은 문장도 가능하고, (8ㄱ)와 같은 문장도 가능하다. (7ㄷ)와 (8ㄷ)에 대해서는 주어 명사구와 목적어 명사구에 각각 유정물과 무정물 중 어느 것이 와도 좋으므로 선택제약 정보에 의해서는 어느 것이 주어이고 어느 것이 목적이인지 예측하기가 어렵다. 이들 문장에는 격조사도 없으므로 결국 어순 정보에 의하여 (7ㄷ)는 '철수가 책을 덮쳤다'로 (8ㄷ)는 '책을 철수가 덮쳤다'로 해석하게 되는 것이다. (7ㄹ)와 (8ㄹ)에 대해서도 마찬가지이다. 여러 가지 정보 중에서 어순 정보만이 주어 명사구와 목적어 명사구를 구분해주기 때문에 선행하는 요소는 주어로 해석되고 후행하는

요소는 목적어로 해석된다. 따라서 (7ㄹ)는 '책이 철수를 덮쳤다'로, (8ㄹ)는 '철수가 책을 덮쳤다'로 해석된다.

Tomlin(1986)이 제시한 유정물 선행 원리는 주어 명사구로 유정물이 오고, 목적어 명사구로 무정물이 오는 (2)에 대해서는 올바른 예측을 하는 것처럼 보이지만, 그 밖의 경우에 대해서는 아무런 설명을 제공하지 못한다. 채완 (1991)에서는 유정물 선행 원리가 현실적으로 나타날 가능성이 큰 하나의 경향(tendency)일 뿐 원리로서 성립할 근거는 충분하지 않다고 하였다.[7] 이러한 경향에 대한 설명은 언어 유형론적인 접근에서는 설명력을 가질지 모르나 구체적인 개별 문장에 대해서는 설명력을 가지기 어려운 것이다. 구체적인 개별 문장의 어순에 대해서는 서술어의 어휘부 논항 정보를 우선적으로 참조해야 한다.

이 절에서는 통사적 층위에서 한 문장의 명제적 의미를 해석하는 과정을 살펴보았다. 한 문장의 문장성분을 확인하는 절차는 해당 절의 서술어를 확인하고 그 서술어의 논항 정보를 확인하는 것으로 시작한다. 각 논항이 격표지를 지니고 있으면 격표지에 따라 문장성분을 확인하면 되지만, 격표지가 없는 경우에는 어순 정보나 선택제약 정보에 의해 문장성분을 확인하게 된다.

격표지가 실현된 경우는 어순 변이가 자유로우나 격표지가 실현되지 않으면 어순 변이가 제약된다는 사실은 어순 정보가 어느 층위에서 작동하는가와 관련이 있다. 격표지가 실현된 경우에는 어순 정보가 통사적 층위에서의 명제적 의미 해석에 사용되지 않고, 이 정보는 화용적 의미 해석에만 사용된다. 그러나 격표지가 실현되지 않은 경우에는 어순 정보가 통사적 층위에서의 문장 성분 확인에 적극적인 기준으로 기능하게 된다.

---

7) 김동식(2002)에서도 유사한 해석을 하고 있다.

4.2. 화용적 층위의 해석

앞 절에서는 어순에 따라 문장의 명제적 의미가 달라지는 경우를 살펴보았다. 그런데, 어순이 다른 두 문장의 명제적 의미가 완전히 동일한 경우가 있다. 한 문장이 기본 어순이 아닌 변이된 어순으로 실현될 때에는 화자 혹은 저자의 일정한 의도가 담기게 되고, 청자 혹은 독자는 이러한 어순이 가지는 의미를 파악해야 한다. 이 때 어순 정보는 통사적 층위가 아닌 화용적 층위에서 해석되어야 한다.

앞에서 논의했던 예문을 다시 가져와 이를 이번에는 화용적 측면에서 분석해 보자.

     (9) ㄱ. 철수가 책을 읽는다.
        ㄴ. 책을 철수가 읽는다.
        ㄷ. 철수 책 읽는다.
        ㄹ. 책 철수 읽는다.

(9ㄱ)의 어순은 '읽다'라는 동사의 어휘부에 주어진 기본 어순 정보와 일치하는 어순으로 무표적인 어순에 해당한다. (9ㄴ)는 '책을'이라는 목적어가 문두로 오고, '철수가'라는 주어가 동사 앞 위치로 간 유표적인 어순이다. 통사적 층위에서 두 문장의 의미는 동일하지만, (9ㄱ) 대신 (9ㄴ)의 어순이 실현될 때에는 (9ㄱ)에는 없는 의미가 담기게 된다.

(9ㄴ)는 '책을 누가 읽어?'라는 문장에 대한 답으로서 자연스럽게 나올 수 있는 문장이다. 김민선(2007 : 38)에서도 지적했듯이 질문 자체가 전지된 목적어를 지닌 경우, 필수성분인 목적어를 생략해 버리지 않는다면 자연스럽게 (9ㄴ)와 같이 대답하게 된다.

Carlson(1985 : 197)에서는 주제 요소는 왼쪽으로 이동시키고, 초점 요소는 오른쪽으로 이동시키는 담화 책략을 구사한다고 하였다. 이러한 주제화와 초점화는 발화 내적인 이유에 의하여 화자가 의도적으로 특정 성분의 위치를 변화시키는 것이다. 어순 변이를 유발시키는 적극적인 요인이라고 할 수 있다. (9ㄴ)에서 '철수가'는 동사 앞의 위치에 옴으로써 초점으로 해석된다. (9ㄹ)도 (9ㄷ)와 통사적 층위에서의 의미는 동일하지만, (9ㄹ)에서는 '철수'가 초점으로 해석된다는 점에서 (9ㄷ)와 차이를 가진다.[8]

통사적 층위에서 어순 정보가 격표지 정보나 선택제약 정보 등과 경쟁하면서 문장 의미 해석에 기여했던 것처럼, 화용적 층위에서도 어순 정보는 주제·초점 표지나 강세·억양과 같은 운율적 요소와 경쟁하면서 정보 구조적인 면에서의 문장 의미 해석에 기여하게 된다. (9ㄴ)나 (9ㄹ)도 문두의 성분인 '책을'이나 '책'에 강세가 주어지면 이들 요소가 초점 성분으로 해석될 가능성도 있다. 구어에서는 이러한 운율적 요소가 주제나 초점 성분을 확인하는 데에 중요한 요소로 기능하지만, 문어에서는 운율적 요소가 표시되지 않는 것이 일반적이기 때문에 오히려 어순이 주제화나 초점화에 보다 적극적으로 기여한다고 할 수 있다.

남미혜(1988)에서는 어순 재배치의 요인으로 주제화(topicalization)와 초점화(focalization)를 제시하고 있다.[9] Tomlin(1986)에서 '구정보(old information)가 신정보(new information)에 선행한다'는 주제 선행 원리를 제시한 바 있는데,[10] 한국어의 어순 재배치가 이 원리를 만족시키기 위한 장치라는 것이다.

---

8) '그 책 철수 읽는다.'와 같이 수정하면 좀 더 자연스럽다. '그 책'이 주제로서 기능하고 '철수'는 초점으로서 기능하는 것이 보다 분명해지기 때문이다. 물론, '책'에 강세가 온다면 '책'이 초점으로 해석될 가능성도 있지만, 여기서는 운율적인 요소가 표시되어 있지 않기 때문에 순전히 어순 정보에 의해 주제와 초점을 해석한 것이다.

9) 물론 주제화와 초점화의 기제는 특정 표지일 수도 있고 억양이나 강세가 될 수도 있다. 여기서는 다른 조건이 동일하다고 할 때 어순이 주제화나 초점화를 나타내는 경우만 살펴볼 것이다.

10) Tomlin(1986) 주제 선행 원리는 두 가지 차원에서 기능할 수 있다. 첫째는 언어 유형론적인 접근에서 한국어의 기본 어순을 설명하는 데에 이용할 수 있다. 한국어에서는 일반적으로 주어가 곧 주제이므로 주어가 다른 성분보다 앞에 오는 것을 주제 선행 원리로 설명할 수 있는 것이다. 둘째는 주제 선행 원리를 구체적인 개별 문장에 대한 접근에서 어순 변이의 요인으로 파악하는 것이다. 이는 화용적 층위의 설명으로서, 주어가 아닌 요소를 문두에 놓음으로써 주제로서의 지위를 획득하게 하는 적극적인 요인으로 설명할 수 있다. 여기서 이야기하는 것은 후자로서의 주제 선행 원리이다.

주제는 논술의 시발점이므로 그 기능상 문두 위치를 차지하며 어순 재배치에 의해 문두를 차지하게 되는 성분이 주제화와 관련된다(남미혜 1988 : 26).

화용적 층위의 설명은 개별 문장 단독으로는 적용되기 어렵다. 일정한 맥락(context)을 복원하여야 그 안에서 해당 문장이 특정한 어순을 가지고 나타내는 의미가 온전히 해석될 수 있다. 먼저 어순에 의한 주제화의 예를 살펴보자.

> (10) ㄱ. 교육청에서는 지역정압기를 설치할 경우 <u>그 비용을</u> 가스회사측이
> 부담, 2천만원이 넘는 '단독정압기' 설치 비용을 절감하는데다 임
> 대료 수입까지 받을 수 있다는 잇점이 있다. <이한기, 가스누출보
> 다 심각한 행정누수, 우리교육 1월호>
> ㄴ. 3·1운동의 정신과 투쟁을 계승하여 상해에서 대한민국임시정부
> 가 수립되었고 <u>이 임정의 법통을</u> 대한민국정부가 계승했다는 이
> 해빙식이다. <김싱보, 3·1운동의 역사적 위치와 그 쟁점, 우리교
> 육 1월호>
> ㄷ. 흔히 내용은 교과서에 다 나와 있고 그것은 쉬운 것이기 때문에
> 더 이상 들여다 볼 것이 없는 것으로 생각해서 주로 어떻게 가르
> 칠 것인가 하는 방법에 관심을 많이 갖는 경향이 있지만, 더 중요
> 한 것은 해당 내용을 교사가 얼마나 숙지하고 있느냐 하는 것이
> 다. <서재천, 사회과 지도를 위한 책, 우리교육 1월호>
> ㄹ. 이처럼 국가가 사학연금에 관여할 수 있는 것은 사학연금이 사회
> 보장제도 성격이 강하고 <u>연금의 일부를</u> 국가가 부담하고 있기 때
> 문이다. <정병남, 사학연금도 '비상', 우리교육 1월호>

(10ㄱ~ㄹ)의 예문은 목적어가 주어보다 앞선 위치에 나온 경우이다. (10ㄱ)와 (10ㄴ)에서는 '그 비용', '이 임정의 법통'과 같이 지시관형사가 나와 앞 절의 내용을 명시적으로 받고 있다. (10ㄷ)에서는 '해당 내용'의 '해당'이 지시관형사와 유사한 기능을 한다. (10ㄹ)의 '연금의 일부'는 앞 절에서 말한 '사학 연금의 일부'를 가리킨다. 모두 앞 절의 내용과 긴밀하게 관련된

내용들이다. 즉, 여기서 어순 변이가 일어난 것은 앞 절의 주제와의 긴밀한 관련성을 나타내기 위한 것이라고 해석할 수 있다.

한편, 어순에 의한 초점화는 신정보에 해당하는 성분을 동사 앞 위치(pre-verbal position)에 놓음으로써 초점으로 기능하게 하는 것이다(남미혜 1988 : 32).

> (11) "요령이 좋으신가봐요."
> "요령은요. 남 보기엔 시간의 구애를 덜 받는 직장처럼 보이지만 남들
> 이 잠자는 시간에도 일해야 하는 게 이놈의 팔자랍니다. 차값은 <u>제가</u>
> 계산하겠습니다. 그럼." <박완서, 꿈꾸는 인큐베이터>

(11)의 마지막 문장은 초점화의 예이다. 두 사람이 대화하던 중에 한 사람이 대화를 중단하고 일어나면서 '차값은 제가 계산하겠습니다.'라고 말하고 있다. 이때의 '제가'는 '당신'이 아니라 자기가 계산하겠다는 것으로 초점으로서 기능한다.

지금까지 주제화나 초점화와 같은 의도적인 요인에 의해 어순 변이가 실현된 경우를 살펴보았다. 그런데, 상황적인 요인에 의해 어순 변이가 일어나는 경우도 있다.[11]

---

11) 상황적인 어순 변이 요인은 구어 담화에서 빈번하게 발견된다. 강소영(2008)에서는 구어 담화를 대상으로 어순도치구문의 담화 기능을 분석하고 있는데, 여기에 제시된 예들 중에는 상황적인 요인에 의한 것이 있다.
  (1) K   아니 그니깐--
    [그 사람들이--]
    J [맨 마지막이--]
    K 산으로 다 도망을 갔잖아=
    토포군들이 (강소영 2008 : 8 예(7나), 밑줄 필자)
  (2) K   얘들 뭐--
    [LG 자이]
    W [LG 카드를] 못-못-못 꺼냈구
    K 이미 지나가 버렸잖아 LG 카드가 (강소영 2008 : 12 예(11) 중 일부, 밑줄 필자)
  위의 (1)의 예문에서 주어 '토포군들이'가 우측으로 도치된 것은 앞의 K의 발화 중 '그 사람들이'가 J의 발화 중 '맨 마지막이'와 겹쳐 다시 발화한 것이다. 이와 같이 발화 상황에서 발생된 요인에 의해 어순 변이가 일어나는 경우가 있다. 강소영(2008)에서는 (2)의

문장이 길어지면서 중의성을 유발할 가능성이 있을 때 이를 회피하기 위해 어순 변이가 일어나는 경우를 살펴보자.

(12) ㄱ. <u>명함을 줄까말까 결정할 시간을 벌려는 그의 이런 어색한 동작을</u> 나는 속이 근질근질하도록 귀엽게 바라보았다. <박완서, 꿈꾸는 인큐베이터>
   ㄴ. <u>말꼬리를 잡고 늘어지듯 묻는 남경사를</u> 그가 잠깐 훑어보았다. <이문열, 사람의 아들>
   ㄷ. <u>노래방 영상모니터위에 설치해 둔 녹음기를</u> 손님이 직접 조작해 자기 노래를 테이프에 담는 것이다. <조선일보 1993/07/30 19면>

(12ㄱ~ㄷ)는 목적어가 주어 앞의 위치에 놓인 경우이다. 이 전치된 목적어들은 공통적으로 다른 요소에 비해 장황하다는 특징을 지니고 있다. 즉, 목적어 명사를 수식하는 관형절이 상당히 긴 경우이다. (12ㄱ)에서는 '나는'이, (12ㄴ)에서는 '그가'가, (12ㄷ)에서는 '손님이'가 주어인데 목적어가 이들 주어보다 앞에 나와 있다. 선행 문장들을 살펴보면 이들 문장에서 주어 명사구가 신정보로서 초점으로 해석되지는 않는다. 그렇다고 문두로 간 목적어가 주제로 기능하는 것도 아니다. 여기서는 주어가 긴 목적어 앞에 놓일 경우 문장의 구조적인 중의성이 생기는 것을 피하기 위해 어순 변이가 일어났다고 추측할 수 있다.

예문도 K가 W의 말을 받아 대화를 진행하면서 말겹침으로 의사소통에 방해를 받은 'LG 카드'를 우측으로 도치시켰다고 설명하고 있다. 한편, 이는 K 스스로가 자신의 앞의 발화에서 잘못 말한 'LG 자이'를 'LG 카드'로 교정하기 위한 것으로 해석할 수도 있다. (1~2)의 예에서 어순 변이가 일어난 것은 효과적인 의사소통을 수행하기 위하여 메시지를 정확하게 제시하려는 화자의 태도가 반영된 것이다(강소영 2008 : 17). 다른 사람의 발화에 의해 방해를 받은 것이나, 정확한 어휘가 떠오르지 않아 잘못 발화한 것은 모두 의도하지 않은 상황에 기인한 것이다. 이러한 요인에 의한 어순 변이는 구어에서 특히 많이 발견된다.
이러한 상황적인 요인에 의한 어순 변이에 대한 용인성은 다른 경우보다 범위가 넓다. 문어에서는 일반적으로 서술어가 문장의 가장 끝 위치를 차지하며 이를 어기는 일이 흔하게 일어나지 않지만, 구어에서는 위와 같은 우측 어순 도치도 발견된다.

(13) ㄱ. 나는 <u>명함을 줄까말까 결정할 시간을 벌려는 그의 이런 어색한 동</u>
　　　<u>작을</u> 속이 근질근질하도록 귀엽게 바라보았다.

　　ㄴ. 그가 <u>말꼬리를 잡고 늘어지듯 묻는</u> 남경사를 잠깐 훑어보았다.

　　ㄷ. 손님이 <u>노래방 영상모니터위에 설치해 둔</u> 녹음기를 직접 조작해
　　　자기 노래를 테이프에 담는 것이다.

(13)은 (12)를 무표적인 어순으로 재배열한 것이다. (13)과 같은 문장에서
는 문두의 주어가 관형절의 서술어가 요구하는 주어로 잘못 해석될 여지가
있다. 즉, (13ㄱ)에서 '명함을 줄까말까 결정할 시간을 벌려는' 사람은 '그'
인데, '나'로 잘못 해석될 수도 있다는 것이다. 물론 내포절에서는 주격조사
인 '이/가'가 쓰이므로 (13ㄱ)에서는 이러한 해석이 차단된다고 하여도 (13
ㄴ)에서는 '남경사'를 만날 때까지 중의성이 유지된다. 즉, '그가'가 '말꼬리
를 잡고 늘어지듯 묻는'의 주어로 잘못 해석될 수 있다는 것이다. 한편, (13
ㄷ)에서는 관형절의 주어가 생략되어 있기 때문에 구조적인 중의성이 끝끝
내 해소되지 못하게 된다. '손님이'가 '노래방 영상 모니터위에 설치해 둔'
의 주어로 잘못 해석될 수 있는데, (13ㄷ)와 같은 어순으로는 이러한 해석을
막을 길이 없다.

(13)과 같이 어휘부 논항 정보에 의한 어순을 그대로 따르게 되면 주절의
주어가 내포절의 주어로, 특히 가장 인접한 서술어의 주어로 해석되는 것을
막기 어려운 경우가 있다. 이때, (12)와 같이 긴 목적어를 문두로 보내면 주
어와 서술어의 상대적인 거리가 가까워져서 주어-서술어 관계가 잘못 해석
될 가능성이 그만큼 낮아지는 것이다. (12)와 같은 어순 변이는 문맥 내에서
의 상황적인 요인에 의한 어순 변이라고 할 수 있다.

이와 같이 화용적 층위에서의 어순 변이에 대한 설명은 두 가지 서로 다
른 차원에서 찾아볼 수 있다. 첫째는 화자의 적극적인 의도를 담은 어순 변
이인데 이에 대해서는 정보 구조적인 설명이 유용하다. 둘째는 발화 상황이
나 문장 혹은 텍스트 전개 상황에서 일어나는 상황적인 어순 변이인데 이는

효과적인 의사소통을 위한 전략이라고 할 수 있다. 전자가 어순 변이를 유발하는 적극적이고 능동적인 요인이라면, 후자는 기본 어순을 따를 때 문장 의미 해석이 보호해지는 것을 피하기 위한 소극적이고 수동적인 요인이라고 할 수 있다.

5. 결론

지금까지 어순 변이에 따라 문장 의미 해석이 어떻게 달라지는지 살펴보았다. 이를 위해 한국어 어순 현상을 다각도로 검토해 보았다. 어순에 대한 연구는 우선 언어 유형론적인 접근과 구체적인 개별 문장에 대한 접근으로 구분할 수 있는데, 기존의 논의에서 언어 유형론적인 설명은 개별 문장에 적용되기에는 충분하지 않으므로 개별 문장에 대한 설명이 별도로 마련되어야 함을 강조하였다.

개별 문장에 대한 접근은 다시 통사적 층위의 해석과 화용적 층위의 해석으로 구분될 수 있다. 통사적인 측면에서는 어휘부 논항 정보로 주어지는 기본 어순 정보가 통사적 층위 내의 다른 정보와 상호 작용하면서 문장 의미 해석에 어떻게 기여하는지 살펴보았다. 화용적인 측면에서는 어순 변이를 유발하는 요인을 의도적인 것과 상황적인 것으로 구분할 수 있었다. 의도적인 요인은 주제화와 초점화로 정리할 수 있고, 상황적인 요인은 정확한 의미 전달을 위한 것으로 파악되었다.

이 논문에서는 서술어와 논항들간의 어순만을 다루고 수식어와 피수식어의 어순, 부사어의 어순 등에 대해서는 다루지 못하였다. 각각의 어순 현상에 대한 면밀한 조사와 타당한 설명이 이루어질 때 한국어의 어순에 대한 구체적인 기술이 가능해질 것이다.

참고문헌

강소영. 2006. "우측 어순 변동 구문의 실현양상과 의미기능 연구", 「한국어의미학」 20, pp.281-303.

강소영. 2008. "어순도치구문의 담화 기능 분석", 「한국어의미학」 26, pp.1-20.

김동식. 2002. "국어 문장의 기본 어순에 관하여-어순 판별 기준의 설정의 위하여-", 「한신인문학연구」 3, pp.5-27.

김민선. 2007. "한국어 목적어 전치와 조사에 따른 정보구조", 「한국어의미학」 23, pp.23-47.

김방한 편. 1990. "언어학연구사-「김방한 선생 정년 퇴임 기념 논문집", 서울대학교 출판부.

김승렬. 1988. 「국어어순연구」, 한신문화사.

김용하. 1999. 「한국어 격과 어순의 최소주의 문법」, 한국문화사.

남미혜. 1988. "국어 어순 연구-어순 재배치 현상을 중심으로-", 「국어연구」 86.

문병열. 2008. "한국어의 초점 구성과 그 위계에 대한 연구 시론-질문·대답의 문장 쌍을 중심으로-", 「언어와 언어학」 41, pp.33-56.

박철우. 2008. "국어 시간 의미 실현의 통사 기제", 「국어학회 제35회 겨울학술대회 발표자료집」, pp.160-177.

신서인. 2006. "구문 분석 말뭉치를 이용한 한국어 문형 연구", 서울대학교 박사학위 논문.

신서인. 2007. "한국어의 어순 변이 경향과 그 요인에 대한 연구", 「국어학」 50, pp.213-239.

신익성 교수 정년퇴임기념논문집 간행위원회 편. 1990. 「신익성 교수 정년퇴임기념 논문집」, 한불문화출판.

이기갑. 1989. "한국어의 어순뒤섞기와 용인성 측정법", 「어학연구」 25-1, pp.141-150.

이기갑. 1990ㄱ. "한국어 어순 연구사", 「김방한 편」, pp.467-492.

이기갑. 1990ㄴ. "한국어 어순뒤섞기(scrambling)의 제약", 「신익성 교수 정년퇴임기념 논문집 간행위원회 편」, pp.379-390.

이정훈. 2002. "국어 어순의 통사적 성격", 「어문연구」 113, pp.93-114.

임홍빈. 2008. "어순에 관한 유형적 접근과 한국어의 기본 어순", 「서강인문논총」 22, pp.53-120.

전영철. 2006. "대조 화제와 대조 초점의 표지 '는'", 「한글」 274, pp.171-200.

정재형. 1991. "국어의 어순과 초점에 대하여", 「우리말 연구」 1, pp.275-299.

정희자. 2008. 「담화와 문법(수정판)」, 한국문화사.

채 완. 1991. "국어 어순의 기능적 고찰", 「동대논총」 20, pp.103-119.

Calson. L.. 1983. *Dialogue Games*. D. Reidel Publishing Company.

Downing. P. and M. Noonan. 1995. *Word Order in Discourse*. John Benjamins Publishing Company.

Dryer. M. S.. 1995. "Frequency and pragmatically unmarked word order." in Downing. P and M. Noonan(1995). pp.105-135.

Greenberg. J. H.. 1963. "Some universals of grammar with particular reference to the order of meaningful elements." in Greenberg. J. H. (ed.) (1963). pp.73-113.

Greenberg. J. H. (ed.). 1963. *Universals of Language*. The MIT Press.

Hawkins. J. A.. 1983. *Word Order Universals*. Academic Press.

Herring. S. C. and J. C. Paollio. 1995. "Focus position in SOV languages." in Downing. P and M. Noonan(1995). pp.163-198.

Payne. D.. 1992. "Introduction." in Payne. D. (ed.) (1992). pp.1-14.

Payne. D.. (ed.). 1992. *Pragmatics of Word Order Flexibility*. John Benjamins Publishing Company.

Tomlin. R. S.. 1986. *Basic Word Order-Functional Principles*. Croom Helm.

| 이 논문은 한국어의미학 28집(2009, 한국어의미학회)에 게재된 논문을 재수록한 것입니다.

單義(monosemy)와 多義(polysemy)
—문법화와 유형론의 관점에서

박 진 호

1. 서론

본고는 單義主義(monosemism)를 비판하고 多義主義(polysemism)을 옹호하려는 시도이다. 이를 위해 단의주의의 도그마적 성격을 비판하고 單義-多義 문제가 경험적(empirical) 문제임을 밝히며(2절), 단의주의 분석의 난점으로서 가족유사성을 지적하고자 한다(3절). 어휘요소뿐 아니라 문법요소에 대해서도 다의주의적 분석이 진실에 가까울 때가 많다고 생각하며(4절), 본래 화용론적 함축이었던 것도 빈번한 발생에 의해 관습화되어 내재적 의미로 흡수됨에 따라 다의어를 낳는 일이 흔히 있음을 밝힌다(5절). 소위 다면어도 단의어라기보다는 다의어에 가깝다(6절). 언어유형론에서 각광을 받고 있는 의미지도 접근법은 단의-다의 문제에 지나치게 얽매이지 않으면서 하나의 기호가 가질 수 있는 다양한 용법들 사이의 관계를 경험적으로, 그리고 crosslinguistic하게 탐구할 수 있는 새로운 길을 열어준다(7절).

1.1. 동형관계, 다의, 단의

이미 상식화된 이야기이기는 하지만, 본고의 논지 전개를 위한 기초이므로 우선 몇 가지 개념을 정의하고자 한다. 동형관계(homonymy)는 記意(signifié)를 달리하는 두 기호가 우연히 記標(signifiant)가 같은 현상이다. 한국어 동사 '치-'(打)와 '치-'(養)를 예로 들 수 있다. 전자는 중세 한국어에서 '티-'였으므로, 현대 한국어에서 이 두 동사의 기표/형태가 같은 것이 우연임을 알 수 있다.

다의(polysemy)는 하나의 기호가 둘 이상의 義項(sense)을 갖는 현상이고, 단의(monosemy)는 하나의 기호가 하나의 義項만 갖는 현상이다. 단의적인 (monosemous) 기호라도 구체적으로 가리키는 대상이 문맥에 따라 조금씩 달라질 수는 있다. 이를 문맥상의 變調(contextual modulation)라 부른다. 예컨대 동사 '차-'(蹴)가 나타내는 행위는 왼발로 차는 행위와 오른발로 차는 행위를 모두 포괄할 수 있는데, 이는 '차-'의 두 의항이 아니라 문맥에 따른 자질구레한 디테일임이 분명하다.

1.2. 단의-다의가 제기하는 문제

단의와 다의는 실용적 관점에서, 그리고 이론적 관점에서 여러 문제를 제기한다. 사전 편찬의 관점에서, 표제항이 되는 어떤 기호가 둘 이상의 용법을 보일 때, 이 용법들을 별개의 의항을 상정하여 기술할 것인가, 아니면 하나의 의항으로 뭉뚱그려서 기술할 것인가? 자연언어처리, 특히 기계번역의 관점에서, source 언어의 문장에 대한 형태소분석·구문분석이 완료된 뒤 의미분석을 할 때, 문장 속의 어떤 단어가 다의어일 경우, 이 단어가 해당 문장에서 어떤 센스로 쓰였는지 판정해야 한다. 이를 단어 의미 중의성 해소 (word sense disambiguation, WSD)라 부른다. 해당 단어가 단의어라면 WSD

가 불필요하다. 다의어의 경우 WSD가 적절히 이루어져야 target 언어로의 번역이 정확하게 이루어질 수 있다. 예컨대 '선생님'이 "학교에서 학생들을 가르치는 사람"이라는 뜻일 때는 'teacher'로 번역해야 하고, 다른 사람을 높여서 부르거나 지칭하는 말일 때는 'Mr.', 'Sir', 'Ms' 등으로 번역해야 할 것이다. 단, source 언어의 어떤 단어의 두 의항이 target 언어에서도 하나의 단어로 표현될 때에는 WSD가 완전히 이루어지지 않아도 된다. 이는 기계번역뿐 아니라 인간에 의한 수동 번역에서도 마찬가지이다.

   이론언어학, 심리어휘부(mental lexicon)의 관점에서, 심리어휘부 내에서 어떤 기호에 대한 의미표상(semantic representation)이 어떻게 되어 있을까? 모든 용법을 아우르는 하나의 의미표상으로 존재할까, 아니면 각각의 용법에 해당하는 여러 의미표상들이 나열되어 있을까? 여러 의미표상들이 나열되어 있을 경우, 이들은 어떻게 해서 생겨나며, 이들 사이의 관계는 어떠한가? 의항들이 단순히 열거되어 있는가, 아니면 의항들 사이의 (준)규칙적인 관계를 반영·포착해 주는 별도의 장치가 존재하는가? 어휘부가 현대 언어이론에서 갖는 중요성을 감안하면, 이들 질문은 언어이론 전체에서도 핵심적 질문이라 할 수 있다.

2. 단의-다의 문제의 성격

2.1. 단의-다의 문제에 대한 단의주의적(monosemist) 접근

   단의주의의 핵심 주장을 간추리면 다음과 같다(Ruhl 1989) : "사전 편찬자, 어휘의미론 연구자들은 지금까지 종종 안일하게, 그리고 불필요하게 하나의 기호에 여러 의항들을 상정해 왔다. 다의처럼 보이는 것이 사실은 하나의 의항의 문맥적 변조에 불과한 경우가 매우 많다. 또는 하나의 기호의 서로 구별되는 별개의 의항처럼 보이는 것이, 사실 그 중 하나만 그 기호의 내재적 의미(intrinsic meaning)이고, 나머지는 화용론적 함축에 불과한 경우가 많다. 언어학사는 하나의 기호가 보이는 다양한 용법들을 아우르는 하나의 일반적·추상적 의미를 발견하려고 최대한 노력해야 한다. 그러한 노력이 실패할 경우에만 다의가 인정된다."

영어 접속사 'and'라는 구체적인 사례를 가지고 예시해 보자. 다의주의자(polysemist)는 흔히 'and'가 다음과 같이 두 개의 의항을 갖는 것으로 분석한다.

> ① 두 명제를 논리적/초시간적으로 이어주는 연접(conjunctive) 접속사. 두
>   명제가 모두 참이어야 전체 명제가 참임.
>   (1) John is a boy and Mary is a girl.
> ② 어떤 사태가 일어난 뒤에 다른 사태가 일어남을 나타내는 접속사.
>   (2) John went to the store and bought the book.

이에 대해 단의주의자는, 위의 ①과 ② 중 ①의 의항만 설정하면 되며, ②는 'and'의 내재적 의미가 아니라 함축에 불과하다고 주장한다. Grice의 대화 격률 중 Maxim of Manner "Be orderly"로부터 도출되는 대화상의 함축이라는 것이다.

본고는 위의 단의주의 명제(thesis)가 dogma적 성격을 지니고 있음에 주목하고 싶다. 다의주의는 이론적 thesis로서 주장되기보다는 사전편찬의 관행, 일반적인 상식 차원에서 전제되어 온 편인 데 비해, 단의주의는 종종 명확한 이론적 thesis로서 주장된다. "하나의 기호가 보이는 다양한 용법을 그저 나열하는 식의 기술은 피상적이고 우아(elegant)하지 못하다. 피상적인 다양성 밑에 존재하는 일반성을 포착해야 제대로 된 언어 기술이고, 언어 이론은 그러한 기술을 담보하는 장치를 제공해야 한다. 다의적 기술보다는 단의적 기술이 선험적으로 우월하다. 다의적 기술은 단의적 기술에 비해 열등하므로, 단의적 기술을 위해 최대한 노력해 본 뒤, 그것이 정 안 될 때에 차선책으로서만 채택해야 한다."는 것이다.

2.2. 단의-다의는 경험적 문제이다

그러나, 본고에서는 선험적으로 단의적 분석을 선호해야 한다는 단의주의 thesis에 반대한다. 어떤 기호가 단의적인가 다의적인가 하는 문제는, 둘 중 어느 하나를 선험적으로 선호해야 하는 성격의 것이 아니라, 경험적으로 (empirically), 즉 증거에 입각해서 논증되거나 반박될 수 있는 성질의 것이다. 화자의 심리 어휘부에 저장되어 있는 단어의 어휘내항(lexical entry)에서 하나의 의미표상만이 저장되어 있다면 그 단어에 대해서는 단의적 분석이 옳은 것이고, 그 단어에 대해 복수의 의미표상들이 저장되어 있다면 그 단어에 대해서는 다의적 분석이 옳은 것이다. 심리어휘부 내의 어휘내항 및 그 내부에서의 의미표상(들)의 조직에 대해 탐구하기 위한 과학적 방법론이 아직 정립되어 있지 않아서 확실한 결론을 내리기가 어렵기는 하지만, 단의-다의 문제는 원칙적으로 심리어휘부의 어휘표상에 관한 증거에 의해 판정될 수 있는 경험적 문제라는 것이다.

또한 어떤 기호에 대해서는 단의-다의 양쪽의 주장이 다 옳을 수도 있다. 심리어휘부의 해당 기호에 대한 어휘내항에서 여러 용법에 해당하는 복수의 의미표상도 존재하고 이들 용법을 모두 아우르는 일반적·추상적인 의미표상이 동시에 존재한다면, 다의적 분석과 단의적 분석이 동시에 성립된다고 할 수 있다. 이 역시 단의-다의 문제가 경험적 문제라는 사실과 관련되어 있다.

2.3. 단의-다의 문제의 경험적 해결 방법

앞서 말했듯이 현재의 인지과학 이론 및 방법론의 발전 수준을 고려할 때 심리어휘부에 특정 의미표상이 존재하는지 아닌지를 직접 증명하기는 매우 어렵다. 그러나 이 문제를 경험적으로 증명 또는 반증하는 것이 완전히 불가능한 것은 아니다. 의미는 형식적 측면에 흔히 반영되므로, 하나의 기호가 용법에 따라 상이한 형식적 특성을 보인다면, 이는 복수의 의미표상에 대한 간접적 증거가 될 수 있다.

형식적 특성에 입각한 다의의 논증을 구체적인 사례를 통해 예시해 보자. 영어에는 병렬 구조 제약(Coordinate Structure Constraint)이라는 것이 있다. 이에 따라 병렬구조의 어느 한쪽 접속지(conjunct)로부터 성분을 추출할 수 없다. (3)과 같은 병렬 구조의 한 쪽 접속지로부터 성분을 추출하여 관계화한 (4)는 수용불가(unacceptable)한 것이다.

> (3) [John plays the flute] and [Mary sings madrigals].
> (4) *the madrigals [which [John plays the flute] and [Mary sings ___].

그런데, 'and'가 시간적 계기관계를 나타낼 때에는 위의 제약을 받지 않는다.

> (5) I went to the store and bought the book.
> (6) the book [which I went to the store and bought ___].

초시간적/논리적 용법일 때와 시간적 용법일 때 통사적 특성에 차이가 있는 것이다. 이 차이는 의미상의 차이의 형식적 반영일 것이다. 따라서 'and'의 두 용법을 별개의 의항으로 설정해야 한다.

한국어의 연결어미 '-고'는 초시간적/논리적 용법일 때에는 두 절이 각각 시제-상-양태(TAM) 선어말어미를 가질 수 있고, 뒤에 '-서'가 붙을 수 없다.

> (7) 어제 철수는 학교에서 공부했고(*서) 영희는 집에 있었다.

반면에 시간적 용법일 때에는 선행절이 TAM 선어말어미를 가질 수 없고,

뒤에 '-서'가 붙을 수 있다.

(8) 철수는 밥을 먹(*었)고(서) 집을 나섰다.

이러한 형식적 차이는 의미의 차이를 반영한 것일 것이다. 따라서 '-고'
는 최소한 위의 두 용법을 각각 의항으로 갖는 다의적 요소라고 결론지을
수 있다.

2.4. 기호의 두 측면, 세 측면?

Saussure에 의해 더 널리 알려지게 되었듯이, 기호(sign)에는 형식(form,
signifiant)과 내용/의미(content, meaning, signifié)의 두 측면이 있다는 것이 상
식화되어 있다. 기호는 형식과 의미가 연결된 것[form-meaning pair]이라는
것이다. 일부 학자들은 여기에 결합적 속성(combinatorics) 또는 통사적 속성
(syntactic property)를 추가해야 한다고 주장한다(Mel'čuk 1995, Nicholas Evans
2011). 이 주장에 따르면 기호는 형식-의미-통사의 triplet이다. 언어학자가
기호를 분석할 때 형식과 의미뿐 아니라 통사적 속성도 그에 못지않게 중시
해야 하는 것이다.

　하나의 기호가 복수의 결합적·통사적 속성을 보일 때, 이는 하나의 의항
에서 비롯되는 것도 있고, 복수의 의항에서 비롯되는 것도 있다. 통사적 속
성은 다르나 의미상 아무런 차이가 없을 때는 전자의 사례이고, 통사적 속
성의 차이에 따라 미세하게라도 의미상 차이가 있을 때는 후자의 사례이다.
다의적 분석을 취하면, 이 두 가지를 구분할 수 있다. 즉 전자는 하나의 의
항에 복수의 통사적 속성이 딸려 있는 경우이고, 후자는 복수의 의항이 각
각 자기 나름의 통사적 속성을 갖는 경우이다. 반면에 단의적 분석을 취하
면, 이 둘의 구분이 없어진다. 이 둘을 구분해야 하는 경험적 근거가 쌓이면

쌓일수록, 단의주의는 이러한 경험적 자료를 설명할 도구를 결여하기 때문에, 근본적인 결함이 있는 것으로 판명될 것이다.

3. 단의적 분석의 난점 : 가족유사성

어떤 기호에 대한 단의적 분석을 증명하려면, 모든 용법을 아우르는 일반적 의미표상의 존재(심리적 실재성)를 증명해야 한다. 그러나 현재의 이론적·방법론적 한계 때문에 이 증명은 현실적으로 어렵다. 최소한, 모든 용법을 아우르는 일반적 의미표상을 언어학자가 만들어낼 수 있어야 한다. 이것을 완수했다고 단의가 증명된 것은 아니다. 즉 이것이 단의 증명의 충분조건은 아니고 필요조건일 뿐이다. 그러나 이 소박한 과제조차도 달성하기가 어렵거나 불가능한 경우가 많다. 그것은 하나의 기호가 보이는 다양한 용법이 종종 가족유사성(family resemblance)을 보이기 때문이다. 즉 용법1과 용법2는 유사하고, 용법2와 용법3은 유사하고, …… 용법n-1과 용법n은 유사하지만 용법1과 용법n 사이에는 유사성을 찾기 어려운 경우가 많은 것이다.

가족유사성을 보이는 의미 확장의 극단적 사례로서 영어의 'hearse'를 들 수 있다. 이 단어는 오랜 세월 역사적 변천을 거치면서, 그때그때의 사회문화적 배경과 관련하여 다양한 의항을 갖게 되었다.

 (9) 'hearse'의 의항들
  ① 이빨이 달린 삼각 써레(a triangular harrow with pins)
  ② 多枝 촛대 : 교회에서 양초를 지지하는 삼각 틀
  ③ 촛대, 양초틀
  ④ Tenebrae : 부활절 전주의 최후의 3일간 행하는 그리스도 수난 기념
   의 조과(朝課) 및 찬미가

⑤ 관, 묘
⑥ 관뚜껑, 묘 위에 얹는 뚜껑
⑦ 棺架
⑧ 영구차, 장의차

이 모든 용법을 아우르는 일반적·추상적인 의미를 과연 언어학자가 만들어낼 수 있을까? 만들어낸다 해도, 너무 추상적이어서 해당 단어에 대한 이해·설명에 별로 도움이 안 될 것이다. 그리고 영어 화자가 심리어휘부 속에 그런 추상적인 의미표상을 가지고 있을 것 같지 않다.

또한 하나의 언어요소가 의미 확장을 겪을 때 상당한 도약이 일어날 수 있다. 이렇게 상당히 離散的(discrete)인 복수의 개념을 표현하는 데에 하나의 기호가 동원된 사례로서 한국어의 '붚>북'을 들 수 있다. 한국어에서 '붚'은 본래 "鼓"를 의미했다. 나무 등으로 원통형의 테를 만들고 거기에 가죽 등을 씌워서 두드려 소리를 내는 도구이다. 그런데 나중에 중국으로부터 "鐘"이라는 새로운 사물이 들어왔다. 금속을 주조하여 속이 빈 형태로 만들고 쳐서 소리를 내는 도구이다. 한동안은 이 새로운 사물을 가리키는 데에도 기존 단어 '붚'이 동원·사용되었다. 둘은 형태, 재료가 다르지만 소리를 내어 멀리까지 들리게 한다는 용도·기능상의 공통점이 있기 때문이다. 하나의 단어가 두 사물을 의미함에서 생기는 혼란을 피하기 위해, 수식어를 붙여 '쇠붚'이라고 하기도 했고, 한자어 '종(鐘)'을 사용하기도 했다. '붚'의 두 의항 "鼓"와 "鐘"을 아우르는 의미를 만들어보면 "쳐서 소리를 내는 도구" 정도일 것이다. 이런 추상적인 의미로는 '붚'과 '붚' 아닌 것을 제대로 구별할 수 없다. 모든 타악기가 이 정의에 포함되기 때문이다. 의미의 확장은 도약적으로 일어날 수 있고, 원래의 용법과 확장된 용법 사이의 거리가 매우 멀고 그 둘 사이의 연결고리가 극히 미약할 수 있다. 이런 경우에는 단의적 분석이 극히 어렵다. 또한 의미 확장이 일어날 때 화자가 항상 원래의 용법과 확장된 용법을 아우르는 일반적·추상적 의미표상을 만들어서 가져야 하는 것은 아니다. 두 의항에 해당하는 의미표상만 가지면 된다.

4. 어휘요소와 문법요소 : 문법요소는 과연 다른가?

어휘요소에 대해서는 다의를 순순히 인정하면서도 문법요소에 대해서는 의식적으로든 무의식적으로든 단의적 분석을 선험적으로 선호하는 경향이 언어학자들 사이에 있다. 문법요소의 의미를 탐구할 때 모든 용례를 설명할 수 있는 하나의 의미표찰(semantic label)을 찾으려는 시도를 흔히 한다. 선어말어미 '-거-'에 대해 "대상성", "확인법", 선어말어미 '-느-'에 대해 "실현성", "직설법", 선어말어미 '-더-'에 대해 "의식의 단절", "회상법", 선어말어미 '-겠-'에 대해 "판단", "추단", "將然性" 등의 의미표찰이 제시되어 왔다. 그러나 과연 문법요소는 어휘요소와 그토록 다른가?

어휘요소에 비해 문법요소의 의미는 추상적이므로, 다의적인 문법요소의 의항들 자체가 이미 어느 정도 추상적이다. 따라서 이들로부터 하나의 의미를 도출하면 그 의미는 더욱 추상적이지만, 본래의 의항들도 추상적이므로, 단의적인 분석이 지니는 추상성에 대한 거부감이나 저항감이 약한 듯하다.

그러나 문법요소가 보이는 여러 용법들도 흔히 가족유사성을 보이며, 이산적인 복수의 용법에 하나의 문법요소가 동원되는 일도 흔히 있기 때문에, 문법요소의 경우에도 단의적 분석이 어렵거나 불가능한 경우가 많이 있다. 단적으로, 영어 전치사 'with'는 여러 용법 중에서도 특히 "도구"와 "동반"의 용법을 가지고 있는데, 이 둘을 아울러서 도대체 뭐라고 부른단 말인가?

이런 사례는 얼마든지 많이 들 수 있다. 영어의 접속사 'since'는 다음과 같은 두 가지 주요 용법을 갖는다.

① 시간적 용법 : ~한 이후에

(10) Many improvements have been made since this century began.

② 이유/원인 : ~기 때문에, ~므로

(11) Since we're not very busy just now, I can get away from the office.

이 두 용법을 아우르는 일반적·추상적 의미를 상정할 수 있을까? 'since'가 이렇게 이질적인 두 의미를 갖게 된 기제는 뒤에서 살펴본다.

한국어의 선어말어미 '-더-'도 마찬가지이다. 종결형 '-더라'에서는 "과거에 어떤 사태를 화자가 경험(지각, 사유)을 통해 알게 되었음"을 나타낸다. 관형형 '-던'에서는 "과거의 사태에 대한 비완망적(imperfective) 관점"을 나타낸다. 조건절 '-었더라면'은 과거 사실에 반대되는 명제를 가정하여 후행절에 대한 조건으로 제시한다. 이 모든 경우를 아우르는 '-더-'의 의미를 추출할 수 있을까?

중세 이래 종결형의 '-더-'는 '-었-'의 출현으로 인해 의미가 많이 변모했지만, 관형형의 '-더-'는 ('-었-'이 관형형에 침입하지 않았으므로) 중세의 의미를 별 변화 없이 여전히 지니고 있다. 과거 사실에 대한 반사실적 조건절은, 이 의미를 나타내는 특화된 표현이 효용가치가 있기 때문에, 중세 이래 여러 표현이 이 의미를 나타내는 데에 동원되어 왔다 : '-더든', '-던댄'; '-더면, -던들'; '-었더면, -었던들'; '-었더라면, -었던들.' [조건]은 '-든, -ㄴ댄, -면, -ㄴ들' 등이 나타내고 [과거]는 '-더-', '-었-' 등이 나타내겠지만, [반사실적(counterfactual)]이라는 의미는 결합체 전체가 지니는 것이지 어느 특정 구성요소로부터 나온다고 보기 어렵다. 이렇게 종결형, 관형형, 조건절이 각각 독자적인 역사를 지니고 있어서, 이를 하나로 뭉뚱그려서 설명하기가 어렵다.

5. 문법화와 다의

5.1. 함축과 다의

문법화가 일어날 때 맥락적 함축(contextual implicature)을 특정 언어요소가 흡수하는 일이 흔히 일어난다. 함축은 기본적으로 그때그때의 상황에서 축자적 의미(literal meaning), 맥락 정보, 대화상의 격률(maxim) 등을 바탕으로 하여 연산(computation)에 의해 추론·도출되는 것이지만, 그런 함축을 유발하는 상황이 매우 빈번히 반복되고 그 때마다 특정 언어요소가 반복적으로 사용된다면, 그때그때마다 해당 함축을 연산해 내는 것보다는 해당 함축을 특정 언어요소의 내재적 의미로 흡수해서 저장(storage)·기억(memory)하는 것이 더 싸게 먹힐 것이다. 인지문법에서 흔히 云謂하는 투식화(routinization), 통사적 구성의 어휘화(통사 연산에 의해 도출되던 구성의 어휘부 등재)도 이와 매우 유사한 현상이다. 요컨대, 고빈도 언어요소의 통시적 변화, 특히 문법화 과정에서 함축을 내재적 의미로 흡수·관습화(conventionalization)하는 일이 흔히 일어난다.

영어의 'since'를 다시 사례로 들어 보자. 'since'는 본래 "~한 이후에"라는 시간적 의미만 지니고 있었다. 그런데 시간적으로 인접한 두 사태는 인과적으로도 연결되어 있는 일이 많기 때문에, 'since'로 연결된 두 절이 나타내는 사태가 단순히 시간적 선후관계만 있는 것이 아니라 인과적으로도 원인-결과의 관계에 있다는 함축이 빈번히 발생했다. 이 일이 빈번히 반복되다 보니 나중에는 아예 인과적 함축을 'since'의 내재적 의미로 흡수·관습화하게 되었다.

한국어의 연결어미 '-고'도 기본적으로 "시간적 계기관계"의 의향을 갖는데, 이로부터 인과관계의 함축이 도출될 수 있다.

    (12) 철수는 어제 새우깡을 먹고(서) 배탈이 났다.

그러나 이 함축은 쉽게 취소될 수 있어, 여전히 함축일 뿐이고, 이것이 내재적 의미로 흡수·관습화되었다는 적극적 증거를 아직 찾기 어렵다.

5.2. 관습화의 정도와 단의-다의 연속성

함축의 관습화는 의미론-화용론 경계 문제 및 단의-다의 문제와 밀접한 관련이 있다. 의미론과 화용론의 역할 분담에 있어서, 의미론의 역할을 극대화하려는 입장[radical semantics]과 화용론의 입장을 극대화하려는 입장[radical pragmatics]이 있다. 후자의 경우, 언어요소의 다의성을 최소화하고, 다양한 용법을 가능한 한 함축으로 설명하려고 하는 경향이 있다. 그러나 특정 용법을 함축으로 설명할 수 있다고 해서, 그것이 해당 요소의 내재적 의미가 아님을 증명한 것은 아니다. 본래는 함축이었던 것이 내재적 의미로 흡수/관습화되었을 가능성도 있기 때문이다. 그런데 화용론 극대화주의자들은 어떤 용법이 함축으로 설명될 수 있음을 보이고서, 다의성 주장을 논박했다고 너무 쉽게 착각하는 경향이 있다.

모든 통시적 변화가 그렇듯이, 함축의 관습화도 하루아침에 이루어지는 것이 아니라 오랜 세월 동안 점진적으로 이루어진다. 이런 변화의 과도기에는, 예전 시기의 함축이었던 것이 내재적 의미가 되었는지 여전히 함축에 불과한지 판정하기 어려운 경우도 당연히 있을 것이다. 'since'의 과도기 용례들도 시간적 용법인지 인과적 용법인지 판정하기 어려운(둘 중 어느 쪽으로도 해석 가능한) 것들이 많이 있다. 따라서 과도기에는 해당 언어요소가 단의적인지(확장 용법은 아직 함축임) 다의적인지(함축이 관습화되었음) 판정하기 어려울 것이다. 단의-다의 문제가 경험적인 문제이기는 하나, 모든 경우에 확실한 판정을 내릴 수 있을 것이라고 생각하기는 어렵다.

6. 다의어와 다면어, 의항(sense)과 部面(facet)

6.1. 다의어와 다면어에 대한 통설

다의와 관련된 어휘 의미론의 기존 논의에서, 다의어의 하위 유형의 하나로, 또는 다의어와 구별되는 개념으로 '다면어(多面語, multi-faceted word)'라는 것이 운위되어 왔다. 다의어가 갖는 의항들은 상호 배타적이어서, 특정 문맥에서 이들 중 어느 하나만 활성화될 수 있지 둘 이상의 의항이 동시에 활성화될 수는 없다(Gestalt effect). 반면에 다면어가 갖는 부면(facet)들은 하나의 대상이 지닌 여러 측면들이고, 하나의 대상을 여러 각도에서 볼 수 있기 때문에, 동시에 활성화될 수 있다. 그런 점에서 다면어는 다의어와 다르고, 단의어의 또 다른 한 모습이라고 할 수 있다.

어떤 단어가 다의어인지 다면어인지도 역시 경험적 문제이다. 단의어(하나의 의항의 문맥적 변조)와 다의어(복수의 의항)를 판정하는 데 흔히 사용되어 온 테스트들을 여기에도 적용할 수 있다(Cruse 2000 : 105-123).

액어법 효과(zeugma effect) : 만약 다의어가 갖는 둘 이상의 의항을 하나의 문장 내에서 동시에 활성화시키려고 하면 zeugma가 야기된다.

(13) John and his driving licence expired yesterday.

'expire'는 'John' 같은 사람 주어에 대해서는 "죽다"의 의미를 갖고 운전면허 같은 주어에 대해서는 "만료되다"의 의미를 갖는데, 이 두 의미를 갖는 문맥을 하나의 문장 속에 결합시키면 어색한 느낌, 또는 익살스러운 느낌을 주게 된다. 'expire'의 두 용법이 zeugma 효과를 야기하므로, 이 두 용법은 별개의 의항으로 설정되어야 한다. 즉, 다의어로 판정된다.

동일성 제약(identity constraint) : 동사구 조응(VP anaphora)에서 조응사 (anaphor)와 선행사(antecedent)는 동일하게 해석되어야 한다.

(14) Mary has a light coat, and so does Jane.

'light'는 "밝은"이라는 의미와 "가벼운"이라는 의미를 갖는데, 위 문장에서 선행절의 'light'가 "밝은"으로 해석되면 후행절의 (생략된) 'light'도 "밝은"으로 해석되어야 하고, 앞의 것이 "가벼운"으로 해석되면 뒤의 것도 "가벼운"으로 해석되어야지, 앞의 것과 뒤의 것이 다르게 해석될 수는 없다. 'light'의 두 용법이 동일성 제약의 적용을 받으므로, 즉 두 용법이 동시에 활성화될 수 없으므로, 'light'는 다의어로 판정된다.

(15) John kicked the ball, and so did Mary

John은 공을 오른발로 찼고 Mary는 공을 왼발로 찬 경우에도 위 문장은 아무런 문제 없이 자연스럽게 성립된다. 'kick'의 두 용법이 동일성 제약을 받지 않는다. 즉 두 용법이 동시에 활성화될 수 있다. 따라서 "왼발로 차다" 와 "오른발로 차다"는 'kick'의 별개의 두 의항으로 볼 수 없다.

위의 테스트들을 다면어(즉 단의어)–다의어 테스트에 적용해 보자. 한국어의 '책', 영어의 'book', 불어의 'livre' 등은 [구체물(텍스트담지물)]로서의 용법과 추상적인 [텍스트]로서의 용법을 갖는데, 이 두 용법은 zeugma effect 를 야기하지 않는 듯하다.

(16) 철수는 읽고 있던 책을 집어던져 버렸다.

읽는 대상으로서의 책은 [텍스트]이고, 집어던지는 대상으로서의 책은 [텍스트담지물]인데, 이 둘이 하나의 문장에서 동시에 활성화되어도 zeugma 가 야기되지 않는다.

(17) 철수는 내가 쓴 시를 읽다가 발기발기 찢어 버렸다.

읽는 대상으로서의 시는 [텍스트]이고, 찢는 대상으로서의 시는 [텍스트 담지물]인데, 이 두 용법이 동시에 활성화될 수 있다. 요컨대 zeugma 테스트에 따르면 '책', '시'의 두 용법은 별개의 의항으로 설정될 수 없다고 판정하게 된다.

6.2. 소위 다면어의 용법들 사이의 비대칭성

그런데 '책'과 같은 텍스트 관련 명사들을 살펴보면, 대개 [구체물/텍스트 담지물]을 나타내는 용법과 추상적인 [텍스트]를 나타내는 용법을 둘 다 지니지만, 이 두 용법이 대등한 것이 아니라, 어느 한 쪽 용법이 기본적·본래적이고 나머지 하나는 그로부터 파생된 용법인 경우가 많다. [텍스트담지물]을 기본 용법으로 하는 명사에는 '책, 공책, 수첩, 일기장, 장부' 등이 있고, [텍스트]를 기본 용법으로 하는 명사에는 '연설문, 시, 소설, 논문' 등이 있다.

즉 소위 다면어의 facet들이 대등한 지위를 갖는 것이 아니다. 어느 한 쪽 용법으로부터 다른 쪽 용법으로 확장되어 쓰이는 것은 일종의 환유이다. 예를 들어, '책'은 "텍스트가 쓰여 있는 종이들을 묶어 놓은 것"을 의미하는 [구체물]로서의 용법이 기본적이다. '책을 던지다', '책을 들고 있다' 등은 이 기본 의미를 바탕으로 한 표현이고, '책을 읽다', '이 책이 그의 사상에 많은 영향을 끼쳤다' 같은 표현은 사실 "책에 담긴 텍스트를 읽다", "이 책에 담긴 텍스트가 그의 사상에 많은 영향을 끼쳤다"를 의미하는 환유적 표현이다.

반대로, '시'는 추상적인 [텍스트]로서의 용법이 기본적이다. '시를 읽다', '그의 시로부터 감명을 받다' 등은 이 기본 의미를 바탕으로 한 표현이고,

'시를 찢다', '시를 집어던지다' 등은 사실 "시를 담고 있는 종이를 찢다", "시를 담고 있는 책을 집어던지다"를 의미하는 환유적 표현이다.

이러한 환유는 [용기]와 그 [내용물] 관계에 있는 단어쌍에서 일반적으로 관찰되는 현상이다.

> (18) 자장면 세 그릇을 먹었다. (음식물의 수량을 '그릇'으로 헤아리는 것)
> (19) 위원회를 설득하는 일이 남았다. (사실은 위원회의 위원들을 설득하는 것)

소위 다면어에 대한 본고의 입장을 정리하면 다음과 같다. '책' 등의 소위 다면어가 본래부터 두 가지 facet을 다 가진 것은 아니다. 어느 한 쪽이 본래적 용법이고 나머지 하나가 그로부터 은유나 환유 등의 기제를 통해 확장된 용법이라는 점에서는 일반적인 다의 현상과 다를 바가 없다. [구체물/텍스트담지물]을 기본 용법으로 하는 단어들과 [추상적대상/텍스트]를 기본 용법으로 하는 단어들로 구분할 수 있다. 환유에 의해 도출된 이 확장 용법이 관습화된 정도는 단어에 따라 다르다. 사전에서 '책'의 의항으로 [구체물]과 [텍스트] 둘 다 넣어 줄 만하지만, '시'의 경우에는 [텍스트]로서의 의항만 넣어 주어야 할 것이다. 즉 '시를 찢다/집어던지다'는 죽은 환유(dead metonymy)가 아니라 그때그때 만들어지는 online 환유이다. 은유나 환유 등의 기제에 의해 확장된 의항이 기본 의항과 어느 정도로 양립 가능한가, zeugma 같은 효과를 어느 정도로 일으키는가 하는 점은 단어에 따라 차이가 있다. 다면어는 다의어의 한 종류이되, 기본 의항과 확장 의항이 동시에 활성화될 수 있는 특이한 다의어이다. 이것을 가능하게 하는 조건, 촉진하는 요인은 무엇인지 탐구할 필요가 있다.

7. 유형론적 관점 : 의미지도(semantic map) 접근법

7.1. 의미지도 접근법의 기본 발상

최근 언어유형론에서 각광을 받고 있는 의미지도 접근법은 단의-다의 문제를 새로운 각도에서 접근할 수 있게 해 준다. 함축의 관습화 정도나 심리어휘부 내에서의 의미표상의 존재·복수성 문제를 객관적으로 검증하는 데 한계가 있다는 점을 감안하면, 특정 단어가 다의어인가 단의어인가에 대한 논란은 소모적 논쟁으로 흐르기 십상이다. 따라서 현 단계에서는 특정 단어의 다의성 문제에 대해 지나치게 천착하지 않고 이 문제를 차치하고서, 다른 관점에서 생산적인 논의를 할 필요가 있다. 의미지도 접근법은 바로 그것을 지향한다.

의미지도 접근법의 요점은 다음과 같이 정리할 수 있다(박진호 2012). 언어요소와 개념의 대응관계에서 언어요소(linguistic element)는 유한하고 개념(concept)의 수는 이보다 훨씬 더 많다. 어휘요소에 비해 문법요소는 훨씬 더 적다. 따라서 둘 이상의 개념을 하나의 언어요소로 뭉뚱그려서 나타내는 일이 흔히 있게 된다. 이는 흔히 다의(polysemy)라 불린다. (단의어의 여러 문맥적 변조일 수도 있다.) 문법요소의 경우 다의의 정도가 어휘요소보다 더 심하다. 한편 어휘요소나 문법요소로 전혀 표현되지 못하는 개념도 있을 수 있다. 어휘요소의 경우, 이는 흔히 어휘공백(lexical gap)이라 불린다. 예컨대 "변기가 막혔을 때 공기 압력을 이용하여 뚫을 때 쓰는 도구"는 한동안 이를 가리키는 단어가 없었다. (최근에는 '뚫이뻥'이라는 단어가 쓰이고 있는 듯하다.)

서로 관련된 개념들은 하나의 개념공간(conceptual space)을 형성한다. 하나의 언어요소에 의해 뭉뚱그려져 표현되는 두 개념은 유사성을 지닐 것이다. 특히, 어떤 두 개념이 하나의 언어요소에 의해 뭉뚱그려져 표현되는 일이 여러 언어에서 반복해서 발견된다면, 그 두 개념 사이에 밀접한 관계가 있다는 강력한 증거가 될 것이다. 이러한 다의의 양상을 살펴봄으로써 개념들 간의 유사성, 관계의 밀접도, 즉 개념공간의 구조를 알아낼 수 있다. 개념적, 인지적 측면에서 개념공간의 구조를 탐구한 뒤, 언어화/다의의 양상을 통해 검증할 수 있다. 애초부터 언어화의 양상을 주된 단서/근거로 삼아 개념공간의 구조를 파악하고자 시도할 수도 있다.

위의 방법으로 알아낸 개념공간의 구조를 시각적으로 나타낸 것을 개념지도(conceptual map)라 부를 수 있을 것이다. 개념지도는 언어보편적이고, etic 범주들의 관계/구조에 대한 지도라 할 수 있다. 반면에, 개념지도를 바탕그림으로 삼아 특정 언어에서 여러 언어요소들이 이 개념공간을 분할하는 양상을 나타낸 것을 의미지도(semantic map)라 한다. 의미지도는 언어 개별적이고, emic 범주들의 관계/구조에 대한 지도라 할 수 있다.

7.2. 의미지도의 사례

의미지도를 이용하여 記述할 수 있는 한국어의 여러 어휘요소, 문법요소에 대해서는 박진호(2012)로 미루고, 거기서 다루지 않은 두어 사례만 소개하고자 한다.

7.2.1. 자세 동사(posture verb)

자세와 관련한 기본 상태에는 STAND(선 상태), SIT(앉은 상태), LIE(누운 상태)의 3가지가 있다. 자세 변화에는 다음과 같은 것들이 있다.

하향 : STAND→SIT, SIT→LIE, STAND→LIE
상향 : STAND←SIT, SIT← LIE, STAND←LIE

한국어와 영어는 자세 및 자세 변화의 어휘화(lexicalization) 패턴에서 큰 차이를 보인다. 영어는 상태를 동사로 표현하고('stand', 'sit', 'lie'), 상태 변화는 동사에 첨사(particle)를 첨가하여 표현한다('stand up', 'sit down', 'lie down'). 반면에 한국어는 상태 변화를 동사로 표현하고('서다', '앉다', '눕다') 상태는 동사에 결과상 표지를 첨가하여 표현한다('서 있다', '앉아 있다', '누워 있다'). 그리고 한국어는 "STAND UP"과 "STOP"을 '서다'로 뭉뚱그려 표현한다. 중국어에서 이 둘은 '站起來'와 '站住'로 표현되어 차이가 있으나, '站'이라는 동사를 공유한다는 점에서 한국어와 비슷한 점이 있다. 헝가리어의 'áll'(STAND), 'meg-áll'(STAND UP, STOP)도 함께 고려해 볼 만하다.

자세 동사의 개념 지도는 다음과 같이 나타낼 수 있다.

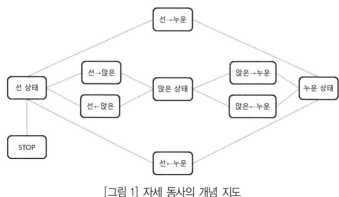

[그림 1] 자세 동사의 개념 지도

여기에 영어 자세 동사의 의미지도를 그려 보면 다음과 같이 된다.

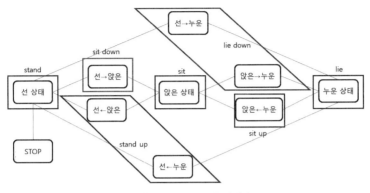

[그림 2] 자세 동사 영어 의미지도

반면에 한국어의 의미지도는 다음과 같다.

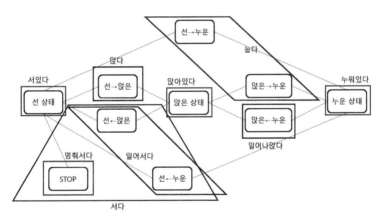

[그림 3] 자세 동사 한국어 의미지도

7.2.2. GO와 COME

이동 행위를 나타내는 가장 기본적인 동사가 둘로 분화되어 있는 것이 매우 일반적이다. 분화의 조건은 대개 화시의 중심(deictic center; 대개 화자) 쪽으로의 이동이냐(COME) 아니냐(GO)이다. 그러나 이 둘 사이의 경계선은 언어에 따라 다르다. 차이를 낳는 주된 요인은, 청자를 화시의 중심으로 삼을 수 있느냐, 그리고 화자가 청자 쪽으로 이동하는 것을 어떻게 취급할 것인가이다. 화사의 청자 쪽으로의 이동을 영어에서는 'come'으로 나타내나, 한국어에서는 '가다'로 표현한다.

(20) ㄱ. 내가 그리로/너한테로 갈게.
ㄴ. I will come to you.

이들 동사가 공간상의 이동뿐 아니라 상태변화(추상적인 이동)도 나타낼 수 있는 경우, 분화 조건이 더 복잡해진다. 대체적인 경향성을 볼 수 있는데, 과거로부터 현재까지의 변화(과거→현재)는 COME, 현재로부터 미래로의 변화(현재→미래)는 GO로 나타내는 경향이 있다.

(21) 10년 전부터 지금까지 영어를 공부해 왔다. 앞으로도 계속 공부해 갈 것이다.

정상/긍정적 상태로의 변화는 COME, 비정상/부정적 상태로의 변화는 GO로 나타내는 경향이 있다.

(22) 정신이 돌아오다, 날이 밝아 오다

(23) 맛이 가다, 한물가다, 밤이 깊어 가다

정상/비정상, 긍정적/부정적의 가치 평가와 상관 없이 자극이 화자의 감각기관에 도달하여 느껴지는 변화는 COME으로 나타내는 경향이 있다.

(24) 불을 땠더니 방이 따뜻해져 온다.

(25) 오랫동안 꿇어앉아 있었더니 발이 저려 온다.

GO가 더 분화되어 있는 언어들도 있다. 독일어, 러시아어는 이동 수단에 따라 분화되어 있다. 독일어의 경우 도보 이동은 'gehen', 육상교통수단에 의한 이동은 'fahren', 공중교통수단에 의한 이동은 'fliegen'으로 나타내며, 이 셋을 아우르는 상위어는 따로 어휘화되어 있지 않다. 중국어에서는 GOAL에 초점이 놓이는 이동은 '去', 그렇지 않은 이동은 '走'로 나타낸다.

이러한 여러 요인들을 고려하면 범언어적인 이동 사건의 개념공간은 상당히 복잡할 것이다. 이 개념공간의 일단을 다음과 같이 나타낼 수 있을 것이다.

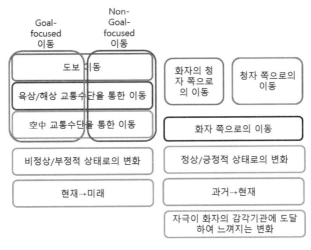

[그림 4] 이동 사건의 개념 지도

여기에 영어와 한국어의 의미지도를 그려 보면 다음과 같이 될 것이다.

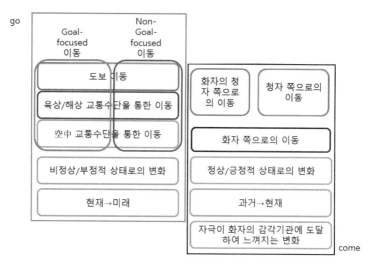

[그림 5] 이동 사건의 영어 의미지도

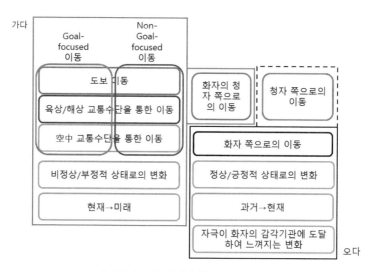

[그림 6] 이동 사건의 한국어 의미지도

7.3. 의미지도와 단의-다의 문제

의미지도를 이용한 의미 유형론(semantic typology) 연구에서 단의-다의 문제를 깊이 탐색한 경우는 아직까지 별로 없다. 의미지도 접근법은 단의-다의 문제에 얽매이지 않고 개념-형식의 다대다 대응 방식의 언어간 차이를 탐구한다고 할 수 있다. 하나의 형식에 의해 뭉뚱그려져 표현되는 개념들이 별개의 의항인가(다의) 아니면 맥락적 변조에 불과한가(단의)의 문제는 개별 언어에서 언어내적 증거에 입각해서 논증할 문제이다. 영어의 'brother', 'sister'가 연상 및 연하의 동기를 의미할 수 있는 것은 단의어의 맥락적 변조라고 생각된다. 반면에 '-자'나 '-ㅂ시다'의 청유 용법(예 : 같이 가자)과 1인칭 명령 용법(예 : 저 좀 내립시다)은 별개의 의항으로 충분히 볼 수 있다.

의미지도 접근법이 다의 현상 탐구에 공헌할 수 있는 점은 다음과 같이 정리할 수 있다. 다의어의 의항들이 단순히 나열되어 있는 것이 아니라 서로서로의 연결관계에 의해 어떤 구조를 가지고 있을 터인데, 이 의항간의 관계, 의항들이 이루는 구조에 대해서는 인지언어학에서 많은 탐구가 이루어져 왔고 많은 성과를 낳았으나, 형식적 증거의 부족, 설명의 사후적 성격 등에 대한 문제제기와 지적들이 있어 왔다. 의미지도 접근법은 한 언어를 넘어서 crosslinguistic한 관점에서 이 문제에 접근하는 셈이다. 많은 언어에서 하나의 표현에 의해 뭉뚱그려져 표현되는 개념/의항들은 서로 밀접한 관계에 있다고 볼 수 있다. 이러한 crosslinguistic한 syncretism 양상을 바탕으로 하여 개념/의항/용법간의 거리/연관도, 개념공간의 구조, 즉 개념지도를 알아낼 수 있다.

참고문헌

박진호. 2012. "의미지도를 이용한 한국어 어휘요소와 문법요소의 의미 기술", 「국어학」 63, 국어학회, pp.459-519.

Apresjan, Ju. D. 1974. Regular Polysemy. In : *Linguistics* 142. pp.5-32.

Béjoint, H. 1990. Monosemy and the Dictionary. In : T. Magay and J. Zigany (eds.). *Budalex '88 Proceedings*. Budapest : Akademia Kiado. pp.14-26.

Blank, A. 1999. Polysemy in the Lexicon. In : R. Eckardt and K. von Heusinger (eds.). *Meaning Change-Meaning Variation : Workshop held at Konstanz*. Vol. I. pp.11-29.

Blank, A. 2003. Polysemy in the lexicon and discourse. In : B. Nerlich, Z. Todd, V. Herman and D. D. Clarke (eds.). *Polysemy : Flexible Patterns of meaning in Mind and Language*. Mouton de Gruyter. pp.267-293.

Brugman, C. and G. Lakoff. 1988. Cognitive topology and lexical networks. In : S. L. Small, G. W. Cottrell and M. K. Tanenhaus (eds.). *Lexical Ambiguity Resolution : Perspectives from Psycholinguistics. Neuropsychology and Artificial Intelligence*. Morgan Kaufmann. pp.477-508. Also in : D. Geeraerts (ed.) (2006). *Cognitive Linguistics : Basic Readings*. Mouton de Gruyter. pp.109-139.

Croft, W. 1998. Linguistic evidence and mental representations. In : *Cognitive Linguistics* 9-2. pp.151-173.

Cruse, D. Alan. 1995. Polysemy and related phenomena from a cognitive linguistic viewpoint. In : P. Saint-Dizier and E. Viegas (eds.). *Computational lexical semantics*. Cambridge University Press. pp.33-49.

Cruse, D. Alan. 2000a. *Meaning in Language : An Introduction to Semnatics and Pragmatics*. Oxford University Press.

Cruse, D. Alan. 2000b. Aspects of the Micro-structure of Word Meanings. In : Y. Ravin and C. Leacock (eds.). *Polysemy : Theoretical and computational approaches*. Oxford University Press. pp.30-51.

Cruse, D. Alan. 2008. Lexical facets and metonymy. In : *Ilha do Desterro* 47. Universidade Federal de Santa Catarina. Brasil. pp.73-96.

Deane, P. D. 1988. Polysemy and Cognition. In : *Lingua* 75. pp.325–361.

Deane, P. D. 2005. Multimodal spatial representation : On the semantic unity of *over*. In : B. Hampe (ed.). *From perception to meaning : Image schemas in cognitive linguistics*. Mouton de Gruyter. pp.235–282.

Evans, Nicholas. 2011. Semantic Typology. In : Jae Jung Song (ed.). *The Oxford Handbook of Linguistic Typology*. Oxford University Press. pp.504–533.

Evans, V. 2009. *How Words Mean*. Oxford University Press. Chapter 8 : Polysemy. pp.149–174.

Fillmore, C. J. and B. T. S. Atkins. 2000. Describing Polysemy : The Case of 'Crawl'. In : Y. Ravin and C. Leacock (eds.). *Polysemy : Theoretical and computational approaches*. Oxford University Press. pp.91–110.

Fretheim, T. 2001. In Defence of Monosemy. In : T. Enikő Németh and K. Bibok (eds.). *Pragmatics and the flexibility of word meaning*. Elsevier. pp.79–115.

Geeraerts, D. 1993. Vagueness's puzzles, polysemy's vagaries. In : *Cognitive Linguistics* 4–3. pp.223–272. Also in : D. Geeraerts (2006). *Words and Other Wonders : Papers on Lexical and Semantic Topics*. Mouton de Gruyter. pp.99–148.

Geeraerts, D. 2007. Lexicography. In : D. Geeraerts and H. Cuyckens (eds.). *The Oxford Handbook of Cognitive Linguistics*. Oxford University Press. pp.1160–1174.

Janssen, Theo A. J. M. (2009). Monosemy versus polysemy. In : H. Cuyckens, R. Dirven and J. R. Taylor (eds.). *Cognitive Approaches to Lexical Semantics*. Mouton de Gruyter. pp.93–122.

Kilgarriff, A. 1999. "I don't believe in word senses". In : *Computers and the Humanities* 31–2. pp 91–113. Also in : B. Nerlich, Z. Todd, V. Herman and D. D. Clarke (eds.) (2003). *Polysemy : Flexible Patterns of meaning in Mind and Language*. Mouton de Gruyter. pp.361–391. Also in : T. Fontenelle (ed.) (2008). *Practical Lexicography : A Reader*. Oxford University Press. pp.135–151.

Klein, D. E. and G. L. Murphy. 2001. The Representation of Polysemous Words. In : *Journal of Memory and Language* 45. pp.259–282.

Klein, D. E. and G. L. Murphy. 2002. Paper has been my ruin : Conceptual relations of polysemous senses. In : *Journal of Memory and Language* 47. pp.548–570.

Lehrer, A. 1990. Polysemy, conventionality, and the structure of the lexicon. In : *Cognitive Linguistics* 1–2. pp.207–246.

Lewandowska-Tomaszczyk, B. 2007. Polysemy, Prototypes, and Radial Categories. In : D.

Geeraerts and H. Cuyckens (eds.). *The Oxford Handbook of Cognitive Linguistics*. Oxford University Press. pp.139-169.

Mel'čuk, Igor. 1995. Phrasemes in Language and Phraseology in Linguistics. In : Martin Everaert, Erik-Jan van der Linden, André Schenk and Rob Schreuder (eds.). *Idioms : Structural and Psychological Perspectives*. Lawrence Erlbaum Associates. pp.167-232.

Nerlich, B. and D. D. Clarke. 2001. Ambiguities we live by : Towards a pragmatics of polysemy. In : *Journal of Pragmatics* 33. pp.1-20.

Nunberg, G. (1995). Transfers of Meaning. In : *Journal of Semantics* 12. pp.109-132. Also in : J. Pustejovsky and B. Boguraev (eds.) (1996). *Lexical Semantics : The Problem of Polysemy*. Clarendon Press. pp.109-132.

Pethō, G. 2001. What is Polysemy? : A Survey of Current Research and Results. In : T. Enikő Németh and K. Bibok (eds.). *Pragmatics and the flexibility of word meaning*. Elsevier. pp.175-224.

Pethō, G. 2007. On irregular polysemy. In : M. Rakova. G, Pethō and C. Rákosi (eds.). *The Cognitive Basis of Polysemy : New Sources of Evidence for Theories of Word Meaning*. Peter Lang. pp.123-156.

Ravin, Y. and C. Leacock. 2000. Polysemy : An Overview. In : Y. Ravin and C. Leacock (eds.). *Polysemy : Theoretical and computational approaches*. Oxford University Press. pp.1-29.

Riemer, N. 2005. *The Semantics of Polysemy : Reading Meaning in English and Warlpiri*. Mouton de Gruyter.

Ruhl, Charles. 1989. *On Monosemy : A Study in Linguistic Semantics*. State University of New York Press.

Sandra, D. 1998. What linguists can and can't tell you about the human mind : A reply to Croft. In : *Cognitive Linguistics* 9-4. pp.361-378.

Sjöström, S. 1999. From Vision to Cognition : A Study of Metaphor and Polysemy in Swedish. In : J. Allwood and P. Gärdenfors (ed.). *Cognitive Semantics : Meaning and Cognition*. John Benjamins Publishing Company. pp.67-85.

Stock, P. F. 2008. Polysemy. In : T. Fontenelle (ed.). *Practical Lexicography : A Reader*. Oxford University Press. pp.153-160.

Taylor, J. R. 1993. Prepositions : Patterns of polysemization and strategies of disambiguation. In : C. Zelinsky-Wibbelt (ed.). *The Semantics of Prepositions : From Mental Processing to Natural Language Processing*. Mouton de Gruyter.

pp.151-176.

Taylor, J. R. 2003a. Cognitive models of polysemy. In : B. Nerlich. Z. Todd. V. Herman and D. D. Clarke (eds.). *Polysemy : Flexible Patterns of meaning in Mind and Language*. Mouton de Gruyter. pp.31-47.

Taylor, J. R. 2003b. Polysemy's paradoxes. In : *Language Sciences* 25. pp.637-655.

Taylor, J. R. 2006. Polysemy and the lexicon. In : G. Kristiansen, M. Achard, R. Dirven and F. J. Ruiz de Mendoza Ibáñez (eds.). *Cognitive Linguistics : Current Applications and Future Perspectives*. Mouton de Gruyter. pp.51-80.

Tuggy, D. 1993. Ambiguity. polysemy. and vagueness. In : *Cognitive Linguistics* 4-3. pp.273-290. Also in : D. Geeraerts (ed.) (2006). *Cognitive Linguistics : Basic Readings*. Mouton de Gruyter. pp.167-184.

Tuggy, D. 1999. Linguistic evidence for polysemy in the mind : A response to William Croft and Dominiek Sandra. In : *Cognitive Linguistics* 10-4. pp.343-368.

Tyler, A. and V. Evans. 2001. Reconsidering prepositional polysemy networks : the case of *over*. In : *Language* 77. pp.724-765. Also in : B. Nerlich. Z. Todd. V. Herman and D. D. Clarke (eds.) (2003). *Polysemy : Flexible Patterns of meaning in Mind and Language*. Mouton de Gruyter. pp.95-159.

Tyler, A. and V. Evans. 2003. *The Semantics of English Prepositions : Spatial Scenes, Embodied Meaning and Cognition*. Cambridge University Press.

Van der Gucht, F., K. Willems and L. De Cuypere. 2007. The iconicity of embodied meaning : Polysemy of spatial prepositions in the cognitive framework. In : *Language Sciences* 29. pp.733-754.

Viberg, Å. 1999. Polysemy and Differentiation in the Lexicon : Verbs of Physical Contact in Swedish. In : J. Allwood and P. Gärdenfors (eds.). *Cognitive Semantics : Meaning and Cognition*. John Benjamins Publishing Company. pp.87-129.

Zlatev, J. 2003. Polysemy or generality? Mu.. In : H. Cuyckens, R. Dirven and J. R. Taylor (eds.). *Cognitive Approaches to Lexical Semantics*. Mouton de Gruyter. pp.447-494.

| 이 논문은 한국어의미학회 제30차 전국학술대회(2012. 2. 16. 서울여대)에서 발표한 논문을 재수록한 것입니다.

{좀}의 기능과 문법화

목 정 수

1. 서론

본고는 형태 {좀}을 부사로서의 {좀1}과 문법화되어 한정조사부류로 편입되어 가는 {좀2}로 구분하고, 한정조사로서의 담화표지 {좀}의 분포와 기능을 면밀히 살펴보는 데 주목적을 둔다. 아울러 형태 {좀2}의 존재론적 위상이 명확히 밝혀져야 하는 이유와 필요성을 제시한다. 본고의 이론적 주장이 정당성을 확보한다면, 실천적으로 맞춤법 상에서 {좀2}를 선행어(구)에 붙여쓰도록 교육해야 할 필요성이 있을지도 모른다.

1.1. 어절 단위와 운율 단위

일반적으로 한국어에서 어휘요소(명사, 동사, 부사)와 문법요소(조사, 어미)의 통사적 결합은[1] 하나의 성분 단위를 이룬다. 한국어 맞춤법에는 이러

---

1) 어휘요소와 문법요소의 성격을 동시에 갖는 요소도 상정할 수 있다. 예를 들어, 의존명사는 선행 어휘요소와의 긴밀도가 후행 어휘요소보다 강하다.
   ㄱ. 먹을/수//있을까?, 먹을/수가//있을까?
   ㄴ. 먹을/만//하지?, 먹을/만도//하지?

한 어절 단위와 운율 단위 간에 보이는 일치성이 반영되어 있다. 즉 어휘요소와 그에 의존하는 문법요소와의 결합으로 이루어진 단위는 하나의 성분으로서 하니의 말토막을 이루게 된다. 이휘와 어휘가 긴밀히 결합하여, 합성어나 통사적 구를 이루는 경우에는 그 응집 정도에 따라 붙여 쓸 수도 있고, 띄어쓸 수도 있다; '산돼지', '작은 아버지' 등등. 부사 범주에 속하는 어휘들은 그것이 수식하는 범위 내에서 후행하는 피수식 요소와 더 큰 성분을 이루게 되고, 그에 따라 하나의 운율단위를 형성한다.

> (1) ㄱ. 밥 [빨리] [먹어라]
>   ㄴ. 밥 [빨리 먹어라]

> (2) ㄱ. 빨래는 죽어도 [못] [한다]
>   ㄴ. 빨래는 죽어도 [못 한다]

그러나 부사 범주에 속하는 것 중에서는 통사 구조와 운율 단위가 일치하지 않는 현상을 보여주는 것들이 있다. 대표적으로 형태 {좀}이 그러하다.

> (3) ㄱ. 밥 [좀] [드세요]
>   ㄴ. *밥 [좀 드세요]

ㄷ. 먹을/듯//싶다, 먹을/듯도//싶다
ㄹ. 먹은/척//한다, 먹은/척을//한다
ㅁ. 먹을/줄//아나?, 먹을/줄은//아나?
이런 운율단위의 양상과 한정조사의 개입위치를 고려컨대, 전통적으로 [먹을+수있], [먹은+척하], [먹는+줄알]과 같은 직접성분분석을 하여 [본동사+보조동사] 구성으로 파악하는 것은 문제의 소지를 남기고 있다고 본다. 우리는 다음과 같은 구조로 파악한다. 여기서 [-]는 어휘와 문법의 결합을 의미하고, [#]은 어휘와 어휘의 결합을 의미한다.
ㄱ. [먹-ㄹ수#있] ㄴ. [먹-을듯#하] ㄷ. [먹-ㄹ수-도#있] ㄹ. [먹-는듯-은#하]

1.2. 문제제기

기존 문법가들의 형태 {좀}에 대한 인식이 어떠했는가는 사전에서의 처리방식을 통해 간접적으로 알 수 있다. 즉 {좀}의 품사론을 보면, 대개의 사전에서는 다음과 같이 처리하고 있다.

** 표준국어대사전
<부사>
① '조금'의 준말
② '조금'의 준말
③ 부탁이나 동의를 구할 때 말을 부드럽게 하기 위하여 삽입하는 말
④ (의문문이나 반어적 문장에 쓰여) '어지간히' 또는 '얼마나'

** 연세한국어사전
좀3 <부사> '조금3'의 준말
좀4 <부사> (수사의문문에 쓰이어) '그 얼마나, 오죽'의 뜻
좀5 <감탄사> (말을 부드럽게 하기 위하여 말 가운데 버릇처럼 쓰이어)
　　　　'조금, 잠시'의 뜻
　　　　　　(무엇을 시키거나 청할 때 간곡한 뜻을 더하여)
　　　　'제발, 미안하지만'의 뜻

기존 사전에서는 대개 형태 {좀}을 부사 {조금}의 준말로 규정함으로써, {좀}의 범주를 부사로 설정하는 선에서 {좀}의 담화적 기능을 특수용법으로 보는 다의적 처리방식을 채택하고 있다. 문제는 특수용법으로서의 {좀}이 품사 또는 그 단위의 존재 위상에 관한 명확한 언급이 없이, 부사라는 틀 안에서 규정될 수 있는가 하는 것이다.[2]

---

2) 연세한국어사전에서는 {좀}을 부사와 감탄사로 나누고 있다. 본고에서 주목하고 있는 {좀2}을 감탄사로 보고 있는 것이다. 그러나 {좀}의 어떤 특성이 감탄사로 분류될 수 있는지가 불확실하다는 점에서 결국 {좀}을 부사로 처리하는 입장과 크게 다르지 않다고 할 수 있다. 그리고 {좀}을 감탄사로 처리한다 해도 여타 감탄사와의 구분되는 특성이 재분류되어야 하는 부담이 있다.

여기서는 {좀}을 이와 같이 처리하는 데 따른 문제의 심각성을 단적으로 드러내기 위해, 이러한 정보를 토대로 하여, 한국어의 TTS(Text to Speech)를 만드는 작업을 상정해 보기로 하자. TTS에서는 문장을 형태 분석하고, 구문 분석을 거친 태거를 이용하여 발음정보 구조를 설정하여 최종 발화문을 산출하게 된다.

실제로 이상호(2000)에서 제시한 규칙에 기반하여, 운율구 경계가 어떻게 통사정보와의 상관관계 하에서 결정되는가를 알아보자. 이상호(2000)에서 제시한 운율구 경계 규칙은 다음과 같다.[3]

1. 만약 (Drpos == it,pv,pa,pt,pc,ec,ef)이면 1-1로 가시오.
1-1. 만약 (Dnlpos == vb)이면 1-2로 가시오.
1-1. 만약 (Dnlpos == nc,dn,ad,NA)이면 운율구 경계를 주시오.
1-1-1. 지배소까지의 어절수가 1보다 작거나 같으면 운율구 경계를 주지 마시오.
1-1-2. 지배소까지의 어절수가 1보다 크면 운율구 경계를 주시오.
2. 만약 (Drpos == nc,dn,ad,ps,po,pd,px,ex,ed,en)이면 2-1로 가시오.
2-1. 지배소까지의 음절수가 5보다 작거나 같으면 2-1-1로 가시오.
2-1. 지배소까지의 음절수가 5보다 크면 2-1-2로 가시오.
2-1-1. 지배소까지의 어절수가 0보다 작거나 같으면 운율구 경계를 주시오.
2-1-1. 지배소까지의 어절수가 0보다 크면 운율구 경계를 주지 마시오.
2-1-2. 이전 운율구경계로부터 현재 어절까지의 음절수가 5음절 보다 작거나 같으면 2-1-2-1로 가시오.
2-1-2. 이전 운율구경계로부터 현재 어절까지의 음절수가 5음절 보다 크면 운율구 경계를 주시오.
2-1-2-1. 지배소의 우품사가 dn,it,pc,ec,ex,en,ef이면 운율구 경계를 주시오

---

3) 여기서 쓰인 태그값은 다음과 같다 : nc(체언), vb(용언), dn(관형어), ad(부사어), it(독립어), ps(주격조사), po(목적격조사), pd(관형격조사), pv(호격조사), pa(부사격조사), pp(서술격조사), pt(주제격조사), px(보조사), pc(접속조사), ec(연결어미), ex(보조적연결어미), ed(관형사형전성어미), en(명사형전성어미), ep(선어말어미), ef(어말어미), xv(동사파생접미사), xj(형용사파생접미사), xa(부사파생접미사) NA는 해당 자료가 없는 경우임. (이상 23개)

2-1-2-2. 지배소의 우품사가 nc,ad,ps,po,pd,pa,pt,px,ed이면 운율구 경계
를 주지 마시오.

이상의 규칙을 다음의 두 예문 — (4) 밥 좀 많이 먹어라 (5) 선생님에게도
좀 떡을 많이 드려라 — 에 적용하면 다음과 같다. 예문 (4)에서 '밥'의 우품
사가 체언이므로 2-1로 간다. 예문 (4)의 지배소는 '먹어라'이며 '밥'에서부
터 지배소까지의 음절수가 4로 5보다 작으므로 2-1-1로 간다. '밥'에서부터
지배소까지 어절수가 3으로 0보다 크므로 운율구 경계를 주지 않는다. '좀'
의 우품사는 부사어이므로 2-1로 간다. 지배소 '먹어라'까지 음절수가 3으
로 5보다 작으므로 2-1-1로 간다. 지배소까지 어절수가 2로 0보다 크므로
운율구 경계를 주지 않는다. '많이'의 우품사는 부사어이므로 2-1로 간다.
지배소까지의 음절수가 2로 5보다 작으므로 2-1-1로 간다. 지배소까지 어
절수가 1로 0보다 크므로 운율구 경계를 주지 않는다. '먹어라'의 우품사는
어말어미이므로 1-1로 간다. '먹어라'의 다음 어절의 좌품사는 없으므로 운
율구 경계를 준다. 따라서 예문 (4)는 위의 규칙에 의해 다음과 같은 운율구
경계를 갖게 된다. 결과적으로 예문 (4)의 어절품사 정보와 운율구조는 다음
과 같이 결정된다.

(4) 밥 좀 많이 먹어라
    어절품사 : (체언, 체언) (부사어, 부사어) (부사어, 부사어) (용언, 어말
    어미)
    밥 좀 많이 먹어라// ('//'는 운율구 경계표시)

그러나 여기서의 문제는 {좀}의 선행명사가 '김치볶음밥'처럼 음절수가
많아지면, 운율구가 달라진다는 데 있다. 예를 들어, '제발 생선회초밥 좀
먹어라' 같은 문장의 운율구는 다음과 같이 결정된다. '제발'의 우품사가 부
사어이고 지배소는 '먹어라'이며 '제발'에서부터 지배소까지의 음절수가 8
로 5보다 크므로 2-1-2로 간다. 이전 운율구 경계로부터 현재 어절까지의

음절수가 5음절보다 작으므로 2-1-2-1로 간다. 지배소의 우품사가 어말어미이므로 운율구 경계를 준다. '생선회초밥'의 우품사는 체언이고 지배소까지의 음설수가 6음설이므로 2-1-2로 간다. 이전 운율구 경계로부터 현재 어절까지의 음절수가 5음절이므로 2-1-2-1로 간다. 지배소의 우품사가 연결어미이므로 운율구 경계를 준다. '좀'의 우품사는 부사어이고 지배소까지의 음절수가 1음절이므로 2-1-1로 간다. 지배소까지의 어절수가 1어절이므로 운율구 경계를 주지 않는다. '먹어라'의 우품사는 어말어미이고 다음 어절의 좌품사가 없으므로 운율구 경계를 준다. 따라서 결과는 '제발 // 생선회초밥 // 좀 먹어라'가 된다.

예문 (5)에서도 마찬가지이다. '선생님에게도'의 우품사는 보조사이므로 2-1로 간다. 지배소인 '드려라'까지의 음절수가 11로 5보다 크므로 2-1-2로 간다. '선생님에게도'의 앞에 오는 운율구 경계에서부터 '선생님에게도'까지의 음절수가 6으로 5보다 크므로 운율구 경계를 준다. '좀'의 우품사는 부사어이므로 2-1로 간다. 지배소까지의 음절수가 5이므로 또 2-1-1로 간다. 재배소까지의 어절수가 3으로 0보다 크므로 운율구 경계를 주지 않는다. '떡을'의 우품사는 목적격조사이므로 2-1로 간다. 지배소까지의 음절수가 4이므로 2-1-1로 간다. 지배소까지의 어절수가 2이므로 운율구 경계를 주지 않는다. '많이'의 우품사는 부사어이므로 2-1로 간다. 지배소까지의 음절수가 2로 5보다 작으므로 2-1-1로 간다. 지배소까지 어절수가 1로 0보다 크므로 운율구 경계를 주지 않는다. '드려라'의 우품사는 어말어미이므로 1-1로 간다. '드려라'의 다음 어절의 좌품사는 없으므로 운율구 경계를 준다. 따라서 예문 (5)의 어절품사와 위의 규칙에 의해 정해진 운율구 경계는 다음과 같다.

(5') 선생님에게도 좀 떡을 많이 드려라
어절품사 : (체언, 보조사) (부사어, 부사어) (체언, 목적격조사) (부사어, 부사어) (용언, 어말어미)

선생님에게도// 좀 떡을 많이 드려라//

그러나 이러한 통사구조는 (5)의 문장의 의미 해석과 배치될 뿐만 아니라, 끊어읽기에서도 자연스럽지 못한 발화문을 산출하게끔 한다. 마치 '아버지 가방에들어가신다'의 연쇄를 '아버지//가방에//들어가신다'로 읽는 것과 같은 현상이 야기되는 것이다. 따라서 {좀}을 단순히 부사라고 태깅해서는 안 된다는 결론이 쉽게 도출된다. 그렇다면 {좀}의 존재 위상은 무엇일까? 분명 부사적으로 쓰이는 다음과 같은 문장에서의 {좀}과는 어떤 관계에 있을까의 문제는 흥미롭지 않을 수 없다.

    (6) ㄱ. 좀 가만히 앉아 있어.
        ㄴ. 좀 더 먹지 않을래?

2. 기존 논의 개관

위에서 문제 제기한 {좀}에 대해서는 많은 관심과 심도 깊은 논의가 있어 왔다(손세모돌(1988), 임유종(1995)). 그러나 이들의 논의에서는 {좀}의 특수한 용법을 지적하고 그 용법을 설명하는 데 주력했을 뿐, {좀}의 문법적 위상을 명확히 규정하지 못했고, {좀}을 동일 계열을 이루는 다른 문법 요소들과의 체계적인 관계에서 정확히 포착하지 못한 한계를 지닌다(주경희(2000) 참조). 먼저 기존 논의의 문제점과 설명방식의 한계를 지적해 보고, 이어 우리의 입장을 제시해 가도록 한다.

{좀}의 특수한 용법에 대해서는 대개가 부사 {조금}에서 전성된 담화 표지로서, {조금}의 어휘적 의미에 바탕을 둔 담화적 기능을 수행한다고 보는 것이 일반적이다. {조금}과 {좀}의 파생 과정 및 이 둘의 관계를 다룬 논문

으로는 임유종(1995)이 있다. 거기에서는 수사로서의 {조금}과 이에서 파생된 정도부사 {조금}을 구별하고, 부사 {조금}이 축약되어 {좀}이 되고 이는 다시 영파생을 통해 '공손'의 의미를 가지는 비정도부사 {좀}이 되었나고 본다. 한편 손세모돌(1988)에서는 부사 {좀}이 '공손, 강조, 부정'의 세 가지 상황적 의미를 가진다고 했다. 이에 대해 임유종(1995)은 '강조'와 '부정'은 {좀} 자체의 의미가 아니며 도치, 생략에 의해 비롯된 것이라고 주장했다.

결국 위에서 살펴본 두 논의에서는 {좀}이 담화적 기능을 수행하고 있다는 점을 인식하고는 있지만, {좀}을 부사로 보고 있다는 공통점이 발견된다. 일례로, 손세모돌(1988)은 상황적 의미를 가지는 {좀}이 부사라고 전제하고, 그 의미기능을 부사의 통사적 절차 즉 '이동'에 의거하여 설명하고 있다. 부사 {좀}이 일반적인 부사의 정상적인 출현 위치 — 부사가 수식하는 피수식어인 용언, 부사어 앞 — 에서 벗어나 쓰이는 경우를 통사적 기제로 설명한다. 먼저 그의 예를 보자.

(7) ㄱ.학교에서 (좀) 보자. (손세모돌, 1988, 27ㅅ)
　　ㄴ. ^{??}좀 학교에서 보자.

(8) ㄱ. 인사 (좀) 해라 (좀) (손세모돌, 1988, 29ㄷ)
　　ㄴ. ^{??}좀 인사해라.

손세모돌(1988)은 부사의 정상적인 위치에 있지 않은 {좀}은 도치에 의한 강조의 의미를 가진다고 주장하고 있는데, 이는 원래 피수식어의 앞에 있던 {좀}이 피수식어의 뒤로 이동했다는 것을 의미한다. 그는 위의 (7ㄱ)에서 {좀}의 정상적인 위치는 각 부사어의 앞쪽이라고 주장하고 있지만(손세모돌(1988 : 493)), 소위 정상적인 문장인 (7ㄴ)은 (7ㄱ)과 동일한 의미로 받아들이기 어렵다. 기능적인 측면에서도 (7ㄴ)의 {좀}은 후행하는 성분을 수식해 주는 기능을 담당하지만, (7ㄱ)에서는 그렇게 보기가 어려운 것이다.

손세모돌(1988)에 의하면 {좀}이 (7ㄱ)에서 '강조'의 의미를 가지는 것은 순전히 도치의 효과에 의한 것이 되는데, 애초에 {좀}이 왜 (7ㄴ)에 삽입되었는지에 대해서는 아무런 이유를 발견할 수 없다. 도치는 기존의 무표적 구조를 유표적으로 만드는 것이지 단순히 도치를 하기 위한 목적으로 어떤 구조, 그것도 (7ㄴ, 8ㄴ)과 같이 어색한 문장을 만들어낸다는 것은 작위적이고도 비합리적인 설명방식이다.[4]

임유종(1995)은 일차적으로 형태 {조금}을 수사와 부사의 동형어 구분을 하고, {좀}을 부사로서의 {조금}과만 관련이 있는 것으로, 즉 부사 {조금}에서만 부사 {좀}이 파생된 것으로 보고 있다. 그러나 {조금}이라는 형태를 어떤 기준으로 수사와 부사의 이질적인 범주로 나눌 수 있는지도 의심스럽다. 특히 문제가 되는 것은 부사 {조금}에서 파생된 것으로 보는 {좀}이 당연히 부사라고 설정되고 있다는 점이다.

3. {좀}의 문법범주와 그 기능

3.1. {좀}의 문법적 위상

앞에서 살펴본 바와 같이, {좀}의 의미기능을 어떻게 설명하든지 간에 {좀}을 단순히 부사라는 범주로 묶고 설명하는 방식에는 여러가지 문제가 생긴다. 다음을 보자.

> (9) ㄱ. 너좀가방좀일루좀갖구와봐
>   ㄴ. 너/좀가방/좀일루/좀갖구와봐
>   ㄷ. 너좀/가방좀/일루좀/갖구와봐

---

4) 우리는 어떤 현상을 설명하기 위해 인위적으로 설정하는 심층구조에 대해서는 부정적 시각을 가지고 있다. 작위적 심층구조의 설정에 대한 비판으로는 목정수(1998, 1999)를 참조할 것.

{좀}이 부사라면 (9ㄴ)의 발화가 자연스러워야 하지만, 실제로 발화되는 형태는 (9ㄷ)과 같다. 이는 통사론적 단위와는 별도로 화자의 의식 속에는 선행어와 {좀}이 하나의 단위를 이루고 있다는 사실을 보여준다. 또한 (9ㄴ)의 발화에서는 부사 {좀}이 명사 {가방}을 수식하는 비문법적 관계가 발생한다.[5]

위와 같이 담화적 기능을 하는 {좀}이 부사라고 보는 관점에 문제가 있음을 인식한 논의로는 Lee(1992)가 있다.[6] Lee(1992)에서는 담화 표지 중에서 홀로 쓰이지 못하는 것들을 '화용적 형태소pragmatic morpheme'로 구분했다. 화용적 형태소 {좀}과 부사 {좀}은 음운론적, 의미론적, 통사론적, 화용론적으로 구별된다는 것이다(Lee(1992 : 22-26)). 올바른 지적이라고 할 수 있다. 그러나 {좀}이 통사론의 영역에 속하지 않는 담화 표지라는 주장은 타당하지만, 그의 주장과는 달리 담화적 기능을 하는 {좀}이 (10)의 예처럼 모두 피수식어 뒤에 오는 것은 아니기 때문에 그 모두를 아우를 수 있는 틀이 상정될 필요가 있다.

> (10) ㄱ. 좀 비켜보세요.
> ㄴ. 비켜보세요 좀.
> ㄷ. 비켜보세요.

(10ㄱ)은 (10ㄴ)과 마찬가지로 담화적 기능을 하고 있지만 선행어가 없이 독립적으로 쓰였다. 이에 대해 {좀} 앞에 있던 무언가가 생략된 것이라고 주장할 수도 있겠지만, 이 경우 {좀}이 쓰이지 않은 (10ㄷ)에서도 마찬가지의 주장을 할 수 있다는 데서 문제기 생긴다. 게다가 다른 담화 표지와 마찬가지로, 발화가 지시하는 사건에 참여하는 모든 요소들 뒤에는 {좀}이 붙

---

5) 부사와 명사간의 통사적 관계는 부사의 성격에 따라 달라진다. 명사와 결합하여 합성명사를 구성하거나, 독자적으로 술어적 기능을 담당할 수 있는 부류에는 상징부사류가 있다(목정수・연재훈(2000) 참조).

6) 그 밖에도 일찌기 박선자(1983)에서는 {좀}을 정도어찌말과 말재어찌말로 분류하면서, 기능어로서의 {좀2}를 따로 처리하고 있다.

을 수 있기 때문에 어떤 요소가 생략되었는지 판단을 내리기 힘들다는 맹점이 있다.

또한 Lee(1992)처럼 {좀}을 화용적 형태소로 보았다손 치더라도, 남는 문제는 그것이 화용적 형태소, 즉 담화표지라고 했을 때, 다른 화용적 형태소와 어떤 상관관계에서 규정될 것인가 하는 구조적 관점에서의 형태 규정이 이루어지지 않고 있다는 점이 지적될 수 있다.

우리는 담화적 기능을 하는 {좀}을 조사 체계 내에서 그 위치를 명확히 설정하여 그의 문법적 지위를 '한정조사화'라는 문법화 과정을 통하여 한정조사 부류에 접근한 요소로 규정하려 한다. 먼저 {좀}이 선행요소와 하나의 성분 단위를 이룰 때 선행요소로 올 수 있는 것의 분포적인 면을 살펴보면, {좀}이 전체 조사체계 내에서 점하는 위치가 드러난다. 한국어의 조사의 분포에 입각하여 그 부류를 나눈 목정수(1998, 2000)에 따르면, 조사는 크게 격조사(=문법관계표지), 질화사, 한정조사, 종조사로 나누어진다.[7] {좀}의 분포관계를 살펴보면, {좀}은 한정조사와 종조사 사이의 어떤 지점에 위치를 잡고 있는 요소라는 것을 알 수 있다.

(11) ㄱ. {밥좀/*좀밥} 먹어라.
    ㄴ. {아빠한테좀/*아빠좀한테} 가 있어.
    ㄷ. {서울에서좀/*서울좀에서} 살자구요.
    ㄹ. {영화만좀/*영화좀만} 볼 수 있으면 좋겠다.
    ㅁ. {영화만이라도좀/*영화만좀이라도/*영화좀만이라도} 보게 해 주세요.
    ㅂ. 자네, {영화는좀/*영화좀은} 보고 사나?

---

7) 필자는 최근 한국어 형태소 분석기를 위한 태그 셋을 정하는 과정에서 이 분류법의 기조는 유지하되, {의}를 한정조사로 분류하고, 격조사를 격곡용적 성격의 격조사와 성분 표지 기능의 후치사로 세분해 본 적이 있다. 따라서 조사류는 다음과 같은 순서로 실현된다 : 격조사 → 후치사 → 질화사 → 한정조사 → 종조사 (학교-에-서-만-은-요) 여기서 사용되는 용어가 기존 체계와는 다소 다르다는 점이 문제가 될 수 있는데, 주의할 점은 이러한 조사류의 분류는 철저히 분포에 입각한 것이고, 다만 그 부류를 명칭하기 위해 '격조사', '후치사', '질화사', '한정조사' 등의 용어를 사용한 것이라는 점이다. 이점 널리 양해를 구한다.

ㅅ. {영화좀요/*영화요좀} 보여 주세요, 네?

ㅇ. {영화를좀말입니다/*영화를말입니다좀} 보고 싶다말입니다.

이러한 사실에 입각하면, 우리가 주목하는 {좀}은 한정조사 {가, 를, 도, 는}과 한 부류에 묶일 가능성이 높은 조사류라고 보인다.[8] 따라서 부사로서의 {좀} 뒤에는 체계상, 질화사와 한정조사만이 결합이 가능하다는 점이 예상되므로, 이들 조사가 {좀} 뒤에 결합했다는 것은 {좀}이 부사로서의 기능을 하고 있다는 것을 말해준다. 부사 또는 부사어는 명사를 중심으로 한 통사적 실현의 차원에서 보면, 격표지나 후치사가 결합되어 통사적 기능을 획득한 명사구와 동일한 위상에 놓이므로, 그와 결합 가능한 조사는 질화사, 한정사, 종조사가 되는 평행성을 가진다.

(12) ㄱ. 철수에게만 줄 거야.

ㄴ. 빨리만 다오.

ㄷ. 먹게만 해 다오.

(13) ㄱ. 철수로서는 할 수가 없지.

ㄴ. 일찍은 일어나도 할 일이 없어서.

ㄷ. 먹게는 해 줄테니까.

(14) ㄱ. 이 칼로요 자르면요 잘 잘려요.

ㄴ. 아침 일찍요 일어나요.

ㄷ. 돈 주세요, 책 사게요.

---

8) {좀}이 명사구를 바라보는 화자의 태도를 반영해 주는 한정조사(déterminant)와 청자에 대한 화자의 태도를 반영하는 종조사(hedge marker) 사이에서 한정조사쪽으로 편입되어 가는 과정으로 보기 때문에, 기본 한정조사 {가,를,도,는} 다음에 오는 {좀}은 중의적으로 해석될 여지가 있다. 그렇기 때문에 {좀}과 한정조사 간의 결합에 일정한 제약이 가해지고 — 떡은좀, *떡좀은 — 그 결합형 — {가좀, 를좀, 는좀, 도좀}을 온전한 새성원으로 보기가 쉽지 않다.

ㄱ. [이것은 좀] 비싸다.

ㄴ. 이것은 [[좀] 비싸다].

그러므로 이 세가지 조사류와 결합이 된 다음 예에서의 {좀}은 담화 표지인 한정사로서의 {좀2}가 아닌 부사로서의 {좀1}임을 알 수 있다. 이 경우에 {좀1}은 부사 {조금}과 대치가 가능하다.

> (15) ㄱ. 사과는 (좀만/조금만) 드시고, 식사나 많이 하시죠.
> ㄴ. 저는 영화에 (좀도/조금도) 관심이 없어요.
> ㄷ. 저를 (좀이라도/조금이라도) 사랑하신다면, 이렇게 할 수는 없을
>   거예요.
> ㄹ. 걸음을 (좀만/조금만) 빨리 해 주세요.
> ㅁ. 제가 공부를 (좀은/조금은) 해요.

3.2. 한정조사로서의 {좀}의 기능

앞 절에서 우리는 부사의 범주에서 벗어난 {좀}은 그 분포관계로 보아, 한정조사가 차지하는 위치 속으로 편입되어 가고 있다고 보았다. 그렇다면, 한정조사류에 편입되어 가고 있는 {좀}은 한정조사가 담당하는 의미기능의 체계내에서 어떤 부담량을 지닐까 하는 문제가 제기된다. 즉 {좀}의 의미기능을 독자적으로 규명할 것이 아니라 다른 한정조사류들과의 관계 속에서 설명되어야 함을 말하는 것이다. 우리는 한정조사로서의 {좀}의 기능을 '초점 기능', '신정보 도입 요소'로서 설명해 보고자 한다. 이는 {좀}이 한정조사의 기본요소인 {가, 를}의 초점기능과 유사하다는 것을 말해 준다.[9] 그러한 기능이 가능한 것을 체계적으로 밝혀보고자 하는 것이다.

3.2.1. 신정보 도입 및 초점 기능

먼저 다음 예문을 통하여 {좀}의 기능에 접근해 보자.

---

9) 임홍빈(1972), 이광호(1988), 김귀화(1994) 등을 참조.

(16) ㄱ. 그 사과 좀 먹어봐도 될까?
　　 ㄴ. 사과 좀 먹어봐도 될까?

　밑에서 언급하겠지만 (16ㄱ)에서 '그 사과'가 이미 맥락 속에 자리잡고 있을 경우에는 {좀}을 통해서 담화 상황에 도입할 필요는 없어 보인다. 따라서 이런 경우의 {좀}은 후행어절 '먹어봐도'에 결합하는 것으로도 해석이 가능하다. 실제로 '사과'와 {좀} 사이에는 휴지를 둘 수가 있다. 물론 '그 사과'가 담화 상황에 처음 도입되는 경우에는 {좀}이 선행요소 '사과'와 결합한다. 지시어 '그'는 이전 발화에서 언급된 대상을 가리킬 수도 있지만 공간적으로 청자에게 가까이 있는 사물을 '처음' 가리킬 때도 쓰이기 때문이다.10) 반면 (16ㄴ)에서는 '사과'가 담화 상황에서 처음 도입되고 있기 때문에 반드시 {좀}을 필요로 한다. 따라서 '사과'와 {좀} 사이에 휴지가 없이 발화되고, {좀}이 생략된 문장은 논리명제적 차원에서는 적격문이지만, 실제 발화상에서는 그러한 형태로 실현되지 않는다.

　　<주어진 상황 : 과일 가게에서 과일을 고르다가>
(17) ㄱ. *아저씨, 사과 먹어봐도 돼요? - 예, 그러세요.
　　 ㄴ. 아저씨, 사과 좀 먹어봐도 돼요? - 예, 그러세요.

　그리고 (16ㄱ,ㄴ)의 미세한 차이를 {좀}에 질화사 {만}을 결합해 봄으로써 드러낼 수 있는데, (16ㄱ)의 경우에는 {만}의 결합이 의미해석에 차이를 발생시키지 않지만, (16ㄴ)의 경우에는 그 결합이 제약되고, 그 결합이 허용되는 한에서는 다른 의미해석을 낳게 된다.

(18) ㄱ. 그 사과 좀만 먹어봐도 될까?
　　 ㄴ. *?사과 좀만 먹어봐도 될까?

___
10) 각주 8)을 참조할 것.

따라서 우리는 문제의 {좀}을 부사어로서의 {좀1}에서 문법화된 {좀2}로 형태 구분하고, {좀2}의 문법적 지위를 한정조사 부류에 귀속시킴으로써 {좀2}의 쓰임을 한정 표현(definite expressions)과 관련하여 설명하는 것이 가능해진다.

Lee(1992)에 의하면 화용적 형태소는 청자가 화자의 의도를 파악하는 것을 돕는다. 일상적인 발화에서 청자는 세계에 관한 지식과 이전 발화 등의 맥락을 이용하여 화자의 의도를 파악할 수 있지만 종종 담화적인 모호성 pragmatic ambiguity이 발생하기도 한다. 화용적 형태소는 화자의 의도를 명시적으로 표현하여 모호성을 없애는 역할을 한다.[11] {좀}이 해소하는 담화적인 모호성은 두 가지로 정리할 수 있다. 첫째 {좀}은 선행어가 담화 상황에 처음 도입되는지의 여부를 밝힌다. 이는 {좀}이 한정조사로서의 지위를 획득해 나가고 있기 때문에 생기는 당연한 귀결이다. 둘째 {좀}은 해당 발화가 {좀}이 빠진 발화보다 청자에게 부담을 지우는 맥락에 놓여있다는 것을 밝혀주는 기능을 한다. {좀}의 삽입 여부는 고정된 맥락에서 발화의 공손함 여부에 영향을 미치는 것이 아니다. 동일한 명제 내용이 {좀}을 필요로 하는 맥락에서 발화되기도 하고 {좀}이 필요없는 맥락에서 발화되기도 하는 것이다.

이상의 {좀}의 두가지 측면을 자세히 살펴보자. 첫째, 초점의 위치가 맥락 속에서 정해지지 않은 경우이다. {좀}은 선행어를 담화 상황에 처음 도입하는 경우에 쓰인다. 담화의 연쇄는 시간의 흐름에 따라 순차적이기 때문에 각각의 단위가 청자의 지식 안에서 파악 가능하지 않을 경우의 대응방안을 마련해두어야 한다. 담화에 처음 도입되는 지시체가 {좀} 등의 후행 담화 표지 없이 발화되는 경우 청자는 자신의 맥락 속에서 어디에다 그 지시체를 위치시켜야할지 혼란스럽게 된다. 즉 지시체의 지시물이 자신의 지식 속에 존재하지 않는다는 사실을 알지 못하고 지시체를 인식하려는 헛된 시

11) 청자가 제대로 해석할 수 있도록 화자가 자신의 의도를 제대로 전달하는 것은 목적달성을 위해 매우 중요하다.

도를 하게 된다는 것이다. 지시체를 인지하기 힘든 경우나 사건을 인지하기 힘든 경우에 한정조사화된 {좀2}이 후행하여, 그 맥락 위치를 잡는 데 도움을 준다. {좀}이 쓰이면 청자는 해당 지시체 또는 사건이 남화에 처음 도입된다는 사실을 알게 되는 것이다. {좀}이 이러한 기능으로 쓰일 때에는 한정조사의 기능을 충분히 발휘하므로, 선행어와 {좀} 사이에 기본 한정조사 {가/를/도/는}이 오지 않는 것이 일반적이다.

> (19) ㄱ. 아줌마, 소금 좀 주세요.
>   ㄴ. ʔ아줌마, 소금을 좀 주세요.
>   ㄷ. ʔ아줌마, 소금은 좀 주세요.

일반적인 초점은 선행 발화에 의해 위치가 이미 결정되어 있다.

> (20) ㄱ. 가 : 우리 내일 뭐 보러 갈까?
>   나 : 'JSA' 보러 가요.

초점 'JSA'는 발화 상황에 처음 도입되는 요소이지만 이 요소가 어떤 맥락에 위치해야 하는지는 이미 결정되어 있다. 청자는 '우리 내일 X 보러 가요'라는 주어진 틀(open proposition)을 이미 가지고 있어 그 빈자리에 'JSA'를 채워넣기만 하면 되는 것이다. 따라서 그러한 특정한 화맥에서 그 지시체의 맥락을 지정해 주는 한정조사의 사용은 불필요하게 된다.

> (21) 갑 : 너 뭐 먹을래?
>   을 : *(난) 짜장면{을/은/좀} 먹을래.

다음 두 가지의 상황에서 {좀}의 사용이 어떻게 달라지나를 살펴보자.

> (22) (극장에서 빈자리를 찾아 헤매다가 마침 비어있는 두 자리를 발견하고)
>   ㄱ. 우리 여기 앉아요.

　　ㄴ. ^{?*}우리 여기 좀 앉아요.

(23) (둘이 공원을 걷다가, 상대방은 잘 걷고 있는데 화자가 다리가 아플 때)
　　ㄱ. ^{?*}우리 여기 앉아요.
　　ㄴ. 우리 여기 좀 앉아요.

　　(22)에서 '우리'가 '어딘가'에 '앉는다'는 정보는 이미 주어져 있다. 이때 '여기'는 신정보이기는 하지만 청자가 자연스럽게 맥락 속의 제 위치를 찾아줄 수 있다. '어딘가'를 '여기'로 대체하기만 하면 되는 것이다. 하지만 (23)에서는 '여기'라는 신정보를 어떻게 해석해야 할지 청자가 알기가 쉽지 않다. 이 경우 선행어인 '여기'가 담화에 처음 도입되는 요소임을 밝혀 청자가 불필요한 인지적 노력을 하지 않도록 하기 위해서는 {좀}이 필수적으로 요구된다고 할 수 있다. 그리고 '우리'는 화자와 청자를 가리키는 맥락 속에 손쉽게 위치시킬 수 있는 정보이므로 {좀}이 붙지 않아야 된다.

(24) ㄱ : 우리 어디 앉을까?
　　ㄴ : [*]우리 좀 여기 좀 앉아요.

3.2.2. 존재문 구성과 한정조사로서의 {좀}의 기능

　　본절에서는 {좀2}가 문법화 과정을 통해 '한정조사'로 편입되는 과정과 살펴보고, 그러한 {좀}의 의미기능과 관련된 현상을 제시해 보고자 한다. 앞서 우리는 {좀}이 문법화 과정을 거쳐 한정조사 부류로 편입되어 간다면 {좀2}는 기본 한정조사 {가, 를, 도, 는}과 상관관계를 맺으면서, 그 의미영역을 구축해 나갈 것이라고 예상했다. 먼저 기본 한정조사 {가, 를, 도, 는}의 체계는 불어의 관사 체계에 대응하여 다음과 같은 이원장력형의 도식으로 제시할 수 있다.[12]

---

12) 한국어 한정조사의 체계와 불어 관사와의 대응관계에 대한 자세한 내용은 목정수(1998ㄱ,

```
        {가/를}                {도/는}
U₁--------------->1S₂--------------->U₂
        부정관사(un)            정관사(le)
```

[그림 1]

이러한 기본 한정사의 기본 체계에 편입되어 가는 {좀2}의 위상(topos)을 설정해 보자. {좀2}의 위치는 나중에 기능어로 발달되었다는 점, {가, 를}이 보여주는 초점기능과 유사한 양상을 보여준다는 점, 또한 결합양상의 제약 — 가좀, 를좀, 도좀, 는좀, *좀가, *좀을, *좀도, *좀은 — 을 고려하면, <나중>의 자리에 배치되고, 그의 운동성은 <특수2>에서 <일반2>로 가는 운동 방향을 역전시켜 <일반2>에서 <특수2>로 가는 것으로 나타낼 수 있다. 따라서 {좀2}의 심리체계내의 운동 성격(=백터의 방향)은 근본적으로 {가, 를}과 같다. 이를 한정조사의 체계를 표상하는 이원상력형의 도식으로 표현하면 다음과 같다.13)

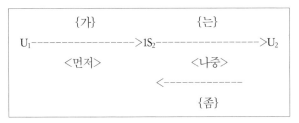

[그림 2]

1998ㄴ)을 참조할 것.

13) 이러한 한정사로서의 {좀2}의 성격은 불어의 부분관사 용법으로 사용되는 문법화된 전치사 {de}에 비교될 수 있겠다. 이해를 돕기 위해 부분관사로서의 {de}의 쓰임을 간략히 살펴보자.

   ㄱ. Prenez d'un pain.   ㄴ. Prenez du pain.
   ㄷ. Prenez pas de pain.   ㄹ. Prenez de ce pain.

이제 이렇게 정의된 {좀}이 존재문 구성에서 어떤 역할을 하고 있는지를 살펴봄으로써, {좀2}를 한정사부류에 귀속시키는 것의 타당성을 증명해 보자.

소위 한정성 효과로 알려진 존재문에서의 한정 명사구 제약은 인구어에서 보편적인 것으로 보고된 바 있다. 편의상 불어의 예를 들자면, 다음과 같다.

(25) ㄱ. Il y a (un livre/*le livre) sur la table.

ㄴ. Il était une fois (un roi/*le roi).

ㄷ. Il est arrivé (des invités/*les invités).

ㄹ. Il monte (beaucoup de monde/*beaucoup du monde/*le monde) à cette station.

이처럼 전형적인 존재문(il y a, there is/are, es gibt/ist) 구성이나 비인칭의 명사구 외치구문에서 도입되는 명사구는 부정관사나 그에 준하는 기능요소에 의해 실현된 비한정명사구이어야 한다.

이러한 현상과 관련해서 한국어에서도 동일한 현상이 목격된다는 사실이 목정수(1998)에서 언급된 바 있다. 목정수(1998)에서는 한국어 존재문에서의 한정명사구 제약성의 본질은 그간 한정사로 본 {한, 그}에 의해 유도되는 것이 아니라, 한정조사 {가, 를, 도, 는}에 의한 것임을 분명히 했다.14) 최근에 발표된 전영철(2000)의 논의는 존재문의 제약이 주격조사 {가}와 밀접한 관계가 있음을 제시하고 있어 주목된다.15)

---

14) 한국어의 한정성 효과 문제를 한정사 {한, 그}와 관련지어 논의한 것으로는 전경자(1990) 와 전영철(1992) 등이 있다.

15) 전영철(2000)에서는 {가}를 주격조사로 명명하고 있지만, 결국 {가}의 주격표시 기능 때문이 아닌 다른 기능에 의해서 존재구문의 제약성이 있음을 말하고 있는 것에 지나지 않는다. 목정수(1998)에서는 {가}를 주격조사로 보지 않고, 한정조사(déterminant)로 보아야, 한정조사와 존재구문의 제약관계를 명확히 할 수 있음을 강조했다.

(26) ㄱ. 옛날에 어느 마을에 {호랑이가/*호랑이는} 살고 있었어요.
　　ㄴ. 책상 위에는 {무엇이/*무엇은} 있습니까?
　　ㄷ. 어, {비가/*비는} 오네!
　　ㄹ. 야, 저기 11번 {버스가/*버스는} 온다!

따라서 개체를 발화상 처음 도입하여 청자에게 신정보로서 주어지는 명사구가 정관사에 비견되는 한정조사 {는}에 의해 유도되는 것이 저지되는 현상은 보편적이다.

다음의 문장이 어색한 발화가 되는 것은 신정보가 도입되어야 할 상황에서 그와 상충하는 한정조사 {는}이 사용되었기 때문이다.

(27) ㄱ. *?벌써 자정이 지났는데, 식당에 손님은 있니?
　　ㄴ. *?수업이 끝났는데도, 교실에 학생은 남아 있습니까?

그런데 처음 발화되는 상황에서도 {는}이 사용되는 경우가 있다. 예를 들어, 청자의 요즘 장사 근황에 대해 물어보는 상황에서, '손님'이란 명사는 처음 도입되는 것으로서, 특정한 그룹의 손님을 지칭하는 것도 아님에도 불구하고 '손님은'이란 형식으로 쓰일 수 있는 것이다.

(28) ㄱ. 식당에 손님은 좀 있어?
　　ㄴ. 교실에 학생은 좀 남아 있습니까?

이러한 문장이 자연스럽게 들린다면, 결국 존재문 구성에서 {는}에 따른 제약을 풀어주는 기제가 있다는 것을 의미한다. 그 기제는 바로 한정조사화된 {좀₂}로부터 나오는 것이다.

당연한 결과로 총칭문에서의 {는}에는 {좀}이 결합될 수 없을 뿐만 아니라, {좀₂}에 의해 총칭문을 구성하기가 어렵다. {좀}은 [그림 2]에서 보았듯이, 그 운동적 성격이 '특수/특정' 지향적이기 때문에, '개체-층위 술어'와는 어울릴 수 없는 것이다.

> (29) ㄱ. ^{*?}인간은 좀 생각하는 갈대다.
>   ㄴ. ^{*?}개는 좀 영리한 동물이다.
>   ㄷ. ^{*?}경기는 좀 계속되어야 한다.

> (30) ㄱ. [*]인간 좀 생각하는 갈대다.
>   ㄴ. [*]개 좀 영리한 동물이다.
>   ㄹ. [*]경기 좀 계속되어야 한다.

3.2.3. {좀}의 문법화

우리는 이러한 형식의 도입문 구성이 가능한 것의 원인을 {좀2}에서 찾고자 할 때, {좀}이 어떻게 부사 {좀}에서 한정조사 {좀2}로 문법화되었는가를 알아볼 필요가 있다. {좀2}는 부사 {좀1}과 어휘의미적으로 연관성이 있기 마련이다. 따라서 우리는 {좀2}의 의미기능이 {좀1}의 어휘의미와 어떤 연관성을 갖는지를 밝혀, 그 문법화의 기제를 생각해야 한다. 먼저 다음과 같은 명령문에서 {좀}의 양적 의미와 질적 의미의 상관관계가 가장 잘 드러난다.

> (31) ㄱ. 소금 주시겠어요?
>   ㄴ. 소금 좀 주시겠어요?
>   ㄷ. 창문 열어줄래?
>   ㄹ. 창문 좀 열어줄래?

예상하지 못한 지시체가 담화에 처음 도입되는 경우 청자가 당황할 수 있으므로 화자는 그 지시체의 양을 최대한 줄이려고 하게된다. 상대방이 예상하지 못한 발화를 할 때 {좀}을 쓴다. (31ㄱ)은 '소금'이 이미 지정된 경우에서 발화되는 형식이다. (31ㄴ)에서는 '소금'이 {좀}에 의해 청자에게 지정된다. 즉, 청자가 주위에 '소금'이 있는가를 확인하고, 해당 '소금'에 주의를 기울이게 된다.

{좀1}은 어휘석 요소로서 양석인 차원에서 피수식 요소의 범위를 제한해 준다. 이 때, 수식-피수식 관계에 놓이는 요소들은 한 동심적 성분을 이루게 된다. 그러나 문법화된 {좀2}는 기본적으로 제한의 의미기능만을 유지한 채, 수식의 방향이 바뀌어 선행요소의 외연범위(extensité)를 제한하는 질적 차원으로 승격(subduction)된다.16) 따라서 문법요소로서 {좀2}의 의존 단위는 선행요소, 명사구가 된다;

> (32) [영화]좀, [영화에]좀, [영화까지]좀, [영화만]좀, [영화로부터]좀, [영화
>   는]좀, [영화만은]좀, [영화조차를]좀, 등등.

{좀}은 그 어원론적 어휘적 성격에서도 알 수 있듯이, [넓은것/많은것]에서 [좁은것/적은것]으로의 운동성을 잉태하고 있으므로, 이것이 문법화 과정을 거쳐 부사가 아닌 한정조사 부류로 편입되어, 그 운동성이 {가}의 '보편에서 특수로'의 운동성과 같게 된다. 그러나 나중 단계에 한정조사 부류에 편입되었기 때문에 심리체계상의 위치는 기본 한정조사 {가}와 {는}보다 나중의 위치를 차지하는 것이다. 따라서 {좀}의 체계상의 위치에 의해서 {는}이 갖고 있는 '특수에서 보편으로'의 운동성을 되돌려 다시 {는}으로 하여금 {특수성}을 회복시켜 주는 역할이 주어진다. 결과적으로 그 역할은 원래 {가}가 담당했던 것과 동일하다. {는}의 성격이 이미 담화상에 새로운 객체가 도입된 것을 전제하고 있으므로, {는}에 의해 이끌리는 요소가 신정보성을 획득하려면, {는}의 기본성격을 바꾸어주는 요소가 필요한데, 그 역할을 {좀2}가 담당하고 있는 것으로 보는 것이다.

---

16) 'subduction' 개념은 Guillaume에서 따온 것으로서 이에 대해서는 Boone et Joly(1996)을 참조했음.

3.2.4. 한정조사 {좀}과 전제

{좀}의 유무가 전제(presupposition)와 관련이 있는 경우도 있다. 한정조사의 심리체계에서 보았듯이, {는}은 {가}의 나중 단계이므로, {는}은 {가}를 전제한다. 따라서 {는}의 위치와 같고, 운동방향만 다른 한정조사로서의 {좀}은 선행어 또는 선행어를 포함한 사건에 대한 전제 기능을 하게 된다. 다음 예를 비교해 보자.

(33) ㄱ. 집에 들어와.
ㄴ. 집에 좀 들어와.

(33ㄱ)은 청자가 집에 제대로 들어가고 있는지에 대해서 전제를 하고 있지 않다. 반면에 (33ㄴ)처럼 {좀}이 쓰인 경우는 청자가 집에 들어오지 않고 있다는 것을 전제하고 있다. 청자가 제 시간에 규칙적으로 집에 들어가는 경우에 (33ㄴ)의 발화는 부적절하다. 또한 (33ㄱ) 발화가 이루어지기 위해서는 '집에'가 맥락 속에서 적절한 위치를 찾을 수 있도록 해 주는 환경이 전제되어야 한다. 즉 '오늘 회사가 일찍 끝났는데 어디 가면 좋을까?' 등의 질문에 대한 답으로나 가능하다.

헤어질 때 주고받는 인사 표현에서도 {좀}은 상대방에 대한 공손함을 표시하기 위해 절대 사용될 수 없다.

(34) ㄱ. 잘 있어. / 안녕히 계세요.
ㄴ. ^{?*}잘 좀 있어. / *안녕히 좀 계세요.

(34ㄴ)이 어색한 이유는 청자가 '잘 있지 못함'을 전제하기 때문이다. (34ㄴ)은 부부싸움을 하고 드러누운 딸을 다독거리고 집으로 돌아가는 친정엄마가 딸에게 하는 인사말이나, 딸이 너무나 자주 아파 누우신 어머니에게 자주 찾아가지 못하는 상황을 안타까워하면서 할 수 있는 말로는 적격이다.

3.3. {좀}의 또 다른 기능들

본절에서는 {좀2}를 한정조사로의 문법화 과정을 통해 설명한 우리의 논의가 기존 논의를 어느 정도 포괄하고 있는지를 알아보기 위해, 기존에 {좀}의 기능을 설명한 몇몇 대표적 논의를 제시하고, 그 문제점을 밝히는 것과 아울러, 우리의 시각으로 재설명해 보기로 한다.

3.3.1. 과연 '공손'이 {좀}의 기본 의미인가?

손세모돌(1988)에서는 요청을 할 때 화자는 그 일이 힘들거나 어려운 일이 아닌 것으로 표현하려는 경향이 있다고 본다. 화자의 요청을 받아들이는 것이 청자에게 부담이 되는 경우 적은 양을 표시하는 부사어를 써서 요구사항이 적은 것으로 표현하려 한다는 것이다. 그는 들을이의 부담이나 거부감을 줄여 주는 표현을 공손한 표현이라고 보고 {좀}이 공손한 표현에 이바지한다고 주장한다.

Lee(1992)에서는 {좀}의 기본 의미를 선행어구가 표상하는 바의 중요성을 최소화하는 것으로 설정하고, Grice(1975)의 화행이론을 토대로 청자는 협력 원리와 기본 의미를 사용하여 화자가 의도한 의미를 추론한다고 주장한다. 또한 Brown & Levinson(1978, 1987)의 논리를 따라 사람들은 자신의 체면(face)을 유지하기 위해 협력한다고 보고, 만약 화자가 청자의 체면을 위협하게 되면 화자의 목적을 달성하는데 청자가 협력하지 않을 것이기 때문에 합리적인 화자는 청자의 체면을 지켜주려 할 것이며, 따라서 '공손하라'는 협력 원리로부터 귀결된다고 주장한다. 화자가 {좀}을 사용하는 것은 청자에게 공손함을 보여주기 위한 전략이라는 것이다.

그러나 손세모돌(1988)과 Lee(1992) 둘 다 {좀}이 공손함을 나타내기 위한 것이라고 보고 있지만 공손함이 필요하지 않은 상황에서도 {좀}이 발화되는 경우가 있다.

    (35) ㄱ. 넌 좀 빠져.

        ㄴ. 밥 좀 많이 드세요.

(35ㄱ)과 같은 발화는 청자의 기분을 상하게 하는 것이 문제가 되지 않는 상황에서 발생한다. 즉 공손함이 필요 없는 상황인 것이다. 따라서 {좀}이 '공손'의 의미를 가지고 있다면 이 경우에 발화할 이유가 없다. (35ㄴ)은 화자가 의도하는 상황이 청자에게 이익이 되는 경우이다. 따라서 {좀}이 피수식어의 양을 줄이거나 최소화하는 기능을 한다고 보는 것은 합리적이지 않다.

3.3.2. 중의성 해소 기능

다음은 {좀}이 담화적 모호성을 해결하기 위해 사용되는 경우이다. {좀}의 의미를 청자의 부담을 해소하는 '공손'으로만 한정하면 {좀}을 수의적인 요소로 파악하게 된다. 하지만 {좀}의 유무는 의미의 변화를 유발할 수 있다. 따라서 {좀}의 사용 여부를 생략 현상으로 다루기 어렵다.[17]

    (36) ㄱ. 내립시다. (Let's get off here.)

        ㄴ. 좀 내립시다. (Let me get off here.)

    (37) ㄱ. 공부하자. (Let's study.)

---

17) {가,를,도,는}이 사용되지 않은 문장을 소위 격조사 생략 현상으로 다루고 있는 논의에 따른 문제점에 대해서는 목정수(1998)를 참조할 것. {가}와 {를}의 유무에 따른 의미차를 다음 예를 통해 제시한다.

  (1) ㄱ. 이거 어떻게 먹어요?

     ㄴ. 이걸 어떻게 먹어요?

  (2) ㄱ. 이거 무슨 떡이냐?

     ㄴ. 이게 웬 떡이냐?

ㄴ. 공부 좀 하자. (Don't disturb my studies.)

(36ㄱ)에서 내리는 행위의 주체는 화자와 청자 모두이시만 (36ㄴ)에서는 화자만이 내리는 행위의 주체이고 청자는 그 행위가 가능하도록 협력해야 하는 존재이다. {좀}이 청자의 부담을 덜어준다는 것으로부터 각 상황에 대한 발화를 정당화할 수도 있겠지만, 실제 발화에서 그런 것을 염두에 두지는 않는 것 같다. 즉 (37ㄴ)은 (37ㄱ)에 어떤 절차를 더해서 산출된 발화가 아니라 애초부터 다른 의도를 가지고 발화된 것이다. 손세모돌(1988)에서는 {좀}의 대용 표현으로 영어의 'please'를 들고 있지만, (36, 37)에서 보듯 {좀}에는 'please'만으로는 대신할 수 없는 의미가 있다.

물론 (36ㄱ)은 맥락에 따라 (36ㄴ)처럼 해석될 가능성이 있다. 이러한 경우에 {좀}이 중의성을 해소시키는 데 쓰이므로 {좀}의 기능을 'please'에 대응시키는 것은 바람직스럽지 않다. 하지만 (37ㄱ)과 (37ㄴ)은 의미의 대립이 보다 명확하다. (37ㄱ)이 중의적으로 해석될 여지는 거의 없어 보인다. {좀}에 의해서 청자는 발화가 해당 명제 내용을 요청하는 것이라는 사실을 파악하게 된다.[18]

> (38) ㄱ. 너 돈 없니? (Don't you have any money?)
>   ㄴ. 너 돈 좀 없니? (Don't you have some money? Would you lend me some?)

(38ㄱ)은 단순히 명제의 진위를 묻는 의문문인 반면에, (38ㄴ)은 돈을 빌려달라는 요청의 의미이다. 청자에게 보다 부담이 되는 것은 역설적으로 (38ㄱ)이 아니라 (38ㄴ)이다. 요청의 발화에 {좀}이 쓰이는 것은 {좀}이 청자의 부담을 줄이는 역할을 하는 것과 관계가 있지만 (38ㄴ)에서 {좀}의 의

---

18) 수사의문문의 경우에 한정조사가 필수적인 것과, '요청'이 이루어지는 발화문에서 {좀}이 필수적인 것은 모종의 공통점이 있다.
ㄱ. 네가 뭘 알아, 임마. cf. 너 뭐 아니?
ㄴ. 너 돈 좀 없니? cf. 너 돈 없니?

미는 해당 발화가 요청임을 나타내는 것으로만 파악된다. 즉 '공손'은 {좀}
의 화석화된 의미이고, 실제 발화 상황에서 {좀}의 기본적 의미는 '요청'이
라는 양태(modality)와 관계된 것으로 보는 것이 더 타당하게 보인다.

다음의 예에서도 {좀}의 기능이 '요청'과 밀접한 관련이 있음이 드러
난다.

> (39) ㄱ. 가 : 어디 가?
>   나 : 집에요.
>   ㄴ. 가 : 어디 가?
>   나 : 집에 좀.

(39)에서 같은 질문에 대해 (39ㄱ)과 (39ㄴ)처럼 대답이 달라지는 것은 화
자가 그 질문을 어떻게 받아들였는가와 관계가 있다. (39ㄱ)에서 화자는 질
문을 단순한 wh-의문문으로 파악하고 open proposition의 빈자리를 채우고
있다. 반면 (39ㄴ)에서 화자는 청자의 질문이 '이 시간에 일은 안 하고 어디
가?'와 같이 책망의 성격이거나 '어디'에 대한 답을 요구하지 않는 의례적
질문 — 경상도 방언의 '어데 가나?'에 해당한다. wh-의문문은 '어데 가노?'
이다 — 이라고 파악하고 청자의 허가를 요청하는 형식의 대답을 하고 있다.
이를 명제적으로 풀면 다음과 같다.

> (40) 집에 급한 무슨 일이 생겨서 가는 것이니까, 제지를 하지 마세요.

4. 결론

음운론에서 화용론에 이르기까지 층위별 간의 독립성을 인정하는 모듈에
서는 한 형태를 고정된 층위에 가두어 놓고 처리하기 곤란한 요소들이 있기

마련이다. 본고에서는 한국어 {좀}이란 형태가 분포적으로나 기능적으로 {좀1}과 {좀2}로 나뉘어 기술될 필요가 있음을 지적하고, 존재론적 위상이 바뀐 {좀2}의 문법적 지위를 한정조사화로의 문법화 과정을 통해 설명하고자 했다. 또한 {좀}이 아직도 한정조사로 편입되어 가는 과정에 있기 때문에, 기존 한정조사 범주와의 결합에서는 항상 후행요소로밖에 올 수 없고, 이 경우에도 하나의 복합한정조사로 볼 수도 있지만, 한정조사와 경계를 두고 부사적 용법으로 처리될 여지가 남아 있음도 지적했다.

　{좀2}는 분포상 한정조사의 자리로 편입되어 가는 과정에서 그 기능은 첫째, 발화를 '공손'하게 하기 위해 쓰이는 것이 아니라 대상을 담화 상황에 처음 도입하는 '초점' 기능에 있다는 점과 둘째, 발화를 '요청'으로 만드는 양태적 기능에 있다는 것이 밝혀졌다. 이러한 기능의 근원은 {좀}이 부사에서 한정조사로 문법화되어 그 문법적 지위가 바뀐 것과 상관관계가 있는 것이다.

참고문헌

김귀화. 1994. 「국어의 격 연구」, 한국문화사.

목정수. 1998ㄱ. "한국어 격조사와 특수조사의 지위와 그 의미", 「언어학」 23, 한국 언어학회.

목정수. 1998ㄴ, "격조사 교체 현상에 대한 통사·의미적 논의의 재검토-조사류의 새로운 질서를 토대로-", 「언어정보」 2, 고려대학교 언어정보 연구소.

목정수. 1999, "정감적 의미와 형태 분석-청자지시 요소 {아}의 분석을 위하여-", 「한국어학」 10, 한국어학회.

목정수. 2000. "선어말어미의 문법적 지위 정립을 위한 형태·통사적 고찰-{었}, {겠}, {더}를 중심으로-" 「언어학」 26, 한국언어학회.

목정수·연재훈. 2000. "상징부사(의성·의태어)의 서술성과 기능동사", 「한국어학」 12, 한국어학회.

박선자. 1983. "한국어 어찌말 연구", 부산대학교 박사학위논문.

손세모돌. 1988. "좀의 상황적 의미", 「한국학 논총」 14, 한양대학교 한국학 연구소.

이광호, 1988. 「국어 격조사 '을/를'의 연구」, 탑출판사.

이석규. 1987. "현대국어 정도어찌씨의 의미연구", 건국대학교 박사학위논문.

이정민·박성현. 1991. "'-요' 쓰임의 구조와 기능 : 문중 '-요'의 큰 성분 가르기 및 디딤말 기능을 중심으로", 「언어」 16-2.

이상호. 2000. "한국어 TTS 시스템을 위한 운율의 트리 기반 모델링", 한국과학기술 원 박사학위논문.

이인영. 1998. "러시아어 존재문 연구-의미-화용적 접근", 「러시아연구」 8-2.

이한규. 1999. "한국어 담화 표지어 '뭐'의 의미", 「담화와 인지」 6-1, 담화·인지 언 어학회.

임유종. 1995. "'좀/조금'에 대하여", 「한양어문연구」 13, 한양어문연구회.

임홍빈. 1972. "국어의 주제화 연구", 「국어연구」 28, 국어연구회.

전경자. 1990. "한국어에서의 한정성 효과", 「언어연구」 1, 서울대학교 언어학과.

전영철. 2000. "한국어 존재문의 구성", 「언어학」 27, 한국언어학회.

주경희. 2000. "'좀'과 '조금'", 「국어학」 36, 국어학회.

최동주. 2000. "'들' 삽입 현상에 대한 고찰", 「국어학」 35, 국어학회.

Boone, A. et A. Joly. 1996. *Dictionnaire terminologique de la systématique du langage*,

L'Harmattan.

Brown, P. and S. Levinson. 1987. *Politeness*, Cambridge University Press.

Lee. 1992. *The Pragmatics and Syntax of Pragmatic Morphemes in Korean*, Urbana-Champaign, IL : University of Illinois Doctoral Dissertation.

Schiffrin, D.. 1987. *Discourse Markers*, Cambridge University Press.

| 이 논문은 언어학 28집(2001, 한국언어학회)에 게재된 논문을 재수록한 것입니다.

'X(하)다'와 'X 잖다/찮다/짢다'의 의미상관성 연구

김 진 수

1. 서론

1.1. 연구 목적 및 방법

본고는 심리동사 중 'X잖다/찮다/짢다' 형태의 어휘들을 대상으로 형태와 의미를 살펴보는데 목적이 있다. 심리동사는 감정을 서술하는 범주로 심리술어라는 명칭으로도 불린다. 사람의 감정을 나타낸다는 의미 외에 주어나 인칭에 대한 제약 등 다른 부류의 동사와는 다른 통사적인 특성으로 인해 심리동사, 심리술어라는 명칭으로 분류를 한다.

이 글에서는 심리동사 가운데 'X잖다/찮다/짢다'와 'X다'와의 관계를 중심으로 형태와 의미적 상관성에 초점을 맞추어 살펴보고자 한다. 이런 형태 유형의 심리동사는 '같잖다, 심심찮다, 귀찮다, 시원찮다, 언짢다, 하찮다'가 있다.[1] 이들 동사들은 'X(하)다'의 어휘에 부정의 '-(하)지 아니하다'가 붙어

---

[1] 'X/잖다/찮다/짢다' 형식의 심리동사들은 이외에도 '수월찮다, 마뜩찮다, 심상찮다, 개운찮다,' 등이 있으나 본고에서는 일차적으로 그 중의 일부인 '같잖다, 심심찮다, 언짢다, 하찮다, 시원찮다, 귀찮다'만을 연구대상으로 삼았다.

서 형성되었다는 것을 전제로 하여 논의가 진행된다. 'X(하)다'와 'X(하)지 아니하다'는 형태, 의미상 대립어의 관계에 있지만 'X(하)지 아니하다'의 준말인 'X잖다/찮다/짢다'의 어휘들은 'X(하)다'와 대립 관계에서 벗어나 제3의 의미를 획득하여 심리동사의 범주에 들게 된다. 물론 'X(하)다' 자체가 심리동사의 범주에 드는 것도 있지만 원래 비심리동사였던 것이 부정을 나타내는 '-(하)지 아니하다'가 붙고 다시 그것이 줄어서 'X잖다/찮다/짢다'가 되면 심리동사의 범주에 들게 된다. 본고에서는 -'X(하)다'와 'X 잖다/찮다/짢다'의 형태와 의미의 상관성을 밝혀 보고자 한다.

이 글은 네 부분으로 구성되어 있다. 1장은 서론에, 2장은 본 논문의 중심부분에 해당하는데 'X잖다/찮다/짢다'의 형태에 관해서, 그리고 'X다'와 'X잖다/찮다/짢다'의 의미관계, 특히 'X다'가 가지는 의미와 '-(하)지 아니하다'와 결합하였을 때의 의미, 그리고 'X잖다/찮다/짢다'와 같은 준말이 되었을 때의 의미의 변화와 심리동사로의 변화에 할애하였다. 그리고 3장은 결론에 해당한다.

1.2. 선행연구사

본고에서 연구의 대상으로 삼는 'X(하)다'와 'X잖다/찮다/짢다'의 의미관계에 대해 직접적으로 연구한 결과는 없지만 '-잖-'에 대한 형태론적인 입장에서 연구한 것으로는 정원수(1988)가 있다. 정원수(1988 : 293)에서 '-잖-'은 "발음경제의 원칙에 입각하여 발음을 빨리하면서 이루어진 준말이라고 할 수 있다"고 하면서 정원수(1988 : 285)에서 "'잖'이 단지 '지+않'과는 어딘가 다른 면을 보이는, 즉 '-지 않-'에서 일탈하는 느낌을 주는 바가 없잖아 있다"고 보았다. 이는 본고에서 밝히고자 하는 의미의 전환과 일맥상통하는 진술이다.

'X(하)다'와 'X잖/찮/짢다'의 관계에 초점을 맞춘 연구는 아니지만 부정에 대한 연구는 임홍빈(1978, 1987), 김동식(1981)이 있고 전수태(1997) 등이 있다. 임홍빈(1978, 1987), 송석중(1977)에서는 부정법에 대한 논의와 실제 국어에서의 문제점들을 다루었고, 김동식(1981), 전수태(1997)는 부정형태소의 고찰과 '-지 아니하다'가 가지는 통사적인 특성에 관심을 둔 연구들로 본고의 연구방향과는 좀 거리가 있다. 또 엄정호(1987), 구종남(1990, 1991)에서는 주로 '-지 아니하다'의 '-지'에 대한 논의가 이루어졌는데 주로 '-지'가 명사화소인가 아닌가를 밝히는데 초점을 두었다.

부정법과 부정문에 대한 논의는 그동안 여러 차례 다루어진 바 있으나, 'X다'와 'X잖다/찮다/짢다'의 의미전환 문제에 초점을 맞춘 연구는 없다.

1.3. 'X잖/찮/짢다' 형태의 어휘와 연구대상

본 연구는 1차적으로 국립국어원에서 펴낸 <현대국어 사용빈도 조사 – 한국어 학습용어 어휘 선정을 위한 기초 조사> (2002)에 수록된 형용사 가운데 심리동사 424개를 대상으로 하였다. 이 424개의 심리동사를 이익환·이민행(2005)에서 밝힌 457개의 심리동사와,[2] 김은영(2004)의 464개와 비교하여 'X잖다/찮다/짢다'의 형태를 지닌 심리동사를 선정하였다. 이들 세 자료 가운데 공통으로 제시되어 있는 어휘와 사전(한글학회(1991)『우리말 큰사전』, 국립국어원(1999)『표준 국어 대사전』)을 조사하여 첨가하기도 하였다. 결과 '같잖다, 귀찮다, 심심찮다, 시원찮다, 편찮다, 엇짢다, 하찮다'를 일단 연구의 대상으로 삼았다.[3]

---

2) 본고는 '한국어 심리동사 연구'의 일부분이기 때문에 기본자료를 본문에서 언급한 것처럼 국립국어원(2002) <현대국어 사용빈도조사>에서 추출한 심리동사를 일차적으로 조사하였다. 이익환, 이민행(2005)에 제시된 '한국어 심리술어 목록'은 김흥수(1988)과 김세중(1994)를 출처로 하고 있다.

3) 본고에서 일차적인 자료 차원에서 연구의 대상으로 삼은 어휘 가운데 '하찮다' 사전에 따라 '표준어'가 아닌 것으로 처리되어 김은영(2004)에서는 심리동사 목록에서 제외되었다. 그러나 일상적으로 많이 쓰이는 단어이고 그리고 한글학회(의 '우리말 대사전'과 국립국어

2. 'X다'와 'X잖/찮/잖다'의 형태·의미의 상관성

2.1. 'X(하)다'와 'X(하)지 아니하다', 'X잖/찮/잖다'의 형태적 상관성

본고에서는 'X/잖다/찮다/짢다'와 'X다'의 어휘들은 형태상 파생관계에 있다는 가정에서 출발한다. 'X다'에 부정을 나타내는 '-지 아니하다'가 붙어서 'X다'에 부정의 의미가 첨가된다. 그래서 'X다'와 'X(하)지 아니하다'는 대립관계를 이루게 된다.[4]

대립관계를 형태적, 의미상으로 나누어 볼 때 형태적 대립관계는 '두 단어들의 문법범주가 같아야 하고 부정을 나타내는 형태소가 명시적으로 나

원의 '표준 국어 대사전'에는 등재되어 있어서 이 논문에서는 연구의 범위에 포함시켰다. 그리고 이외의 다른 어휘들은 다음 과제에서 다루기로 한다.

4) 규정짓는 조건들은 이미 여러 선행연구에서 제시된 바 있다. 그 가운데 일부를 선수태 (1997 : 54-56)에서 요약 인용하면 다음과 같다.

㉠ 허웅(1968) : 두 말의 시니피에가 맞서게 되는 것.

㉡ 이용주(1971) : ・한 경향의 테두리 안에서 상호 모순되는 것
  ・상태(常態) 혹은 무색(無色), 중용에 대하여 적극 소극의 일극 또는 양
   극을 점하는 것
  ・부정사를 동반하는 것

㉢ 남기심(1974) : 두 개의 단어가 모든 의미자질을 공통적으로 갖고 다만 한 자질만이 상
  반될 때, 좀 더 정확히 말하면 자질 ABC를 공유하고 문제의 두 단어 중 한 단어가 자
  질 D를 가진 데 대하여, 다른 쪽이 자질 D'을 가졌을 경우, 즉 [ABCD]X 대 [ABCD']Y
  일 때 이 두 단어는 서로 반의어라 할 수 있다.

㉣ 심재기(1982) 반의어는 이질성과 동질성을 동시에 가지고 있어야 한다. 동질성 조건은
  첫째, 동일 언어 사회 안에서 심리학적으로 동시 연상이 가능한'한 쌍의 단어, 즉 공존
  쌍(SYMBOLIC PAIRS OF WORDS)여야 하고 둘째, 연상된 공존 쌍은 논리적으로 동일
  한 유개념(상위개념)에 묶일 수 있어야 한다는 것이다. 이에 반하여 이질성의 조건은 첫
  째, 동위의 공존 쌍어들 상호간에 교집합의 의미영역이 발생하지 않아 의미적 배타성을
  유지하여야 하고 둘째, 그 의미적 배타성을 가장 명료하게 지정하는 것, 즉 대칭적 상
  반성(symmetrical contrariness)을 가져야 한다. 이 대칭적 상반성에는 부정이나 결여의 요
  소도 포함될 수 있다.

㉤ 성광수(1986)에 의하면 상반적 대립관계, 즉 반의어가 되기 위해서는 두 단어가 동질성
  과 이질성의 조건을 함께 갖추고 있어야 한다. 첫째, 동질성의 조건으로는 두 단어가
  동일 어휘 범주에 속하여야 하고 그 의미가 동일 영역(또는 차원)에 포함되어야 한다.
  둘째, 이질성의 조건으로는 두 단어가 대조적인 배타성을 가져야 한다.

타나 있을 때 확실하다. 의미상으로는 같은 의미범주에서 상호 모순되거나 그 의미적 배타성이 확실한 경우가 대립관계를 이룬다.

본고의 연구대상인 '같잖다, 귀찮다, 심심찮다, 시원찮다, 편찮다, 언짢다, 하찮다'는 'X(하)다'에서 'X(하)지 아니하다'가 되고 다시 'X잖/짢/찮다'가 된 어휘들로 '귀하다, 같다, 심심하다, 시원하다, 편하다, *언다, 하다'를 기본형태로 볼 수 있다.(*는 현대어에서는 볼 수 없는 단어이기 때문에 붙인 표시임). 형태적으로 보면 'X(하)다'와 'X(하)지 아니하다'는 부정을 나타내는 문법형태가 명시적으로 드러나 있기 때문에 이 둘의 관계는 대립관계에 있다고 볼 수 있다.

'언짢다'는 '언지 아니하다'가 줄어서 된 말로 '언다'가 어간으로 추정할 수 있다. '언다'는 현재 쓰이지 않지만 본고의 연구대상인 다른 어휘들이 어간에 부정의 문법요소가 붙고 그것이 다시 준말로 되어 'X잖/찮/짢다'가 된 것과 동일한 과정을 겪는 것으로 보인다. 다른 어휘들로 미루어 보건데 어느 이른 시기에 '언다'의 어휘가 있었고 그래서 그것의 부정의 형태인 '언지 아니하다'가 '언짢다'로 굳어진 다음 '언다'의 형태가 사라진 것이 아닌가 한다.5) 본고는 '언짢다'가 심리동사로 쓰이고 'X짢다'의 형태를 가지고 있기 때문에 연구의 대상에 포함시켜야 하나 현재 그 어간의 형태, 즉 'X(하)다'의 형태를 확인할 수 없기에 연구 대상에서 제외하고자 한다. 따라서 본고에서는 '같잖다, 시원찮다, 귀찮다, 심심찮다, 편찮다, 하찮다'만을 다루고자 한다.

(1) 'X(하)다'와 'X(하)지 아니하다'의 대립관계
    같다 : 같지 아니하다, 귀하다 : 귀하지 아니하다, 심심하다 : 심심하지
    아니하다, 시원하다 : 시원하지 아니하다, 편하다 : 편하지 아니하다,
    하다 : 하하지 아니하다

---

5) 김완진(1980 : 85)에서는 '언짢다'를 '√언-(安)+지[어미]+√않-[不爲]+다[어미]로 보았다. 반면 유창돈(1973 : 22)에서는 √-읻(好)+디[어미]+√않-(不僞)+-다[어미]로 보았다. (김민수 편, 우리말 어원사전에서 재인용)

(1)에서 보듯이 'X(하)다'에 부정의 '-(하)지 아니하다'가 붙어서 '같지 아니하다, 귀하지 아니하다, 심심하지 아니하다, 시원하지 아니하다, 편하지 아니하다, 하하지 아니하다'가 되는데 다시 '-(하)지 아니하다'는 '-잖다/찮다/짢다'로 된다.[6]

이상에서 살펴 본 것처럼 'X(하)다'와 'X(하)지 아니하다' 'X잖/찮다'의 형태적 상관성은 다음과 같다.

(2) 기본형태 :   X(하)다
    부정형태소 접미파생 : X(하)지 아니하다
    준말 형태 :   X잖/찮다

2.2. 'X(하)다'와 'X잖/찮다'의 의미상관성

2.2.1. 'X(하)다'의 기본의미와 부정의미

대립적 의미관계에 있는 어휘쌍들은 형식적으로 반대칭적이다. 왜냐하면 한 항은 부정접사로 표시되어 있는 반면 나머지 한 쌍에는 대응하는 형식적 표지가 없기 때문이다.[7] 이는 'X잖다/찮다'의 'X'에 해당하는 어휘들은 긍

---

6) '-지'의 정체에 대해 관심을 갖고 연구한 결과 가운데 하나는 '-지'를 명사화소로 보는 설이다. 그런데 박순함(1967 : 63)에서는 '-지'가 명사화소가 되기 위해서는 '-하'가 필요함을 언급하였다. 본고에서는 '잖다/찮다'를 같은 형태소의 이형태라고 보기 때문에 '-(하)지'를 기본형태로 설정하였다. 이외에 '(하)지 아니하다'의 '-지'의 통사적 기능에 대해서 구종남(1995 : 1-25)은 '-지'의 기능은 명사를 만들어주는 명사화소설을 부정하고 '아니하다'를 연결해주는 기능만 갖는다고 보았다. 본고에서는 의미관계에 관심을 두기 때문에 이 문제에 대해서는 논의하지 않는다.

7) D.A.Cruse(1986)(임지룡, 윤희수 역, 1989 : 305) 여기서 말하는 '반대칭적'이란 말은 대립어 체계의 불균형을 말하는 것이 아니고 부정을 나타내는 접사가 붙듯이 긍정을 나타내는 접사가 붙는다면 이는 '대칭적'이지만 '긍정'을 나타내는 접사는 일반적으로 붙지 않기 때문에 '반대칭적'이라 한 것이다. 대립어의 체계 속에서 긍정과 부정에 해당하는 어휘의 있고 없음에 따른 대칭성의 문제가 아님을 밝혀 둔다.

정을 나타내는 의미를 가지고 있고 이것이 부정의미의 접미사가 붙을 수 있는 조건이 된다고 본다.

(3) 부정 : 갖잖다   귀찮다   시원찮다   편찮다   심심찮다   하찮다
    긍정 : 같다   귀하다   시원하다   편하다   심심하다   하다

그런데 'X(하)다'와 'X잖다/찮다'는 단순히 '부정'의 의미가 있고 없고가 다른 것은 아니다. 물론 형태적으로는 'X(하)다'에 부정의 '-지 아니하다'가 접미 되어 부정의 의미가 첨가되었지만 'X잖다/찮다'에는 부정 이상의 의미가 들어 있다. 이들 의미의 차이를 한글학회(1991)의 「우리말 큰사전」에서 확인해 보도록 한다.

(4) '갖잖다'의 사전의미
    ㄱ. 격에 맞지 아니하여 못마땅하다.
    ㄴ. 가려서 말하거나 생각할 거리가 못된다.

(4)' '같다'의 사전의미
    ㄱ. 서로 한 모양이나 한 성질로 되어 있다.
    ㄴ. 다른 것이 아닌 바로 그것이다.
    ㄷ. '같은'의 꼴로 토씨 없는 임자씨 다음에 쓰이어 '그 종류에 들 만한'의 뜻
    ㄹ. '같은'의 꼴로 같은 이름씨 사이에 쓰이어, 그 중에서도 '가장 표준으로 될 만한'의 뜻
    ㅁ. 토씨 없는 임자씨 바로 다음에 쓰이어 '추측'의 뜻으로 쓰임,
    ㅂ. 토씨 없는 임자씨 다음에 '같으면', '같아도', '같아서는' 따위로 쓰이어 '-이라면', '-이라도' 따위의 뜻을 나타낸다.

(5) '귀찮다'의 사전의미
    마음에 들지 않고 성가시다.

(5') '귀하다'의 사전의미

　　ㄱ. 신분이나 지위가 높다.

　　ㄴ. 사랑스러워 귀염을 받을 만하다.

　　ㄷ. 구하기 힘들 만큼 드물다.

(6) '시원찮다'의 사전의미

　마음에 시원하지 아니하다.

(6') '시원하다'의 사전의미

　　ㄱ. 알맞게 선선하다.

　　ㄴ. 음식의 국물이 차고 산뜻하다.

　　ㄷ. 답답한 마음이 풀리어 흐뭇하고 가뿐하다.

　　ㄹ. 아프거나 답답한 마음이 없어져 마음이 후련하다.

　　ㅁ. 말이나 하는 짓이 쾌한 느낌을 주게 명랑하다.

　　ㅂ. 서글서글하고 시원하다.

　　ㅅ. 지저분하지 않고 깨끗하다.

(7) '편찮다'의 사전의미

　　ㄱ. '편하지 아니하다'의 준말

　　ㄴ. 병으로 몸이 괴롭다.

(7') '편하다'의 사전의미

　　ㄱ. 거북하거나 괴롭지 않다.

　　ㄴ. 근심이나 걱정이 없다.

　　ㄷ. 쉽고 만만하다.

(8) '심심찮나'의 사전의미

　　ㄱ. 드물지 않고 꽤 잦다.

　　ㄴ. 심심하지 않을 정도로 괜찮다.

(8') '심심하다'의 사전의미

　　ㄱ. 맛이 좀 싱겁다

ㄴ. 하는 일이 없어 재미없고 지루하다.

(9) '하찮다'의 사전의미
그다지 훌륭하지 아니하다

(9') '하다'의 사전의미
'많다' '크다', '높다'의 옛말

위의 사전적인 의미들을 보면 'X(하)다'의 의미에서 '부정'의 의미만 첨가된 것이 'X찮다/잖다'의 의미가 아님을 알 수 있다. 우선 이들 부정형의 어휘들이 쓰인 용례를 보기로 하자.

(10) ㄱ. 같잖은 것이 까불기는!
ㄴ. 걔가 하는 말이 하도 같잖아서 대꾸도 안 해 줬다.

(11) ㄱ. 대답하기도 귀찮으니 네가 알아서 해.
ㄴ. 나가서 뭐 사먹기도 귀찮아서 배달시킬 생각인데 넌 뭐 먹을래?

(12) ㄱ. 저녁을 시원찮게(션찮게) 먹었더니 배가 출출하구나.
ㄴ. 사람이 시원찮더니(션찮더니) 하는 일도 다 시원찮아 보이는구나.

(13) ㄱ. 할머니께서 편찮으셔서 걱정이다.
ㄴ. 어디가 편찮으셔서 오셨어요?

(14) ㄱ. 심심찮게 물건이 팔린다.
ㄴ. 손자 재롱에 하루가 심심찮다.

(15) ㄱ. 그런 하찮은 일에 신경을 쓰면 어떡하니?
ㄴ. 네 눈에는 내가 그렇게 하찮아 보여?

예문 (10)의 경우를 보면 '같잖다'는 '같다'의 여러 의미들 가운데 (5'ㄱ,

ㄷ)의 의미와 관련지을 수 있다. 그 외의 의미는 '같잖다'의 의미와는 거리
가 있다. 이는 '같다'가 가지는 여러 의미 가운데 일부만이 '같잖다'의 의미
로 전이했음을 말해줌과 동시에 '같다'와 '같잖다'가 대립어의 조건인 '동질
성'과 '이질성'의 조건을 만족시키고 있음을 말해 준다. 또 '귀찮다'의 경우
엔 '귀하다'의 두 번째 의미인 '사랑스러워 귀염을 받을 만하다.'의 의미만
부정되었음을 보이고 '시원찮다'의 경우는 '답답한 마음이 풀리어 흐뭇하고
가뿐하다. 아프거나 답답한 마음이 없어져 마음이 후련하다.'의 의미만 부정
의 의미와 결합한 것으로 생각된다. '편찮다'의 경우는 '거북하거나 괴롭지
않다. 근심이나 걱정이 없다'가 부정된 것으로 생각된다. '심심찮다'의 경우
는 위의 다른 심리동사와는 다른 양상을 보인다. 우선 (14ㄱ)은 어떤 일이
일어나는 빈도수를 나타내지만 (14ㄴ)은 '심심하지 않다'의 준말로 '심심하
다'가 가지는 의미가 부정된 의미를 지닌다. 다른 동사들은 본래 'X(하)다'
의 의미 가운데 일부만이 'X잖다/찮다'의 의미로 되거나 또 다른 의미로 쓰
이는데 반해 '심심찮다'는 다른 양상으로 쓰이는 것이다. 또 (15ㄱ, ㄴ)도
'많다'의 의미가 부정된 뜻으로 쓰인 것이 아니라 '가치없는, 쓸데없는'이란
의미로 쓰였다.

따라서 'X(하)다'에 '-지 아니하다'라는 접사가 붙고 다시 단어의 형태가
줄어서 'X잖다/찮다'로 될 때 원래 'X(하)다'의 동사가 가지고 있던 의미 가
운데 일부만 살아남거나 아니면 다른 의미로 전환되어 심리동사로 된다.

2.2.2. 의미전환과 심리동사로의 변화

'X(하)다'에 '-(하)지 아니하다'의 부정 의미를 갖는 문법형태가 붙어서
'X잖다/찮다'가 되었다면 부정의 의미만 생겨나야 하는데 실제 쓰이는 의미
는 부정의 의미뿐만 아니라 다른 의미가 더해지거나 제3의 의미로 전환된
다. 이 절에서는 본래 심리동사가 아닌 'X(하)다'가 어떻게 심리동사가 되는
가를 살펴보기로 한다. 물론 원래부터 심리동사였던 동사는 그 성질을 그대

로 유지하지만 이런 경우라도 본래의 의미에 부정의 의미가 더해진 의미를
가지는 것은 아니다.

2.2.2.1. '같잖다'의 경우

'같잖다'는 '같(다)+지 아니하다(부정)'가 '격에 맞지 아니하여 못마땅하
거나 가려서 말하거나 생각할 거리가 못된다.'의 의미로 변이되었다. '같지
아니하다'는 'A와 B가 같지 아니하다'라는 화자의 인식이 전제될 때 가능하
다. 이 때 A와 B는 눈으로 확인 가능한 물질이나 외형의 비교가 아니다.

> (15) ㄱ. 철수와 영희의 키가 (같지 않아. *같잖아)
>   ㄴ. 호떡과 호빵은 (같지 않아, *같잖아)
>   ㄷ. (같잖은, *같지 않은) 생각으로 네 인생을 망치려하는구나.
>   ㄹ. 네가 뭔데 내 일에 끼어드는 거니? (같잖아서, *같지 않아서) 원!

위 예문들에서 확인하듯이 '같지 않다'가 줄어서 '같잖다'가 되지만 그
쓰임은 전혀 다르다. 외형적이거나 물질적인 것의 다름은 '같잖다'와 어울
릴 수 없고 화자의 판단에 근거한 심리적 표현의 경우엔 '같지 않다'가 쓰
일 수 없다. 이러한 현상은 '같잖다'와 '같지 않다'가 부정의 의미가 있고
없음만이 그 차이가 아니라는 것을 보여준다.

'같잖다'의 심리적 판단의 기준은 물론 화자의 내면적이고 주관적인 판단
이다. 이 때 '같다' 혹은 '같지 않다'의 기준은 화자가 스스로 판단하는 심
리적, 정서적 가치가 된다. 사람이 가지고 있는 자기주관적 판단은 화자 본
인의 가치가 상대적으로 우월하다고 생각하고 이 생각이 인식의 바탕이 되
어 타인의 가치는 열등한 것으로 판단하게 된다. 그래서 판단의 대상이 되
는 것에 대해서는 낮추어 생각하고, 바로 이 생각이 '나와 같지 아니한 것은
나와 격이 맞지 않거나 가려서 말 할 대상이 되지 않는다'라는 의미를 획득
하게 된다. 이러한 생각이 '물질적인 비교'와 구별을 하기 위해서 심리적 판

단의 표현으로 쓰일 때는 '같잖다'의 형태를 쓰게 되는 것으로 본다. 이상의 논의를 요약하면 다음과 같다.

<정리1> '같잖다'
'같다' : 비교 대상 사이의 동일성 여부 : 비심리동사 ↵
'같지 아니하다' : 비교 대상의 동일성 부정 : 비심리동사 ↵
'같잖다' : 화자의 심리적 우월성 표현 : 심리동사

2.2.2.2. '귀찮다'의 경우

'귀찮다'는 '귀하(다)+ -지 아니하다'로 분석된다. '귀하다'의 기본의미는 (6'ㄷ)이다. 이 의미가 '사람'에 관계된 명사와 결합을 하면 (6'ㄱ)으로 해석된다. '귀하다'의 세 가지 의미 가운데 부정의미는 (6'ㄴ)과 결합하여 (6)의 의미, '마음에 들지 않고 성가시다'를 얻게 된다.

'귀한 것'은 흔하지 않은 것인데 이것이 부정이 되면 '너무 흔해서 성가시게' 되고 더 이상 반가움의 대상이 되지 않아 '귀찮은' 존재로 되어 버린다. 이것이 바로 '귀찮다'의 의미로 된 것이다. 이런 경우에도 '귀하지 않다'고는 하지 않는다. '귀하지 않다'는 문자 그대로 '주위에서 흔히 볼 수 있는'의 의미가 강해서 심리적으로 느끼는 '성가심'의 의미는 나타나지 않는다.

(16) ㄱ. (귀하지 않은, 귀찮은) 사람, 시간, 말씀, 물건
ㄴ. 날씨가 더우니 만사가 (*귀하지 않다. 귀찮다)
ㄷ. 우리 강아지는 사람을 매우 (*귀하지 않게, 귀찮게) 한다.
ㄹ. 우산을 들고 다니니 매우 (*귀하지 않구나. 귀찮구나)

위 예문 (16ㄱ)에서 '귀하지 않은' 뒤에 명사가 후행하는 경우는 '가치 있는'이라는 의미가 두드러지지만 '귀찮은'과 결합하면 '성가신' 의미가 두드러진다. (16ㄴ, ㄷ, ㄹ)은 '귀하지 않다'와 '귀찮다'와의 차이를 확연히 보여준다. 이상의 논의를 정리하면 다음과 같다.

<정리2> '귀찮다'

귀하다 : 희소성으로 인한 존재가치 : 비심리동사 ↵

귀하지 않다 : 희소성의 소실로 존재가치 하락 : 비심리동사 ↵

귀찮다 : 화자의 성가심의 표현 : 심리동사

2.2.2.3. '시원찮다'의 경우

'시원찮다'는 '시원하(다)+지 아니하다'로 이루어져 있는데 '시원하다'의 여러 의미 가운데 '시원찮다'의 의미와 가까운 것은 (7'ㄷ, ㄹ)이다. '시원하다'는 본래부터 부정형태의 접사가 붙지 않아도 심리표현의 용법으로 쓰인다.

(17) ㄱ. 바람이 부니 (²몸이) 시원하다.

ㄴ. 찬 물수건으로 손을 닦으니 (²손이) 시원하니 좋다

ㄷ. 속 시원히 말 좀 해보렴.

이렇게 '시원하다'가 심리표현의 기능을 가질 때 '속'과 더불어 쓰이는 것이 대부분이다. 이 외에 '머리가, 정신이, 마음이' 등과 쓰여서 마음 상태를 나타내기도 한다. 이것은 '시원하다'가 주로 물리적인 '시원함'을 나타내는 것이 '시원하다'의 기본의미이기 때문으로 풀이된다. (17ㄱ, ㄴ)처럼 '몸과 손'이 문장 표면에 나타나면 오히려 어색해지는 이유는 '시원하다' 자체가 물리적인이며 온도와 관계된 의미가 기본적인 의미이기 때문으로 풀이된다. '시원하다'가 부정의 용법과 더불어 쓰이지 않으면 다음 예문 (18)과 같이 물리적인 시원함을 나타낸다.

(18) ㄱ. 바람이 시원하게 부는구나.

ㄴ. 이 물은 시원하다 못해 너무 차서 이가 시리다.

ㄷ. 이 방은 이 집에서 가장 시원한 곳으로 한 여름에도 에어컨이 필요 없다.

ㄹ. 매운 것을 먹고 아이스크림을 먹으니 입이 참 시원하다.

심리표현의 용법으로 '시원하지 않다'는 의미는 (7'ㄱ, ㄴ, ㅁ, ㅂ, ㅅ)의 부정의 의미와 일치한다.

(19) ㄱ. 국물 맛이 (시원하지 않다. 시원찮다)
ㄴ. 공부가 (*시원하지 않아서, 시원찮아서) 걱정이다.
ㄷ. 햇빛이 (*시원하지 않아서, 시원찮아서) 빨래가 잘 안 마른다.
ㄹ. 그 사람은 직업이 (*시원하지 않다, 시원찮다)

(19ㄱ)은 '시원하지 않다'와 '시원찮다' 둘 다 가능한데 그 쓰임의 의미는 다르다. '국물 맛이 시원하지 않은 경우'는 물리적인 온도로서의 '차가움'의 정도를 말하지만 '시원찮다'는 화자의 미각기준에 못 미친 것을 의미한다. '국물 맛'처럼 물리적인 온도를 가지지 않는 '공부, 햇빛, 직업' 등과는 '시원하지 않다'가 어울리지 않고 '시원찮다'와만 어울릴 수 있는 것은 '시원하다'와 부정의미가 결합이 되어도 '시원찮다'의 경우만 심리동사로 기능한다.

본래 '시원하다'는 피부에 느껴지는 쾌적한 서늘함을 표기하는 데 사용되었을 것으로 추정한다. 그런데 이 단어가 '적용의 넓힘'으로 심리적이고 정신적인 쾌적함까지 표현하게 된 것으로 보인다.

<정리3> '시원찮다'
시원하다 : ㄱ. 물리적인 온도 : 비심리동사 ↵
ㄴ. 심리적인 쾌적감 표현 : 심리동사 ↵
시원하지 않다 : ㄱ. 물리적인 서늘함의 부정의 의미 : 비심리동사 ↵
ㄴ. 심리적인 쾌적감의 부정 표현 : 심리동사 ↵
시원찮다 : 화자의 기준치에 미달함의 표현 : 심리동사

2.2.2.4. '편찮다'의 경우

'편찮다'는 '편하(다)+지 아니하다'의 구조를 가지는데 심리동사 '편찮다'의 의미는 '편하다'의 첫 번째 의미 '거북하거나 괴롭지 않다'의 의미가 부정접사와 결합하여 얻어진 의미이다. 물론 '편하다' 그 자체로도 심리상태

를 나타내기도 한다.

> (20) ㄱ. 어려워하지 말고 편하게 마음먹고 이야기 하렴.
>   ㄴ. 그 사람은 상대하기 참 편한 사람이야.
>   ㄷ. 난 입었을 때 편한 옷이 좋더라.

(20)의 예문들은 '편하다'의 의미가 '어렵지 않고 만만하고 불편하지 않은' 의미로 쓰인다. 이것이 부정이 되어 '편하지 않다'가 되는데 이때의 의미도 '편하다'가 부정된 것 외에 다른 의미는 드러나지 않는다. 그러나 '편찮다'로 줄어지면 그 의미는 한정적으로 쓰인다.

> (21) ㄱ. 그 사람은 상대하기에 (편하지 않다. *편찮다)
>   ㄴ. 분위기가 (편하지 않으면, *편찮으면) 난 이야기하기가 어렵다.
>   ㄷ. 할머니께서 (*편하지 않으셔서, 편찮으셔서) 병원에 입원하셨다.
>   ㄹ. 선생님이(*편하지 않으셔서, 편찮으셔서) 오늘 수업에 못 나오셨다.

'편하지 않다'는 '거북하지 않다, 만만하지 않다'로 쓰이지만 '편찮다'는 '아프다'의 높임말로 쓰여서 그 의미 영역이 '편하다'의 의미나 '편하지 않다'의 의미 가운데 화자보다 사회적으로 혹은 연령상, 서열상 높은 사람에 한할 때 사용되어 의미영역이 좁아진 것이 특징이다.

> <정리4> '편찮다'
> 편하다 : 불편하지 않고 만만함 : 심리동사 ↵
> 편하지 않다 : 불편하고 만만치 않음 : 심리동사 ↵
> 편찮다 : 화자 보다 사회적, 가정적, 연령상 높은 대상에게 쓰임 : 심리동사

2.4.5. '심심찮다'의 경우

'심심찮다'는 '심심하지 않다'가 줄어서 된 말인데 두 가지 의미로 쓰인

다. 하나는 '심심하지 않다'가 가지는 의미를 그대로 가지고 있으면서 단지 준말로 쓰이는 경우이고 다른 하나는 빈도에 관한 화자의 주관적이고 심리적인 표현에 사용되는 경우이다.

(22) ㄱ. 맛이 심심해서 먹기 좋다
　　 ㄴ. 심심하지 않게 간을 해야 오래 보관할 수 있다.
　　 ㄷ. 심심할 때는 영화 보는 것이 좋다.
　　 ㄹ. 책을 보고 있으면 친구가 없어도 심심하지 않다.

(23) ㄱ. 물건이 심심찮게 팔린다.
　　 ㄴ. 친구들이 자주 놀러 와서 심심찮다.

(22ㄱ, ㄴ)은 미각표현에 관한 문장이고 (22ㄷ, ㄹ)은 심리표현의 문장이다. 이렇게 '심심하다'는 비심리동사이기도 하고 심리동사이기도 하다. (23ㄱ)은 '심심하지 않다'의 준말인데 이때는 '무료하여 새미없다'의 부정의 의미가 아니라 '자주'의 의미로 쓰이는데 '무료할 정도로' 혹은 '재미없을 정도'가 아닌, 그런 정도를 나타내는 의미에서 '자주'라는 의미가 얻어진 것으로 보인다. 이상의 논의를 정리하면 다음과 같다.

<정리5> '심심찮다'
심심하다 : ㄱ. 입맛에 알맞다. : 비심리동사 ↵
　　　　　 ㄴ. 무료하여 재미가 없다. : 심리동사 ↵
심심하지 않다 : ㄱ. '입맛에 알맞다'의 부정의 의미 : 비심리동사 ↵
　　　　　　　 ㄴ. '무료하여 재미가 없다'의 부정의 의미 : 심리동사 ↵
심심찮다 : ㄱ. 빈노를 나타내는 주관적 표현 : 심리동사
　　　　　 ㄴ. '무료하여 재미가 없다'의 줄임말 : 심리동사

2.4.6. '하찮다'의 경우

'하찮다'는 '많다'라는 의미의 고어, '하다'에서 파생된 '하하지아니하다'가 줄어서 된 말이다. '하다'가 고어이긴 하나 지금도 거의 굳어진 단어의 형태로 쓰인다.

(24) ㄱ. 하고 많은 사람 중에 왜 하필 나일까?
ㄴ. 한다하는 사람들은 죄다 모인 것 같구나.

(24ㄱ)의 '하고 많은'은 '많고 많은'이라는 뜻으로 쓰여 '하다'의 의미인 '많다'의 의미를 유지하고 있다. 그러나 (24ㄴ)은 '많다'의 의미보다는 '높다', '유명하다'의 의미로 쓰인 경우이고 이들 동사들은 심리동사는 아니다. 그러나 다음 (25)의 예문들은 '가치없다, 쓸모없다'는 의미로 쓰이면서 화자의 주관적 판단을 나타내는 심리동사로 쓰이고 있다.

(25) ㄱ. 내가 그런 하찮은 사람 취급 받다니.
ㄴ. 하찮다고 물건을 함부로 버리면 안 된다.

(25ㄱ)은 '하다'가 가지고 있는 '많다, 높다, 크다'의 뜻 가운데 '많다'의 의미는 제외되고, '높다, 크다'의 의미만 부정의 '-하지 아니하다'와 결합한 예이다. 그러나 '하하지 아니하다'는 현재 사용되는 단어는 아니다. 그러나 '하찮다'는 '하다'에 '-하지 아니하다'가 접미되고 다시 이것이 '하찮다'로 줄어서 된 말이라는 것을 추론 할 수 있기에 '하다'에 부정의 문법 형태가 붙어서 된 어휘를 현재 볼 수 없다 해도 크게 문제되지는 않으리라 본다. '하찮다'에는 '높지 아니하다, 귀하지 아니하다, 가치 없다'란 의미가 되었다. 만일 (25ㄱ)에 '많다'의 의미가 남아 있었다면 이 단어는 '귀하다, 높다, 가치 있다'의 의미를 획득했을 것이다. 왜냐하면 '많지 않음'은 '흔하지 않음'의 의미로 연결되고 다시 이것은 '가치 있다, 존귀하다'의 의미로 쓰였을

것이기 때문이다. (25ㄴ) 역시 이와 동일한 과정을 거쳐 '쓸모없는, 가치 없는'이란 의미로 쓰이고 있는 예이다. 이상의 논의를 정리하면 다음과 같다.

<정리6> '하찮다'
하다 : 많다, 크다, 높다 : 비심리동사
하찮다 : 가치없다, 쓸모없다. : 심리동사

지금까지 살펴본 바를 정리하여 표로 나타내면 다음과 같다.

'X(하)다'의 의미		'X(하)다'의 의미+부정의 의미		'X(하)다' 의미의 일부+제3의미	
비심리동사	하다			심리동사	가치없다
비심리동사	같다	비심리동사	같지 않다	심리동사	같잖다
비심리동사	귀하다	비심리동사	귀하지 않다	심리동사	귀찮다
비심리동사 심리동사	시원하다(온도) 시원하다	비심리동사 심리동사	시원하지 않다 시원하지 않다	심리동사	시원찮다
심리동사	편하다	심리동사	편하지 않다	심리동사	편찮다
비심리동사 심리동사	심심하다 심심하다	비심리동사 심리동사	심심하지 않다 심심하지 않다	심리동사	심심찮다

3. 결론

본고는 심리동사 가운데 'X잖다/찮다/짢다' 형태의 어휘들을 연구대상으로 삼아 이들 어휘와 'X(하)다'는 대립적인 관계에 있는 것으로 보고 이들 사이의 형태와 의미관계를 살펴 보았다. '같잖다, 시원찮다, 심심찮다, 귀찮다, 편찮다, 하찮다'를 연구대상으로 삼아 연구하였고 그 결과는 다음과 같다.

첫째, '같잖다'는 '같다'에 부정접사 '-지 아니하다'가 붙어서 된 '같지 않다'가 줄어서 된 심리동사이다. 본래 '같다'와 '같지 않다'는 비심리동사지만 '같잖다'는 화자의 주관적 판단에 따라 자신의 가치보다 열등하다고 판단하는 의미를 가진다.

둘째, '귀찮다'는 비심리동사인 '귀하다'의 부정형 '귀하지 않다'가 줄어서 된 심리동사이다. '귀하다'는 본래 '드물다. 가치가 있다'의 의미였으나 '귀찮다'는 '드물지 않다, 가치가 없다'의 의미가 아니라 '성가시다'의 의미를 갖게 된다.

셋째, '시원찮다'는 '시원하다'의 부정형 '시원하지 않다'가 줄어서 된 심리동사이다. 본래 '시원하다'는 온도상의 서늘함을 나타내는 비심리동사이기도 하고 또 심리적인 만족감을 나타내는 심리동사이기도 한데 '시원찮다'는 심리동사로만 쓰인다. '시원찮다'는 '시원하다'에서 나온 말이긴 하나 그 의미는 '화자의 기준이나 기대치에 못 미쳐서 생기는 불만족'이다.

넷째, '편찮다'는 '편하지 않다'가 줄어서 된 말로 '불편하다'의 의미로 쓰는 것이 아니라 화자보다 위계가 위인 사람이 아플 때에 쓰는 말로서 원래 '편하다'에서 나온 말이지만 그 의미와 사용범위는 매우 제한적이다.

다섯째, '심심찮다'는 '심심하지 않다'의 의미로 쓰이기도 하고 '자주'라는 의미로 쓰이기도 한다. '자주'라는 빈도를 나타내는 의미는 '심심하다'가 가지고 있던 의미는 아니다. 본래 '심심하다'는 '무료하여 재미없다'라는 의미의 심리동사인데 부정접사 '하지 아니하다'가 붙어서 된 '심심하지 아니하다'가 줄어서 심리동사 '심심찮다'가 되었고 '자주'라는 제3의 의미가 생기게 되었다.

마지막으로 '하찮다'는 '많다, 높다, 크다'라는 의미의 고어 '하다'에서 부정의 의미를 지닌 '-하지 아니하다' 붙어서 된 단어가 다시 줄어서 '하찮다'가 된 것으로 추정한다. 의미는 '쓸모없다, 가치없다'란 의미를 가진다.

참고문헌

국립국어연구원. 2002. 「현대국어 사용빈도조사」.

한글학회. 1991. 「우리말 큰사전」.

국립국어원. 1999. 「국어 표준 대사전」.

강기진. 1986. "국어 반의어의 기준점", 「김기동 박사 회갑 기념 논문집」.

구종남. 1990. "부정문의 통사구조와 의미", 「한국언어문학」 28, 한국언어문학회.

구종남. 1995. "장형 부정문에서 '-지'의 통사적 기능", 「국어국문학」 115, 국어국문학회, pp.1-25.

김동식. 1981. "부정 아닌 부정", 「언어」 6-2, 한국언어학회.

김미형. 1989. "형용사의 의미유형과 구문의 차이", 「이용주박사 회갑기념논집」.

김선희. 1990. "감정동사에 관한 고찰", 「한글」 208, 한글학회, pp.65-90.

김세중. 1994. "국어 심리술어의 어휘의미구조", 서울대학교 박사학위논문.

김영희. 1988. 「한국어 통사론의 모색」, 탑출판사.

김완진. 1980. "향가해독법 연구", 「한국 문화 연구 총서」 21, 서울대 출판부.

김은영. 2004. "국어 감정동사 연구", 전남대학교 박사학위논문.

김웅모. 2002. 「한국어 정서 자동사 낱말밭」, 세종출판사.

김정남. 2001. "국어 형용사의 의미구조", 「한국어의미학」 8, 한국어의미학회, pp.171-199.

김정남. 2005. 「국어 형용사의 연구」, 도서출판 역락.

김현권. 2001. "전자사전에서의 동사 어휘의미정보 기술", 「언어학」 30, 한국언어학회, pp.137-166.

김홍수. 1983. "'싶다'의 통사·의미특성", 「관악어문연구」 8, 서울대 국문과, pp.157-190.

김홍수. 1987. "'좋다' 구문의 통사와 의미", 「국어국문학」 97, 국어국문학회, pp.211-223.

김홍수. 1989. 「현대국어 심리동사 구문연구」, 탑출판사.

남지순. 1993. "한국어 형용사 구문의 통사적 분류를 위하여-심리 형용사구문", 「어학연구」 29, 서울대 언어교육원.

박만규. 2002. "다의어의 의미 분할과 의미부류", 「한글」 257, 한글학회, 201-242.

박순함. 1967. "A Transformational Analysis of Negation in Korean", University of Michigan, 박사학위논문, 백합출판사.

배도용. 2002. 「우리말 의미확장 연구」, 한국문화사.

변정민. 2002. "국어의 인지동사 연구", 고려대학교 박사학위논문.

송석중. 1977. "'부정의 양상'의 부정적 양상", 「국어학」 5, 국어학회, pp.45-100.

송창선. 1991. "부정문에 나타나는 '-지'의 통사특성", 「문학과 언어」 12, 문학과 언어연구회, pp.81-102.

신창순. 1982. "국어 부정법 연구", 「언어」 7-1, 한국언어학회.

심재기. 1982. 「국어 어휘론」, 집문당.

안근종. 1997. "심리어휘망 구축을 위한 시론 : 형태 및 의미파생", 「불어불문학연구」 35, 한국불어불문학회, pp.593-606.

양정석. 1995. 「국어 동사의 의미분석과 연결이론」, 박이정.

엄정호. 1987. "장형부정에 나타나는 '-지'에 대하여", 「국어학」, 국어학회, pp.645-660.

우형식. 1991. "인지동사 구문의 유형분석", 「국어의 이해와 인식」, 한국문화사.

우형식. 1996. 「국어타동구문연구」, 박이정.

유창돈. 1971. 「어휘사연구」, 선명문화사.

유현경. 1998. 「국어 형용사 연구」, 한국문화사.

이봉원, 이동혁, 도원영. 2003. "의사소통 영역 온톨로지에 기반한 동사 의미망 구축", 「어문론집」 52, 민족어문학회, pp.68-93.

이숙의. 2006. "한국어 동사 의미망 구축연구", 충남대학교 대학원.

이익섭 1978. "피동성 형용사구문의 통사구조", 「국어학」 6, 국어학회, pp.65-84.

이익환·이민행. 2005. 「심리동사의 의미론」, 도서출판 역락.

이재윤. 김태수. 1999. "WordNet과 시소러스", 「언어정보의 탐구」 1, pp.232-269.

이창룡. 1988. "자기 판단 동사의 통사적 기능", 「세종어문연구」 5·6, 세종대 세종어문학회.

임지룡. 1992. 「국어의미론」, 탑출판사.

임지룡. 1999. "감정의 생리적 반응에 대한 언어화 양상", 「담화와 인지」, pp.89-117.

임지룡. 2000ㄱ. "'미움'의 개념화 양상", 「어문학」 73, 한국어문학회, pp.173-202.

임지룡. 2000ㄴ. "'화'의 개념화 양상", 「언어」 25, 한국언어학회, pp.693-721.

임지룡. 2001ㄱ. "'기쁨'과 '슬픔'의 개념화 양상", 「국어학」 37, 국어학회, pp.219-249.

임지룡. 2001ㄴ. "'두려움'의 개념화 양상", 「한글」 252, 한글학회, pp.123-143.

임지룡·윤희수 역. 1989. 「어휘의미론」, 경북대학교 출판부.

임홍빈. 1978. "부정법 논의와 국어의 현실", 「국어학」 6, 국어학회, pp.185-206.

임홍빈. 1987. "국어부정문의 통사와 의미", 「국어생활」 10, 국어연구소.

전수태. 1997. "국어 반의어의 의미구조」, 박이정.

정문수. 1986. "한국어 심리동사의 동태성", 「동양문화연구」 1.

정원수. 1988. "부정형태 '잖'에 대하여", 「국어국문학」 100, pp.283-294.

정인수. 1994. "국어 형용사의 의미자질연구", 영남대학교 박사학위논문.

최형강. 2002. "주격 중출 구성에 대하여", 「관악어문연구」 27, pp.525-543.

한송화. 2000. 「현대 국어 자동사 연구」, 한국문화사.

| 이 논문은 어문연구 57집(2008, 어문연구학회)에 게재된 논문을 재수록한 것입니다.

국어 발화의 의미에 대하여

최 호 철

1. 머리말

1950년대 후반 이후 시작된 국어의 의미 연구는 해를 거듭할수록 양적으로나 질적으로 많은 발전을 이룬 것으로 평가할 수 있다. 특히 1980년대에 들어서 연구 방법의 측면에서는 낱말밭 이론, 통사 의미론, 형식 의미론, 화용론 등 다양한 이론이 소개되고 이를 국어에 적용하게 되었으며, 연구 내용의 측면에서는 단어와 문장의 단위보다 더 큰 단위에 대한 의미 연구로 그 폭이 넓어졌다.

이 가운데서도 화용론에 대한 연구는 국어 의미 연구에 활력을 불어넣게 되었으며, 그에 대한 본격적인 연구는 1990년대에 들어 담화·인지언어학회, 텍스트언어학회, 한국어 의미학회가 결성됨으로써 더욱 활발해졌다. 더불어 '화용론, 담화 분석, 텍스트 언어학, 발화, 담화, 텍스트, 이야기, 화행, 상황, 맥락, 문맥, 화맥, 장면, 화행 의미, 발화 의미' 등과 같은 새로운 용어가 등장하였다.

화용론 분야의 구체적인 내용으로는 발화 행위, 수행 가설, 적절 조건, 협력 원리, 대화 격률, 함축, 직시 등의 이론적인 내용들이 소개되었고, 국어에 적용하는 경우에는 지칭 표현, 서법, 대우법, 시제, 요청, 명령, 질문, 토론,

대화 분석, 담화 표지 등에 대한 연구가 이루어졌으며, 텍스트 언어학의 관점에서는 시, 소설, 희곡, 유머, 만화 등의 문예문과 광고, 공문서, 판결문 등의 실용문의 분석이 이루어졌다.

이러한 연구가 이루어진 과정에서 제기되는 문제는 우선 동일한 대상이 다른 말로 불리거나 다른 대상이 동일한 말로 불리는 용어 사용의 혼란인데, 이는 학자에 따라 담화를 '문장보다 큰 단위, 언어 사용, 이야기, 발화, 언어 행위, 텍스트, 문맥' 등으로 달리 규정한 다양한 정의를 보인 것(신현숙 1997 : 60-63 참조)이나 텍스트와 담화를 크기의 측면에서 서로 상반된 견해를 대비해 보인 것(이석규 편 2003 : 180-183 참조) 등에서 알 수 있으며, 다음으로는 발화의 의미를 해석하는 방식이 형식화되지 못하고 그 절차가 체계화되지 못했다는 것이다.

이렇듯 다양한 용어와 방법으로 연구되고 있는 상황을 고려하여 이 논문에서는 먼저 다르게 사용되고 있는 용어에 대한 점검을 할 것이고, 다음으로는 발화의 의미를 해석하는 데에서 고려되는 의미를 살필 것이며, 마지막으로는 그 의미가 발화의 의미에서 작용하는 방식과 발화 의미의 해석 절차를 형식화할 것이다.

2. 언표 단위와 발화 단위의 구분

문장보다 더 큰 단위와 관련된 '담화, 발화, 텍스트, 이야기'에 대하여 학교 문법 관련 저술에서는 아래와 같이 기술하고 있다.

(1) 발화, 담화, 텍스트, 이야기에 대한 기술
　　ㄱ. 문교부(1985 : 139-141, 1991 : 141-142). 문장 자체만을 대상으로
　　　해서는 그 기능과 의미가 분명히 드러나지 않는 일이 많다. 앞에
　　　오는 문장과 관련시켜야만 기능과 의미가 분명해지는 일도 있고,

문장이 나타나는 장면이나 문장을 말하는 사람의 생각에 따라 그 의미가 달라지는 일도 있다. (중략) 이상과 같이 실질적 기능이나 의미는 한 문장이 실현되는 구체적 맥락을 고려해야 비로소 파악이 된다. 이러한 맥락의 단위를 이야기라 한다.

ㄴ. 남기심 · 고영근(1985 : 404, 1993 : 407). 이야기는 담화문법(談話文法, discourse grammar)의 '화'(話)에 해당하기도 하고 텍스트 문법(Textgrammatik)의 텍스트(Text)의 개념과 유사하기도 하다. 텍스트란 문장보다 한 단계 높은 문법단위로서 최현배의 '글월'이나 이희승의 '이야기'에 해당하는 말이다. 최현배는 문장을 '월', 이야기를 '글월'이라고 부르는 데 대하여 이희승은 우리의 문장을 '글월', 우리의 이야기를 '이야기' 또는 '글'이라고 부른다.

ㄷ. 교육부(1996 : 123-124). 의사 소통의 과정을 중심으로 실제 사용된 언어에 대해서 더 정확히 이해하려면, 문장들이 모여서 이루는 더 큰 단위에 대해서도 살펴보아야 한다. 이를 위해서는 언어가 사용된 상황이라든가 장면까지도 고려해야 한다. (중략) 이야기는 발화들이 연결되어 이루어진다. 여기서, '발화'란 한 덩어리의 이야기를 구성하는 단위로서, 앞에서 공부한 '문장'과 대개 일치한다.

ㄹ. 교육 인적 자원부(2002 : 220). 이러한 생각이 실제로 문장 단위로 실현된 것이 발화(發話)이다. 발화는 말하는 이, 듣는 이, 그리고 장면에 따라 구체적인 의미가 결정된다. 그리고 이러한 발화들이 모여서 이루어진 통일체를 이야기라고 한다.

ㅁ. 이관규(1999 : 259-261). 이야기라는 문법 단위는 문장 단위를 넘어서서, 문장들이 모여 이루어지는 모든 '실제 사용된 언어 형식'을 지칭하는 넓은 뜻으로 사용된다. 따라서 '이야기' 속에는 구어적 언어 형식을 가리키는 담화(談話, discourse)와 문어적 언어 형식을 가리키는 텍스트(text)가 모두 포함된다. (중략) 이야기가 이루어지기 위해서는 기본적으로 화자와 청자가 있어야 하며, 또한 시간적이며 공간적인 장면이 필요하다. (중략) '문장 이상의 단위'라는 말은 두 가지 의미를 띠고 있다. 하나는 문장이 두 개 이상 연이어 나타나는 것이고, 또 하나는 표면적으로는 문장이 하나만 주어져 있다고 하더라도 그 문장의 정확한 의미를 파악하기 위해서는 문장 그 자체는 물론이고 화자, 청자, 장면 등까지도 고려해야만 한

다는 것을 뜻한다.

2.1. 일반적 기술에 대한 논의

문장 이상의 단위와 관련하여 앞에서 기술한 내용에 대한 구체적인 논의
를 위하여 항목별로 다시 정리하면 아래와 같다.

> (2) 문장 이상의 단위와 관련된 논의 사항
> ㄱ. 문장의 구분 : 맥락과 구조에 따라
> ㄴ. 맥락의 종류
> ㄷ. 이야기의 구성과 유형
> ㄹ. 발화의 개념과 범위
> ㅁ. 이야기와 관련한 용어
> ㅂ. 문장 단위 이상의 의미

2.1.1. 문장의 구분

(2ㄱ)의 문장 구분과 관련해서 어떤 문장의 의미를 파악할 때 맥락 배제
차원의 의미와 맥락 결부 차원의 의미가 다를 수 있다는 점과 구조상 완전
한 문장(complete sentence)이 아닌 생략된 문장 조각(elliptical sentence-
fragment)이라도 일정한 맥락에서는 충분한 의사소통 기능을 한다는 점에
유의하여, 맥락이 배제되고 구조상 완전한 문장을 '체계 문장(system-
sentence)'이라 하고, 문장 조각이라도 일정한 맥락에서 명제적 내용이 동일
시되는 텍스트의 구성 부분을 '텍스트 문장(text-sentence)'이라 구분하기도
한다(Lyons 1995 : 260-261). 다시 말해서 이들은 추상적으로 설정된 문장과
구체적으로 실현된 문장을 구분한 것인데, 추상적인 체계 문장이 문법성과
비문법성을 설명하기 위해 언어학자들에 의해 설정된 이론적인 구성체라면,

구체적인 텍스트 문장은 발화 산물의 하위 부류로서 구체적인 언어 행위로 실현된 것이라는 것이다.

'체계 문장'과 '텍스트 문장'의 구분은 문장의 문법성 판단과 문장의 의미 해석 결과에 직접적인 영향을 미치므로 언어 연구에서 반드시 고려해야 하는 중요한 전제 조건으로 작용한다. 그것은 어떤 문장이 맥락이 결부된 텍스트 문장의 차원에서는 그것이 적격하다고 판단되더라도 맥락이 배제된 체계 문장의 차원에서는 그것이 적격하지 않을 수 있고, 어떤 문장의 의미가 맥락이 결부된 텍스트 문장의 차원에서 해석되는 것과 맥락이 배제된 체계 문장의 차원에서 해석되는 것이 다를 수 있기 때문이다. 따라서 어떤 문장의 문법성을 판단하거나 어떤 문장의 의미를 해석할 때에는 그 결과가 어느 차원에서 이루어진 것인가를 엄격히 구분하지 않으면 안 된다. 맥락이 배제된 문장 조각을 구절(phrase)로 명명하여 추가하면 이들의 구분은 아래와 같다.

(3) 문장의 구분(Lyons 1995)

단위 \ 맥락	배제	결부
문장	체계 문장	텍스트 문장
구절	구절	

2.1.2. 맥락의 종류

(2ㄴ)의 맥락과 관련해서 특정의 어떤 문장은 구체적 맥락에 의하여 그 기능이나 의미가 분명히 파악될 수 있는데, 해당 문장의 의미가 앞에 있는 다른 문장과 맺는 관계에서 파악될 수도 있고, 해당 문장의 의미가 그 문장을 말하는 사람이나 장면과 맺는 관계에서 파악될 수도 있다. 따라서 맥락은 앞에 있는 다른 문장과 맺는 관계, 말하는 사람이나 장면과 맺는 관계에 따라 구분할 수 있다. 이와 관련하여 김태자(1993 : 89-103)에서는 아래와 같이 맥락을 셋으로 구분하였다.

(4) 맥락의 종류(김태자 1993)
ㄱ. 언어적 맥락
1) 언어 형태 : 회로, 형식
2) 연결성 : 문법적 · 의미적 결속성
3) 정보
4) 화제
ㄴ. 상황적 맥락
1) 상황 : 경험, 세계적 지식
2) 의도 : 목표, 태도, 기대치
3) 배경
ㄷ. 사회관계적 맥락
1) 위치 관계 : 호칭, 경어법 체계
2) 나이 관계

2.1.3. 이야기의 유형

(2ㄷ)의 이야기의 유형과 관련해서 (1ㄱㄷㄹㅁ)에 따르면 이야기를 아래와 같은 세 유형으로 설정할 수 있다.

(5) 이야기의 유형
ㄱ. 이야기1 : 두 문장 이상
ㄴ. 이야기2 : 장면이 결부된 한 문장 이상
ㄷ. 이야기3 : 두 발화 이상

(5)에서 '이야기1'은 최소한 두 문장이 연결되어야 한다는 것이고, '이야기2'는 한 문장에 장면이 결부되어야 한다는 것이며, '이야기3'은 최소한 두 발화가 연결되어야 한다는 것을 의미한다.

여기에서 문제로 남는 것은 첫째로 이야기의 구성단위의 최소치를 한 문장으로 볼 것인가 아니면 두 문장으로 볼 것인가 하는 것이고, 둘째로 이야기의 구성단위의 최소치가 두 문장인 것과 두 발화인 것을 하나로 통합할 수 있을 것인가 아니면 그들을 구별해야 할 것인가 하는 것이다.

2.1.4. 발화의 개념

(2ㄹ)의 발화의 개념과 관련해서 (1ㄷㄹ)에 따르면 발화는 문장 단위에 (4)의 상황적 맥락과 사회관계적 맥락이 결부된 것으로 규정된다. 이와 같이 주어진 맥락에서 언어 행위의 산물로서 물리적 형태를 지니고 시간과 공간에서 어떤 위치에 있는 '발화(utterance)'와 분석적인 언어학자에 의해서 인정된 추상적 대상이며 이론적 구성체인 '문장(sentence)'을 일대일로 대비하여 기술한 Allan(1986 : 55-56)에서는 언어 단위를 구체적인 에틱(◁phonetic) 범주와 추상적인 이믹(◁phonemic) 범주로 구분하여 아래와 같이 대응시키고 있다. 이는 앞에서 논의한 '체계 문장'과 '텍스트 문장'의 구분과 맥을 같이 한 것이라 하겠다.

(6) *Etic category*   *Emic category*

    utterance   sentence

    (etic) clause (emic) clause

    (etic) phrase (emic) phrase

    (etic) word   (emic) word

    lex   lexeme

    morph   morpheme

    phone   phoneme

앞의 (1ㄷㄹ)과 위의 (6)에서 발화는 언어의 단위 측면에서 문장과 같은 크기의 단위로 기술하고 있지만('발화1'로 구분함), 발화에 대한 전통적인 정의에서는 언어 단위의 크기에 대해서는 제한을 두지 않고 있으며, 이러한 정의는 현재에도 그대로 유지되고 있다.

(7) 발화의 정의

ㄱ. 어떤 화자의 일련의 이야기에서 전후가 침묵으로 구분되는 것으로서 'Sorry. Can't do it. I'm busy reading Kafka.' 전체가 하나의 발화이며 'Sorry.'만으로도, 혹은 'Can't do it.'도 각기 하나의 발화이다(Harris 1951 : §2.4, 조성식 1990 : 1300-1301 재인용).

ㄴ. 어떤 화자가 말을 시작해서 마칠 때까지의 연속을 발화라고 한다(Fries 1952 : ch.3, 조성식 1990 : 1300-1301 재인용).

ㄷ. 발화 : 언어학적 이론으로 도출되지 않는 가설에 대한, 전형적으로 침묵에 의해서 또는 화자의 교대에 의해서 앞서거나 뒤서는 언어의 연속체(utterance : a stretch of speech typically preceded or followed by silence or by a change of speaker, or about which no assumptions have been made in terms of linguistic theory. Bright 1992 : 346).

ㄹ. 발화 : 한 화자의 침묵에 의해서 앞서거나 뒤서는, 보통 어떠한 언어학적 분석 자료로 구성되지 않는 언어의 연속체(utterance : any stretch of speech by a single speaker preceded and followed by silence on the part of that speaker, i.e., a piece of linguistic behavior of any duration and for which no linguistic analysis has been constructed, usu. the datum of such analysis. Asher ed. 1994 : 5185).

이러한 정의에 따르면 발화의 크기는 단지 문장 단위에만 해당하는 것이 아니고, 단어 단위나 이야기 단위에도 다 해당하게 된다('발화2'로 구분함). 따라서 발화를 언어 단위에 따라 아래와 같은 두 유형으로 설정할 수 있다.

(8) 발화의 유형

맥락	유형	단위
상황적 맥락, 사회관계적 맥락	발화1	문장
	발화2	단어
		구절
		문장
		이야기

2.1.5. 이야기와 관련한 용어

(2ㅁ)의 이야기와 관련한 용어에 대하여 (1ㄴㅁ)에서와 같이 담화는 주로 구어적 특성을 갖는 것으로, 텍스트는 주로 문어적 특성을 갖는 것으로 규정되지만, 아래에서 보듯이 이러한 구분이 절대적인 것은 아니다. 아래의 (9)에 의하면 담화는 주로 구어적 특성을 갖지만 사회언어학적 기능에 초점을 두어 사용되는 것으로 규정되고, 텍스트는 문어적, 구어적 특성을 공유하는 것으로서 형식적인 구조에 초점을 두어 사용되는 것으로 규정된다('텍스트1'로 구분함). 특히 텍스트는 순수한 표면 구조 개념으로서, 혹은 언어의 추상적 기저 특성으로, 또는 담화에 포함되는 방식으로 규정된다.

(9) 담화와 텍스트의 개념
　　ㄱ. 담화 : 문장보다 큰 언어 연속체로서 응집 단위 형성. 텍스트는 종종 같은 의미로 사용되나, 담화가 특별히 구어에서 사회언어학적 기능에 초점을 두어 사용된다면 텍스트는 특별히 문어에서 형식적인 구조에 초점을 두어 사용된다(discourse : a continuous stretch of language larger than a sentence, often forming a coherent unit. text is often used in the same sense, but 'discourse' can be used to focus on the sociolinguistic functions of larger units, especially within speech, while 'text' focuses on the formal structure of larger units, especially within writing. Bright 1992 : 293).
　　ㄴ. 담화 : 문장보다 상위 단위로서 특히 구어의 연속체, 종종 언어적 행위를 구성하는 몇몇의 발화들이다(discourse : a stretch of language, esp. spoken language, larger than a sentence; freq. a number of utterances constituting a speech event. Asher 1994 : 5113).
　　ㄷ. 텍스트 : 분석이나 기술을 목적으로 하는 자연 발생적인 구어적, 문어적 혹은 기호화된 담화. 종종 한정적인 의사소통 기능을 가진 언어 단위로 성립되기도 한다(대화, 포스터, 도로 표지). 텍스트는 몇 가지 엄밀한 방법으로 규정되기도 하는데, 예컨대 순수한 표면 구조 개념으로서, 혹은 언어의 추상적 기저 특성으로서 규정된다

(text : a piece of naturally occurring spoken, written, or signed discourse identified for purposes of analysis or description; often established as a language unit with a definable communicative function (e.g. a conversation, a poster, a road sign). text is also defined in several restricted ways, for example as a purely surface-structural notion; or as an abstract, underlying property of language, often contrasted with discourse. Bright 1992 : 343).

ㄹ. 텍스트 : 1) 구조, 주제 등과 같은 이유로 한 단위를 형성하는 대소의 문어적, 구어적 연속체. 2) 담화가 구어에 제한되어 있다면 텍스트는 때때로 문어와 동일시되거나 담화에 포함되는 방식으로 사용된다(text : 1) a stretch of writing or utterance, large or small, which by reason of its structure, subject matter, etc. forms a unity, e.g., a story, poem, recipe, road sign, etc. 2) sometimes equated with written language, discourse being reserved for spoken language, or discourse is used in such a way that it subsumes text. Asher 1994 : 5180).

2.1.6. 문장 단위 이상의 의미

(2ㅂ)의 문장 단위 이상의 의미와 관련하여 (1ㅁ)은 앞의 (5)에서 정리한 이야기의 유형으로 대비하여 볼 때 '이야기1'과 '이야기2'를 포괄하기 위한 것으로 판단된다.

(10) 문장 단위 이상의 의미
ㄱ. 이야기1 = 문장 + 문장 > 문장
ㄴ. 이야기2 = 문장 + 장면 > 문장

2.2. 용어 정리와 관련한 논의

지금까지 (2)에서 제기한 논의 사항에 대한 고찰을 통하여 용어와 관련하여 문제로 남는 것을 정리하면 아래와 같다.

> (11) 용어와 관련하여 해결해야 할 문제
> > ㄱ. 맥락의 구분
> > ㄴ. 언어 단위의 유형
> > ㄷ. 발화의 범위
> > ㄹ. 이야기의 유형
> > ㅁ. 담화와 텍스트의 구분

2.2.1. 맥락의 구분과 언어 단위의 유형

(11ㄱ) 맥락의 구분 문제와 관련하여 김태자(1993)에서는 맥락(context)을 앞의 (4)와 같이 텍스트를 대상으로 언어적 맥락, 상황적 맥락, 사회관계적 맥락 등 셋으로 구분한 바 있다. 그런데 맥락은 텍스트뿐 아니라 단어나 문장 단위에서도 찾아 볼 수 있다. 아래 (12)에서 보듯이 Asher(1994 : 5106)에 의하면 맥락은 네 영역에서 사용되는데, 네 가지 맥락은 크게 두 부류로 묶을 수 있다. 하나는 첫째, 둘째의 의미로 사용되는 것으로서 어떤 언어 표현이 다른 언어 표현과 맺어지는 관계이므로 '언어내적 맥락'이라 할 수 있고, 다른 하나는 셋째, 넷째의 의미로 사용되는 것으로서 어떤 언어 표현이 언어 표현 밖의 것과 맺어지는 관계이므로 '언어외적 맥락'이라 할 수 있다. 그러면 김태자(1993)에서 구분한 언어적 맥락은 언어내적 맥락에 해당하고, 상황적 맥락과 사회관계적 맥락은 언어외적 맥락에 해당한다.

> (12) context
> > 1 단어에서 특정 음성의 앞뒤에 오는 음성. 2 문장에서 특정 단어의 의미를 명확히 해 주는 주변의 단어. 3 발화의 언어외적 장면 또는 의미에 기여하는 비언어적 정보. 4 범주 문법 등에서 언어적 형태를 언어외적 상황과 관련시키는 분석 단계. (**1 phonet, ling** also **context of utterance** The stretch of utterance or text in which a linguistic element

occurs, e.g., in [pin], [p] and [n] are the phonetic context of [i]. **2 sem** also **context of utterance, cotext** The discourse around a word or expression which clarifies its meaning in that environment, e.g., in *Even foxes have holes in which to lay their heads, holes* may be identified as meaning 'lair'. 3 also **situation, situational context** The extralinguistic setting of an utterance or the non-linguistic information contributing to the meaning, e.g., in the above example, the fact that the reference is biblical. **Cf. referential** and **affective meaning. 4** In SCALE AND CATEGORY GRAMMAR and SYSTEM GRAMMAR, a **level** of analysis relating linguistic fo**rm** to exrtalinguistic situation (see **context 3**). The equivalent of semantics in other approaches. Asher 1994 : 5106)

특히 (12)의 둘째 의미에서 제시한 'cotext'라는 말은 아래의 (13)에서 보듯이 언어외적 맥락과 구분하기 위해 특별히 언어내적 맥락만을 지시하는 용어로 쓰인 것이라 할 수 있다. 그러므로 이 언어내적 맥락은 단어, 문장, 이야기 등 모든 언어 단위에 걸쳐 존재한다고 하겠다.

(13) co-text
어떤 항목이 나타나는 문장상의 환경. 이 용어는 상황적 환경을 지시하는, 종종 비언어적 의미로 사용되는 용어 context의 중의성을 제거하기 위한 시도. context 참조. (The sentential environment in which an item occurs. The term is an attempt to remove the ambiguity of the term context, which is often used in a non-linguistic sense, referring to the situational environment. See also context. Bright 1992 : 289)

따라서 맥락 중에서 서로 대비되는 'cotext'와 'context'에 대하여 전자에 해당하는 국어 용어로는 '언어내적 맥락, 언내 맥락, 문맥'이라 하고, 후자에 해당하는 국어 용어로는 '언어외적 맥락, 언외 맥락, 화맥'이라는 말을 사용할 것이다. '문맥'과 '화맥'이라는 용어에 대하여 단어에서 음성이나 형태소들 사이의 관계도 언어내적 맥락에 해당하고, 문장에서 단어들 사이의 관계도 언어내적 맥락에 해당하고, 이야기에서 문장들 사이의 관계도 언어내적 맥락에 해당하므로 이를 '문맥'이라 하였고, 단어나 문장 또는 이야기는 각각 언어 표현들 사이의 관계 외에 언어외적 상황과도 관계를 맺을 수 있으므로 이를 발화상의 맥락이라는 뜻으로 '화맥'이라 하였다.

김태자(1993 : 87-88)에서는 맥락(context)과는 다른 개념으로 맥문(text)의 연속으로 구축되는, '맥문+맥문+맥문…'에 의한 총체적인 의미의 흐름인 '언맥(the text of passage)'에 대하여 서사 맥문인 문어적 연결에 의한 의미적 흐름이 형성될 때는 '문맥(the written text of passage)'이라 하고, 음성을 동반한 구두 맥문인 화어적 언맥을 이룰 때는 '화맥(the spoken text of passage)'이라 구분하였다. 그러므로 이들은 아래의 (14)에서 제시한 '문맥, 화맥'과는 전혀 다른 개념이다.

(14) 맥락의 구분
　　ㄱ. 언어내적 맥락, 언내 맥락, 문맥 : 언어 표현들 사이에 맺어지는 관계, cotext
　　ㄴ. 언어외적 맥락, 언외 맥락, 화맥 : 언어 표현과 발화 상황 사이에 맺어지는 관계, context

(11ㄴ) 언어 단위의 유형 문제와 관련하여 앞의 (3)에서 두 가지 유형을 구분하였는데, 체계 문장은 맥락이 배제된 것이고, 텍스트 문장은 맥락이 결부된 것이라 하였다. 그런데 맥락을 언어내적 맥락과 언어외적 맥락으로 구분할 때 언어내적 맥락은 단어, 문장, 이야기 등 모든 언어 단위에 걸쳐 존재하므로 (3)에서 지적한 맥락의 배제나 결부라는 말은 결국 언어외적 맥락인 화맥의 배제나 결부로 한정된다.

2.2.2. 발화의 범위

(11ㄷ) 발화의 범위 문제와 관련하여 앞의 (8)에서 언어 단위의 범위에 따

른 두 유형을 설정하였다. 그런데 장소원(1994 : 165)에서는 발화를 문장과 상황의 결합으로 보고, 거기에는 완전한 문장과 불완전한 문장이 모두 포함되는데, 이야기 단위와 완전한 문장은 (7)에 따라 빌화라 하고, 불완전한 문장에 해당하는 생략문, 소형문 등을 특별히 '소형 발화'라 하였다('발화3'으로 구분함). 한편 고영근(2002 : 6-10)에서는 간투사, 명사구를 비롯하여 서술어를 갖춘 한 문장도 텍스트가 될 수 있기 때문에 문장문법에서 문장의 자격부여를 둘러싸고 문제가 되어 오던 간투사, 압축된 명사구, 속담 등의 굳어진 표현에 대한 처리가 말끔하게 처리되는 이점(利點)이 있다고 하여 텍스트를 (7)의 '발화'와 같은 개념으로 보고 있다('텍스트2'로 구분함). 이상의 논의를 종합하여 단위의 크기에 따라 발화, 텍스트를 분류하면 아래와 같다.

(15) 발화, 텍스트의 분류

맥락	단위	용어
상황적 맥락, 사회관계적 맥락	단어	텍스트2, 발화2, 발화3
	구절	텍스트2, 발화2, 발화3
	문장	텍스트2, 발화2, 발화1
	이야기	텍스트2, 발화2, 텍스트1

앞의 (3)과 (6)에서 보았듯이 어떤 문장의 문법성을 판단하거나 어떤 단어나 문장의 의미를 해석할 때에는 화맥의 결부 여부에 따라 그 결과가 달라질 수 있으므로 그것이 어떤 상황에서 이루어진 것인가를 엄격히 구분하는 것이 중요하다. 따라서 화맥 결부 여부에 따른 언어 단위를 가리키는 용어를 분명히 해 둘 필요가 있다.

뒤의 제4장에서 논의하겠지만, '날씨가 덥구나!'라는 문장은 화맥이 배제된 차원에서는 날씨가 덥다는 느낌을 단순히 나타내는 의미로 해석되지만, 화맥이 결부된 차원에서는 상황에 따라 창문을 열어 주기를 바라는 의미로 해석할 수도 있고, 라디에이터를 끄라고 요청하는 의미로 해석할 수도 있으며, 에어컨을 켜라고 요청하는 의미로 해석할 수도 있다. 따라서 같은 문장이라 하더라도 그 문장의 적절한 의미 해석을 위해서는 그것이 화맥이 배제된 차원의 문장인지 화맥이 결부된 차원의 문장인지를 구분하는 것이 중요하다.

또한 단어 '가다'의 의미 기술에 있어서도 '가다'가 갖는 여러 다의가 있지만 그것은 문맥상에서 드러난 것인지 화맥상에서 드러난 것인지를 구분할 필요가 있다. 일반적으로 단어의 의미를 기술할 경우에 이들을 구분하지 않고 있으나 아래에서 보듯이 2, 5는 화맥적으로 드러난 의미이지만, 나머지는 문맥적으로 드러난 의미이다. 다시 말해서 2의 '군대에 가고, 일요일에 교회에 가고, 여섯 살에 학교에 가는' 것이 단순히 '군대, 일요일·교회, 여섯 살·학교'라는 단어에 의해 의미가 드러나는 것이 아니라 그 언어 공동체에서 통속적으로 인정되는 사회적 여건에 의해서 그 의미가 드러난 것이므로 이는 화맥이 결부된 차원의 단어 의미로 해석할 수 있는 것이다. 그리고 5의 '그가 간' 것이 어떤 사람이 장소를 옮겨 움직이는 것으로 해석되지 않은 것은 '가다'라는 단어가 죽음을 이야기하는 특정한 상황에서 사용되었기 때문이다. 따라서 단어 '가다'가 갖는 2, 5의 의미는 화맥이 결부된 차원에서 해석될 수 있으므로 나머지의 의미 해석과 달라질 수 있는 것이다. 이는 바로 화맥이 배제된 차원의 단어인지 화맥이 결부된 차원의 단어인지를 구분함으로써 가능한 해석이다.

1. 옮겨 움직이다(집에 가다 / 미국으로 가다 / 서울에서 부산으로 가는 기차 / 여기서 종로로 가려면 몇 번 버스를 타야 합니까).
2. 복무하거나 종사하기 위하여 다니다(군대에 가다 / 그는 일요일이면 교회에 간다 / 만 여섯 살이면 학교에 갈 수 있다).
3. 전달되다(최종 합격자에게는 낼 모레 사이에 연락이 갈 것이다).
4. 생기다(주름이 잘 가는 옷 / 땅바닥에 떨어뜨렸더니 그릇에 금이 쫙 갔다).
5. '죽다'를 완곡하게 이르는 말(그는 비록 갔지만 그가 남긴 뜻은 우리의 마음속에 영원히 살아 있다).
6. 변하다(맛이 간 우유 / 하룻밤 지나고 나니 고기 맛이 갔다).

그러므로 어떤 단어나 문장에 대하여 형태적 측면의 기술에서는 이러한 구분이 필요하지 않겠으나, 의미적 측면의 기술에서는 이러한 구분이 반드시 필요하므로 화맥 결부 여부에 따른 언어 단위의 구분이 필요하다고 하겠다. 이는 언어 이론 내적인 문제로서 실제의 의미 분석에서 양자를 다 고려하는 것과는 별개의 차원이라 하겠다. 이러한 구분은 예를 들어 국어에서 어미 '어, 아, 여'라는 형태가 하나의 기능을 나타내는 한 형태소에 속하는 이형태이지만, '어·아'와 '여'의 구분을 굳이 전자의 음운론적인 이형태와 후자의 형태론적인 이형태로 구분하는 것과 마찬가지라 할 수 있다. 언어 단위와 화맥에 따른 용어들에 대하여 지금까지 논의된 사항들을 종합하여 정리하면 아래와 같다.

(16) 화맥과 언어 단위(1)

단위 \ 맥락	화맥	
	배제	결부
단어	이믹 단어	텍스트2, 발화2, 발화3, 에틱 단어
구절	이믹 구절	텍스트2, 발화2, 발화3, 텍스트 문장, 에틱 구절
문장	체계 문장	텍스트2, 발화2, 발화1, 텍스트 문장
이야기	텍스트1, 이야기1	텍스트2, 발화2, 이야기2, 이야기3, 담화

2.2.3. 이야기의 유형과 담화 · 텍스트의 구분

(16)에서 더 논의해야 할 것은 구분 번호가 붙거나 여러 단위에 중복해 나타난 용어에 대한 고찰이다. 이는 (11ㄹ)의 이야기의 유형 문제, (11ㅁ)의 담화와 텍스트의 구분 문제와 관련된다.

먼저 '이야기1, 이야기2, 이야기3'에 대하여 살펴보면, '이야기1'은 언어 내적 맥락만 결부되고 언어외적 맥락이 배제된 것이므로 '이야기2, 이야기3'과 구별되어 화맥이 배제된 이야기 단위에 넣을 수 있다. 그런데 '이야기2'는 화맥이 결부된 하나의 문장이므로 문장 단위에 넣을 수 있겠으나 이에 대해서는 이론이 있으므로 구체적으로 논의하도록 한다.

김태자(1993 : 84)에서 맥문(text)은 맥락과 문장의 결합 혹은 문장과 문장의 결합이라고 하였고, 앞의 (1ㅁ)에 제시한 이관규(1999 : 261)에서도 '이야기2'를 '이야기1'과 함께 이야기 단위에 드는 것으로 포괄하기 위해 문장 단위 이상이라는 말은 문장이 하나만 주어져 있더라도 화자, 청자, 장면 등까지도 고려해야 한다는 것의 의미를 갖는다고 하였다.

이는 단위의 크기를 어떤 기준으로 정하는가에 따라 '이야기2'를 문장 단위에 넣을 수도 있고 이야기 단위에도 넣을 수도 있다. 먼저 구성단위의 수가 늘어나는 것을 크기의 변화로 본다면 '이야기2'는 구성단위의 수는 문장 하나이고 늘어나는 것은 화맥이므로 크기가 변한 것이라 볼 수 없다. 그런데 구성단위의 수가 아니라 그 구성단위의 의미에 관여하는 다른 것이 늘어나는 것을 크기의 변화로 본다면 '이야기2'는 크기가 변한 것이라 볼 수 있다. 전자의 경우를 따르면 아래의 (17ㄱ)에서 보듯이 단어 단위가 모여 더 큰 문장 단위가 되고, 문장 단위가 모여 더 큰 이야기 단위가 되어 단위 크기의 계층적인 확대를 설명할 수 있지만, 후자의 경우를 따르면 아래의 (17ㄴ)에서 보듯이 단어 단위에 화맥이 더해져 더 큰 이야기 단위가 되고, 문장 단위에 화맥이 더해져 역시 더 큰 이야기 단위가 되어 크기의 변화에서 단어 단위와 문장 단위의 계층적인 관계는 단절되기 때문에 단위 크기의 계층적인 확대를 설명할 수 없다. 밑줄 친 부분은 문장 단위의 크기이다.

(17) 언어 단위의 크기 변화
　　　단어 단위　　문장 단위　　　이야기 단위
　ㄱ. 단어　　< 단어+단어 < 단어+단어+단어+단어
　ㄴ. 단어　　　　　　< 단어+화맥
　　　　　단어+단어　< 단어+단어+화맥

따라서 단위의 크기 변화는 (17ㄱ)과 같이 구성단위의 수가 늘어나는 것으로 한정해야 할 것이다. 그러면 '이야기2'는 이야기 단위가 아닌 문장 단위에 두어야 할 것이다.

한편 '텍스트'와 '담화'를 비교해 볼 때 이들이 거의 비슷한 개념으로 사용되지만, (9ㄷㄹ)에서 보듯이 구어적인가 문어적인가 하는 것은 이 둘을 구별하는 절대적인 기준이 되지 못한다. 이들을 굳이 구별하고자 한다면 (9ㄱ)에서 보듯이 담화가 특별히 구어에서 '사회언어학적 기능에 초점을 두어' 사용되고, 텍스트는 특별히 문어에서 '형식적인 구조에 초점을 두어' 사용된다는 것에 주의할 필요가 있다. 사회언어학적 기능에 초점을 두어 사용된다는 것은 언어로 표현된 텍스트 자체의 구조보다는 말하는 사람이나 장면에 따라 달라지는 의사소통 기능을 중시한다는 것이고, 형식적인 구조에 초점을 두어 사용된다는 것은 언어로 표현된 텍스트 자체의 문맥적 구조 속에서의 응결성(cohesion), 응집성(coherence) 또는 텍스트의 유형이나 문체적 특징을 중시한다는 것이다(한국텍스트언어학회 2004 : 6).

이와 마찬가지로 김슬옹(1997 : 60-61)에서는 'discourse'를 '담론'이라 하여 맥락에 따른 언어 사용 양상, 맥락에 의한 언어 분석 방식, 구체적인 상황에서 이뤄지는 언어 실천 행위로서 대상이 되는 언어 단위보다는 그것이 쓰이는 언어외적 맥락을 더욱 강조하는 개념으로 보았고, 'text'를 담론의 대상이 되는 언어 단위 또는 언어 재료, 구체적인 분석 대상이 되는 한정된 언어 단위로 보았다. 그런데 박영순(2008 : 17-18,28)에서는 '담화'란 화자·청자가 한 가지 화제, 사건, 주제에 대하여 교환하는 언어 단위, 혹은 두 개 이상의 문장으로 구성되어 응집성, 결속성, 의미성을 가진 언어 단위로서 '담화=문장+문장(+문장+문장+문장+문장)'으로 나타내고, '텍스트'란 담화보다 큰 단위로서 결속성, 응집성, 의미성, 완결성, 정체성을 가지는 가장 큰 언어 단위로서 '텍스트=담화+담화(+담화+담화+담화+담화)'로 나타냄으로써 이들을 크기가 다른 것으로 보고 있다.

윤석민(2011 : 20)에 의하면 아래와 같은 그림으로써 텍스트를 두 유형으로 구분하여 보이고 있다.

(18) 텍스트언어학과 화용론의 연구태도 비교(윤석민 2011)

	연구단위 연구영역	[문장론]	[텍스트언어학]
		문장 이하	문장 이상
[문장론]	언어체계 (≒언어능력)	맥락독립적 형태소, 단어, 문장	텍스트(=문장1+문장 2…문장n)
[화용론]	언어사용 (≒언어수행)	맥락 의존적 형태소, 단어, 문장	텍스트(=문장+맥락 정보)

(18)에서 텍스트언어학의 연구 단위인 텍스트는 문장 이상으로서 문장론의 연구 영역에 드는 텍스트(=문장1+문장2…문장n)와 화용론의 연구 영역에 드는 텍스트(=문장+맥락 정보)가 구분되어 있다. 이러한 구분은 (9ㄱ)에서 말한 담화와 텍스트의 구별과 맥을 같이하는 것으로 판단된다. 즉, (18)에서 보인 전자의 텍스트(=문장1+문장2…문장n)는 (9ㄱ)의 텍스트에 대응되고, (18)에서 보인 후자의 텍스트(=문장+맥락 정보)는 (9ㄱ)의 담화에 대응될 수 있다는 것이다. 따라서 전자의 텍스트(=문장1+문장2…문장n)는 화맥이 배제된 것이며, 후자의 텍스트(=문장+맥락 정보)는 화맥이 결부된 것이라 하겠다. 이상의 논의를 반영하여 위의 (16)을 정리하여 보이면 아래와 같다.

(19) ㄱ. 화맥과 언어 단위(2)

맥락 단위	화맥				
	배제	결부			
단어	이믹 단어	에틱 단어		발화3	텍스트2, 발화2
구절	이믹 구절	에틱 구절	텍스트 문장		
문장	체계 문장	이야기2, 발화1, 텍스트 문장			
이야기	텍스트1, 이야기1	이야기3, 담화			

위의 (19ㄱ)에서 '텍스트2'와 '발화2'는 언어 단위 전반에 걸쳐 사용되므

로 통칭의 용어로는 사용이 가능하지만, 각각의 언어 단위에 대해서는 그대로 사용하기가 어렵다. 여기에서 '텍스트'는 (9ㄷ)에서 보듯이 분석이나 기술을 목적으로 하는 자연발생적인 구어적, 문어적 혹은 기호화된 담화로 규정되고, '발화'는 (7)에서 보듯이 단위의 크기에 제한을 받지 않으면서 언어학적 이론으로 도출되지 않거나 언어학적 분석 자료로 구성되지 않는 언어의 연속체로 규정되는 것을 고려하면, 언어 단위 전반에 걸친 통칭의 용어로는 담화로 규정되는 '텍스트'보다는 단위의 크기에 제한을 받지 않는 '발화'가 더 적합하다고 하겠다. '발화2'를 통칭의 '발화'로 사용한다면 '텍스트2'는 '발화'로 통합할 수 있으며, 문장 단위의 용어로 '발화1'이란 용어를 사용하는 것이나 단어나 구절 단위의 용어로 '발화3'이란 용어를 사용하는 것은 같은 용어의 중복으로 말미암아 배제되어야 할 것이다.

다음으로 '텍스트 문장'은 구절과 문장을 포괄하지만 '에틱 구절'이라는 용어를 별도로 인정하면 '체계 문장'과 대비되는 '이야기2'와 '텍스트 문장'에 대해서 '이야기2'는 문장 단위에 들기 때문에 문장 단위를 연상하는 '텍스트 문장'으로 통합하는 것이 합리적이고, '이야기3'과 '담화'에 대해서는 구분 부호가 필요 없고 화맥의 결부가 용어에 분명히 드러나는 '담화'로 통합하는 것이 적절하며, '이야기1'과 '텍스트1'에 대해서는 '이야기2'와 '이야기3'이 각각 '텍스트 문장'과 '담화'에 통합되었고, '텍스트2'가 '발화'로 통합되었으므로 구분 부호가 필요 없는 '이야기'와 '텍스트'로 정리된다. 그런데 '이야기'는 '텍스트'와 '담화'를 아우르는 고유어로서 학교 문법에서 사용되고, '텍스트'는 이론 문법에서 사용되고 있으나, 전자의 경우에 화맥이 배제된 '이야기'가 화맥이 결부된 '담화'를 포함하는 것으로 되어 모순이 되므로 여기에서는 '텍스트'라는 용어를 선택할 것이다.

그러면 위에서 '텍스트'는 화맥이 배제된 이야기 단위의 용어로 설정되고, '담화'는 화맥이 결부된 이야기 단위의 용어로 설정된 것이므로 형식적인 측면에서 문어적인 형식을 텍스트로 규정하고 구어적인 형식을 담화로 규정하는 것과는 근본적으로 차이가 있다. 그럼에도 불구하고 '이야기, 텍스

트, 담화'의 관계가 용어상으로 분명히 구분되지 않으므로 이들에 대해서
단어나 문장 단위의 용어 설정 방식을 적용할 필요가 있다. 그것은 단어나
문장 단위에서 화맥 배제 차원과 화맥 결부 차원을 구분하지 않는 용어로
'단어'나 '구절' 또는 '문장'을 설정하고 각각에 대하여 화맥 배제를 표시하
는 '이믹'과 같은 한정어와 화맥 결부를 표시하는 '에틱'과 같은 한정어를
둔 것이다. 이러한 방식을 따르기 위해서는 화맥 배제나 결부를 구분하지
않는 단위의 용어를 먼저 설정해야 한다. '이야기, 텍스트, 담화' 가운데에
서 '이야기, 담화'는 용어 자체에 화맥의 결부가 강하게 드러나므로 두 차원
을 구분하지 않는 용어로 적당한 것은 '텍스트'이다. 그러면 단위상의 '이야
기'는 '텍스트'로, 화맥 배제의 '텍스트'는 '이믹 텍스트'로, '담화'는 '에틱
텍스트'로 정리하면 '이야기, 텍스트, 담화'의 관계는 분명히 구분될 수가
있다. 이상 (19ㄱ)에 대하여 논의한 것을 재정리하여 보이면 아래와 같다.

(19) ㄴ. 화맥과 언어 단위(3)

맥락 단위	화맥		
	배제	결부	
단어	이믹 단어	에틱 단어	발화
구절	이믹 구절	에틱 구절	
문장	체계 문장	텍스트 문장	
텍스트	이믹 텍스트	에틱 텍스트	

위의 (19ㄴ)에서 화맥이 결부된 언어 단위를 통틀어 '발화(發話, utterance)'
라 하면 상대적으로 화맥이 배제된 언어 단위를 통틀어 일컫는 용어로서
'언표(言表, locutionary)'를 설정할 수 있다. '언표'의 용어 설정은 화행 이론
이 언표내적(illocutionary) 효력이나 행위에 주된 관심을 갖는 반면에 논리학
과 언어학의 통사론과 의미론이 주로 언표적(locutionary) 효력이나 행위에
관심을 갖는다는 것에서(김태자 1993 : 6) 말미암은 것이다. 그러므로 이 글
의 언표는 '언외(言外)'의 뜻이 아닌 '말로 나타낸 바'의 뜻으로 사용한 것

이다.

따라서 (19ㄴ)에서 화맥이 배제된 단위의 '이믹 단어, 이믹 구절, 체계 문장, 이믹 텍스트'는 언표에 속하므로 이들에 대해서는 '언표 난어(locutionary word), 언표 구절(locutionary phrase), 언표 문장(locutionary sentence), 언표 텍스트(locutionary text)'라는 용어를 사용하고, 화맥이 결부된 단위의 '에틱 단어, 에틱 구절, 텍스트 문장, 에틱 텍스트'는 발화에 속하므로 각각에 대해서는 '단어 발화(word utterance), 구절 발화(phrase utterance), 문장 발화(sentence utterance), 텍스트 발화(text utterance)'라는 용어를 사용하며, 문장과 텍스트 사이에 '언표 단락(locutionary paragraph)'과 '단락 발화(paragraph utterance)'를 추가할 수 있다. '언표'를 단위명 앞에 두고, '발화'를 단위명 뒤에 둔 것은 '언표'라는 단어는 한정적으로 사용되고 '발화'라는 단어는 발화체라는 의미로서 피한정적으로 사용되기 때문이다.

그런데 '텍스트(text)'라는 외래어 용어를 그대로 사용하지 않고 국어로 번역하여 사용할 경우, 이에 해당하는 용어로 '본문'(本文, 전병선 1995), '맥문'(脈文, 김태자 1993) 등이 사용되기도 하는데, '본문'은 전체에 대한 일부를 나타내는 의미로 해석될 수 있고, '맥문'은 문맥과 화맥 전체를 전제한 의미로 해석될 수 있으므로 문장 단위보다 큰 단위로서 이야기라는 개념을 분명히 드러내기 위하여 '텍스트(text)'의 대역어로 '담문(談文)'이란 용어를 사용할 수 있을 것이다. 그러면 '언표 텍스트'는 '언표 담문'으로, '텍스트 발화'는 '담문 발화'로 대체할 수 있고, 담문 발화와 동일한 개념의 '담화(discourse)'라는 용어를 사용할 수 있겠다. '담문'은 '텍스트'와 같은 개념으로 사용하는 용어이므로 이하에서는 '담문'으로만 기술하기로 한다.

2.2.4. 요약

이상의 논의를 바탕으로 귀납한 단위에 대한 용어를 정리하면 아래의 (20), (21)과 같은데, 전자는 화맥만을 고려하여 정리한 것이고 후자는 문맥과 화맥을 모두 고려하여 정리한 것이다. 문맥은 언어 내적 맥락이기 때문에 모든 언어 단위에 항상 존재하지만, 화맥은 언어 외적 맥락이기 때문에 언어 단위가 외부 세계와 관련이 있을 때에 한해 그 존재가 인정된다.

(20) 화맥과 언어 단위(4)

맥락 단위	화맥		
	배제	결부	
단어	언 표	언표 단어	단어 발화	발 화
구절		언표 구절	구절 발화	
문장		언표 문장	문장 발화	
단락		언표 단락	단락 발화	
담문		언표 담문	담문 발화(=담화)	

(21) 맥락과 언어 단위

단어 발화	구절 발화, 문장 발화	단락 발화, 담문 발화(=담화)
발화		

요컨대 문장 단위에서 '체계 문장'과 '텍스트 문장'의 구분은(Lyons 199

5 : 260-261) 문장의 문법성 판단과 문장의 의미 해석 결과에 직접적인 영
향을 미치므로 이 두 차원은 언어 연구에서 반드시 고려해야 하는 중요한
전제 조건으로 작용한다. 그런데 이는 문장 단위에서만 필요한 것이 아니고
모든 언어 단위에서 필요하므로 각각의 언어 단위에 대해서도 이러한 구분
을 할 필요가 있다.

따라서 언어 단위 전체를 총괄하여 화맥이 배제된 언어 표현에 대해서는
'언표'라 하고, 화맥이 결부된 언어 표현에 대해서는 '발화'라 하여 구분하
였다. 그리고 언어 단위의 크기에 따라 전자의 언표에 속하는 각각의 언어
단위에 대해서는 '언표 단어, 언표 구절, 언표 문장, 언표 단락, 언표 담문'
이라 하였고, 이와 대비되는 후자의 발화에 속하는 각각의 언어 단위에 대
해서는 '단어 발화, 구절 발화, 문장 발화, 단락 발화, 담문 발화'라 하였다.

이러한 구분에서 보면 작금의 이른바 '소형문, 생략문, 소형 발화' 등은
단위의 크기에 따라 '단어 발화'나 '구절 발화'에 분속할 수 있고, 작금의
이른바 '텍스트'는 언표 차원과 발화 차원이 구분되지 않은 개념이므로 이
를 분명히 구분하기 위하여 언표 차원의 텍스트에 대해서는 '언표 담문'이
라 하였고, 발화 차원의 텍스트에 대해서는 '담문 발화'라 하였으며, '담화'
는 '담문 발화'와 같은 개념으로 보았다.

3. 발화 의미와 화행 의미의 구분

언어 연구의 부문에 대한 구분으로서 화맥 결부 여부에 따라 화맥이 결
부된 발화 전체를 대상으로 연구하는 부문을 '발화론'이라 할 수 있고, 화맥
이 배제된 언표 전체를 대상으로 연구하는 부문을 '언표론'이라 할 수 있
다. 발화론은 발화의 사용을 강조하여 '발화 사용론', 줄여서 '화용론
(pragmatics)'이라 할 수 있다. 그런데 발화의 연구에서는 언표의 연구를 전

제하므로 언표론은 발화론에 포함되며 이는 각 단위에서도 마찬가지이다. 그리고 화맥 결부 여부와 관계 없이 단위만의 구분에 따른 연구 부문을 고려하면 단어 단위의 '단어론', 문장 단위의 '문장론', 담문 단위의 '담문론'을 설정할 수 있다.

　언표론은 언어 외적인 상황을 배제한 상태에서 언어 연구의 모든 면을 고찰하는 것으로서 언어의 형태적인 측면과 의미적인 측면의 연구가 다 해당하게 되고, 발화론은 언표론에 언어 외적인 상황까지 추가하여 고찰하는 부문으로 규정할 수 있다. 이는 각각의 언어 단위를 기준으로 하는 연구 부문에서도 마찬가지로 언어 외적인 상황까지를 포함하여 단어론에서는 단어 단위의 형태적인 측면과 의미적인 측면의 연구가 이루어지고, 문장론에서도 문장 단위의 형태적인 측면과 의미적인 측면의 연구가 이루어지며, 담문론에서도 담문 단위의 형태인 측면과 의미적인 측면의 연구가 이루어진다.

　위에서 단위에 따라 분류한 것은 그 단위의 형태적 측면과 의미적 측면을 아우른 것으로서 이들 단위에 대한 형태적 측면의 연구 부문과 의미적 측면의 연구 부문을 설정할 수 있다. 그런데 형태적 측면은 화맥이 배제되거나 결부되거나 달라질 것이 없으므로 이를 특별히 구분하지 않고 단어 단위의 '단어 조성론', 줄여서 '조어론', 문장 단위의 '문장 구성론', 줄여서 '구문론', 담문 단위의 '담문 작성론', 줄여서 '작문론'을 설정하는 것으로 충분하다. 여기의 작문론은 일반 문법과 구별하여 담화 문법, 텍스트 문법이라 지칭한 것에 해당하는데, 일반적으로 문법론이라 하면 조어론과 구문론을 통합하여 일컫지만, 여기에서는 문법론을 광의로 해석하여 조어론, 구문론, 작문론의 세 부문을 통합하는 용어로 사용할 것이다.

　여기에서 '작문론'이라는 용어는 담문을 작성하는 원리를 기술하는 것이고 그것은 곧 텍스트를 작성하는 원리를 기술하는 것이어서 기존의 '작문'이라는 용어와 그 개념에서 크게 다르지 않다고 판단하여 사용한 것이다. 언어학 용어에서 '조어론, 구문론'이라 하여 축자적으로 그것이 단어를 만들고 문장을 만드는 데에만 관심을 두고 단어를 분석하고 문장을 분석하는 데에는 관심을 두지 않는 것이 아닌 것처럼 '작문론'이라 하는 것도 단순히 담문을 작성하는 데에만 관심을 두는 것이 아니라 담문을 분석하는 데에도 관심을 두는 것으로 파악해야 할 것이다. 이와 같은 '작문론'의 설정에 따르면 기존의 '작문'이라 하더라도 이제는 그 작성과 분석의 원리를 조어론, 구문론과 같이 체계적으로 기술할 필요가 있다는 것을 함의한다고 하겠다.

언어의 의미에 초점을 두어 연구 영역을 구분한다면 앞에서 단위에 따라 분류한 방식과 마찬가지로 화맥을 배제한 '언표 의미론'과 화맥을 결부한 '발화 의미론'을 구분할 수 있다. 따라서 언표 의미론은 각 단위를 대상으로 '언표 단어 의미론, 언표 문장 의미론, 언표 담문 의미론'으로 구분할 수 있으며, 발화 의미론 역시 각 단위를 대상으로 '단어 발화 의미론, 문장 발화 의미론, 담문 발화 의미론'으로 구분할 수 있다.

'담문 발화 의미론'은 줄여서 '담화 의미론'이라 할 수 있는데, 이는 형태적 측면의 '작문론'이 제외되므로 '담화 분석(discourse analysis)'과는 차이가 있다. 그런데 '담문론'은 담문 단위의 형태적 측면인 '작문론'과 의미적 측면의 '담문 발화 의미론'을 모두 포괄하므로 '담화 분석(discourse analysis)'과 '텍스트 언어학(text linguistics)'은 '담문론'과 같은 성격이라 하겠다.

이상을 정리한 아래의 (22)에서 화용론(pragmatics)의 범위는 형태적 측면의 문법론과 의미적 측면의 발화 의미론을 아우르게 되어 언어 연구의 전반에 걸치나 텍스트 언어학(text linguistics)과 담화 분석(discourse analysis)은 화용론 범위에서 단어론과 문장론이 제외된 담문 단위의 담문론으로 한정된다. 그리고 발화 의미론은 단어·문장·담문 단위 전체 발화의 의미적 측면의 연구에 국한하므로 형태적 측면의 문법론까지 포함하는 화용론의 한 부분이 되며, 담문 단위로 한정하여 형태적 측면과 의미적 측면을 포괄하는 담화 분석이나 텍스트 언어학과는 담문 단위의 의미적 측면의 연구 부분에서만 중첩된다. 그러나 텍스트를 고영근(2002 : 6-10)에서처럼 단어 발화와 문장 발화까지를 포함한 것으로 보면 텍스트 언어학의 범위는 화용론의 범위와 같아진다.

(22) 언표 의미와 발화 의미

언표론	
문법론	**언표의미**(론)

조어론	언표단어의미(론)	단어발화의미(론)	단어론
구문론	언표문장의미(론)	문장발화의미(론)	문장론
작문론	언표담문의미(론)	담문발화의미(론)	담문론 =담화분석 =텍스트언어학

문법론	**발화**	**의미**(론)
	발화론=화용론	=발화사용론

　화맥이 배제된 문장의 의미는 문맥적 의미까지도 고려해야 하듯이, 화맥이 배제된 담문의 의미는 그 담문을 구성하는 단어나 문장 자체의 의미로만 해석되지 않고 단어나 문장들 사이의 관계에서 나타나는 문맥적 의미까지도 고려해야 한다. 이와 마찬가지로 화맥이 결부된 발화 즉, 단어 발화, 문장 발화, 담문 발화의 의미도 그것을 구성하는 단어, 문장, 담문 자체의 의미로만 해석되지 않고 그것들이 언어 외적 상황과 맺는 관계에서 나타나는 화맥적 의미까지도 고려해야 할 것이다. 이러한 측면에서 언표의 의미를 연구하는 언표 의미론은 발화의 의미를 연구하는 발화 의미론에 포함되므로 각각의 단위에서 언표 단어 의미론은 단어 발화 의미론에 포함되고, 언표 문장 의미론은 문장 발화 의미론에 포함되며, 언표 담문 의미론은 담문 발화 의미론에 포함된다.

　먼저 화맥이 배제된 담문의 의미는 문맥적 의미를 고려해야 한다고 하였다. 문맥은 앞의 (14)에서 보듯이 언어 표현들 사이에 맺어지는 언어 내적 맥락, 언내 맥락에 해당한다. 여기에는 구조적 응결성(cohesion)과 의미적 응집성(coherence)으로 구성되는 결속성이 고려되는데, 전자의 경우에는 반복, 환언, 대용, 대치, 지시, 접속 등이 논의되고, 후자의 경우에는 앞선 문장이 뒤에 이어지는 다른 문장에 의미적 기여를 하는 신구 정보, 무엇에 관해 말하고 있는 대상으로서의 화제(topic) 등이 논의된다.

따라서 담문에서의 문맥적 의미는 이러한 결속성으로 압축되는데, 담문에서 단어나 문장들 사이의 관계에서 나타나는 문맥적 의미를 문장의 '통사적 의미(syntactic meaning)'에 대비하여 특별히 '결속적 의미(binding meaning)'라 부를 수 있겠다. 문장에서 단어들 사이의 문법적 관계로 나타나는 통사적 의미는 단어들 사이의 의미적 관계로서 일반적으로 단어의 의미에 포함되어 기술되는 '연어적 의미(collocative meaning)'와 함께 문맥적 의미에 해당하는데, 여기에서 통사적 의미를 중심으로 연구하는 부문을 '통사 의미론'이라 할 수 있고, 결속적 의미를 중심으로 연구하는 부문을 '결속 의미론'이라 할 수 있다. '결속적 의미'라는 용어는 이 글에서 화맥이 배제된 단위와 화맥이 결부된 단위를 구분했기 때문에 화맥이 배제된 담문에서 발생하는 의미를 특별히 지칭한 것이다. 그런데 담문은 문장들의 연속으로만 이루어지는 것이 아니라 단어들의 연속으로도 성립되므로 결국 화맥이 배제된 담문의 의미는 단어나 문장 자체의 의미에 이러한 결속적 의미가 더해지는 것으로 해석할 수 있을 것이다.

(23) 언표의 의미
    ㄱ. 언표 담문의 의미 = ① 언표 문장의 의미 + 결속적 의미
                           ② 언표 단어의 의미 + 결속적 의미
    ㄴ. 언표 문장의 의미 = 언표 단어의 의미 + 통사적 의미
    ㄷ. 결속적 의미 = 구조적 응결성 + 의미적 응집성
    ㄹ. 응결성 = 반복, 환언, 대용, 대치, 지시, 접속 등.
        응집성 = 신구 정보, 화제 등.

다음으로 화맥이 결부된 발화의 의미는 화맥적 의미를 고려해야 한다고

하였다. 화맥은 앞의 (14)에서 보듯이 언어 표현과 발화 상황 사이에 맺어지는 언어 외적 맥락, 언외 맥락에 해당한다. 여기에는 사람과 상황으로 구성되는 화행적 의미의 요소가 고려되는데, 전자의 경우에는 화자와 청자의 태도(배경, 의도)와 관계(지위, 나이, 친소) 등이 논의되고, 후자의 경우에는 발화의 장면(시간, 공간, 사태)과 발화상의 지시를 나타내는 화시(deixis) 등이 논의된다.

화자와 청자의 배경, 의도를 태도로 묶은 것은 화자와 청자 자체가 독립적으로 지니게 되는 모든 사항을 아우르기 위한 것이고, 발화의 장면(시간, 공간, 사태)과 구별하여 화시를 따로 둔 것은 장면이 발화가 성립하는 언어 외적 세계를 염두에 둔 것이라면 화시는 발화 자체와 언어 외적 세계를 연계하기 때문이다.

따라서 화맥적 의미는 이러한 화행으로 압축되는데, 발화에서 언어 표현과 발화 상황 사이의 관계에서 나타나는 화맥적 의미를 문장의 통사적 의미나 연어적 의미, 담문의 결속적 의미에 대비하여 특별히 '화행적 의미(speech-act meaning)'라 부를 수 있으며, 이러한 화행적 의미를 중심으로 연구하는 부문을 '화행 의미론'이라 할 수 있다.

화맥적 의미인 화행적 의미는 아래에서 기술되는 각각의 후자에 해당하는 맥락적 의미, 사회문화적 의미, 정의적 의미와 같은 성격이다(최호철 1993 : 18-19 참조). Halliday(1961)은 언어의 의미를 언어 표현이 가지는 형식적 의미와 언어 표현이 특정한 맥락 속에서 그 맥락과 관련해서 갖는 의미로서 언어 형식과 그 이외의 다른 상황을 관련지어 주는 맥락적 의미로 구분하였다. 이것은 Fries(1952)에서 분류한 언어적 의미와 사회문화적 의미와 맥을 같이 하는데, 언어적 의미는 그 언어 표현이 갖는 어휘적 의미와 구조적 의미로서 일반적·추상적 성격을 띠며 사회문화적 의미는 언어 표현이 사회문화적 맥락의 여러 요인에 따라 갖는 의미로서 개별적·구체적인 색채를 띤다는 것이다. 그리고 Nida(1975 : 25)도 이와 같은 견해로서 문법적인 구조에서 단어 단위나 단어 단위의 결합체가 지니고 있는 개념적 특성에 기반을 두고 있는 인지적(cognitive) 의미와 언어의 외적인 세계나 언어 형식에 대한 개인의 반응에 기초하고 있는 정의적(emotive) 의미를 구분하고 있다. Ogden & Richards(1923 : 149)는 의미의 분석 층위가 아닌 언어의 기능에 따라 지시적(referential) 의미와 정의적(emotive) 의미로 나누었다. 지시적 의미는 단어 또는 문장의 어휘적 의미와 문법 규칙에서 생기는 의미의 총화이고, 정의적 의미는 언어의 표현이 청자에게 미치는 정서적인 내용의 효과로서 단어와 문장 및 발화 층위에서 모두 나타난다. 상징적 또는 지시적 기능은 지시를 상징화하여 전달하는 진술로서 진위에 직접적으로 관계되고 이론적으로 검증이 가능하고, 정의적 기능은 진위와 관계되는 진술이 아니고 화자의 감정, 태도, 기분, 의도 등을 청자에게 전달하여 환기시키는 기능을 갖는다. 지시적 의미는 단어와 그 통사적 관계에 의해 표현되는데, 정의적 의미는 개개 단어 또는 접사 외에 통사적 수단(어순), 음성적 수단(강세, 억양, 크기), 얼굴의 표정과 몸짓의 주변적 요소로 전달되는 일이 많다.

따라서 발화를 이루는 구성단위는 단어 발화, 문장 발화, 담문 발화로 성립되므로 결국 발화의 의미는 단어나 문장 또는 담문 자체의 의미에 이러한 화행적 의미가 더해지는 것으로 해석할 수 있을 것이다.

(24) 발화의 의미
　ㄱ. 단어 발화의 의미 = 언표 단어의 의미 +화행적 의미
　ㄴ. 문장 발화의 의미 = 언표 문장의 의미 +화행적 의미
　　　　　　　　　　 = 언표 단어의 의미 + 통사적 의미 +화행적 의미
　ㄷ. 담문 발화의 의미 = 언표 담문의 의미 +화행적 의미
　　　　　　　　　　 = 언표 문장의 의미 +결속적 의미 +화행적 의미
　　　　　　　　　　 = 언표 단어의 의미 +통사적 의미 +결속적 의미
　　　　　　　　　　　 +화행적 의미
　ㄹ. 화행적 의미의 요소 = 사람 + 상황
　ㅁ. 사람 = 화자와 청자의 태도 + 화자와 청자의 관계
　　　상황 = 발화의 장면 + 발화의 화시
　ㅂ. 태도 = 화자와 청자의 배경, 의도

관계 = 화자와 청자의 지위, 나이, 친소
장면 = 발화의 시간, 공간, 사태
화시 = 언어 외적 사항

(24)에서 보듯이 발화의 의미는 단어, 문장, 담문 등 어떠한 단위이든지 화행적 의미가 추가되기 때문에 발화의 의미를 분석하기 위해서는 화행적 의미에 대한 고찰을 전제로 한다. 그런데 화행적 의미는 언어 표현과 언어 외적 상황 사이에서 나타나므로 언어 외적인 상황에 대한 구체적이고 체계적인 기술은 화행적 의미에 대한 고찰에서 절대적으로 필요하다. (23)과 (24)를 반영하여 (22)를 다시 정리하면 아래와 같다.

(25) 발화 의미와 화행 의미

언표론		
문법론	언표의미(론)	

조어론	언표단어의미(론)	**단어발화의미**(론) =[언표단어+**화행**] **의미**(론)	단어론
구문론	언표문장의미(론) =[언표단어+통사]의미(론)	**문장발화의미**(론) =[언표문장+**화행**] **의미**(론)	문장론
작문론	언표담문의미(론) =[언표[단어/문장]+결속] 의미(론)	**담문발화의미**(론) =[언표담문+**화행**] **의미**(론)	담문론 =담화분석 =텍스트언어학

문법론	**발화**	**의미**(론)
	발화론=화용론	=발화사용론

요컨대 담문은 문장들의 연속으로만 이루어지는 것이 아니라 단어들의

연속으로도 성립되므로 결국 언표 담문의 의미는 단어나 문장 자체의 의미에 문맥적 의미가 더해지는 것으로 해석할 수 있다. 담문에서 단어나 문장들 사이의 관계에서 나타나는 문맥적 의미를 문장의 '통사적 의미(syntactic meaning)'에 대비하여 특별히 '결속적 의미(binding meaning)'라 하였다.

문장에서 단어들 사이의 문법적 관계로 나타나는 통사적 의미는 단어들 사이의 의미적 관계로서 보통 단어의 의미에 포함되어 기술되는 '연어적 의미(collocative meaning)'와 함께 문맥적 의미에 해당하는데, 여기에서 통사적 의미를 중심으로 연구하는 부문을 '통사 의미론'이라 하였고, 결속적 의미를 중심으로 연구하는 부문을 '결속 의미론'이라 하였다. '결속적 의미'라는 용어는 화맥이 배제된 단위와 화맥이 결부된 단위를 구분한 결과 화맥이 배제된 담문에서 발생하는 의미를 특별히 지칭한 것이다. 따라서 언표 담문의 의미는 단어나 문장 자체의 의미에 이러한 결속적 의미가 더해지는 것으로 해석할 수 있다.

발화를 이루는 구성단위는 단어 발화, 문장 발화, 담문 발화로 성립되므로 발화의 의미는 단어나 문장 또는 담문 자체의 의미에 단어, 문장, 담문과 언어 외적 세계 사이의 관계에서 나타나는 화맥적 의미가 더해지는 것으로 해석할 수 있다. 화맥적 의미는 문장의 통사적 의미나 연어적 의미, 담문의 결속적 의미에 대비하여 특별히 '화행적 의미(speech-act meaning)'라 하였으며, 이러한 화행적 의미를 중심으로 연구하는 부문을 '화행 의미론'이라 하였다. '화행적 의미'라는 용어는 화맥이 배제된 단위와 화맥이 결부된 단위를 구분함에 따라 후자에 해당하는 발화에서 발생하는 의미를 특별히 지칭한 것이다.

4. 국어 발화의 의미 분석

사람들의 의사소통은 출발의 '화자'와 종착의 '청자', 시간적인 '언제'와 공간적인 '어디', 내용인 '의미'와 수단인 '언어'로 성립된다(김민수 1982 : 37-38). '화자'와 '청자'는 화행적 의미의 요소에 해당하는 사람에서 고찰되고, '언제'와 '어디'는 화행적 의미의 요소에 해당하는 장면에서 고찰되며, '언어'는 언어 단위에서 논의한 '언표'이고, '의미'는 언표 의미를 포함한 '발화 의미'이다.

따라서 발화의 의미를 분석하기 위해서는 첫째로 언표의 의미(축자적 의미, 결속적 의미)를 규명해야 하고, 둘째로 화자와 청자의 태도(배경, 의도)와 관계(지위, 나이, 친소)를 규명해야 하며, 셋째로 발화의 장면(시간, 공간, 사태)과 발화상의 지시를 나타내는 화시(deixis) 등을 규명해야 한다.

그런데 이러한 절차와 내용을 기술하는 것으로 발화의 의미가 산출되는 것은 아니다. 그것은 발화의 의미가 이들의 단순한 산술적 합으로만 해석되는 것은 아니기 때문이다. 따라서 발화의 의미를 밝히기 위해서는 발화를 구성하는 언표의 의미에 어떤 화행적 의미가 중요하게 관여하는지를 반드시 기술할 필요가 있는데, 이하의 분석에서 보듯이 그것은 대체로 화자·청자의 태도나 발화의 장면이 결정적인 역할을 한다고 하겠다. 이와 관련한 구체적이고 체계적인 기술을 위해 발화 의미의 분석 절차와 그 표시 형식을 보이면 아래와 같다. 발화는 " "로 표시하고, 언표는 ' '로 표시하며, 해당 사항에 기술할 내용이 없는 것은 '0'으로 표시한다.

(26) 발화 의미의 분석 절차와 표시 형식
   ● 발화의 의미 : [　]발화
   ① 언표의 축자적 의미 : [　]축자
   ② 언표의 결속적 의미(응결성, 응집성) : [　]결속
   ③ 화자·청자의 태도(배경, 의도) : [　]태도

④ 화자·청자의 관계(지위, 나이, 친소) : [   ]관계
⑤ 발화의 장면(시간, 공간, 사태) : [   ]장면
⑥ 발화의 화시 : [   ]화시
◉ 중요 화행 : <   >

　구절은 문장 단위에 해당하기 때문에 구절 발화의 의미 분석은 문장 발화의 의미를 분석하는 것으로 갈음하며, 담문은 최소한 둘 이상의 단어나 문장의 연속으로 이루어지고 담문 발화의 의미 분석은 앞의 단어 발화의 분석과 이하의 문장 발화의 의미 분석을 바탕으로 어느 정도 기술될 수 있으므로 생략하기로 한다. 다만 담문 발화의 의미 분석에서는 단어 발화와 문장 발화의 의미 분석에서 기술할 필요가 없어 기술하지 않은 결속적 의미가 추가적으로 기술되어야 할 것이다. 담문의 필수적인 구성단위가 둘 이상의 단어나 문장이기 때문에 그들 사이에서 맺어지는 문맥적 의미인 결속적 의미의 고찰은 필연적이라 하겠다.

4.1. 단어 발화의 의미

　단어 발화는 단어로 실현된 발화를 말한다. 단어 발화는 일반적으로 소형문, 생략문, 불완전문, 소형 발화 등으로 일컬어지는 것들에 포함된다. 이들에는 단어뿐만 아니라 완전한 문장을 이루지 못하는 구절도 포함되지만, 단어 발화라 할 때 구절은 제외된다. 그런데 장소원(1994)에서 체언에 조사가 붙은 것을 조사구 구성이라 하여 구 구성의 소형 발화로 분류하고 있는데, 이를 이 글에서는 단어 발화로 분류한다. 아래의 (27)은 국어에서 대표적인 단어 발화로 언급되는 것이다.

　(27) "불이야."

(27)의 단어 발화에서 화맥이 배제된 상태의 언표 '불이야'의 의미는 불이라고 지정하는 것이고, 결속적 의미는 앞뒤에 다른 언표가 없으므로 기술할 것이 없지만, 화맥이 결부된 상태의 발화가 지니는 의미는 상황에 따라 여러 가지로 해석될 수 있다.

첫째로 화자는 불이 난 사실을 급하게 알리는 경보의 의미로 해석되는 경우 화자의 태도는 놀라거나 다급하여 어찌할 바를 몰라 큰 소리로 외치며 여러 사람의 도움을 바라는 것이며, 청자는 특별히 지정되지 않으므로 그 태도는 기술할 것이 없다. 또한 화자와 청자의 관계에서 언표에 실현된 어미 '야'의 대우법상의 일반적인 기능에 의하면 화자는 청자보다 지위나 나이가 낮지 않고 서로 친밀한 관계라고 할 수 있겠으나 이 경우에는 '야'가 화계를 정한 상태의 '온말'을 이루는 것이 아니라 화계를 정하지 않은 상태로서 대우법상 높이지도 낮추지도 않고 서법상의 기능도 미정인 '반(半)말'을 이루는 것이라 하겠다. 그리고 장면의 시간은 조사 '이야'에서 보듯이 발화가 실현된 현재이고, 공간은 불이 난 곳을 볼 수 있는 범위 안이라고 할 수 있으며, 사태는 불이 난 것을 발견한 상태라고 하겠고, 화시는 조사 '이야'로 보아 '현재, 반말'을 나타낸 것이라 할 수 있다. 이를 종합하면 발화의 첫째 경우의 의미는 화자는 불이 난 곳이나 그 주변에서 현재 불이 난 것을 발견하고 놀라거나 다급하여 어찌할 바를 몰라 큰 소리로 외치며 여러 사람의 도움을 바라는 것이라고 할 수 있다. 이와 같은 화자의 발화가 지니는 의미는 언표적 의미에 화행적 의미의 일부인 ③ [놀라거나 다급하여 어찌할 바를 몰라 여러 사람의 도움을 바라는] 화자의 태도가 중요하게 관여한 것이라고 볼 수 있다. 따라서 (27) 첫째 경우의 의미는 아래와 같이 표시할 수 있다.

(28) 발화 "불이야."의 의미 분석
  ● [화자는 불이 난 현장이나 그 주변에서 그 사실을 발견하고 놀라거나 다급하여 어찌할 바를 몰라 큰 소리로 외치며 여러 사람의 도

움을 바람]발화
① [불이야]축자
② [0]결속
③ [화자는 놀라거나 다급하여 어찌할 바를 몰라 여러 사람의 도움을
바람]태도
④ [0]관계
⑤ [현재 불이 난 곳이나 그 주변에서 불이 난 것을 발견함]장면
⑥ [이야=현재, 반말]화시
◉ 중요 화행 : <③>

둘째로 질문에 대답하는 의미로 해석되는 경우 화자의 태도는 청자의 질
문에 대하여 아는 바를 대답해야 하는 것이며, 청자의 태도는 화자에게 질
문을 한 뒤에 곧바로 화자의 응답을 바라는 것이라고 하겠다. 또한 화자와
청자의 관계에서 언표에 실현된 어미 '야'의 대우법상의 일반적인 기능에
의하여 화자는 청자보다 지위나 나이가 낮지 않고 서로 친밀한 관계라고 할
수 있다. 그리고 장면의 시간은 조사 '이야'에서 보듯이 발화가 실현된 현재
이고, 공간은 질문을 받은 곳이며, 사태는 응답을 해야 하는 상태라고 하겠
고, 화시는 조사 '이야'로 보아 '현재, 상대 낮춤, 평서'를 나타낸 것이라 할
수 있다. 이를 종합하면 발화의 둘째 경우의 의미는 화자는 청자의 질문에
대하여 응답하는 것이라고 할 수 있다. 이와 같은 화자의 발화가 지니는 의
미는 언표적 의미에 화행적 의미의 일부인 ⑤ [현재 질문을 받은 곳에서 질
문에 대하여 응답을 해야 하는] 발화의 장면이 중요하게 관여한 것이라고
볼 수 있다. 따라서 (27) 둘째 경우의 의미는 아래와 같이 표시할 수 있다.

(29) 발화 "불이야."의 의미 분석
● [화자는 청자의 질문에 대하여 응답함]발화
① [불이야]축자
② [0]결속
③ [화자는 청자의 질문에 대하여 아는 바를 대답해야 하고, 청자는

화자에게 질문을 한 뒤에 곧바로 화자의 응답을 바람]_{태도}
④ [화자는 청자보다 지위나 나이가 낮지 않고 서로 친밀함]_{관계}
⑤ [현재 질문을 받은 곳에서 질문에 대하여 응답을 해야 함]_{장면}
⑥ [이야=현재, 상대 낮춤, 평서]_{화시}
◉ 중요 화행 : <⑤>

(28)과 (29)에서 보듯이 하나의 같은 언표 단어 '불이야'에 서로 다른 상황이 결부됨으로써 단어 발화의 의미에 차이를 가져오게 된다. 다시 말해 (28)에서 입력의 언표 단어의 의미 [불이야]에 화행적 의미 ③ [놀라거나 다급하여 어찌할 바를 몰라 여러 사람의 도움을 바라는] 화자의 태도가 관여하게 되면 출력의 단어 발화의 의미로 [화자는 불이 난 현장이나 그 주변에서 그 사실을 발견하고 놀라거나 다급하여 어찌할 바를 몰라 큰 소리로 외치며 여러 사람의 도움을 바람]을 얻게 되고, (29)에서 입력의 언표 단어의 의미 [불이야]에 화행적 의미 ⑤ [현재 질문을 받은 곳에서 질문에 대하여 응답을 해야 하는] 발화의 장면이 관여하게 되면 출력의 단어 발화의 의미로 [화자는 청자의 질문에 대하여 응답함]을 얻게 된다.

4.2. 문장 발화의 의미

문장 발화는 문장으로 실현된 발화를 말한다. 문장 발화에는 일반적으로 완전한 문장이 되지 못한 구절도 포함되지만, 이는 별도로 구절 발화라 하여 구분할 수 있다. 따라서 구절 발화에는 앞의 소형문, 생략문, 불완전문, 소형 발화 등에서 단어 발화를 제외한 것들이 포함된다. 장소원(1994)에서 절 구성은 서술어 이외에 다른 주성분의 존재가 하나 이상 확인되는 것으로 규정하여 구 구성과 구분하고 있는데, 이 글에서는 구 구성과 절 구성을 특별히 구분하지 않고 구절 발화라 통칭한다.

(30) "날씨가 덥구나!"(박영순 1994 : 200)

(30)의 문장 발화에서 화맥이 배제된 상태의 언표 '날씨가 덥구나'의 의미는 날씨가 덥다는 느낌을 나타내는 것이고, 결속적 의미는 앞뒤에 다른 언표가 없으므로 기술할 것이 없지만, 화맥이 결부된 상태의 발화가 지니는 의미는 상황에 따라 여러 가지로 해석될 수 있다.

첫째로 화자는 날씨가 덥다는 느낌을 단순히 나타내는 의미로 해석되는 경우 화자의 태도는 날씨가 덥다는 느낌을 단순히 나타내는 것이지만, 청자의 태도는 화자가 청자를 특별히 염두에 두지 않으므로 기술할 것이 없다. 또한 화자와 청자의 관계에서 언표에 실현된 어미 '구나'의 대우법상의 일반적인 기능에 의하여 화자는 청자보다 지위나 나이가 낮지 않고 서로 친밀한 관계라고 할 수 있다. 그리고 장면의 시간은 어미 '구나'에서 보듯이 발화가 실현된 현재이고, 공간은 더위가 느껴지는 곳이며, 사태는 화자가 더위를 느끼는 상대라고 하겠고, 화시는 어미 '구나'로 보아 '현재, 상대 낮춤, 감탄'을 나타낸 것이라 할 수 있다. 이를 종합하면 발화의 첫째 경우의 의미는 화자는 날씨가 덥다는 느낌을 단순히 나타내는 것이라고 할 수 있다. 이와 같은 화자의 발화가 지니는 의미는 언표 자체의 의미에서 말미암은 것이라고 볼 수 있다. 따라서 (30)의 첫째 경우의 의미는 아래와 같이 표시할 수 있다.

(31) "날씨가 덥구나!"의 첫째 의미 분석
● [화자는 날씨가 덥다는 느낌을 단순히 나타냄]발화
① [날씨가 덥구나]축자
② [0]결속
③ [화자는 날씨가 덥다는 느낌을 단순히 나타냄]태도
④ [화자는 청자보다 지위나 나이가 낮지 않고 서로 친밀함]관계
⑤ [현재 더위가 느껴지는 곳에서 화자가 더위를 느낌]장면
⑥ [구나=현재, 상대 낮춤, 감탄]화시
● 중요 화행 : <0>

둘째로 화자는 청자가 창문을 열어 주기를 바라는 의미로 해석되는 경우 화자의 태도는 더위를 피할 수 있는 방도를 찾으려는 것이며, 청자의 태도는 더위를 피할 수 있는 방도를 알고 그것을 수행할 준비가 돼 있는 것이라고 하겠다. 또한 화자와 청자의 관계에서 언표에 실현된 어미 '구나'의 대우법상의 일반적인 기능에 의하여 화자는 청자보다 지위나 나이가 낮지 않고 서로 친밀한 관계라고 할 수 있다. 그리고 장면의 시간은 어미 '구나'에서 보듯이 발화가 실현된 현재이고, 공간은 실외가 더 시원한 실내이며, 사태는 화자와 청자 모두가 더위를 느끼는 상태라고 하겠고, 화시는 어미 '구나'로 보아 '현재, 상대 낮춤, 감탄'을 나타낸 것이라 할 수 있다. 이를 종합하면 발화의 첫째 경우의 의미는 화자는 창문을 열어 주기를 바라는 것이라고 할 수 있다. 이와 같은 화자의 발화가 지니는 의미는 언표적 의미에 화행적 의미의 일부인 ③ [화자는 더위를 피할 수 있는 방도를 찾고, 청자는 더위를 피할 수 있는 방도를 알고 그것을 수행할 준비가 돼 있는] 화자·청자의 태도와 ⑤ [현재 실외가 더 시원한 실내에서 화자와 청자 모두가 더위를 느끼는] 발화의 장면이 중요하게 관여한 것이라고 볼 수 있다. 따라서 (30)의 둘째 경우의 의미는 아래와 같이 표시할 수 있다.

(32) "날씨가 덥구나!"의 둘째 의미 분석
● [화자는 청자가 창문을 열어 주기를 바람]발화
① [날씨가 덥구나]축자
② [0]결속
③ [화자는 더위를 피할 수 있는 방도를 찾고, 청자는 더위를 피할 수 있는 방도를 알고 그것을 수행할 준비가 돼 있음]태도
④ [화자는 청자보다 지위나 나이가 낮지 않고 서로 친밀함]관계
⑤ [현재 실외가 더 시원한 실내에서 화자와 청자 모두가 더위를 느낌]장면
⑥ [구나=현재, 상대 낮춤, 감탄]화시
● 중요 화행 : <③,⑤>

셋째로 청자에게 라디에이터를 끄라고 요청하는 의미로 해석되는 경우 화자의 태도는 더위를 피할 수 있는 방도를 찾으려는 것이며, 청자의 태도는 더위를 피할 수 있는 방도를 알고 그것을 수행할 준비가 돼 있는 것이라고 하겠다. 또한 화자와 청자의 관계에서 언표에 실현된 어미 '구나'의 대우법상의 일반적인 기능에 의하여 화자는 청자보다 지위나 나이가 낮지 않고 서로 친밀한 관계라고 할 수 있다. 그리고 장면의 시간은 어미 '구나'에서 보듯이 발화가 실현된 현재이고, 공간은 라디에이터가 가동 중인 실내이며, 사태는 화자와 청자 모두가 더위를 느끼는 상태라고 하겠고, 화시는 어미 '구나'로 보아 '현재, 상대 낮춤, 감탄'을 나타낸 것이라 할 수 있다. 이를 종합하면 발화의 셋째 경우의 의미는 화자는 라디에이터를 끄라고 요청하는 것이라고 할 수 있다. 이와 같은 화자의 발화가 지니는 의미는 언표적 의미에 화행적 의미의 일부인 ③ [화자는 더위를 피할 수 있는 방도를 찾고, 청자는 더위를 피할 수 있는 방법을 취할 수 있는 준비가 됨] 화자·청자의 태도와 ⑤ [현재 라디에이터가 가동 중인 실내에서 화자와 청자 모두가 더위를 느끼는] 발화의 장면이 중요하게 관여한 것이라고 볼 수 있다. 따라서 (30)의 셋째 경우의 의미는 아래와 같이 표시할 수 있다.

> (33) "날씨가 덥구나!"의 셋째 의미 분석
> ● [화자는 라디에이터를 끄라고 요청함]발화
> ① [날씨가 덥구나]축자
> ② [0]결속
> ③ [화자는 더위를 피할 수 있는 방도를 찾고, 청자는 더위를 피할 수 있는 방법을 취할 수 있는 준비가 됨]태도
> ④ [화자는 청자보다 지위나 나이가 낮지 않고 서로 친밀함]관계
> ⑤ [현재 라디에이터가 가동 중인 실내에서 화자와 청자 모두가 더위를 느낌]장면
> ⑥ [구나=현재, 상대 낮춤, 감탄]화시
> ◉ 중요 화행 : <③,⑤>

넷째로 청자에게 에어컨을 켜라고 요청하는 의미로 해석되는 경우 화자의 태도는 더위를 피할 수 있는 방도를 찾으려는 것이며, 청자의 태도는 더위를 피할 수 있는 방도를 알고 그것을 수행할 준비가 돼 있는 것이라고 하겠다. 또한 화자와 청자의 관계에서 언표에 실현된 어미 '구나'의 대우법상의 일반적인 기능에 의하여 화자는 청자보다 지위나 나이가 낮지 않고 서로 친밀한 관계라고 할 수 있다. 그리고 장면의 시간은 어미 '구나'에서 보듯이 발화가 실현된 현재이고, 공간은 에어컨이 설치돼 있는 실내이며, 사태는 화자와 청자 모두가 더위를 느끼는 상태라고 하겠고, 화시는 어미 '구나'로 보아 '현재, 상대 낮춤, 감탄'을 나타낸 것이라 할 수 있다. 이를 종합하면 발화의 넷째 경우의 의미는 화자는 에어컨을 켜라고 요청하는 것이라고 할 수 있다. 이와 같은 화자의 발화가 지니는 의미는 언표적 의미에 화행적 의미의 일부인 ③ [화자는 더위를 피할 수 있는 방도를 찾고, 청자는 더위를 피할 수 있는 방법을 취할 수 있는 준비가 된] 화자·청자의 태도와 ⑤ [현재 에어컨이 설치돼 있는 실내에서 화자와 청자 모두가 더위를 느끼는] 발화의 장면이 중요하게 관여한 것이라고 볼 수 있다. 따라서 (30)의 넷째 경우의 의미는 아래와 같이 표시할 수 있다.

(34) "날씨가 덥구나!"의 넷째 의미 분석
　● [화자는 에어컨을 켜라고 요청함]발화
　① [날씨가 덥구나]축자
　② [0]결속
　③ [화자는 더위를 피할 수 있는 방도를 찾고, 청자는 더위를 피할 수
　　　있는 방법을 취할 수 있는 준비가 됨]태도
　④ [화자는 청자보다 지위나 나이가 낮지 않고 서로 친밀함]관계
　⑤ [현재 에어컨이 설치돼 있는 실내에서 화자와 청자 모두가 더위를
　　　느낌]장면
　⑥ [구나=현재, 상대 낮춤, 감탄]화시
　◉ 중요 화행 : <③,⑤>

다섯째로 청자에게 옷을 시원하게 입고 나가라고 지시하는 의미로 해석되는 경우 화자의 태도는 청자가 더위를 느끼지 않기를 바라는 것이며, 청자의 태도는 날씨가 더운 실외로 나가려고 하는 것이라고 하겠다. 또한 화자와 청자의 관계에서 언표에 실현된 어미 '구나'의 대우법상의 일반적인 기능에 의하여 화자는 청자보다 지위나 나이가 낮지 않고 서로 친밀한 관계라고 할 수 있다. 그리고 장면의 시간은 어미 '구나'에서 보듯이 발화가 실현된 현재이고, 공간은 실외보다 더 시원한 실내이며, 사태는 화자와 같이 있던 청자가 날씨가 더운 실외로 나가려는 상태라고 하겠고, 화시는 어미 '구나'로 보아 '현재, 상대 낮춤, 감탄'을 나타낸 것이라 할 수 있다. 이를 종합하면 발화의 다섯째 경우의 의미는 화자는 옷을 시원하게 입고 나가라고 요청하는 것이라고 할 수 있다. 이와 같은 화자의 발화가 지니는 의미는 언표적 의미에 화행적 의미의 일부인 ③ [화자는 청자가 더위를 느끼지 않기를 바라고, 청자는 날씨가 더운 실외로 나가려 하는] 화자·청자의 태도와 ⑤ [현재 실외보다 더 시원한 실내에서 청자가 날씨가 더운 실외로 나가려 하는] 발화의 장면이 중요하게 관여한 것이라고 볼 수 있다. 따라서 (30)의 다섯째 경우의 의미는 아래와 같이 표시할 수 있다.

(35) "날씨가 덥구나!"의 다섯째 의미 분석
● [화자는 옷을 시원하게 입고 나가라고 요청함]발화
① [날씨가 덥구나]축자
② [0]결속
③ [화자는 청자가 더위를 느끼지 않기를 바라고, 청자는 날씨가 더운 실외로 나가려 함]태도
④ [화자는 청자보다 지위나 나이가 낮지 않고 서로 친밀함]관계
⑤ [현재 실외보다 더 시원한 실내에서 청자가 날씨가 더운 실외로 나가려 함]장면
⑥ [구나=현재, 상대 낮춤, 감탄]화시
● 중요 화행 : <③,⑤>

여섯째로 청자에게 여름 날 준비를 철저히 하자고 제안하는 의미로 해석되는 경우 화자의 태도는 더위를 피하기 위한 방안을 준비하려는 것이며, 청자의 태도 역시 화자와 마찬가지라 하겠다. 또한 화자와 청자의 관계에서 언표에 실현된 어미 '구나'의 대우법상의 일반적인 기능에 의하여 화자는 청자보다 지위나 나이가 낮지 않고 서로 친밀한 관계라고 할 수 있다. 그리고 장면의 시간은 어미 '구나'에서 보듯이 발화가 실현된 현재 더위가 시작되는 철이고, 공간은 특별히 기술할 것이 없으며, 사태는 화자와 청자 모두가 더위를 느끼는 상태라고 하겠고, 화시는 어미 '구나'로 보아 '현재, 상대 낮춤, 감탄'을 나타낸 것이라 할 수 있다. 이를 종합하면 발화의 여섯째 경우의 의미는 화자는 여름 날 준비를 철저히 하자고 제안하는 것이라고 할 수 있다. 이와 같은 화자의 발화가 지니는 의미는 언표적 의미에 화행적 의미의 일부인 ③ [화자와 청자는 더위를 피하기 위한 방안을 준비하는] 화자·청자의 태도와 ⑤ [현재 더위가 시작되는 철에 화자와 청자 모두가 더위를 느끼는] 발화의 장면이 중요하게 관여한 것이라고 볼 수 있다. 따라서 (30)의 여섯째 경우의 의미는 아래와 같이 표시할 수 있다.

(36) "날씨가 덥구나!"의 여섯째 의미 분석
● [화자는 여름 날 준비를 철저히 하자고 제안함]발화
① [날씨가 덥구나]축자
② [0]결속
③ [화자와 청자는 더위를 피하기 위한 방안을 준비함]태도
④ [화자는 청자보다 지위나 나이가 낮지 않고 서로 친밀함]관계
⑤ [현재 더위가 시작되는 철에 화자와 청자 모두가 더위를 느낌]장면
⑥ [구나=현재, 상대 낮춤, 감탄]화시
◉ 중요 화행 : <③,⑤>

일곱째로 청자에게 수영하러 가자고 제안하는 의미로 해석되는 경우 화자의 태도는 날씨가 더워지면 수영하러 가자고 말한 적이 있는 것이며, 청

자의 태도는 수영하러 갈 의사가 있는 것이라고 하겠다. 또한 화자와 청자의 관계에서 언표에 실현된 어미 '구나'의 대우법상의 일반적인 기능에 의하여 화자는 청자보다 지위나 나이가 낮지 않고 서로 친밀한 관계라고 할수 있다. 그리고 장면의 시간은 어미 '구나'에서 보듯이 발화가 실현된 현재이고, 공간은 특별히 기술할 것이 없으며, 사태는 화자와 청자 모두가 더위를 느끼는 상태라고 하겠고, 화시는 어미 '구나'로 보아 '현재, 상대 낮춤, 감탄'을 나타낸 것이라 할 수 있다. 이를 종합하면 발화의 일곱째 경우의 의미는 화자는 수영하러 가자고 제안하는 것이라고 할 수 있다. 이와 같은 화자의 발화가 지니는 의미는 언표적 의미에 화행적 의미의 일부인 ③ [화자는 날씨가 더워지면 수영하러 가자고 말한 적이 있고, 청자는 수영하러 갈 의사가 있는] 화자·청자의 태도와 ⑤ [현재 화자와 청자 모두가 더위를 느끼는] 발화의 장면이 중요하게 관여한 것이라고 볼 수 있다. 따라서 (30)의 일곱째 경우의 의미는 아래와 같이 표시할 수 있다.

> (37) "날씨가 덥구나!"의 일곱째 의미 분석
> ● [화자는 수영하러 가자고 제안함]발화
> ① [날씨가 덥구나]축자
> ② [0]결속
> ③ [화자는 날씨가 더워지면 수영하러 가자고 말한 적이 있고, 청자는
>   수영하러 갈 의사가 있음]태도
> ④ [화자는 청자보다 지위나 나이가 낮지 않고 서로 친밀함]관계
> ⑤ [현재 화자와 청자 모두가 더위를 느낌]장면
> ⑥ [구나=현재, 상대 낮춤, 감탄]화시
> ● 중요 하행 : <③,⑤>

(31)-(37)에서 보듯이 하나의 같은 언표 문장 '날씨가 덥구나'에 서로 다른 상황이 결부됨으로써 문장 발화의 의미에 차이를 가져오게 된다. 우선 (31)은 언표 문장 자체의 의미에 관여하는 특별한 화행적 의미가 존재하지

않으므로 문장 발화의 의미는 곧 언표 문장의 의미와 같아진다. 그런데 나머지 경우에서는 화행적 의미인 화자·청자의 태도나 발화의 장면이 달라짐으로써 각기 다른 문장 발화의 의미를 얻게 된다. (33)과 (34)의 경우는 화행적 의미 가운데 발화의 장면만이 다른데, (33)은 [현재 라디에이터가 가동 중인 실내에서 화자와 청자 모두가 더위를 느끼는] 발화 장면에서 [화자는 라디에이터를 끄라고 요청하는] 발화 문장의 의미를 얻게 되고, (34)는 [현재 에어컨이 설치돼 있는 실내에서 화자와 청자 모두가 더위를 느끼는] 발화 장면에서 [화자는 에어컨을 켜라고 요청하는] 발화 문장의 의미를 얻게 된다. 그리고 나머지는 화행적 의미인 화자·청자의 태도와 발화의 장면이 각기 다름으로써 서로 다른 발화의 의미를 얻게 되는데, 입력의 언표 문장의 의미 [날씨가 덥구나]에 각기 다른 화자·청자의 태도와 발화의 장면이 관여하게 되어 각기 다른 출력의 문장 발화의 의미를 얻게 되는 것이다.

아래의 다른 문장 발화 (38)에서 화맥이 배제된 상태의 언표 '선생님 오신다'의 의미는 선생님이 다른 곳에서 이곳으로 오신다는 것이고, 결속적 의미는 앞뒤에 다른 언표가 없으므로 기술할 것이 없지만, 화맥이 결부된 상태의 발화가 지니는 의미는 상황에 따라 여러 가지로 해석될 수 있는데, 여기서는 두 가지 경우만 살피기로 한다.

    (38) "선생님 오신다."(김종택 1984 : 66)

첫째로 화자는 선생님이 오신다는 사실을 단순히 나타내는 의미로 해석되는 경우 화자의 태도는 선생님이 오신다는 사실을 단순히 나타내는 것이고, 청자의 태도는 특별히 기술할 것이 없다. 또한 화자와 청자의 관계에서 언표에 실현된 어미 '다'의 대우법상의 일반적인 기능에 의하여 화자는 청자보다 지위나 나이가 낮지 않고 서로 친밀한 관계라고 할 수 있다. 그리고 장면의 시간은 어미 'ㄴ다'에서 보듯이 발화가 실현된 현재이고, 공간은 선생님의 존재 의의가 부각되는 학교이며, 사태는 선생님이 그 곳에 있지 않은 상태에 있다고 하겠고, 화시는 접미사 '님'과 어미 '신다'로 보아 '주체 높임, 현재, 상대 낮춤, 평서'를 나타낸 것이라 할 수 있다. 이를 종합하면 발화의 첫째 경우의 의미는 화자는 선생님이 오신다는 사실을 단순히 나타 내는 것이라고 할 수 있다. 이와 같은 화자의 발화가 지니는 의미는 언표 자체의 의미에서 말미암은 것이라고 볼 수 있다. 따라서 (38)의 첫째 경우의 의미는 아래와 같이 표시할 수 있다.

(39) "선생님 오신다."의 첫째 의미 분석
　　● [화자는 선생님이 오신다는 사실을 단순히 나타냄]발화
　　① [선생님 오신다]축자
　　② [0]결속
　　③ [화자는 선생님이 오신다는 사실을 단순히 나타냄]태도
　　④ [화자는 청자보다 지위나 나이가 낮지 않고 서로 친밀함]관계
　　⑤ [현재 학교의 발화 현장에 선생님이 있지 않음]장면
　　⑥ [님/시=주체 높임. ㄴ다=현재, 상대 낮춤, 평서]화시
　　● 중요 화행 : <0>

　둘째로 화자는 청자에게 조용히 하라고 경고하는 의미로 해석되는 경우 화자의 태도는 다급한 목소리로 외치는 것이고, 청자의 태도는 현재의 상태 를 계속 유지해서는 안 된다는 것이다. 또한 화자와 청자의 관계에서 언표 에 실현된 어미 '다'의 대우법상의 일반적인 기능에 의하여 화자는 청자보 다 지위나 나이가 낮지 않고 서로 친밀한 관계라고 할 수 있다. 그리고 장 면의 시간은 어미 'ㄴ다'에서 보듯이 발화가 실현된 현재이고, 공간은 선생 님의 존재 의의가 부각되는 학교이며, 사태는 선생님이 그 곳에 있지 않은 상태에 있다고 하겠고, 화시는 접미사 '님'과 어미 '신다'로 보아 '주체 높 임, 현재, 상대 낮춤, 평서'를 나타낸 것이라 할 수 있다. 이를 종합하면 발 화의 둘째 경우의 의미는 화자는 청자에게 조용히 하라고 경고하는 것이라 고 할 수 있다. 이와 같은 화자의 발화가 지니는 의미는 언표적 의미에 화

행적 의미의 일부인 ③ [화자는 다급한 목소리로 외치고, 청자는 현재의 상태를 계속 유지해서는 안 되는] 화자・청자의 태도가 중요하게 관여한 것이라고 볼 수 있다. 따라서 (38)의 둘째 경우의 의미는 아래와 같이 표시할 수 있다.

(40) "선생님 오신다."의 둘째 의미 분석
  ● [화자는 청자에게 조용히 하라고 경고함]_{발화}
  ① [선생님 오신다]_{축자}
  ② [0]_{결속}
  ③ [화자는 다급한 목소리로 외치고, 청자는 현재의 상태를 계속 유지해서는 안 됨]_{태도}
  ④ [화자는 청자보다 지위나 나이가 낮지 않고 서로 친밀함]_{관계}
  ⑤ [현재 학교의 발화 현장에 선생님이 있지 않음]_{장면}
  ⑥ [님/시=주체 높임. ㄴ다=현재, 상대 낮춤, 평서]_{화시}
  ◉ 중요 화행 : <③>

(39)와 (40)에서 보듯이 하나의 같은 언표 문장 '선생님 오신다'에 서로 다른 상황이 결부됨으로써 단어 발화의 의미에 차이를 가져오게 된다. 다시 말해 (39)에서 입력의 언표 문장의 의미 [선생님 오신다]에 특별한 화행적 의미가 관여하지 않아 출력의 문장 발화의 의미로 [화자는 선생님이 오신다는 사실을 단순히 나타냄]을 얻게 되고, (40)에서 입력의 언표 문장의 의미 [선생님 오신다]에 화행적 의미 ③ [화자는 다급한 목소리로 외치고, 청자는 현재의 상태를 계속 유지해서는 안 되는] 화자・청자의 태도가 관여하게 되면 출력의 문장 발화의 의미로 [화자는 청자에게 조용히 하라고 경고함]을 얻게 된다.

5. 맺음말

이 글에서는 문장 단위보다 큰 단위에 대한 연구와 관련하여 달리 사용되고 있는 여러 용어에 대한 점검을 하였으며, 발화의 의미를 해석하는 데에서 고려되는 의미를 고찰하고, 그 의미가 발화의 의미에 작용하는 방식과 발화 의미의 해석 절차를 형식화하였다. 그 내용을 요약하여 정리하면 아래와 같다.

먼저 용어와 관련하여 문장 단위에서 '체계 문장'과 '텍스트 문장'의 구분은(Lyons 1995 : 260-261) 문장의 문법성 판단과 문장의 의미 해석 결과에 직접적인 영향을 미치므로 이 두 차원은 언어 연구에서 반드시 고려해야 하는 중요한 전제 조건으로 작용한다. 그런데 이는 문장 단위에서만 필요한 것이 아니고 모든 언어 단위에서 필요하므로 각각의 언어 단위에 대해서도 이러한 구분을 할 필요가 있다.

따라서 언어 단위 전체를 총괄하여 화맥이 배제된 언어 표현에 대해서는 '언표'라 하고, 화맥이 결부된 언어 표현에 대해서는 '발화'라 하여 구분하였다. 그리고 언어 단위의 크기에 따라 전자의 언표에 속하는 각각의 언어 단위에 대해서는 '언표 단어, 언표 구절, 언표 문장, 언표 단락, 언표 담문'이라 하였고, 이와 대비되는 후자의 발화에 속하는 각각의 언어 단위에 대해서는 '단어 발화, 구절 발화, 문장 발화, 단락 발화, 담문 발화'라 하였다.

이러한 구분에서 보면 작금의 이른바 '소형문, 생략문, 소형 발화' 등은 단위의 크기에 따라 '단어 발화'나 '구절 발화'에 분속할 수 있고, 작금의 이른바 '텍스트'는 언표 차원과 발화 차원이 구분되지 않은 개념이므로 이를 분명히 구분하기 위하여 언표 차원의 텍스트에 대해서는 '언표 담문'이라는 용어를 사용하였고, 발화 차원의 텍스트에 대해서는 '담문 발화'라는 용어를 사용하였으며, '담화'는 '담문 발화'와 같은 개념으로 보았다. 이 글에서 제안한 용어와 관련한 내용이 앞으로의 논의를 더욱 활성화하고 분명한 용어의 정립을 위한 계기가 되기를 바란다.

다음으로 발화의 의미 해석에서 고려되는 의미와 관련하여 담문은 문장들의 연속으로만 이루어지는 것이 아니라 단어들의 연속으로도 성립되므로 결국 언표 담문의 의미는 단어나 문장 자체의 의미에 문맥적 의미가 더해지는 것으로 해석할 수 있다. 담문에서 문장들 사이의 관계에서 나타나는 문맥적 의미를 문장의 '통사적 의미'에 대비하여 특별히 '결속적 의미'라 하였다.

문장에서 단어들 사이의 문법적 관계로 나타나는 통사적 의미는 단어들 사이의 의미적 관계인 '연어적 의미'와 함께 문맥적 의미에 해당하는데, 여기에서 통사적 의미를 중심으로 연구하는 부문을 '통사 의미론'이라 하였고, 결속적 의미를 중심으로 연구하는 부문을 '결속 의미론'이라 하였다. '결속적 의미'라는 용어는 화맥이 배제된 단위와 화맥이 결부된 단위를 구분함에 따라 전자에 해당하는 언표 담문에서 발생하는 의미를 특별히 지칭한 것이다. 따라서 언표 담문의 의미는 단어나 문장 자체의 의미에 이러한 결속적 의미가 더해지는 것으로 해석할 수 있다.

발화를 이루는 구성단위는 단어 발화, 문장 발화, 담문 발화로 성립되므로 발화의 의미는 단어나 문장 또는 담문 자체의 의미에 단어나 문장 또는 담문과 언어 외적 세계 사이의 관계에서 나타나는 화맥적 의미가 더해지는 것으로 해석할 수 있다. 화맥적 의미는 언표 문장의 통사적 의미나 연어적 의미, 언표 담문의 결속적 의미에 대비하여 특별히 '화행적 의미'라 하였으며, 이러한 화행적 의미를 중심으로 연구하는 부문을 '화행 의미론'이라 하였다. '화행적 의미'라는 용어는 화맥이 배제된 단위와 화맥이 결부된 단위를 구분함에 따라 후자에 해당하는 발화에서 발생하는 의미를 특별히 지칭한 것이다.

마지막으로 발화 의미 해석 절차의 형식화와 관련하여 발화의 의미를 분석하기 위해서는 언표의 의미(축자적 의미, 결속적 의미), 화자와 청자의 태도(배경, 의도)와 관계(지위, 나이, 친소), 발화의 장면(시간, 공간, 사태)과 발화상의 지시를 나타내는 화시(deixis) 등을 규명해야 한다. 또한 발화의 의미를 밝히기 위해서는 발화를 구성하는 언표의 의미에 어떤 화행적 의미가 중요하게 관여하는지를 반드시 기술할 필요가 있는데, 그것은 대체로 ③ 화자·청자의 태도나 ⑤ 발화의 장면이 결정적인 역할을 한다고 하겠다. 이와 관련한 구체적이고 체계적인 기술을 위해 발화 의미의 분석 절차와 그 표시 형식을 보이면 아래와 같다. 이는 발화의 의미 분석에 대한 전체적인 절차와 형식화의 전반적인 윤곽을 보이는 수준이다. 그러므로 이러한 발화의 의미 분석에 초점을 두어 중점적으로 다루는 것은 단어나 문장 발화의 분석을 바탕으로 결속 의미를 추가해야 하는 담문 발화의 의미 분석과 아울러 후속 논의로 이어져야 할 것이다.

> <발화 의미의 분석 절차와 표시 형식>
> ● 발화의 의미 : [ ]$_{발화}$
> ① 언표의 축자적 의미 : [ ]$_{축자}$
> ② 언표의 결속적 의미(응결성, 응집성) : [ ]$_{결속}$
> ③ 화자·청자의 태도(배경, 의도) : [ ]$_{태도}$
> ④ 화자·청자의 관계(지위, 나이, 친소) : [ ]$_{관계}$
> ⑤ 발화의 장면(시간, 공간, 사태) : [ ]$_{장면}$
> ⑥ 발화의 화시 : [ ]$_{화시}$
> ◉ 중요 화행 : <   >

참고문헌

고영근. 2002. "문법과 텍스트과학", 「문법과 텍스트」, 서울대학교출판부, pp.3-18.

교육 인적 자원부. 2002. 「고등 학교 문법」, (주)두산.

교육부. 1996. 「고등 학교 문법」, 대한 교과서 주식회사.

김민수. 1982. 「국어문법론」(중판), 일조각.

김슬옹. 1997. "개념적 의미에 관한 몇 가지 오해에 대하여 : 왜 개념적 의미는 담론
    적 의미인가", 「담화와 인지」 4·2, 담화인지언어학회, pp.51-75.

김종택. 1984. 「국어화용론」, 형설출판사.

김태자. 1987. 「발화분석의 화행의미론적 연구 : 어학의 문학에로의 접근」, 탑출판사,
    pp.89-103.

김태자. 1993. "맥락 분석과 의미 탐색", 「한글」 219, 한글학회, pp.79-113.

남기심·고영근. 1985/1993. 「표준 국어문법론」, 탑출판사.

문교부. 1985/1991. 「고등 학교 문법」, 대한 교과서 주식회사.

박영순. 1994. 「한국어 의미론」, 고려대학교 출판부.

박영순. 2008. 「한국어 담화·텍스트론」(2판), 한국문화사, pp.17-28.

신현숙. 1997. "21세기 담화 의미 연구의 방향", 「한국어 의미학」 1, 한국어의미학회,
    pp.59-84.

윤석민. 2011. "텍스트언어학과 화용론", 「한국어 의미학」 34, 한국어의미학회, pp.1-24.

이관규. 1999. 「학교 문법론」, 도서출판 월인.

이석규 편. 2003. 「텍스트 분석의 실제」, 도서출판 역락.

장경희. 1992. "국어 화용론", 「국어학 연구 백년사」, 일조각, pp.359-367.

장경희. 1998. "화행의미론", 「한국어 의미학」 2, 한국어의미학회, pp.41-56.

장소원. 1994. "현대국어의 소형발화 연구", 「텍스트언어학」 2, 한국텍스트언어학회,
    pp.261-285.

전병선. 1995. 「본문언어학」, 과학백과사전종합출판사, 박이정(2000).

조성식. 1990. 「영어학사전」, 신아사.

최호철. 1993. "현대 국어 서술어의 의미 연구 : 의소 설정을 중심으로", 고려대학교
    박사학위논문, pp.18-19.

한국텍스트언어학회. 2004. 「텍스트언어학의 이해」, 박이정.

Allan, Keith. 1986. *Linguistic Meaning*. London and New York : Routledge & Kegan Paul.

Asher, R. E. ed.. 1994. *The Encyclopedia of Language and Linguistics*. vol. 10. Oxford : Pergamon Press.

Bright, William. 1992. *International Encyclopedia of Linguistics*. vol. 4. Oxford : Oxford University Press.

Lyons, John. 1995. *Linguistic Semantics : An Introduction*. Cambridge : Cambridge University Press.

| 이 논문은 한국어의미학 36집(2011, 한국어의미학회)에 게재된 논문을 재수록한 것입니다.

국어 소형문의 발화 행위에 대한 고찰

윤 평 현

1. 머리말

언어가 의사소통의 도구로 쓰일 때 가장 일반적인 형식은 어떠한 것일까? 그것은 두말할 나위도 없이 문장이다. 문장이라 하면, 우리는 필수 성분을 온전하게 갖추고 있는, 이른바 완전 문장을 먼저 떠올리게 되는데, 사실 우리의 언어 생활에서 완전한 문장은 그다지 많이 쓰이는 편이 아니다. 대부분의 경우 생략된 문장이 쓰이는가 하면, 어떤 경우에는 하나의 어절이나 단어만으로도 충분하게 의사소통을 할 수 있음을 볼 수 있다.

비정규적인 문장(irregular sentence) 형식으로 간주되는데도 불구하고 우리의 언어 현실 속에 엄연히 존재하고 있는 문장으로 이른바 소형문(minor sentence)이라는 것이 있다. 소형문은 현대국어에서 아주 많이 존재할 뿐만 아니라, 근년에 들어서는 그것의 생산이 부쩍 늘어나고 있는 추세에 있다. 최근에 소형문이 만들어지는 경우는 공공기관에서 다중에게 알리는 게시물과 인터넷에서의 대화에서 많이 볼 수 있는데, 대체로 이러한 경우에도 간결성이나 신속성을 추구하는 현대인의 심리적 작용과 무관하지 않다.

이 연구는 먼저 소형문의 개념을 수립하는 데 관심을 둔다. 문장을 완전문과 불완전문으로 대별할 때, 소형문은 당연히 불완전문의 하나로 다루어지며, 소형문의 개념 또한 그 범주 안에서 설명하게 된다. 소형문에 대한 개념과 정의가 서면 그 기준에 따라 그런 부류의 문장, 소위 소형문을 유형화하여 고찰하고, 아울러 소형문의 일반적인 특성을 살펴보는 것을 기대한다. 이때 소형문을 수행문으로 해석할 수 있는 가능성을 탐색하게 될 것이다. 소형문은 어떤 언어 형식보다도 상황 의존적 특성이 강하기 때문에 소형문을 고찰할 때 그것이 쓰인 장면을 중요하게 여기는 것은 당연한 일이다. 특히 소형 발화는 간결성을 특징으로 하기 때문에 짧은 형식 속에서 텍스타다움(textuality)을 갖는 특성이 있다. 특히 이 연구는 소형문을 발화 행위의 측면에서 고찰하게 되는데, 앞에서 언급한 바와 같이 소형문을 수행문의 관점에서 파악할 때, 그것이 갖게 되는 언표 내적 힘(illocutionary force)을 살펴보고자 한다.

2. 불완전문과 소형문

2.1. 완전문과 불완전문

문장이란 하나의 완전한 생각을 나타내는 단어들의 결합이되, 그것들이 주부와 술부로 구성되어 있어야 한다는 것이 문장에 대한 전통적인 이해이다. 이 정의의 전반부는 의미적 관점에서, 후반부는 통사적 관점에서 문장을 재단하고 있다. 결국 문장은 '사고와 형식의 완전성'을 갖추고 있어야 한다는 것이다. 따라서 완전한 사고를 표현하고 있지만 형식이 완전하지 못하거나 형식은 완전하지만 그것에 담겨 있는 사고가 완전하지 못할 때, 그것은 완전한 문장이 되지 못한다.

그러나 이와 같은 정의가 지나치게 관념적이라는 것은 이 정의의 전통에 못지않게 꾸준히 지적되어 온 문제점이었다. 우선 '완전한 생각'이라는 것이 무엇을 말하는지 분명하지 않다. 그리고 '완전한 형식'에 대해서도, 실제의 발화뿐만 아니라 많은 문장에서, 문장을 이루는 구성 성분들을 다 갖추지 않아도, 곧 형식이 완전하지 않아도 화자의 의도가 온전하게 표현될 수 있다는 점이다. 바꾸어 말하면, 사고와 형식의 완전성이라고 하는 것이 모호하고 부적절하게 적용되고 있다.

그러나 일반적으로 위에서 언급한 두 가지 요건을 충족하고 있으면 그 문장은 완전하다고 말하고, 두 가지 요건 중에서 하나라도 부족하면, 그 문장은 불완전하다고 말하게 되는데, 이렇게 되면 우리는 문장을 완전문과 불완전문으로 대별하게 된다. 다시 말하면, 완전문은 완전한 형식 속에서 완전한 생각을 표현하고 있는 문장이고, 불완전문은 형식은 완전하지만 내용이 완전하지 않거나, 내용이 완전하다 할지라도 형식이 완전하지 않은 문장이라고 말할 수 있다.

그런데 우리가 일반적으로 말하고 있는 완전문과 불완전문은 위의 설명과 동일하지 않다. 그것은 위에서 제시한 두 가지 요건 가운데 내용 표현은 이미 온전한 것으로 전제하고, 오직 문장의 구성 형식으로만 완전성 여부를 판정하는 것인데, 문장의 구성이 필수적인 성분들을 온전하게 갖추고 있느냐의 여부로 판단하는 것이다. 그렇기 때문에 의미상으로는 온전한 문장에 못지않은 표현 효과를 가지고 있더라도 그것이 정상적인 문장이나 절의 구조를 갖추지 않았으면 불완전문에 해당한다.[1]

그러나 불완전문이라는 용어가 결코 온당한 것이 아님을 우리는 어렵지 않게 알 수 있다. 문장의 성분을 온전하게 갖추지 않았더라도 화자의 뜻이 완전하게 전달되는 문장을 우리는 쉽게 접할 수 있기 때문이다. 실제로 문장 성분이 표면적으로 실현되지 않았다고 해도 대부분의 발화가 완벽하게 의사 전달의 기능을 수행할 뿐만 아니라, 많은 경우에 문장 성분의 일부분을 생략시킬 때 오히려 정상적인 발화가 될 수 있음을 본다. 어떤 경우에는 발화로 실현된 부분보다 실현되지 않은 부분이 차라리 더 많은 경우가 있는

---

1) J. Lyons(1968 : 172)은 '완전성'을 '문법적 완전성'과 '문맥적 완전성'으로 구별하고 있다.

데, 그럴 때에도 화자는 문맥이나 상황에 의지해서 그 내용을 완전하게 전
달하고 있다.

뿐만 아니라 일상적인 발화 가운데는 생략을 전제로 할 때, 생략되기 이
전의 기준 문장을 상정하기 어려운 것이 있는가 하면, 오직 단어 하나만 가
지고 의사 전달의 기능을 완벽하게 수행하는 경우도 있다.

2.2. 생략문과 소형문

생략문과 소형문은 분명하게 서로 다른 문장의 유형이면서도 어느 부분
에서는 그 경계가 분명하지 않아서 관계 설정에 미묘한 데가 있다.

생략문에 대한 초기의 논의를 보면, 대부분 문장과 담화를 구분하여 고찰
하고 있다.[2] 생략되는 요소가 앞선 문맥에 있느냐 언어 상황에 있느냐에 따
리 언이적 문맥 생략과 비언어석 상황 생략으로 구분하고, 다시 상황 생략
을 담화 상황에서 지각 가능한 요소로서 서술어의 필수 요소를 생략하는
'현장 생략'과 의식 속의 사실에서 생략된 요소를 찾는 '개념 생략'으로 구
분한다.

문맥 생략은 생략된 요소를 문장의 앞뒤에서 찾을 수 있는 것으로, 이 경
우 생략된 요소는 반드시 되풀이 관계를 유지하고 있다. 언어적 문맥에서
되풀이되는 요소가 생략되는 것은 담화에 일단 등록되었던 요소가 생략 조
건과 맞아떨어지면서 일어나게 된다. 현장 생략은 담화의 주체 곧 화자나
청자가 생략되는 경우와 그들이 공동으로 지각하고 있는 대상 또는 사거이
생략되는 것이 일반적이다. 그러나 상황이 화자나 청자가 아닌 제3자로 설
정되어 있으면 생략된 요소가 제3자가 될 수 있다. 개념 생략은 의식 속의
사실을 생략하는 경우로, 생략된 요소를 담화 현장에서 찾아낼 수 있는 경
우도 아니고, 언어적 문맥에서 찾을 수 있는 경우도 아니다. 그런데 담화 현

---

2) 생략 현상에 대한 일반적인 논의는 양명희(1996)을 참조한다.

장에서 직접 지각 가능한 대상은 그것을 지각하는 순간에 '의식 속의 사실'로 바뀌며, 앞선 문맥에 있는 요소도 담화에 등장하여 쓰이게 되면 바로 담화에 등록되면서 '의식 속의 사실'로 바뀌게 된다(김일웅 1986 : 49). 결국 현장 생략과 개념 생략의 차이는 생략 대상이 현장에 있느냐 없느냐에 있다고 할 수 있다. 그런데 생략 대상이 현장에 있느냐 없느냐 하는 것으로 현장 생략과 개념 생략을 구별하는 것은 이 두 생략을 별개의 것으로 설정할 만큼 중요한 기준이 될 수 없다. 우리는 한 현장을 떠나 다른 현장으로 옮겨가서도 쉽게 이전 현장으로 의식을 되돌려 말하기도 하고, 화자 자신이 있는 현장과 의식 속에 있는 개념 사이를 자유자재로 넘나들면서 말하기도 하는데, 그때마다 생략은 빈번하게 일어날 수 있기 때문이다. 차라리 개념 생략은, 생략이 이루어졌음을 개념적으로 받아들일 수 있지만 생략된 성분을 구체적으로 상정하기 어려운 경우로 제한하는 것이 좋을 것이다.

주지하는 바와 같이 생략의 조건은 회복 가능성(recoverbility)이다. 회복 가능성이란 생략된 요소가 선행어와 동일한 지시 기능을 가지는 것을 말하는데, 이와 같은 조건이 충족되지 않은 생략 현상은 의사 소통에 장애를 일으킬 뿐만 아니라 전혀 터무니없는 문장을 만들어내기도 한다. 그런데 회복 가능성을 생략의 조건으로 삼을 때 간과할 수 없는 두 가지 다른 입장이 있을 수 있다. 하나는 기준 문장을 전제하고 그 문장에서 어떤 성분이 없으면 생략된 것으로 보는 것이고, 다른 하나는 생략되어 쓰인 문에서 어떤 요소가 생략되었다고 가정할 수만 있으면 생략으로 보는 것이다. 바꾸어 말하면, 전자는 생략문을 실질적으로 복원하여 기준 문장을 세울 수 있는 경우이고, 후자는 개념적으로는 어떤 요소의 생략을 추정해 볼 수는 있으나 실질적으로 기준 문장을 복원해 내기가 어려운 경우이다.[3]

소형문이란 문장의 형식을 온전하게 갖추지 않았으나 온전한 문장과 맞

---

3) 곧 후자는 위에서 언급한 바 있는 개념 생략과 거의 같은 것인데, 이것은 엄밀한 의미에서 생략이라고 말하기에 부족한 점이 있다. 그것은 개념 생략이 기준 문장을 설정할 수 없을 뿐만 아니라 그러한 시도 자체가 무의미하며, 또한 기준 문장을 설정할 수 없기 때문에 생략의 절대적 조건인 회복 가능성이라는 것 자체가 성립되지 않기 때문이다.

먹는 표현 효과를 가지고 있는 문장을 말한다. 문장 형식을 온전하게 갖추지 않았다는 점에서 소형문은 생략문의 하나로 간주할 수 있는데, 이때 생략된 성분들은 복원될 수 없기 때문에 비정규적인 문장이라 할 수 있다. 따라서 회복 가능성을 충족시키지 못하는 이른바 개념 생략은 소형문에 속한다고 할 수 있다.

3. 소형문의 유형과 특성

국어는 상황 의존성이 강한 언어이기 때문에 소형문이 많이 생산될 수 있다. 그런데 우리가 사용하고 있는 소형문 가운데는 그것을 정작 문장이라고 말하기에 주저되는 표현 형식이 있을 수 있는데, 한 단어 또는 구로 구성되어 있거나 문장 형식을 취하지 않은 속담 또는 표어 등이 그것이다. 그러나 이러한 형식들도 그것이 쓰일 수 있는 적절한 발화 장면에서 언어의 통보적 기능을 완전하거나 그에 버금가게 발휘하고 있기 때문에 문장으로 간주되어야 함은 두말할 나위가 없다.

일상 언어에서 우리가 쉽게 접할 수 있는 소형 발화를 유형별로 대강 정리해 보면 다음 (1)~(13)과 같다.

    (1) ㄱ. 알았습니다.
        ㄴ. 전화 바꿨습니다.

    (2) ㄱ. 계십니까?
        ㄴ. 이것 보세요.

    (3) ㄱ. 처음 뵙겠습니다.
        ㄴ. 실례합니다.

(4) ㄱ. 말하자면, (그 사람이야말로 천사지요)
　　ㄴ. 죄송하지만, (잠시 일어나 주시겠습니까?)

(5) ㄱ. 좋았어!
　　ㄴ. 큰일 났어요!

(6) ㄱ. 불이야!
　　ㄴ. 도둑이야!

(7) ㄱ. 제기랄!
　　ㄴ. 후유

(8) ㄱ. 여보
　　ㄴ. 암

(9) ㄱ. 정숙
　　ㄴ. 깨끗이

(10) ㄱ. 자연 보호
　　ㄴ. 앞으로 나란히

(11) ㄱ. 해당 사항 없음
　　ㄴ. 논두렁 태우기
　　ㄷ. 내일까지 보고할 것

(12) ㄱ. 내 것 주고 뺨 맞는다.
　　ㄴ. 밤새도록 물레질만 한다.

(13) ㄱ. 다음 물음에 답하라.
　　ㄴ. 알맞은 답을 해당란에 쓰시오.

(1)은 화자가 주어이고 개념적으로 주어가 생략되었다고 말할 수 있으나

기준 문장을 설정하는 것이 무의미한 경우이다. (2)는 청자가 주어라고 말할
수 있으나 굳이 생략된 주어를 들추어낼 필요가 없는 것인데, 특히 (2ㄴ)의
경우에 청자가 주어라고 가정하고 생략된 주어를 내세워 보면 너욱 이상한
문장이 된다. (3)은 친교적 행위로 쓰인 발화인데, 개념 생략의 대표적인 예
라고 할 수 있는 소형문이다. (4)는 화자가 다음 발화를 이어가기 위한 상투
적 표현인데, 앞의 (3)과 성질이 같은 개념 생략이라 할 수 있다. (3)과 (4)는
인사말과 같은 관용적 표현으로, 우리가 생략된 성분을 짐작할 수는 있다고
하더라도 그것을 복원하는 것 자체가 부적절한 일이라고 할 수 있다. (5)는
화자가 청자에게 어떤 사태에 대한 내용과 함께 자신의 태도를 드러낸 것이
다. (6)은 우리 국어에서 자주 지적되고 있는 전형적인 무주어문에 해당한
다. (7)은 느낌을 나타내는 감탄 표현이고, (8)은 부르거나 대답을 할 때 쓰
는 간투적 표현이다.4) (7), (8)과 같은 감탄사는 문장에서 독립적인 요소이기
때문에 모두 소형문을 이룬다고 할 수 있다. (9)는 한 단어로, (10)은 구로
되어 있는데, (9ㄱ)과 (10ㄱ)은 명사(구), (9ㄴ)과 (10ㄴ)은 부사(구)로 된 소형
문이다. 이와 같이 명사나 부사가 단독으로 혹은 구를 이루어서 통보적 기
능을 수행하는 소형문을 많이 볼 수 있는데, 특히 구형식은 표어나 캐치 프
레이즈에서 많이 볼 수 있다. (11)은 명사형 종결 형태로 된 소형문인데, 이
것은 보고문이나 지시문에서 흔히 볼 수 있다. (12)는 속담에 속하는 것으로
화자와 청자를 특정할 수 없으며, 이는 속담의 일반적인 표현 방식이라고
할 수 있다. (13)은 이른바 절대문5)에 해당하는 것인데, (13)과 같은 문장은
발화 장면에 주어진 어느 특정한 청자를 상대로 한 명령이 아니라는 특성을

---

4) 감탄사를 감정 감탄사와 의지 감탄사로 나누는 것이 일반적이다. 이와 같은 분류는 최현배
   (1965)에서부터 비롯된 것인데, 신지연(1983 : 166)에서는 감동성[±Emotive]과 통보성
   [±Communicative]을 기준으로 감정 감탄사는 [+Emotive, −Communicative]의 자질을, 의지
   감탄사는 [−Emotive, +Communicative]의 자질을 가진 것으로 설명한다. 그런데 신지연
   (1989)은 감탄사라는 용어보다는 간투사가 더 적절하다는 견해를 내고 있다. 한편으로, 감
   탄사와 간투사를 구분하여 따로 세우기도 하는데, (7)과 같이 느낌을 주로 나타내는 것은
   감탄사라 하고 그런 느낌과 관련이 없으면 간투사라고 한다(서정수 1996 : 1395).
5) 이러한 형식의 명령을 절대 명령이라 부른다(임홍빈 1983 : 115).

가지고 있다.6)

4. 소형문과 장면

   동일한 의미를 지닌 발화가 상이한 언어 표현으로 실현되는가 하면, 동일한 언어 표현이 전혀 다른 의미로 쓰일 수 있다. 그것은 우리가 만들어 내는 발화가 항상 장면 속에서 해석되기 때문이다. 발화는 언제나 그 발화를 둘러싼 상황과 문맥 속에 존재한다. 한 문장으로 된 발화에는 아주 많은 양의 정보가 함축되어 있을 수 있는데, 그것은 그 발화가 장면에 의존하고 있기 때문에 가능한 일이다. 대화의 장면에는 구체적으로 화자와 청자가 있으며, 그들 사이에는 성별이나 사회적 관계, 친밀성의 정도가 있고, 이러한 요소들은 발화 속에 그대로 녹아들게 된다. 대화 장면의 시간과 공간이 발화에 작용하고, 등장 인물들이 가지고 있는 배경 지식이나 정보가 발화 속에 들어 있을 수 있다. 결국 발화는, 화자에 의해서 만들어내고 지속적으로 변형되고 개조되는 장면의 구성 요소에 절대적으로 의존하고 있다.
   하나의 문장이 발화 장면 속에서 완전하게 해석될 수 있음은 더 이상 논의할 바가 아니다. 그러나 그 문장 자체가 가지고 있는 명제 내용은 장면과 무관하게 이해할 수 있거나 주어진 문장만으로도 발화 장면을 짐작해 볼 수 있다. 그런데 대개의 소형문은 소형문 그 자체로는 발화 의미를 이해하기 어려우며 발화 장면을 짐작하는 것이 쉽지 않다. 소형문을 구성하는 감탄사의 경우를 예로 들어 살펴보자. 감탄사 '아'는 사람이 감정을 실어서 가볍게 내는 소리이다. 그러나 장면이 주어지지 않고 단지 단어로만 존재할 때 우리는 그것에 어떠한 감정이 실려져 있는지를 알지 못한다. '아'는 놀라거나,

---

6) 고영근(1976 : 35-37)에서는 (13)과 같은 명령이 쓰이는 상황을 공개적이라고 하는데, 여기서 말하는 공개적이란 특정한 사람을 상대로 하지 않는다는 것을 의미한다.

초조하거나, 다급할 때 내는 소리이기도 하고, 기쁘거나, 슬프거나, 뉘우치거나, 칭찬할 때 내는 소리이기도 하다. 어떤 말을 하기에 앞서 상대방의 주의를 끌기 위하여 내는 소리이기도 하고, 어떤 때는 모르던 것을 깨달았을 때 내는 소리이기도 하다. 그러나 이런 여러 가지의 감정들은 '아'가 구체적인 맥락 속에 주어질 때 비로소 나타나는 것이다. 그리고 이럴 때에는 대체로 그 감정에 부합하는 보충 표현이 뒤따르게 된다.

(14) ㄱ. 아, 차가워라. (놀람)
ㄴ. 아, 아이가 무사해야 할 텐데. (초조함)
ㄷ. 아, 문이 닫혀 버렸네. (당황함)
ㄹ. 아, 당신이 왔구려. (반가움)
ㅁ. 아, 세월이 유수와 같군. (안타까움)
ㅂ. 아, 내가 졌어. (실망)
ㅅ. 아, 잠시 주목해 주십시오. (주의)
ㅇ. 아, 그래서 영이가 화를 냈구나. (깨달음)

(14ㄱ-ㅇ)에서 볼 수 있듯이, '아'는 장면마다 각기 다른 감정을 나타내며, 그 감정과 일치하는 보충 표현을 수반할 수 있다. 이와 같이 감탄사는 여느 범주의 단어와는 달리 홀로 쓰일 수 있는 독립어의 구실을 하지만 그것 자체만으로는 구체적인 의미를 드러내지 못한다. 그렇기 때문에 실제 쓰임에서는 상황에 의지하거나 그렇지 않으면 뒤따르는 보충 표현에 의지하여 해석하게 된다.

다음은 서술어 하나로 문장을 구성하는 소형문 '됐다'의 쓰임을 살펴보자. 그런데 소형문 '됐다'는 '되다'의 과거형으로 실현된 일반적인 생략문과는 전혀 성질이 다르다. 단어 '되다'는 주로 '다른 것으로 바뀌거나 변함'을 나타낼 때 사용된다. 그러나 소형 발화 '됐다'는 상대방의 행위를 수용하거나, 상대방의 마음을 편하게 해 주려고 하거나, 아니면 상대방의 행동이나 말을 중단시키려고 할 때 쓰인다. 다음 (15)는 대하 소설『태백산맥』에 나오는 것의 일부이다.

(15) ㄱ. 됐소. 그럼 지금부터 내 말을 똑똑히 들으시오. (1 : 25)

ㄴ. 됐소. 난 여기서부터 산을 타야겠소. (1 : 212)

ㄷ. 됐소. 좀 더 그대로 뉘 있으시오. (2 : 144)

ㄹ. 됐소. 더 정신을 모아요. (2 : 271)

ㅁ. 됐어요. 아는 사람이라서. (3 : 26)

ㅂ. 됐습니다. 돌아가도 좋아요. (3 : 137)

ㅅ. 됐습니다. 잘 알았습니다. (3 : 138)

ㅇ. 되았소. 성님. (4 : 99)

5. 소형문과 발화 행위

5.1. 발화 행위의 분류

형식이 온전하거나 온전하지 않거나 간에 그것이 하나의 발화로서 쓰였다면, 그 발화는 언표 내적 행위를 수행한다. 따라서 모든 소형문 속에는 제각각의 언표 내적 힘이 있으며, 이 언표 내적 힘에 의하여 실질적인 의사소통을 하게 된다.

인간의 발화 속에 언표 내적 행위가 들어있다는 것은 분명한 사실이지만 그 행위를 분류해 내는 일이 가능한가에 대해서는 그 동안 꾸준하게 논의되어 왔다. 여러 언표 내적 행위들을 의미적 관점에 따라 하나하나 나누는 것은 가능한 일이겠지만, 그 많은 행위들을 몇 개의 대부류로 분류하는 일이 간단하지 않기 때문이다.[7] Austin(1962) 이후에 여러 언어학자와 철학자가

---

7) 발화 행위를 몇 개의 대부류로 분류하기 위해서는 다음과 같은 두 가지 질문을 상정해 보아야 한다(Hindelang 1982, 김갑년 1999 : 78-79 재인용).

(1) (ㄱ) 발화 행위 모델들의 분류가 도대체 가능한가? 그리고 그러한 분류들은 어떤 특성

시도한 바 있으며, 지금으로서는 Searle(1976)에서 제시한 분류가 가장 설득력을 가지고 있다고 할 수 있다. Searle(1976)은 다음 (16)과 같이 다섯 개의 대부류로 분류하고 있다.

> (16) 언표 내적 행위의 분류
> ㄱ. 진술(representative)의 언표 내적 행위 (=진술 행위)
> ㄴ. 지시(directive)의 언표 내적 행위 (=지시 행위)
> ㄷ. 언약(commissive)의 언표 내적 행위 (=언약 행위)
> ㄹ. 표현(expressive)의 언표 내적 행위 (=표현 행위)
> ㅁ. 선언(declarative)의 언표 내적 행위 (=선언 행위)

그리고 Searle(1976)은 언표 내적 행위의 분류 기준으로 열두 가지를 제시하고 있는데,[8] 그 가운데서도 특히 다음 세 가지 기준을 중요한 잣대로 삼고 있다.

> (17) 언표 내적 행위의 분류 기준
> ㄱ. 언표 내적 행위의 목표(illocutionary point)
> ㄴ. 심리적 상태(mental attitude)
> ㄷ. 일치 방향(direction of fit)

언표 내적 행위의 목표란 화자가 그의 발화로써 지향하는 소통적이고 실제적인 의도를 말한다. 예를 들면, '명령'을 내리는 언표 내적 행위의 목표는, '누군가로 하여금 무엇을 하게 하거나 어떤 일을 하지 못하게 하는 것'

을 갖는가?
　(ㄴ) 발화 행위들의 그러한 부류들을 몇 개나 상정해야 하는가? 그리고 이 부류들은 어떤 기준에 따라 형성되는가?
8) Searle(1976)에서 제안하고 있는 분류 기준은, ① 언표 내적 행위의 목표, ② 심리적 상태, ③ 일치의 방향, ④ 효력, ⑤ 사회적 지위, ⑥ 이해 관계, ⑦ 담화 관련 기능, ⑧ 내용, ⑨ 언표 내적 행위와 수행 동사, ⑩ 사회 제도와 언표 내적 행위, ⑪ 언표 내적 행위와 수행문 ⑫ 스타일 등 열두 차원의 기준이다. 이에 대한 자세한 설명은 Mey(1993)/이성범 옮김 (1996)을 참고할 것.

이다. 곧 이것이 '명령하다'라는 발화 행위의 목표이다. 심리적 태도는 화자가 자신의 발화와 함께 표현하는 내적 상태를 말한다. 예를 들면, 소망, 의도, 믿음, 유감, 성냄 등 화자가 내적으로 경험하는 심리적 상태를 가리킨다. 일치 방향은 발화가 우리가 살고 있는 세계와 어울릴 뿐 아니라 그 세계를 변화시킬 수 있다는 사실을 나타낸다. 예컨대 화자가 지시 행위 또는 언약 행위를 발화하였다면 실제 세계가 발화 행위에서 표현된 것처럼 변해야만 한다. 발화를 토대로 세계를 화행의 명제 내용에 일치하도록 변하게 하는 것이다. 진술 행위에서는 그와 반대인데, 발화가 '올바른' 것이 중요하다. 곧 발화가 세계에 일치하는 것이다. 이와 같이 일치는 두 가지 방향으로 작용하는데, 하나는 발화에서 세계로 일치하는 것이고, 다른 하나는 세계에서 발화로 일치하는 것이다. 그러나 일치에는 두 가지 더 가능한 경우가 있다. 표현 행위는 일치의 방향이 없는 경우이고, 선언 행위는 일치가 양방향으로 작용하는 것이다.

5.2. 소형문의 발화 행위

주지하는 바와 같이 국어에는 많은 소형문들이 사용되고 있으며 작금에도 꾸준히 만들어지고 있다. 그 동안 소형문에 대한 연구가 많지 않았던 만큼, 우리는 현재 사용되고 있는 국어 소형문의 목록을 가지고 있지 않다. 그런 가운데서도 장소원(1994)에는 많은 자료를 제시하고 있다. 이 글은 장소원(1994)의 자료를 다시 분석하여 정리하고, 여기에 요즈음에 접할 수 있는 소형 발화를 덧붙여서 국어 소형문의 목록으로 삼는다. 그리고 이 자료를 대상으로 국어 소형문을 언표 내적 행위의 측면에서 고찰하고자 한다.

이제 Searle(1976)의 언표 내적 행위의 분류에 맞추어서 국어의 소형문을 살펴보기로 하자. 소형문의 화행을 따져 보는 데에는 앞에서 언급한 Searle(1976)의 분류 기준이 중요하게 개입하며, 이 기준에 따라 국어 소형문의 발화 행위를 Searle(1976)에서 제안한 대로 다섯 가지로 분류한다.

5.2.1. 진술 행위

진술은 화자가 어떤 것을 사실로 믿는지 그렇지 않는지에 대하여 말하는 행위이다. 따라서 진술의 행위는 참 또는 거짓의 진리치를 가지며, 이와 같은 행위를 우리는 전통적으로 단언(assertion)이라고 불러왔다. 다음 (18)은 단언의 화행을 보여 주는 일반 발화의 예이다.

    (18) 창수는 참으로 부지런한 사람이야.

(18)은 '창수'가 가지고 있는 속성을 단언하고 있으며, 그 내용이 참인지 거짓인지의 문제는 세계의 상황에 따라 결정된다. 진술의 언표 내적 힘은 화자가 무엇인가에 대하여 그러하다고 딘언하는 것인데, 그 언급한 명제에 화자가 책임을 지는 것에 언표 내적 행위의 목적이 있다(Searle 1977). 그리고 단언 행위를 통해서 표현되는 심리적 태도는 언급하는 명제가 진실이라는 화자의 믿음이다. 화자는 자신의 믿음을 근거로 해서 (18)과 같이 단언하기 때문이다. 그리고 이와 같은 단언을 통하여 화자는 자신이 그 내용을 믿는다는 것을 청자로 하여금 인식하게끔 한다. 발화와 세계의 일치 방향은 발화를 세계에 일치하게 한다.

진술 행위는 이와 같은 단언이나 결론, 어떤 사건에 대한 기술이나 보고 등 화자가 믿고 있는 세계를 묘사하는데, 소형 발화 가운데서 이러한 진술 행위를 주된 발화 기능으로 삼고 있는 것들은 다음 (19)~(22)와 같다.

    (19) ㄱ. 듦, 맑음, 흐림, 지음, 엮음, 옮김, 올림, 씀, 드림, 끝.
         ㄴ. ○○○ 지음/엮음/옮김(저/편/역), ○○○ 올림/씀/드림, ○○○ 만
            듦, 이상 없음, 해당 사항 없음.
         ㄷ. 찬성, 반대, 기권, 이상, 개봉 박두.

　　ㄹ. 출장 중, 회의 중, 외출 중, 강의 중, 연구 중, 수술 중, 공사 중, 논
　　　　문심사 중, 이상 무.

(20) 비다(눈이다), 불이야, 도둑이야, 이상입니다, 아무 것도 아니다.

(21) 네/예, 응, 암, 그래, 오냐, 그럼, 그렇지, 그렇고 말고, 알았다, 알겠다,
　　　아니, 아니다, 천만에, 글쎄/글쎄요/글쎄올시다/글쎄올습니다, 아니올
　　　씨다.

(22) ○○○(으)로부터/가/에게.

　　(19ㄱ-ㄹ)은 명사(명사형) 또는 명사구로 된 소형 발화이다. (19ㄱ)은 명
사 하나로 된 단어문인데, 명사 단어문은 고유어 명사문과 한자어 명사문으
로 구별할 수 있다. (19ㄱ)은 고유어 명사문으로, '끝'을 제외하고는 용언에
서 파생한 명사로 된 소형 발화인데, 모두 진술 화행에 쓰이는 것들이다.
(19ㄴ)은 고유어 명사로 끝을 맺은 명사구 구성이며, (19ㄱ)의 확장이라고
할 수 있다. 진술 행위에 쓰이는 명사형은 (19ㄱ)과 같이 '-음' 종결형으로
되어 있는 것이 특성이라고 할 수 있다. '-기' 종결형과 '-ㄹ것' 종결형이
주로 지시행위에 쓰이는 것과 구별되는 현상이라 할 수 있는데, 그것은 대
체로 '-음'이 현재의 이루어진 일에 쓰이고, '-기'가 이루어지지 않은 미래
의 일에 쓰이는 일반적인 의미 특성과도 관련이 있는 것으로 보인다.9) 고유
어 명사문의 하나인 '끝'은 기안문이나 회의록의 종결에 쓰이며, 한자어 '이
상'을 대치한 것이다. 그러나 '이상'이 음성 발화와 문자 발화에 모두 쓰일
수 있는 것과 달리 '끝'은 문자 발화에서만 쓰일 수 있다.
　　소형 발화로 쓰이는 한자어 명사는 대부분 그 뒤에 '-이다'나 '-하다'가

---

9) '-음' 종결형이 모두 진술 행위를 나타내는 것은 아니다. '멈춤/우선 멈춤, 차 못 다님'은
　　진술보다는 지시의 언표 내적 행위를 한다고 할 수 있다. 그리고 '-음', '-기'와 함께 명사
　　종결형의 하나로 다루어지기도 하는 '-ㄹ 것'은 대체로 명령의 의미로 쓰이기 때문에 지시
　　행위에 포함된다(뒤의 5.2.2.에서 다시 논의함).

생략된 것인데, (19ㄷ, ㄹ)은 '개봉 박두'를 제외하면 모두 '-이다'가 생략된 것들이다. 그런데 (19ㄹ)은 의존명사 '중' 뒤에 '-이다'가 붙어서 '중이다'의 꼴이 본래의 모습이라고 할 수 있겠으나, 이때 만약 '-이다'가 생략되지 않고 쓰인다면 그것은 소형문이 되지 못한다. 곧 (19ㄹ)의 예에서처럼 '-이다'가 생략될 때 비로소 소형문으로 기능할 수 있으며, 이런 표현들이 음성 발화로 쓰이는 경우는 거의 없고 안내문이나 공고문과 같은 문건에서나 볼 수 있는 소형문이다.10) 그런데 군대의 초소 같은 곳에서 들을 수 있는 '(근무 중) 이상 무!'에서는 한자어 어근 '무' 다음에 붙은 '-이다/입니다'가 생략된 것을 상정해 볼 수 있으나 자연스러운 표현으로 보이지는 않는다. 그리고 이 발화는 문자 발화로는 쓰이는 일이 거의 없고 음성 발화에서만 쓰인다. 그런데 고유어 명사 종결형으로 치환한 '이상 없음'은 음성 발화뿐만 아니라 문자 발화에서도 자연스럽게 쓰일 수 있다.

(20)은 이른바 지정사 서술형으로 구성된 소형 발화들이다. 특히 '비다!', '불이야!', '도둑이야!'와 같은 소형문은 그 동안 무주어문의 예로 자주 거론되어 온 것들이다. 이들 발화가 반가움이나 놀라움과 같은 감정을 담고 있기는 하지만 어떤 사실에 대하여 진술하고 있다는 점에서 진술 행위로 보아야 할 것이다.11)

다음 (23)은 '아무 것도 아니다.'가 소형문으로 쓰이는 예이다.

> (23) 갑 : 자네 무슨 걱정거리라고 있어?
>   을 : 아무 것도 아니야.

이와 같이 소형문으로 쓰이는 '아무 것노 아니다.'는 화자가 대답을 꺼리거나 상대방의 관심에서 벗어나고자 할 때 쓰인다.

---

10) '회의 중임', '논문 심사 중임'과 같이 '-이다'의 명사형이 쓰이기도 한다. 그리고 '회의 중' 등이 명령이나 요청의 간접 화행으로 쓰이는 경우가 많다.

11) 이러한 성격의 소형문은 요즈음 아주 빈번하게 접할 수 있는데, 예컨대 청소년들이 인기 연예인이나 운동 선수를 보고, '○○○이다!' 하고 소리치는 것이 그러한 예이다.

(21)은 묻는 말에 긍정하거나 부정할 때 쓰이는 말들이다.[12] 이것들은 이른바 가부 질문에 대한 대답으로 쓰이는데, '네' 또는 '아니오' 등만으로 이루어지기도 하고, 이것에 덧붙여 질문을 되받아 긍정문 또는 부정문의 형태로 바꾸어 가부를 표시하기도 한다. 그렇기 때문에 '네' 또는 '아니오'의 구체적인 내용은 뒤따르는 명제 내용과 일치한다.

(24) 갑 : 그 사람 미남이니?
    을 : 응, 미남이야. / 아니, 미남은 아니야.

따라서 긍정 또는 부정의 대답으로 쓰이는 '네'와 '아니오'는 뒤따르는 명제 내용에 따라 발화 행위의 유형이 결정된다. 상대편의 말을 강하게 부정하거나 겸양의 뜻을 나타낼 때, '천만에'가 쓰인다.

(25) 갑 : 제대로 대접을 해 드리지 못해서 죄송합니다.
    을 : 천만에, 대접을 너무 융숭하게 받아서 미안하네.

'글쎄'는 단독으로 쓰이는 일도 많지만 다른 소형문의 하나인 '말이다'와 결합하여 '글세 말이다.'의 형태로 쓰이는 일이 적지 않다.

진술 행위로 쓰이는 소형문에는 주로 명사 또는 명사형이 많음을 볼 수 있다. 동사나 형용사 서술어로 된 소형문이 거의 없으며, 지정사 서술어 소형문이 몇 개 있다. 그리고 가부 대답에 사용되는 감탄사 소형문이 있다. 명사문으로 된 것 가운데는 '-음' 종결형이 많은데, 이것들은 대부분 관용화된 소형문이다.

---

12) '네'와 '아니오' 등은 가부 질문에 대한 대답 외에 다른 사람의 부탁이나 명령에 동의하여 대답할 때에도 쓰인다. 이때의 발화는 진술 행위가 아닌 언약 행위에 속한다. 이에 대해서는 뒤에서 다시 논의한다.

5.2.2. 지시 행위

지시의 발화 행위는 화자가 청자로 하여금 무엇을 하도록 유도하는 행위이다. 이 범주에 속하는 것으로 가장 전통적인 것은 명령(command)이라고 할 수 있다. 다음 (26)은 명령의 일반 발화이다.

(26) 실내에서는 모자를 벗게.

(26)의 화자는 위의 문장을 발화함으로써 청자가 변화된 어떤 상황을 이루도록 명령하고 있다. 앞에서 언급한 바와 같이 (26)에서 볼 수 있는 '명령'이 이 발화에 있어서의 언표 내적 행위의 목적이다. 곧 지시 행위는 화자가 청자로 하여금 어떤 특정한 행위를 실행하도록 움직이는 데에 언표 내적 행위의 목적이 있다. 그리고 지시 행위에 의해서 표현되는 심리적 상태는 청자가 화자의 지시 내용을 수행할 것을 원하는 화자의 바람이다. 곧 (26)의 화자는 청자가 '모자를 벗는' 일을 수행할 것을 원하고 있는데, 이것은 화자의 심리적 상태에 속한다. 그리고 화자의 발화에 의해서 청자가 모자를 벗는다면, 발화에 의해서 세계가 바뀌는 것이며, 따라서 일치의 방향은 발화로부터 세계로 적용되는 분명한 방향을 보여 준다.

지시 행위는 이와 같은 명령이나 요청, 제안, 질문, 충고 등 청자가 특정 행위를 하도록 화자가 원하는 것인데, 지시 행위에 쓰이는 소형문에는 다음 (27)~(33)과 같은 것들이 있다.

(27) ㄱ. 기상, 실시, 출발, 집합, 전진, 정지, 발사, 중지, 금연, 정숙, 양보, 구직, 구인, 박수.
ㄴ. 통행/낙서/소변/주차/입산/진입 금지, 산불 조심, 자연 보호, ○○○ 참조.
ㄷ. 결재/참조 바람, 우선 멈춤, 종업원/웨이터/종업원/주방 아줌마/아르바이트생 구함, 들어가지 못함, 차 못 둠.
ㄹ. 입 다물기, 식사 중에는 말 안 하기.

ㅁ. 답은 뒷면에 쓸 것, 기한 내에 납부할 것.

(28) ㄱ. 기다리세요, 말씀하세요, 들어오세요, 주무세요, 수고해라, 멈춰라,
　　　서라, 쏴라.
　　ㄴ. 잘 가라, 잘 있어라, 잘 자라, 또 보자, 여기/이것 보세요, 이리 오
　　　너라, 걱정/염려 마라, ○○○ 보아라.

(29) 괜찮아?, 됐어?, 계세요?, 어디세요?, 찾으셨습니까?, 부르셨습니까?, 안
　　녕하세요?, 누구세요?, 그러세요?, 어떻습니가?, ○○○이라니?, 나/저
　　요?, 잘 있었니?, 그렇지 않아?, 어때?, 그런데?, 그래서?, 진짜?, 정말?,
　　벌써?, 왜?, 언제?, 뭐?

(30) 실례합니다, 전화 바꿨습니다, 여기다, 이/그/저 놈이다, 아직이다, 잠
　　깐이다, 꼭이다.

(31) ㄱ. 여보, 어이, 야, 얘, 워리워리, 구구.
　　ㄴ. 자, 쉿, 아서라.

(32) ㄱ. 앞으로 나란히, 돌진 앞으로, 좌향 앞으로, 우향 앞으로, 좌향
　　　좌, 우향우, 뒤로 돌아, 앞으로 가, 열중 쉬어, 뒤로 돌아, 제
　　　자리에 서.
　　ㄴ. 조금 빠르게, 매우 느리게, 아주 빠르게.
　　ㄷ. 세계는 서울로 서울은 세계로, 자연을 아름답게 사회를 아름답게,
　　　더 높이 더 빨리 더 힘차게, 마음은 하나님께 손은 이웃에게.

(33) 다음 물음에 답하라, 알맞은 답을 고르라, 기대하시라, 꺼진 불도 다시
　　보자.

(27)은 명사 또는 명사형으로 구성된 소형문들이다. (27ㄱ)과 (27ㄴ)은 한
자어 명사와 명사구로 된 것인데, 이때 그 기본형을 '-하다' 결합형으로 보
느냐 아니면 한자어 자체로 보느냐 하는 문제가 있을 수 있으나, '실시함!'

과 같이 '-음' 종결이 가능하다는 점에서 전자의 입장에 설 수 있다.[13]

(27ㄷ-ㅁ)은 명사형 종결 형태의 예인데, (27ㄷ)은 '-음' 종결형이고, (27ㄹ)은 '-기' 종결형, (27ㅁ)은 '-ㄹ 것' 종결형이다. '-기' 종결형은 주로 금지의 내용에 쓰이는 것이 특징이며, '-ㄹ 것' 종결형은 절대 명령의 기능을 가지고 있다. 특히 '-ㄹ 것' 명사형 소형문은 불특정의 일반 대중에게 간결하게 공지하고자 할 때 많이 쓰인다.

(28ㄱ, ㄴ)은 서술형으로 된 소형문인데 문장 종결 형태가 명령법으로 되어 있는 것들이다. 따라서 이것들은 모두 명령의 지시 행위를 한다. 지시 행위는 발화 명제의 상황을 원하는 화자가 청자로 하여금 그 상황에 이를 수 있도록 움직이는 언표 내적 행위의 특성을 가지고 있다. 그렇기 때문에 개념 생략 속의 주어가 청자인 경우가 많은데, 특히 명령은 그 화행의 특성상 모두 청자 주어가 생략된다. 따라서 명령법으로 된 (28ㄱ, ㄴ)은 생략된 주어가 청자이다. (28ㄱ)의 '말씀하세요.'는 맞대면의 장면에서도 쓰이지만 요즈음은 전화와 같은 원거리 대화에서 많이 쓰인다. 지시 화행의 '수고해라.'는 극단적인 음성 발화의 형태로 '수고!'가 쓰이기도 한다. '수고하-'에는 여러 가지 종결 형태가 붙어서 소형문을 이룰 수도 있는데, 진술 화행으로 쓰이는 '수고했다.'나 '수고하시겠습니다.'도 그 가운데 하나이다. 그러나 이것들이 지시 행위 또는 진술 행위로 쓰이는 것은 물론이지만 적지 않은 경우에 사교적 기능을 발휘하기도 한다. 마찬가지로 '(안녕히) 주무세요.'가 사교적 발화로 쓰일 수 있다. '멈춰!', '서라!'도 특정한 상황에서 쓰이는 명령의 소형문이다. (28ㄴ)은 구나 절로 이루어진 서술형 소형문인데, 그 속에는 인사와 같은 사교적 특성을 가진 발화가 많은 것을 볼 수 있다. 특히 청자가 아무 탈 없이 편하고 순조롭게 특정 행위를 할 것을 원하는 사교적 언사에 '잘'이라는 부사를 첨가하고 있는데, 이러한 표현의 소형문은 이 밖에도

---

13) 한자어 명사 뒤에 붙은 접미 형태소로는 '-하다'가 일반적이지만 모두 그런 것은 아니다. '출발!'은 '-이다' 생략으로 볼 수도 있다. 그러나 이것은 일반적이지 않으며 기본 어휘형으로도 존재하지 않으므로 '-하다' 생략으로 보는 편이 나을 것이다. '박수!'는 '-하다' 생략보다는 '-치다' 생략으로 보아야 할 것이다(장경현 1995 : 34-35).

많이 만들어질 수 있을 것으로 보인다. 'ㅇㅇㅇ 보아라.'는 편짓글과 같은 문자 발화에서나 볼 수 있다.

(29)는 의문법으로 되어 있는 소형문의 예이다. 종결 형태가 의문형인 것도 있지만 모두 문미 억양이 의문형으로 실현된다. '괜찮아?'와 '됐어?'는 화자가 청자에게 어떤 일을 확인하면서 청자의 긍정적인 대답을 바랄 때 쓰인다. '계세요?'는 미지의 보이지 않는 상대로부터 응대가 있기를 요청할 때 쓰이고, '어디세요?'는 전화 통화와 같이 직접 대면할 수 없는 상대의 신분을 알고자 할 때 쓰인다. '찾으셨습니까?'나 '부르셨습니까?'가 소형문으로 쓰이는 경우는 다음 (34)와 같이 음식점과 같은 곳에서 쉽게 접할 수 있는데, 이 경우에는 일반적인 의문형과는 달리 문미 억양이 내려간다.

> (34) (손님이 부르는 소리를 듣고 가까이 다가와서)
>   종업원 : 손님, 부르셨습니까? / 찾으셨습니까?

(30)은 평서법으로 요청 또는 명령의 간접 화행을 하고 있는 소형문이다. '실례합니다.'는 상대의 양해를 구하는 인사에 쓰이는 말이고, '전화 바꿨습니다.'는 '전화 바꿨으니 말씀하세요.'의 뜻으로 쓰이는 간접 화행이다. '여기요!'는 상대의 주의를 끌고자 할 때 하는 발화이다. '이/그/저 놈이다'는 '저 놈이다! 저 놈 잡아라.'에서와 같이 명령의 간접 화행으로 주로 쓰인다. '-이다'는 체언 뒤에 붙는 것이 보편적이지만 체언 외에 조사나 부사, 용언의 어미 뒤에도 붙을 수 있는데, 다음의 예는 부사 뒤에 '-이다'가 붙어서 된 소형문이다.

> (35) 갑 : 다 됐니? 차 시간에 늦겠다.
>   을 : 아직이요.

이와 비슷한 예로는 '잠깐이요.'나 다짐을 할 때 쓰는 '꼭이요.' 등을 더 들 수 있다.[14]

(31ㄱ, ㄴ)은 모두 의지 감탄사로, (31ㄱ)은 사람이나 동물을 부를 때 쓰는 발화이고, (31ㄴ)은 명령의 뜻을 담은 발화이다. (32ㄱ-ㄷ)은 부사구로 된 소형 발화들이다. (32ㄱ)은 구령으로 쓰이고, (32ㄴ)은 악보의 연주 속도를 가리키며, (32ㄷ)은 포스터나 표어의 문구이다. (32ㄱ)은 음성 발화에만 쓰이고, (32ㄴ-ㄷ)은 문자 발화에만 쓰인다. 끝으로 (33)은 이른바 절대문으로 문자 발화에만 쓰인다.[15]

국어의 소형문에는 지시 행위가 대단히 많은 것을 볼 수 있다. 문장 형식에서도, 명사형과 서술형은 물론이거니와 감탄사, 부사(구) 등 다양한 형식의 소형문이 있다. 서술형에도 명령법을 위시하여 의문법, 평서법 등이 있는데, 의문법과 평서법은 간접 화행으로 요청 또는 명령의 행위를 한다.

5.2.3. 언약 행위

언약의 발화 행위는 화자가 미래의 행위에 대하여 언명하는 것으로, 화자가 자기 자신을 미래의 행위에 구속시키기 위하여 수행하는 행위라고 말할 수 있다. 다시 말하면, 화자 스스로 자신의 의무를 만들어 내는 것인데, 이 범주의 전형적인 예가 약속이다. 다음 (36)은 약속의 일반 발화이다.

(36) 내일 꼭 돌아올게.

(36)의 화자는 위의 문장을 발화함으로써 앞으로 자기가 행할 의무를 만들어 내고 있다. 언약 행위는 이와 같이 화자 스스로 미래에 행할 의무를 지는 언표 내적 행위의 특성을 가지고 있다. 의무(obligatives)는 지시 행위와 언약 행위에 모두 걸치는 특성이지만 두 행위 사이에는 엄연히 구별되는 차이가 있다. 곧 지시 행위에서 발생하는 의무는 화자가 청자에게 지우는 것

---

14) '-이다'가 이른바 계사(copula)로서의 기능을 가진 것으로 설명되고 있으나 소형 발화에 쓰이는 '-이다'에서는 그 기능을 인정하기가 쉽지 않다.

15) 절대문에 대한 구체적인 것은 임홍빈(1983)을 참고할 것.

인데 반하여, 언약 행위에서의 의무는 화자가 화자 자신에게 지우는 것이다. 언약 행위의 심리적 상태는 화자가 자신의 행할 미래의 상황을 의도하는 것이다. 또한 언약 행위는 지시 행위가 그렇듯이 의무를 만들어 냄으로써 세계에 변화를 가져온다. 따라서 일치의 방향 또한 지시 행위와 같은데, 발화로부터 세계로 작용하는 방향으로 작용한다. 그러나 의무의 방향은 위에서 언급한 바와 같이 지시 행위와 언약 행위가 서로 다르게 작용하는데, 지시는 지시 받은 사람 즉 청자에게 의무가 있고 언약은 언약한 사람 즉 화자에게 의무가 있다.

언약 행위는 이와 같은 약속이나 위협, 경고, 거절, 맹세 등 화자가 어떤 특정 상황을 의도하는 것인데, 소형 발화 가운데서 이러한 언약 행위를 주된 발화 기능으로 삼고 있는 것들은 다음 (37)~(40)과 같다.

(37) 숙식 제공, 급료 선불.

(38) 쏜다, 두고 보자.

(39) 알았다, 좋다, 됐다.

(40) 네/예, 응, 암, 그래, 그렇지, 오냐, 아니, 아니다, 천만에.

(37)은 명사구로 구성된 언약 행위인데 문자 발화로서 약속의 언어 행위라 할 수 있다. (38)의 '쏜다!'는 경고의 간접 화행이며, '두고 보자!'는 화자가 변화된 미래의 상황을 의도하고 있기 때문에 언약 행위에 속한다. (39)의 '알았다'와 '좋다'는 상대편의 요청을 받아들여서 장래에 어떤 일을 행할 것을 약속하거나, 화자가 혼자서 무언가를 벼를 때 쓰는 소형문이다.

다음 (41)~(42)는 '좋다'가 언약 행위로 쓰이는 소형문의 예인데, 뒤에 보충 표현이 따르는 것이 일반적이다.

(41) 갑 : 이번에는 꼭 제 말대로 하셔야 해요.
    을 : 좋았어. 내일 약속 장소로 간다.

(42) 좋다, 누가 더 센가 한번 맞대 보자.

그런데, '됐다'는 요청을 수용할 때 쓰이기도 하지만, 다음 (43)과 같이 거절할 때도 쓰일 수 있는 점이 '좋다'나 '알았다'와 다르다.

(43) 갑 : 아버지, 제가 등 밀어드릴까요?
    을 : 됐다, 동생이나 밀어주어라.

다음 (44)-(45)는 가부 질문에 대한 대답으로 쓰이는 '네'와 '아니오' 등이 언약 행위로 쓰이는 경우이다.

(44) 갑 : 교수님, 내일 학회에 참석하실 거에요?
    을 : 암, 가야지. / 아니, 못 가겠어, 급한 볼일이 생겼어.

(45) 갑 : 할아버지, 진지 잡수세요.
    을 : 오냐, 먹으마.

이미 진술 행위에서 살펴본 바와 같이 긍정 또는 부정의 대답의 화행은 질문 발화의 내용에 따라서 결정된다. 앞의 (44)-(45)는 장차의 일에 대하여 묻는 것이기 때문에 그 대답 또한 당연히 장차의 일에 대한 약속 행위가 된다.

국어에는 지시 행위와 소형 발화가 많은 반면에 언약 행위의 소형 발화가 많지 않다. 상대방의 요청에 대한 응대로 간접적으로 약속을 하는 행위를 제외하면 순수한 언약 행위는 몇 개 안 되는 셈이다.

5.2.4. 표현 행위

표현의 발화 행위는 화자의 심리적 상태를 표현한다. 곧 외부 세계에 대한 진술이 아니라 화자의 주관적인 내적 상태를 진술하는 것이다. 이런 표현은 화자 혹은 청자가 행한 사건에 의해서 일어날 수도 있고, 화자 자신의 경험에 속하는 사건의 진술일 수도 있다.

(46) 시간 약속을 지키지 못해서 죄송합니다.

(46)의 화자는 자신의 심리적 상태를 말함으로써 사과의 행위를 하고 있다. (46)과 같은 화자의 감정은 화자의 주관적 심리 상태를 나타내는 것으로, 이와 같이 표현 행위는 화자의 다양한 감정 상태를 진술한다. 표현 행위가 갖는 언표 내적 행위의 목적은 명제 내용에 담겨져 있는 사건에 대해 화자가 특정한 심리적 태도를 표현하는 것이다(Searle 1977 : 95). 따라서 표현 행위에서는 언표 내적 행위의 목적과 심리적 태도가 일치한다고 할 수 있다. 그것은 언표 내적 행위의 목적이 발화 내용에 대한 화자의 심리적 태도의 표현에 존재하기 때문이다(Hindelang 1982, 김갑년 1999 : 83 재인용). 표현 행위는 화자의 내적 상태를 표현하는 것으로 주관적이기 때문에 세계에 관해서는 아무런 언급을 하지 않는다. (46)에서 화자가 '죄송합니다.' 하고 사과의 행위를 하고 있지만 이 말이 '시간 약속을 지키지 못한' 세계에 대해서는 아무런 변화를 주지 못한다. 그렇기 때문에 표현 행위에서의 일치의 방향은 존재하지 않는다.

표현 행위는 이와 같은 화자의 특정한 심리적 태도를 표현하기 때문에 감사, 사과, 환영, 인사 등 화자의 감정적인 느낌을 묘사할 수 있으며, 소형 발화 가운데서 이러한 표현 행위를 주된 발화 기능으로 삼고 있는 것들은 다음 (47)~(51)과 같다.

(47) 아니, 참, 옛다, 아, 아이, 아야, 야아, 에고, 에구, 에구머니, 이크, 아따,

아뿔싸, 엣, 엑기, 원, 에라잇, 아이고, 애개, 애개개, 어딜, 애따, 에이, 얼씨구(절씨구), 얼씨구나, 지화자, 제기랄, 에끼, 에그머니, 아유, 아이구, 아차, 에라, 어쩜, 저런, 웬걸, 이런, 아무럼, 허, 후유, 흥, 만세.

(48) ㄱ. 좋아라, 창피해라, 부끄러워라, 무서워라, 우스워라, 더러워라, 치사해라, 더워라, 추워라.
　　 ㄴ. 용하다, 굉장하다, 염병한다, 지랄한다, 야단났다, 큰일 났다, 위험하다.

(49) 고맙습니다, 감사합니다, 미안합니다, 죄송합니다, 반갑습니다, 안녕하세요, 기쁘시겠습니다, 처음 뵙겠습니다, 오랜만입니다.

(50) ㄱ. 좋은 아침(입니다), 나쁜 놈/몹쓸 것/개자식(같으니라구).
　　 ㄴ. 당선 사례, 만원 사례.

(51) 좋다, 좋았어, 싫어, 됐다.

　감탄사는 후행 문장에 대해서 독립적이기 때문에 그 자체로서 하나의 소형문을 이룬다. (47)은 화자의 감정을 나타내는 감정 감탄사들인데, 감정이란 기쁨, 슬픔, 즐거움, 노여움, 걱정, 놀람, 초조함, 깨달음, 두려움, 낙담, 깔봄 등 인간이 감정적으로 체험할 수 있는 모든 것을 가리키며, 이 밖에도 국어에는 매우 다양한 종류의 감정 감탄사들이 있다.[16] 그런데, 감탄사의 의미는 상황 의존적이기 때문에 맥락이 주어졌을 때 비로소 그 의미를 알 수 있다.

　(48ㄱ)은 화자의 감정, 심리 상태, 신체적 체감 상태 등을 표현하는 것으로 청자가 있을 수도 있고 화자 혼자만의 독백일 수도 있다. 그리고 그 앞에 '아이구'와 같은 감탄사가 선행하는 것이 일반적이다(장소원 1994 : 274). (48ㄴ)은 화자의 감정을 표현한 것인데, 개념적으로 주어가 생략되었다고

---

16) 최호철(2000)은 총 261개의 감정 감탄사를 29개의 의미 영역으로 나누고 있다.

보아야 할 것들이다. '위험하다!'는 위험한 상태의 감정 표현일 수도 있지만, '위험하다, 비켜!'에서와 같이 그 안에 명령의 지시 행위가 들어 있을 수 있다. (49)는 구체적인 상대에게 하는 인사이며 그것 자체만으로 완전히 굳어진 표현이다. (50ㄱ)은 서술형으로도 쓰이고, 명사형으로도 쓰이는 것으로 인사나 화자의 감정을 드러낸 것이다. (50ㄴ)은 감사의 뜻을 표현하는 문자 발화인데, 본래 '만원 사례'는 극장과 같은 흥행장에서 만원이 되어서 관객을 더 받지 못하겠다는 것을 완곡하게 이르는 것이었다. 따라서 이때의 것은 사양을 뜻하는 간접 화행이라 할 수 있다. (51)의 '좋아, 좋았어'는 어떤 상황에 대한 화자가 긍정적 태도 표명에 쓰이고, '싫어'는 부정적 태도 표명에 쓰이며, '됐다'는 긍정과 부정의 태도 표명에 모두 쓰일 수 있다. '좋다'와 '됐다'가 언약 행위로 쓰이는 것과는 구별해야 한다.

이상에서 살펴본 바와 같이 표현 행위의 소형문에는 감정 감탄사와 감정을 나타내는 형용사의 감탄법 표현이 많은 것은 지극히 당연한 일일 것이다. 여기에 국어의 소형문에는 사교적인 언사의 인사말이 적지 않음을 알 수 있다.

5.2.5. 선언 행위

선언의 발화 행위는 발화에 의해서 세상에 변화를 가져오는 행위이다. 일반적으로 화자가 선언 행위를 적절하게 수행하기 위해서는 특정 환경에서 특별한 제도적 역할을 가지게 된다.

> (52) 본인은 피고에게 무죄를 선고합니다.

화자가 (52)를 발화함으로써 피고의 상태에 있는 사람이 죄가 없는 상태로 변하게 된다. 이와 같이 선언은 세계에 변화를 가져오는 행위이다. 그리고 (52)와 같은 발화는 재판정이라는 특정한 환경 속에서 이 사건을 심리하는 판사라는 제도적 역할을 맡고 있는 화자에 의해서 이루어진다. 선언은 오직 그것이 성공적으로 수행되었다는 사실만으로 언급된 대상의 지위나 조건에 변화를 가져오는 것이며(Searle 1977 : 37), 따라서 언표 내적 행위의 목적은 선언 행위의 성공적인 수행이 이 발화의 명제적 내용을 사실과 일치 시키는 데 있다고 할 수 있다.

선언 행위는 이와 같은 선고나 포고, 임명, 지명, 면직, 해고, 명명, 판결 등을 통하여 화자가 세계의 변화를 가져오게 되는데, 일반적으로 이와 같은 언어 행위를 할 수 있는 화자는 특정한 환경 속에서 특정한 제도적 역할을 가지고 있어야 한다. 이러한 특성 때문에 선언 행위의 소형 발화는 찾아 보 기가 그리 쉽지 않다.

(53) 합격, 불합격, 사형.

(53)의 '합격!' 또는 '불합격!'은 입영 신체 검사장 같은 곳에서 판결관이 하는 선언 행위이고, '사형!'은 법정에서 재판관이나 할 수 있는 선언 행위 이다.

6. 맺음말

소형문이란 문장의 형식을 온전하게 갖추지 않았으나 온전한 문장과 맞 먹는 표현 효과를 가진 발화를 말한다. 온전하게 문장 형식을 갖추지 않았 다는 점에서 소형문은 생략문의 하나로 간주할 수 있는데, 이때 생략된 성 분들을 복원할 수 없기 때문에 비정규문이라 할 수 있다. 그러므로 회복 가 능성을 충족시키지 못하는 개념 생략은 소형문에 속한다고 할 수 있다. 따 라서 이 연구는 관용화된 소형문과 개념 생략으로 판단되는 생략문을 국어의 소형문으로 설정하는 입장을 취하였다. 아울러 이러한 관점에서 국어 소형문의 다양한 유형을 살펴보고 그 특성을 개관하였다.

특히 이 연구는 소형문의 언표 내적 행위에 관심을 두었는데, Searle(1976)의 분류에 맞추어 국어의 소형문을 진술 행위, 지시 행위, 언약 행위, 표현 행위, 선언 행위로 나누어 살펴보았다. 국어의 소형문에는 지시 행위와 표현 행위가 특히 많다. 지시 행위의 소형문은 문장 구성에서 명사형과 서술형은 물론 감탄사, 부사(구) 등 다양한 형식이 있으며, 서술형에도 명령법에 의한 직접 화행과 의문법 및 평서법에 의한 간접 화행이 많음을 볼 수 있다. 또한 국어는 감정 감탄사의 수효가 많을 뿐만 아니라 사교적인 인사말이 적지 않기 때문에 표현 행위의 소형문이 많음을 알 수 있다. 진술 행위의 소형문으로는 주로 명사형이 쓰이고 있으나 그 수가 많은 편은 아니며, 언약 행위의 소형문이 아주 적은 것은 지시 행위의 소형문이 많은 데 비하여 특이한 현상이라 할 수 있다. 선언 행위는 화자가 특정한 환경 속에서 특정한 제도적 역할을 가지고 있을 때 가능하기 때문에, 선언 행위의 소형문은 극히 드물다.

참고문헌

고성환. 1987. "의문의 문답 관계에 대한 연구", 「국어 연구」 75, 국어연구회, pp.35-53.

고영근. 1976. "현대 국어의 문체법에 대한 연구", 「어학 연구」 12-1, 서울대학교 어학연구소, pp.36-37.

고영근. 1999. 「텍스트 이론」, 아르케, pp.141-168.

구도회. 1987. "담화 속에서의 생략", 연세대학교 석사학위논문.

김송룡. 1989. "국어의 생략 현상과 그 유형", 「논문집」 29, 건국대학교.

김영황. 1983. 「문화어 문장론」, 김일성대학 출판사.

김일웅. 1982. "우리말 대용어 연구", 부산대학교 박사학위논문.

김일웅. 1985. "생략과 그 유형", 「부산한글」 4, 한글학회 부산지회, p.49.

박승윤. 1983. "생략에서의 동일성 조건", 「언어」 8-1, 한국언어학회, pp.131-139.

박양규. 1980. "주어의 생략에 대하여", 「국어학」 9, 국어학회, pp.2-24.

서정수. 1996. 「국어 문법」, 한양대 출판원, p.1395.

성광수. 1972. "국어 소형문에 대한 검토", 「한글」 150, 한글학회, pp.123-124.

송병학. 1987. "영형 주어", 「언어」 4, 충남대학교 어학연구소.

신지연. 1989. "간투사의 화용론적 특성", 「주시경학보」 3, 주시경연구소, p.166.

신지연. 2001. "국어 감탄사의 의미 구조", 「제8회 전국 학술 대회 발표집」, 한국어의미학회.

심인섭. 1985. "우리말의 생략 현상 연구", 부산대학교 석사학위논문.

양명희. 1996. "국어의 생략 현상", 「국어국문학」 117, 국어국문학회, pp.134-139.

양동휘. 1981. "무형 대용화론 서설", 「언어」 6-2, 한국언어학회.

윤우열. 1992. "무주어문과 인칭", 「인문학연구」 19, 중앙대학교 인문학연구소, p.129.

임홍빈. 1983. "국어의 절대문에 대하여", 「진단학보」 56, 진단학회, pp.97-135.

임홍빈. 1985. "국어의 '통사적인' 공범주에 대하여", 「어학연구」 21-3, 서울대학교 어학연구소, pp.336-347.

정경헌. 1995. "현내국어의 명사 및 명사형 종결문에 대한 연구", 「국어연구」 130, 국어연구회, pp.34-35.

장소원. 1994. "현대국어의 소형 발화 연구", 「텍스트언어학」 2, 텍스트연구회, pp.266-281.

최호철. 2000. "현대 국어 감탄사의 분절 구조 연구", 「한국어와 모국어 정신」, 국학

　　　　자료원, pp.371-377.

한재현. 1981. "생략과 대용 현상", 전북대학교 박사학위논문.

Austin, J. L. 1962. *How to Do Things with Words*. London : Oxford Clarendon Press.

Hindelang, G. 1982. *Einfuhrung in die Sprechakttheorie*. (김갑년 옮김. 1999. 「화행론 입문」,
　　　　한신문화사, pp.78-83.)

Levinson, S. C. 1981. *Pragatics*. Cambridge : Cambridge Universkty Press.

Lyons, J. 1968. *Introduction to theoretical linguistics*. Cambridge; London, Combridge
　　　　University Press. p.172.

Lyons, J. 1981. *Language*, Meaning and Context. Lonon, Fontana Paperbacks.

Mey, J. L. 1993. *Pragmatics*. (이성범 옮김. 1996. 한신문화사, pp.80-83.)

Saeed, J. I. 1997. *Semantics*. Oxford : Blackwell.

Searl, E. 1969. *Speech Acts*. Cambridge University Press.

Searl, E. 1976. *The Classification of Illocutionary Acts*. Language of Society. pp.5-23.

Searl, E. 1977. *Expression and Meaning*. Cambridge University Press.

| 이 논문은 한글 259집(2003, 한글학회)에 게재된 논문을 재수록한 것입니다.

국어 의문문의 화용론적 중의성 해소 방법에 대한 연구

박 종 갑

1. 들어가기

중의성은 언어의 본질적 특성의 하나이다. 인간의 미묘하고도 복잡한 심리세계, 우주의 삼라만상은 무한하다 할 것인데, 그것을 언어로 표현하고자 한다면, 언어와 표현 대상은 일 대 다의 관계를 맺을 수밖에 없다. 그러한 일 대 다의 관계에서 중의성이 발생한다. 중의성은 어휘적 중의성, 구조적 중의성, 작용역 중의성, 화용론적 중의성 등, 중의성을 다룬 기존의 논저에서 여러 가지로 유형화된 바 있다. 본고에서 다루고자 하는 중의성은 화용론적 중의성이다. 화용론적 중의성의 대표적인 예는 간접화행(indirect speech act)에서 발생하는 중의성이다.

   (1) 지금 몇 시니?
      (a) 직접화행 → [질문]의 의미
      (b) 간접화행 → [명령]의 의미

예문 (1)의 문장 유형은 의문문(interrogative sentence)이다. 이것이 직접화행(direct speech act)에서의 쓰임이라면 그 의미는 질문[1]이다. 그리고 간접화

---

1) 의문문의 의미를 흔히들 'question'이라고 하는데, 이것은 실질적으로 '서술' 등의 의미로

행(indirect speech act)에서의 쓰임이라면, 직접화행에서의 의미와는 다른 화
용론적 의미를 표현하게 된다. 앞의 예문만 하더라도 어머니가 밤늦게까지
자지 않고 있는 어린 아이에게 하는 것과 같은 담화 상황이라면 빨리 자라
는 명령의 의미가 된다. 질문은 상대방에게 응답의 의무를 부과하는 것이
므로, 화자는 질문의 형식을 통해 현재의 사태에 대해 상대방의 주의를 환
기시킴으로써, 명령의 의도적 의미를 강하게 표현하는 것이다. 간접화행에
서의 의문문의 이러한 의미기능은 '수사적 표현력'이라 일컬을 수 있는 것
이다.

　의문문의 수사적 표현력은 담화 상황에 따라, 요청에 따른 공손함 또는
정중함 같은 온건함, 명령이나 위협에 따른 강한 압박 그리고 놀라움 등을
나타내는 데 쓰이기도 한다. 질문은 상대방에게 응답의 의무를 부과하는 것
이므로, 화자는 질문을 통해 상대방에게 선택권을 주는 방식을 취함으로써
자신의 의도적 의미를 온건하게 드러낼 수도 있고, 응답할 내용이 없는 사
태임에도 응답을 요구하여 강하게 압박하는 형식을 통해 상대방을 곤경에
빠뜨려 자신의 의도적 의미를 강하게 인식시킬 수도 있으며, 기타 다른 방
법으로 놀라움 같은 다양한 심리상태를 표현할 수도 있다. 본고에서는 의문
문이 갖는 이러한 다양한 수사적 표현력으로서의 화용론적 의미를 주의환
기라는 개념으로 포괄하여 지칭하고자 한다. 따라서 본고에서 다루고자 하
는 국어 의문문의 중의성은 질문의 의미로 쓰인 경우와 주의환기의 의미로
쓰인 경우 두 가지가 된다.

　언어를 통한 의사소통의 과정에서, 화자는 명확하게, 능률적이고 효과적
으로, 그리고 합리적이며 신속하게 의사를 전하려고 하고, 청자는 명확하고
충분한 정보를 얻으려는 욕구를 가진다. 언어의 형식적 여러 특성은 이와
같은 욕구에 의해 형성되는 것으로 볼 수 있다. 슬로빈(D. I. Slobin)은 언어

쓰이는 수사의문(rhetorical question)'의 경우도 포함되는 등 상당히 포괄적인 의미로 쓰인
다. 본고에서는 '질문'을 의문문이 직접화행에서 가지는 의미로 한정하여 사용하는데, '상
대방에게 응답의 의무를 직접적으로 부과하는' 이른바 직접질문의 의미와 같은 것이다.

의 형식(form)이 의사소통의 과정에서 여러 가지 욕구를 충족시키기 위해서
는 다음과 같은 네 가지 제약을 지켜야 한다고 했다.2)

(2) ① 명확성(Be clear).
② 시간상의 분석처리가능성(Be humanly processible in ongoing time).
③ 신속성과 용이성(Be quick and easy).
④ 표현성(Be expressive).

　명확성의 제약은 표면구조와 의미는 그 형식이나 조직의 면에서 서로 너
무 동떨어진 것이어서는 안 된다는 것이다. 문장 유형에 따라 그것에 직접
적으로 대응되는 의미를 내세울 수 있는데, 용어의 혼란이 없지는 않지만,
'서술문-서술', '명령문-명령', '청유문-청유', '의문문-질문' 등이 그 예이
다. 문장의 유형과 의미 사이에 일정한 직접적인 대응관계가 형성되어 있다
는 것은 명확성의 조건에 부합하는 것이라 할 수 있다. 예를 들어 의문문의
경우 그것이 질문의 의미로 쓰인 경우라면 의미 전달의 명확성이 분명해진
다. 의문문 형식이라는 표면구조와 그것이 표현하는 의미가 직접적인 대응
관계에 있기 때문이다. 언어에 따라 약간의 차이가 있지만, 대체적으로 '서
술, 명령, 청유, 질문' 등의 의미에 고유한 언어형식(문장 유형)이 존재한다
는 것은 그것들이 인간의 언어적 삶에서 가장 원초적인 화행(speech act)이
된다는 것이고, 그러한 화행을 명확하게 하고자 하는 욕구가 반영된 것으로
볼 수 있다. 표현성의 제약은 언어는 논리적인 명제나 추론적인 정보를 충
분히 전달할 수 있는 '의미적인 표현력(semantically expressive)'뿐만 아니라,
상대방의 관심을 끌거나 상대방을 놀라게 하고, 또 전달 내용을 인상 깊게
심어 주는 등의 '수사적인 표현력(rhetorically expressive)'도 갖추어야 한다는
것이다. 화용론적 중의성은 대개 이러한 언어의 표현성 제약, 구체적으로는
수사적인 표현력을 증대하고자 하는 욕구에서 발생한다.

---

2) Slobin(1979) 제7장 및 8장 참고. 박경자외 2인역(1985)에서는 이 네 가지 조건을 '명확성,
　시간상의 분석 처리 가능성, 신속성과 용이성, 표현성'으로 번역하였다.

중의성의 발생은 언어형식이 갖추어야 할 제약들이 서로 상충되는 결과를 가져온다. 앞에서 언급한 간접화행과 관련된 중의성은 수사적 표현력은 증대시키지만, 중의성에서 오는 의미 해석상의 혼란에 의해 그만큼 명확성이 감소되는 결과를 낳는다. 다음에서 보듯이, 의문문이 질문의 의미로 쓰인 경우와 명령의 의미로 쓰인 경우는 표면구조와 그 의미 사이의 대응관계에 상당한 차이가 있다. 간접화행에서의 의문문 사용은 표현력의 증대라는 효과를 가져왔지만, 의문문 형식의 문장이 명령의 의미를 표현하게 됨으로써, 표면구조와 의미 사이에 괴리가 발생하고 의미 해석상의 명확성이 감소되는 결과를 가져온 것이다. 이러한 점은 다음과 같이 정리된다.

(3)

표면구조	의미	긍정적 효과	부정적 효과
의문문	질문	명확성 충족	
	주의환기3)	표현성 충족	명확성 감소

중의성에 의해 발생되는 이러한 상충적 결과는 언중들에게 그것을 극복하고자 하는 시도의 동기가 될 수 있다. 표면구조와 의미 사이의 괴리를 극복하기 위해 그러한 화용론적 의미와 언어형식 사이에 직접적인 대응관계가 형성되도록 언어구조에 일정한 조작을 가하게 되고, 이러한 조작에 의해 형성된 언어형식은 중의적 해석이 차단되어 화용론적 의미로만 해석된다. 이것은 곧 화용론적 의미가 언어구조적으로 반영되어 중의성을 해소함으로써, 수사적 표현력을 유지한 채로, 감소된 명확성을 회복하는 것이다. 그렇게 되면 서로 상충되는 두 가지 제약을 어느 정도 함께 충족하는 결과를 얻을 수 있다. 이는 명확성과 표현성 사이에 일정한 균형을 이루고자 하는 언중들의 욕구가 반영되는 것이다.4) 본고에서는 이상과 같은 관점에서, 간접

---

3) 앞에서 언급했듯이, 의문문의 수사적 표현력으로서의 다양한 화용론적 의미를 포괄하여 주의환기라고 일컫는다.

4) Slobin(1979 : 188)은 언어형식이 갖추어야 할 제약들은 서로 상충되는 결과를 낳을 수도 있다고 했다. 어떤 조건은 언어형식의 단순화(simplification)를 유발하기도 하고, 또 어떤 조건은 정교화(elaboration)를 가져오기도 하는데, 언어 변화는 이러한 상충되는 두 가지 방향 사

화행에서 발생하는 국어 의문문의 중의성을 해소하는 방법 몇 가지와, 이러한 중의성의 발생과 해소가 심리언어학에서 말하는 언어의 조건들과 어떠한 상관관계가 있는지에 대해 고찰하고자 하는 것이다.

2. 형식적 조작의 방법

2.1. 융합

화용론적 중의성 해소 방법의 하나로 '융합(fusion)'을 들 수 있다. 융합의 언어학적 정의에 대해서는 학자에 따라 차이가 있다.[5] 본고의 논의에는, 기원적으로는 여러 형태가 배열되는 문법적 구성이었지만 언어의 통시적 변화에 따라 이들이 하나의 덩어리로 굳어져 더 이상 공시적 분석이 불가능해지는 현상이라고 본 이승재(1992)의 정의를 원용한다.

  (4) (a)작년 이맘때쯤엔 비가 많이 왔지. + (b)그랬지 않니?

위 담화는 서술문과 의문문을 연이어 말하는 상황이라고 보자. 화자는 서술문으로 특정한 내용의 진술을 하고 난 다음 그것에 대해 묻는 담화 형식을 취하고 있다. 후행 의문문은 직접화행이라면 순수의문이 되어 자신이 진술한 내용의 진위 여부를 확인해 달라는 질문의 의미가 되고, 간접화행이라면 수사의문이 되어 자신이 제시한 화제 속으로 상대방을 끌어들이려는 주의환기의 의미가 되므로, 중의성이 발생한다. 질문의 형식을 취함으로써 상대방에게 응답의 의무를 부과하는 형식이 되고 그러한 과정에서 상대방으

  이에서 균형을 유지하려는 시도의 결과라고 하였다.
5) 융합의 정의에 대한 내용은 이지양(1998)의 제2장에서 자세히 다루고 있다.

로 하여금 자신이 진술한 내용에 대해 주의를 기울이게 하는 수사적인 표현
력을 얻는 것이다.

> [4] ① 직접화행 → 순수의문 : [(확인) 질문]의 의미
> ② 간접화행 → 수사의문 : [주의환기]의 의미

 간접화행이 이뤄지면 수사적 표현력의 증대가 이뤄져 표현성의 제약을
충족하게 되지만 문장의 표면구조와 의미 사이에 괴리가 발생하여 의미 해
석상의 혼란이 발생하고 명확성의 제약을 위배하게 되는 상충적 결과를 낳
는다. 앞에서 언어형식이 갖추어야 할 제약들에 의해 발생되는 이러한 상충
적 결과는 언중들에게 그것을 극복하고자 하는 시도의 동기가 될 수 있음을
언급한 바 있다. 이것은 곧 발생된 중의성을 발전적으로 해소하는 것인데,
수사적 표현력을 유지한 채로, 감소된 명확성을 회복하는 것과 같다. 국어
의문문에는 이러한 관점에서 이해할 수 있는 경우가 있다. 이른바 융합형
의문문이라고 부를 수 있는 것인데, 의문문이 아닌 문장 뒤에 의문문이 부
가되어 쓰이다가 융합이 이뤄져 전체 문장이 하나의 의문문과 같은 통사적
특성을 보이는 구문이다.

> (5) 우린 그때 이미 알고 있었잖니? (- 알고 있었지[6]+않니?)

 (5)는 서술문 형식의 문장과 의문문 형식의 문장으로 이뤄진 것인데, 하나
의 문장과 같은 통사적 특성을 보인다는 점에서 통사론적 구성의 융합에 해
당됨을 알 수 있다.

> (6) (a) 우린 … 알고 있었잖습니까? (- 알고 있었지+않습니까?)
> (b) * [우린 … 알고 있었죠않습니까? (- 알고 있었지요+않습니까?)]

---

6) 이 경우의 '-지'가 서술법 어미임은 그 앞에 시제 형태소가 통합 가능하다는 점에서 확인
 된다.

(7) (a) 작년엔 참 추웠잖아? (– 추웠지+않아?)

   (b) * [작년엔 참 추웠잖았어? (– 추웠지+않았어?)]

  우선, 위 (6a)에서 보듯이, 상대존대법이 후행 의문문 형식에서만 실현된다. 그렇지 않은 (6b)와 같은 구성은 불가능하다. 또 (7a)에서처럼 융합형 의문문은 시상 관련 선어말어미들도 선행문에서만 실현되면 된다는 점에서 융합의 상태임을 알 수 있다. 그리고 융합형 의문문의 선행문은 서술문 형식이며, 종결어미가 반드시 '–지'이어야 한다. 그리고 후행 의문문은 선행문의 긍/부정 형식과 무관하게 항상 부정형으로 실현되어야 한다.7) 그렇지 않은 (8b, c)와 같은 경우는 융합이 일어날 수 없다.

(8) (a) 방금 줬잖니?(– 주었지+않니?)

   (b) * [방금 주었다+않니?]

   (c) * [방금 주었지+그렇니?]

  융합형 의문문은 의문문 형식이지만 그 의미는 질문이 아니다. 이는 다음의 예에서 보듯이, 서술문과 비교해 보아도 개념적 의미의 전달에는 차이가 없다는 데서 확인할 수 있다. 아래 (9)의 질문에 대한 응답은 (10)처럼 두 가지 모두 가능하다. 상대방의 질문에 대한 응답으로서 쓰이고 있다는 점에서도 질문의 의미가 아님을 알 수 있다. 따라서 상대방에게 응답의 의무를 부과하는 기능이 없다.

(9) (Q) : 이번엔 누가 일등을 했니?

(10) (a) (A1) : 철수가 일등 했잖아?

   (b) (A2) : 철수가 일등 했다/했어.

  융합형 의문문은 실질적으로는 질문의 기능을 수행하지 못한다. 아래

---

7) 서술문 형식과 의문문 형식이 융합되어 독특한 담화적 기능을 수행하고 있는 경우는 강우원(2012)에서 다루고 있는 경남 방언의 '있다아이가'류에서도 확인할 수 있다.

(11a, c)와 같은 경우도 새로운 정보를 얻기 위한 질문이 아님은 자명하다. 그리고 화자는 상대방이 문제의 정보를 모른다고 생각하는 것도 아니다. 융합형 의문문은 어떤 내용을 진술하고 그 내용에 대해 상대방의 주의를 환기시키고, 또 그러한 과정에서 대화를 자연스럽게 자신이 원하는 화제 속으로 이끌고자 하는 의도를 표현하는 것이다.[8]

융합형 의문문이 질문의 의미로 쓰이지 않는다는 것은 중의성이 해소되었다는 뜻이다. 융합이라는 형식적 조작의 방법을 통해 주의환기라는 화용론적 의미와 직접적으로 대응되게 되어 질문의 의미를 가질 수 없으므로 중의성이 해소된 것이다. 이렇게 되면 간접화행이 일종의 직접화행으로 바뀐 것과 같다. 이러한 내용을 (5)의 예문으로 나타내면 다음과 같다.

> [5] 우린 그때 이미 알고 있었잖니? = 수사의문 : [주의환기]의 기능

융합형 의문문은 그 언어 형식적 특성(의문문 형식)에 의해, 간접적으로나마 상대방의 응답을 유도하게 되기도 한다. 다음에서 보듯이, 화자 (가)의 발화에 (나)가 응답과 유사한 발화를 하는 자연스러운 상황을 가정할 수 있다. 이 유형의 의문문이 질문의 기능을 상실하였음에도 불구하고 주의환기라는 수사적 표현력을 가질 수 있는 것은 바로 이러한 형식적 특성 때문이다. 이러한 점은 융합이 이뤄진 뒤에도 수사적 표현력이 유지된다고 볼 수 있는 근거가 된다.

> (11) (a) 가 : 이제 방학이 며칠밖에 안 남았잖아?
> (b) 나 : 그렇군요. 시간이 참 빨리 지나가는군요.
> (c) 가 : 그런데 너 방학 숙제 아직 안했잖아?
> (d) 나 : 네. 내일부터 열심히 할게요.

---

8) 융합형 의문문의 이러한 통사 및 의미 특성에 대한 고찰은 박종갑(1986 : 174-79, 1987 : 113-18, 1991 : 328-36)에서 다룬 내용을 이용했다. 이들 논문에서는 '융합 의문문'이라는 용어를 썼다.

지금까지 보았듯이, 융합형 의문문은 의문문 형식이면서 질문의 역할을 수행할 수 없고, 의문문이라는 형식적 특성에 의해 주의 환기라는 수사적 표현력을 가진다. 의문문 형식의 문장이 의문법에 쓰일 수 없다면, 언어형식과 의미 사이에 상당한 괴리가 존재하게 된다. 그것은 곧 언어의 표현력을 증대시키는 결과도 되지만, 보다 명확해야 한다는 조건을 위배하는 결과도 된다. 융합이라는 것은 문장의 통사구조에 일정한 조작을 가함으로써, 언어형식과 의미구조 사이에 존재하는 그와 같은 괴리를 극복하게 하는 구체적인 언어 형식적 수단이다. 주의 환기라는 화용론적 의미가 융합형 의문문이라는 형식으로 언어구조화되면서 양자 사이에 직접적인 대응관계가 형성되어, 수사의문이라는 한 가지 의미기능만 가지게 됨으로써 중의성이 해소된 것이다. 결과적으로, 의문문 형식을 유지함으로써 수사적 표현력을 유지하고, 융합이란 변형을 통하여 중의성을 해소함으로써 그것의 의도적 의미를 분명히 전달하게 되고 감소된 명확성이 회복된다.

2.2. 탈락

의문문이 주의환기와 같은 수사적 표현력까지 가지게 되는 과정에서 발생하는 중의성을 해소하는 방법 중에 탈락이 있다.

(12) 가 : 어제 할머니가 돌아가셨어.
(13) 나 : (네가) 할머니가 돌아 가셨다고 했니?

위 담화 중 (12)는 서술문으로서, 화자가 새로운 정보를 진술한 것이고 (13)은 또 다른 화자가 보인 반응이다. (13)은 완형동사구를 내포한 간접인용구조의 의문문 형식인데, 불확실한 정보의 진위 여부를 확인하는 질문일 수도 있고 주의환기의 의미일 수도 있어, 다음과 같은 중의성이 발생한다.

[13] (네가) 할머니가 돌아 가셨다고 했니?
　① 직접화행 → 순수의문 : [(확인) 질문]의 의미
　② 간접화행 → 수사의문 : [주의환기]의 기능

　이러한 중의성은 앞의 경우와 마찬가지로 수사적 표현력이 증대되어 표현성의 제약을 충족하게 된다. 그렇지만 의문문 형식의 문장이 질문이 아닌 주의환기의 의미로도 쓰이게 됨으로써, 문장의 표면구조와 의미 사이에 괴리가 형성되어 명확성의 제약에 위배되는 상충적 결과가 발생한다.

　여기서도 마찬가지로, 중의성의 발생에 의해 비롯된 이러한 상충적 결과는 언중들로 하여금 중의성을 해소하여 그것을 극복하고자 하는 시도를 하게끔 하는 동기가 된다. 앞의 예문과 같은. 완형동사구를 내포한 간접인용구조의 의문문이 상위문이 탈락되고, 인용조사 '-고'로 종결된 형식의 구조로 쓰이는 경우가 있다. 다음의 (14b)가 그 예인데, 이는 (15)와 같은 간접인용구문의 복합문에서, 상위문 '너가 … 했니'가 탈락되고, 내포문 어미 '-고'로 문장이 종결된 것이다(장석진, 1982 : 162).9) 본고에서는 이를 탈락형 의문문이라고 일컫는다.10)

　　(14) (a) (갑) : 우린 모내기를 다 끝냈어.
　　　　(b) (을) : 모내기를 다 끝냈다고?

　　(15) (네가) 모내기를 다 끝냈다고 했니?

　이와 같은 탈락형 의문문에서 '-고'에 선행하는 부분은 상대방이 직전에 힌 발화내용의 전부 또는 일부를 인용한 것으로 보는 것이 보통이다. 탈락

---

9) 권재일(1985 : 41)에서는 이와 같은 통사구조를 어미가 문장 뒤에 결합된, 단순한 강조구문으로 본다.

10) 탈락형 의문문의 이러한 통사 및 의미 특성에 대한 고찰은 박종갑(1986 : 171-74, 1987 : 111-13)에서 다룬 내용을 이용했다. 이들 논문에서는 '축약 의문문'이라는 용어를 썼으나, 탈락이라는 용어를 이용하는 것이 더 합리적인 것 같아 수정하였다.

형 의문문은 탈락되기 전과는 달리, 주의환기로 대표되는 화용론적 의미로만 쓰인다. 그것이 순수한 질문의 의미가 아님은 쉽게 이해된다. 결과적으로 탈락형 의문문은 문제의 화용론적 의미에 직접적으로 대응하게 된다. 탈락형 의문문이 주의환기의 의미로만 쓰인다는 것은 중의성이 해소되었다는 뜻이다. 탈락이라는 형식적 조작의 방법을 통해 화용론적 의미와 직접적으로 대응하게 되어 중의성이 해소된 것이다. 이렇게 되면 간접화행이 일종의 직접화행으로 바뀐 것과 같다.

결과적으로 의문문이 질문의 의미가 아닌 주의환기와 같은 화용론적 의미를 표현하는 데서 오는, 표면구조와 의미 사이의 괴리와 그것에 따른 의미해석상의 혼란은 극복된다. 그것은 곧 증대된 표현성을 유지한 채로, 감소된 명확성을 다시 회복한다는 뜻이다. 그리고 이와 같은 탈락의 방법은 보다 신속하고 쉽게 정보를 교환하려는 신속성과 용이성 제약과 관련된 욕구를 반영한 결과로도 볼 수 있다. 탈락형 의문문의 형식적 특성은 신속하고 쉬운 의사소통이라는 기능적 특성이 표면구조에서의 탈락이라는 형식적 특성으로 언어구조화된다는 관점에서도 접근할 수 있다는 뜻이다.[11]

탈락형 의문문은 또 하나의 특별한 기능적 특성과 대응관계를 유지하고 있다. '-고'의 선행부분이 대화의 상대가 아닌 제3자로부터 얻은 정보를 인용한 것일 수 있다.

(16) (a) (어제 철수가 그러던데) 영이가 순호를 좋아한다고?
     (b) (철수가 그러던데) 영이 집에 도둑이 들었다고?

위의 예는, 다른 데서 얻은 정보의 내용에 대해서 상대방의 주의를 환기하여 화제로 삼고자 하는 의도에서 쓰인 경우이다. 이 때는 대화 상대방의 발화내용을 인용하는 것이 아니기 때문에, 그 내용이 제3자로부터 입수한

---

11) 이는 앞에서의 세 번째 제약조건과 관련된 것인데, 그 결과는 명확해야 한다는 첫 번째 조건과 상충될 수도 있다.

것이라는 점을 나타내기 위하여, 반드시 '-고'가 실현되어야 하고, 상대방에게 새로운 정보를 전달하는 것과 같으므로 의문사 의문문의 형식을 취해서는 안 된다. 따라서 탈락 전의 구조는 대략 다음과 같이 상정할 수 있다.

(17) (a) 철수가 영이가 순호를 좋아한다던데 알고 있니?
　　　(b) 철수가 영이 집에 도둑이 들었다던데 알고 있니?

　탈락되기 전의 구조인 (17)의 발화 의도는 상대방에게 문제의 내용에 대한 진위 여부를 확인하고자 하는 질문일 수도 있고, 주의환기와 같은 화용론적 의미일 수도 있다. 만일 이들 문장이 화용론적 의도로 발화된 것이라면, 이 경우도 마찬가지로 이를 통해 수사적 표현력이 증대되어 표현성이 증대하게 되지만, 의문문 형식의 문장이 질문이 아닌 화용론적 의미로 쓰이게 됨으로써, 문장의 표면구조와 의미 사이에 괴리가 형성되어 의미 해석상의 혼란이 발생하고 명확성이 감소하는 상충적 결과가 발생한다. 그러나 탈락이 이뤄진 (16)과 같은 구조는 질문의 의도로 발화될 가능성은 희박해 보인다. 화자 스스로 자신이 가진 정보를 불확실한 것으로 보지 않고 있기 때문이다.

　만일 탈락형 의문문인 (16)이 질문의 의도로 발화되기는 힘들고 화용론적인 의미로 쓰이는 것이 자연스럽다면, 탈락의 방식을 통해 문제의 화용론적 의미와 탈락형 의문문 형식 사이에 직접적인 대응관계가 형성됨을 알 수 있다. 이렇게 되면 이 경우도, 바로 앞의 경우와 마찬가지로, 의문문이 질문의 의미가 아닌 주의환기 같은 화용론적 의미를 표현하는 데서 오는, 표면구조와 의미 사이의 괴리와 그것에 따른 의미해석상의 혼란은 극복된다. 그것은 곧 증대된 표현성을 유지한 채로, 감소된 명확성을 다시 회복한다는 뜻이다. 주의환기 같은 화용론적 의미가 탈락형 의문문이라는 형식으로 언어구조화되면서 양자 사이에 직접적인 대응관계가 형성된 것이다.

　지금까지 융합형 의문문과 탈락형 의문문 두 가지의 언어구조적 특성과 언어기능적 효과를 고찰했는데, 이를 요약하면 다음 표와 같이 정리할 수 있다.

(18)

표면구조	의미		긍정적 효과	부정적 효과
의문문	질문	중의성 발생	명확성 충족	
	주의 환기		표현성 충족	명확성 감소
융합형 의문문	주의 환기	중의성 차단	명확성 회복	
탈락형 의문문			표현성 충족	

3. 의미적 조작의 방법

3.1. 선택제약적 일탈

다음에서 다룰 의문문의 경우도 앞에서 다룬 두 유형과 동일하게 중의성의 해소 방법이라는 관점에서 그 언어구조적 특성을 고찰할 수 있다. 우선 다음 (19)와 같은 담화를 보면 (b)의 의문문은 중의적이다.

(19) (a) 가 : 네가 영희를 괴롭혔지?
　　 (b) 나 : 내가 '어디서' 영희를 괴롭혔니?

위의 (b)는 '자신이 영희를 괴롭혔다'고 하는 상대방의 판단에 대한 반응인데, 상대방에게 내가 영희를 괴롭힌 장소를 말해 보라는 식의 질문으로 해석될 수도 있고, 내가 영희를 괴롭히지 않았다는 진술에 상대방의 주의를 환기하여 그 내용을 강조하고자 하는 수사적 의도의 발화로 해석될 수도 있다. 이는 다음과 같이 정리된다.

[19] 내가 어디서 영희를 괴롭혔니?
    ① 직접화행 → 순수의문 : [질문]의 의미
    ② 간접화행 → 수사의문 : [주의환기] 기능

  간접화행으로 쓰인 경우는 질문의 형식을 통하여 자신의 진술 내용을 강조할 수 있게 됨으로써 표현성이 증대된다. 그러나 의문문으로 진술의 의미를 표현하는 것은 표면구조와 의미 사이의 괴리로 인해 명확성이 감소하는 부정적인 특성도 아울러 갖는다.

  그런데 이러한 의문문과 매우 유사한 형식이지만 질문으로 해석될 수 없고 수사적 의도의 진술로만 해석되는 의문문 형식의 문장이 있다. 동일한 문장의 의문사 관련 부문만 '어디'로 바꿔 보자.

    (20) 내가 '어디' 영희를 괴롭혔니?

  (20)의 의문문이 영희를 괴롭힌 장소를 묻는 질문의 의미로 해석될 수 있는가? 우선 다음과 같은 자료를 보자.

    (21) (a) 철수가 영희를 {어디서/ *어디} 괴롭혔니?
        (b) 철수와 영이가 {어디서/ *어디} 놀고 있었니?

  의문사 '어디'의 의미자질은 [+공간]으로 분석되고 있다. 그런데 (21a)에서 '어디서'가 쓰이면 '영희를 괴롭힌 장소'를 묻는 질문이 되는데, '어디'는 서술어 '괴롭히다'와는 어떠한 의미로도 호응되지 않는다. 즉, 서술어와 의문사 사이에 선택제약이 지켜지지 않고 있는 것이다. (21b)에서도 '어디'는 마찬가지 이유로 불가능하다. 이들 서술어와 의미적으로 호응되려면 의문사 관련 부분이 [+장소]의 의미를 표현할 수 있어야 한다. 따라서 이와 같은 점을 고려하면, 위의 (20)은 질문의 의미로는 해석이 불가능함을 알 수 있다.[12] 서술어와 의미상으로 호응이 불가능하게 의문사를 사용하는 방식을 통하여 그것이 질문의 의미가 아니고 주의환기와 같은 화용론적 의미임을 드러냄으로써 중의적 해석을 차단하고 있다. 이러한 방식은 서술어의 의미 자질과 호응할 수 없는 방식으로 의문사를 사용하여 선택제약을 위배함으로써, 문제의 화용론적 의미와 의문문 형식 사이에 직접적인 대응관계를 형성되게 하는 것이다.[13]

여기서도 의문문 형식의 문장을 사용함으로써 자신의 진술 내용을 강조하는 수사적 표현력을 증대시키고, 그 결과로 생긴 언어형식과 의미구조 사이의 괴리를 의문사와 서술어 사이의 선택제약 위배라는 방식을 통하여 극복하고 있음을 알 수 있다. 이렇게 함으로써 의문문이 질문의 의미가 아니고 주의환기와 같은 화용론적 의미를 표현하는 데서 오는, 표면구조와 의미 사이의 괴리와 그것에 따른 의미해석상의 혼란은 극복된다. 그것은 의문문 형식의 문장을 사용함으로써 표현성의 증대를 유지한 한 채로, 감소된 명확성을 다시 회복한다는 뜻이다.

3.2. 정보구조적 일탈

의문문이 순수의문과 수사의문 두 가지로 중의성을 가지는 경우는 다양하게 실현된다. 다음의 예도 '철수가 온 시점이 언제냐'는 질문으로 해석될 수도 있고 '철수가 오지 않았다'는 진술에 상대방의 주의를 환기하여 그 내용을 강조하고자 하는 수사적 의도의 발화로 해석될 수도 있어 중의적이다.

(22) 철수가 언제 왔니?
[22] 철수가 언제 왔니?

---

12) 이러한 경우에도 서술어가 '때리다'가 되어 '어디'가 어떤 대상(때린 부위)을 가리키는 상황이 되면 순수의문으로도 해석되어 중의성이 해소되지 않는다.
13) 이 유형의 의문문에 대한 통사 및 의미 특성에 대한 이러한 고찰은 박종갑(1986 : 180-81, 1987 : 19-20)에서 다룬 내용을 이용했다.

① 직접화행 → 순수의문 : [질문]의 의미
② 간접화행 → 수사의문 : [주의환기]의 기능

여기서도 간접화행으로 쓰인 경우는 질문의 형식을 통하여 자신의 진술 내용을 강조할 수 있게 됨으로써 표현성이 증대되지만, 표면구조와 의미 사이의 괴리로 인해 명확성이 감소하는 부정적인 특성을 아울러 갖는다.

그런데 의문사 뒤에 보조사 {는}이 통합된 의문문은 질문으로 해석될 수 없고 수사적 의도의 진술로만 해석된다. 다음의 (22)는 질문으로 해석될 수 없다.

(22) 철수가 언제<는> 왔니?

의문사 뒤에 보조사 {는}이 통합된 의문문은 예외 없이 질문으로의 의미 해석이 차단된다. 다음의 담화를 엄마와 아들 사이의 대화라고 보면, (23b)의 의문문은 아들이 자신도 놀지 않았다는 내용의 진술을 강조하기 위해 사용한 것인데, {는}이 통합되어 있는 까닭으로 질문으로의 의미 해석이 불가능하다.[14]

(23) (a) 가 : 누나는 어제 하루 종일 일했어.
　　(b) 나 : 그럼 누구는 놀았어요? (→ 누구도 놀지 않았다. → 나도 놀지 않았다).

이러한 점은 의문문에서 의문사는 초점 성분이며 신정보인데, 보조사 {는}은 구정보 표지라는 점에서 설명할 수 있다. 신정보인 의문사 뒤에 구정보 표지인 {는}이 통합됨으로써 정보 구조적 제약을 위배하게 되고, 질문과 같은 순수의문이 아님을 드러내게 되는 것이다. 당연히 이러한 유형의

---

14) 이 유형의 의문문에 대한 통사 및 의미 특성에 대한 이러한 고찰은 박종갑(1986 : 181-83, 1987 : 120-21)에서 다룬 내용을 이용했다.

의문문은 중의적 해석이 차단된다.

　여기서도 지금까지 고찰한 경우와 마찬가지로, 의문문 형식의 문장을 사용함으로써 자신의 진술 내용을 강조하는 수사적 표현력을 증대시키고, 그 결과로 생긴 언어형식과 의미 사이의 괴리를 정보 구조적 일탈의 방식으로 극복하고 있음을 알 수 있다. 이렇게 함으로써 의문문이 질문의 의미가 아니고 주의환기와 같은 화용론적 의미를 표현하는 데서 오는, 표면구조와 의미 사이의 괴리와 그것에 따른 의미해석상의 혼란은 극복된다. 그것은 의문문 형식의 문장을 사용함으로써 표현성의 증대를 유지한 한 채로, 감소된 명확성을 다시 회복한다는 뜻이다. 이러한 내용을 정리하면 다음과 같다.

(24)

표면구조	의미		긍정적 효과	부정적 효과
의문문	질문	중의성 발생	명확성 충족	
	주의 환기		표현성 충족	명확성 감소
선택제약일탈 의문문	주의 환기	중의성 차단	명확성 회복	
정보구조일탈 의문문			표현성 충족	

4. 마무리

　본고는 간접화행에서 발생하는 국어 의문문의 중의성을 해소하는 방법 몇 가지와, 이러한 중의성의 발생과 해소가 심리언어학에서 말하는 언어의 조건들과 어떠한 상관관계가 있는지에 대해 고찰한 것이다. 중의성의 발생은 언어의 수사적 표현력을 높여 언어가 갖추어야 할 조건 중의 하나인 표현성 제약을 충족하게 하지만, 의문문이 질문의 의미가 아닌 주의환기 등의 화용론적 의미를 나타내게 되어 표면구조와 의미 사이에 괴리를 만듦으로써 명확성의 제약을 위배하게 되어 두 제약이 상충되는 결과를 낳는다.

　중의성에 의해 발생되는 이러한 상충적 결과는 언중들에게 그것을 극복하고자 하는 시도의 동기가 될 수 있다. 표면구조와 의미 사이의 괴리를 극복하기 위해 그러한 화용론적 의미와 언어형식 사이에 직접적인 대응관계가 형성되도록 언어구조에 일정한 조작을 가하게 되고, 이러한 조작에 의해 형성된 언어형식은 중의적 해석이 차단되어 화용론적 의미로만 해석된다. 이것은 곧 화용론적 의미가 언어구조적으로 반영되어 중의성을 해소함으로써, 수사적 표현력을 유지한 채로, 감소된 명확성을 회복하는 것이다. 그렇게 되면 서로 상충되는 두 가지 제약을 어느 정도 함께 충족하는 결과를 얻을 수 있다. 이는 명확성과 표현성 사이에 일정한 균형을 이루고자 하는 언중들의 욕구가 반영되는 것이다.

본고에서는 이러한 관점에서, 국어 의문문 자료를 이용하여, 화용론적 중의성을 해소하는 몇 가지 방법으로 융합과 탈락과 같이 언어의 형식에 조작을 가하는 방법과, 선택제약적 일탈과 정보구조적 일탈과 같이 언어의 의미에 조작을 가하는 방법 등에 대해서 그 자세한 기제를 고찰하였다. 이들은 각각 선행 서술문과 후행 의문문을 하나의 문장으로 융합시키는 방식, 완형동사구를 내포한 간접인용구조의 의문문을 상위문이 탈락되고, 인용조사 '-고'로 종결된 형식의 구조로 만드는 방식, 서술어와 선택제약을 위배하는 방식으로 의문사를 이용하는 방식, 그리고 신정보인 의문사 뒤에 구정보 표지인 보조사 {는}을 통합하는 방식 등으로 중의적인 해석을 차단한다. 이렇게 하여 여전히 수사적 표현력과 같은 표현성의 제약을 충족하면서도, 화용론적 의미와 언어형식 사이에 직접적인 대응관계를 형성하여 명확성의 제약도 아울러 충족함으로써, 명확성과 표현성 사이에 일정한 균형을 이룬다.

참고문헌

강우원. 2012. "경남 방언의 대화 시작말 '있다아이가'류에 대하여", 「우리말연구」 30, 우리말학회.

고석주 외 역. 2000. 「정보구조와 문장 형식」, 월인.

김수태. 2005. 「마침법 씨끝의 융합과 한계」, 박이정.

김정대. 1984. "화용양상에서 통사양상으로 : 주제어와 주어문제", 「새결 박태권선생 회갑기념논총」, 제일문화사, pp.401-421.

박종갑. 1986. "의사소통과정에서의 의문문의 형식과 의미기능", 「용연어문논문집」 3, 부산산업대학교 국어국문학과, pp.167-184.

박종갑. 1987. "국어 의문문의 의미기능 연구" 영남대학교 박사학위논문.

박종갑. 1991. "국어 부가 의문문의 언어학적 의의", 「들메 서재극박사 회갑기념 논문집」, 계명대학교 출판부, pp.327-344.

이승재. 1992. "융합형의 형태분석과 형태의 화석", 「주시경학보」 10, 주시경학회, pp.59-80.

이지양. 1998. 「국어의 융합 현상」, 태학사.

채상려. 2012. "중의성의 구조와 인지적 양상 : 한국어와 중국어 자료를 중심으로」, 영남대학교 박사학위논문.

허상희. 2007. "'괜찮다'의 화용적 기능과 특징", 「우리말연구」 20, 우리말학회.

Givon, T.. 1979. *ON Understanding Grammar*. New York : Academic Press.

Slobin, D.I.. 1979. *Psycholinguistics*. second edition. Glenview, Illinois : Scott, Foresman and Company.

Stockwell, R.P. 1977. *Foundations of Syntactic Theory*. PRENTICE-HALL, INC.

| 이 논문은 우리말연구 31집(2012, 우리말학회)에 게재된 논문을 재수록한 것입니다.

대조 화제와 대조 초점의 표지 '는'

전 영 철

1. 머리말

한국어 보조사 '는'이 화제와 대조의 두 용법을 가진다는 것은 널리 알려진 사실이다. 그리고 이 두 용법의 상호 작용에 대한 논의는 '는'의 연구에서 핵심이 되는 중요한 논쟁거리 중의 하나이다. 화제와 대조의 두 용법 중어느 것이 '는'의 기본적인 용법인지가 관건인데, 대조가 기본이고 여기에서 화제의 의미가 도출된다는 주장(이익섭・채완 1999 등)과 그 반대의 주장(박철우 1998, 남윤진 2005 등)으로 대별할 수 있다.

본고는, 이러한 태도와는 달리, '는'의 두 용법이 서로 독립적인 기반을가지고 있어서 독립적으로 존재함을 주장하고자 한다. 정보구조의 관점에서화제는 초점과의 상대적인 관계에 의해 정의되는 정보이다. 한 문장의 화제는 그 문장이 속한 담화 속에서 이전 발화와의 연결 고리에 해당하는 정보로 기능하고, 초점은 이 연결 고리에 대해 새로운 정보를 덧붙여주는 기능을 한다. 한편 대조는 정보구조의 관점에서 화제-초점의 기능과는 구별되는기능을 수행하는 것으로 파악하여, 화제 및 초점 모두에 대해 대조의 기능이 첨가될 수 있는 것으로 파악할 것이다. 나아가, 화제에 대조가 부가된 대조 화제와 초점에 대조가 부가된 대조 초점이 한국어에서 모두 '는'에 의해 실현됨을 확인할 것이며, 이를 토대로 하여 한국어에는 대조가 독립된 범주로서 존재한다고 주장하려고 한다. 이러한 논의를 통해 화제와 대조가 서로 독립적임이 밝혀질 것이며, 따라서 화제와 대소 중에서 어느 것이 더 기본인지에 대한 논쟁이 더 이상 필요하지 않게 될 것이다.

본고는 범언어적인 대조의 연구에도 기여하는 바가 있을 것이다. 여러 언어들에서 나타나는 대조 현상이 아주 다양하다고 보고되고 있는데(Molnár 2001, Hetland 2003 등), 이는 여러 언어들에서 대조의 범주가 확실하게 정립되어 있지 않은 것과 관련이 있다고 생각된다. 본고에서는 한국어의 대조가 '는'에 의해 분명하게 문법 범주로 자리 잡았음을 보일 것이며, 두 하위 범주인 대조 화제와 대조 초점의 구별 또한 분명함을 보일 것이다. 한국어의 이러한 특징은 대조를 독립적인 문법 범주로 파악하는 데 어려움이 있는 언어들에서 나타나는 대조 현상을 연구하는 데 도움을 줄 수 있으리라 생각된다.

2질에서는 본고에서 사용하는 화제와 초점이라는 용어의 정의를 살펴본다. 3절과 4절에서는 각각 대조 화제와 대조 초점에 대해 논하고, 그 존재의 범위를 구획 짓는다. 5절에서는 한국어의 독립적인 범주로서의 대조에 대해 논하고 다른 언어들과도 비교해 본다.

2. 관계적 주어짐성 : 화제와 초점

자연 언어의 정보 구조를 파악하기 위하여 사용되는 용어들은 상당한 수에 이른다. 예를 들면, 화제(topic)-초점(focus), 화제-평언(comment), 전제(presupposition)-초점, 바탕(ground)-초점 등이 있다. 더구나 이 용어들에 대한 정의도 학자에 따라 차이가 나서 상당한 혼란이 초래되어 왔다. 따라서 대조화제 및 대조초점의 본격적인 논의에 앞서, 본고에서 사용하고 있는 화제-초점이라는 용어에 대해 보다 분명하게 밝히고자 한다.

화제와 초점은 문장의 구정보와 신정보에 각각 대응하는 개념으로 상당히 널리 사용되고 있다. 그런데 구정보와 신정보를 구별하는 기준인 주어짐성(givenness)은 관계적(relational) 주어짐성과 지시적(referential) 주어짐성의 두 가지가 존재한다(Gundel & Fretheim 2004). 즉 관계적 구정보와 신정보, 지시적 구정보와 신정보의 두 층위의 구별이 가능하다. 본고에서 채택하는 화제와 초점은 이 중에서 관계적 구정보와 신정보에 해당하는 개념이다. 그런데 간혹 화제와 초점을 지시적 구정보와 신정보로 처리하여 혼란이 초래되는 경우가 발생한다. 이 두 가지 주어짐성을 분명하게 구별하지 못하여 초래되는 화제 및 초점의 개념적 혼란을 피하기 위해, 이 두 주어짐성의 속성을 분명히 구별하고, 나아가 화제와 초점이 관계적 주어짐성에 의해 정의되는 개념임을 살펴보도록 하자.

대화상에서 정보의 한 단위로서 어떤 문장이 주어진다는 것은, 이 문장이 새로운 정보를 정보의 흐름에 편입시킴으로써 그 대화의 목적에 이바지함을 뜻한다. 이때 문장 전체가 새로운 정보일 수도 있으나 그런 경우는 대화의 첫머리 등으로 국한되며, 대부분의 경우는 문장의 일부가 새로운 정보가 된다. 대화의 흐름 속에서 이전 발화와의 연결고리를 제시하고 거기에 덧붙여 새로운 정보를 제공하는 것이 일반적이다. 물론 이전 발화와의 연결고리는 구정보로 기능하는 것이며, 이에 대하여 새로운 정보가 서술되어진다고 할 수 있다. 전체가 새로운 정보인 문장을 제외하면, 모든 문장은 이와 같은 방식으로 구정보와 신정보로 양분될 수 있어서 이들은 서로 상보적인 관계이다. 이러한 구정보와 신정보는 한 문장 내에서 서로의 상대적인 관계에 의해 신구 관계가 포착되므로, 이때 신정보에 작용하는 주어짐성을 관계적 주어짐성이라고 한다. 본고에서는 이와 같은 관계적 주어짐성에 근거한 구정보와 신정보를 화제와 초점으로 파악한다.

관계적 주어짐성과는 다른 관점에서 어떤 표현의 신구성을 포착할 수도 있는데, 어떤 표현이 지시하는 지시체(referent)가 대화 참여자의 관심의 범위 내에 들어 있는지의 여부와 관련하여 그 표현의 신구성을 판단하기도 있다. 대화중에 이미 언급되었다든지, 담화참여자들이 이미 알고 있는 지시체를 지시한다든지, 총칭적 표현이라든지 하여 대화 참여자의 관심의 범위 내에 이미 존재하는 지시체를 지시하는 표현은 지시적인 관점에서 대화 참여자에게 이미 주어진 것으로 볼 수 있다. 이러한 주어짐성을 지시적 주어짐성이라 하여 관계적 주어짐성과 구별한다. 관계적 구정보가 한 문장 내에서 관계적 신정보와 상보적 관계를 형성하는 것과는 달리, 지시적 구정보는 한 문장 내의 다른 정보와 아무런 관계를 맺지 않는다. 단지 그 표현이 발화될 당시에 그 표현의 지시체가 담화참여자의 관심의 범위 내에 존재하느냐의 여부만이 고려된다. 지시적 주어짐성은 주로 명사구의 지시와 관련되는 개념으로, 명사구의 한정성(definiteness) 또는 특정성(specificity)과 직결된다. 한정적 혹은 특정적 표현은 지시적 구정보가 된다.

이상에서 관계적 주어짐성과 지시적 주어짐성을 구별해 보았고, 화제와 초점은 관계적 주어짐성에 입각한 구정보와 신정보임을 확인하였다.

그런데 관계적 주어짐성과 지시적 주어짐성이 서로 독립적인 기반 위에 정의된다고 하여 이들이 아무런 연관성이 없다는 것은 아니다. 이 두 주어짐성의 연관성을 파악하는 것이 주어짐성의 이해를 돕고, 나아가 화제와 초점의 이해에도 도움이 될 것이므로 그 연관성에 대해서도 알아볼 필요가 있다.

어떤 문장이 새로운 정보를 제공하기 위하여 필요한 이전 발화와의 연결고리의 역할을 하는 것이 관계적 구정보라고 하였다. 그런데 이전 발화와의 연결고리는 그 속성상 기존의 담화 영역 내에 존재해야만 한다. 그리고 기존의 담화 영역 내에 존재한다는 것은 지시적으로 주어졌음을 의미한다. 따라서 관계적으로 주어진 정보는 지시적으로 주어진 정보를 함의한다.

그러나 그 역의 관계는 성립하지 않는다. 지시적으로 주어진 정보가 항상 관계적으로도 주어진 정보이지는 않다. 기존의 담화 영역 안에 존재한다고 해서 모두 이전 발화와의 연결고리로 사용되지는 않는다. 기존의 담화 영역에 속하는 일부만이 그러한 연결고리로 사용될 뿐이다. 기존의 담화 영역의 요소들은 다음 발화에서 연결고리 이외의 역할, 즉 연결고리에 대해 서술되는 새로운 정보로서 기능할 수도 있다. 다음의 대화에서 그와 같은 새로운 정보를 발견한다.

(1) Q : 커피와 녹차가 있는데 뭘 마실래요?
　　A : 커피를 마실게요.

(1A)의 '커피'의 지시체는 (1Q)에서 이미 담화 영역에 도입되었으므로 지시적으로는 구정보이다. 그런데 관계적 주어짐성의 관점에서 보면 (1A)의 '커피'는 새로운 정보이다. (1A)는 '내가 마시고자 하는 것은 커피다.'를 뜻하는데 '내가 마시고자 하는 것'이 이전 발화와의 연결고리인 화제에 해당하고, 이에 대한 새로운 정보로서 '커피'가 주어진다. 이렇듯 지시적 구정보가 관계적 신정보로도 사용될 수 있다.

한편, 지시적 신정보는 담화의 영역에 존재하던 것이 아니므로 이전 발화와의 연결고리 역할을 할 수 없어서 화제로는 쓰이지 못하고 단지 초점, 즉 관계적으로 새로운 정보로만 쓰일 수 있다.

이상에서 살펴본 관계적 주어짐성과 지시적 주어짐성의 연관성은 다음과 같이 파악할 수 있다.

(2)

관계적 구정보	관계적 신정보
지시적 구정보	지시적 신정보

이로써 우리는 두 종류의 주어짐성이 분명하게 구별되어야 함을 확인할 수 있다. 화제와 초점은 관계적 주어짐성을 기반으로 하는 상보적인 개념이며, 화제는 관계적 구정보이고 초점은 관계적 신정보이다.

3. 대조 화제

이제 앞 절에서 파악한 화제 및 초점의 개념이 대조와 어떠한 관계를 맺고 있는지를 알아보자. 화제와 초점은 관계적 주어짐성의 견지에서 양분되는 개념인데, 이 관계적 주어짐성이 대조에 일정한 영향을 미치는지가 관건이 될 것이다. 본고는 대조가 관계적 주어짐성과 독립적으로 작용한다고 본다. 따라서 대조는 화제와 초점 모두에 대하여 적용될 수 있는 개념이어서 화제의 대조 및 초점의 대조가 모두 가능하다고 본다. 우선 이 절에서 화제의 대조에 대해 알아볼 것이며, 절을 달리 하여 초점의 대조에 대해 알아보고자 한다.

모든 적절한 문장은 새로운 정보를 담화 속으로 끌어들이는 기능을 하므로 모든 문장은 관계적 신정보를 필수 요소로 가지고 있다. 관계적 주어짐성의 관점에서 볼 때, 문장 전체가 새로운 정보인 경우도 있고, 문장의 일부가 새로운 정보이고 나머지는 오래된 정보인 경우도 있으나, 문장 전체가 오래된 정보일 수는 없다. 문장 전체가 오래된 정보이면 그 문장은 담화의 전개상에서 적절한 역할을 수행하지 못하는 불필요한 문장이 된다. 우리가 이 절에서 관심을 갖는 문장들은 관계적으로 새로운 정보와 오래된 정보를 모두 갖춘 것들이다. 이런 문장에서 오래된 정보는 이전 발화와의 연결 고리 역할을 하며, 이 연결 고리에 대해 새로운 정보가 덧붙여진다고 볼 수 있다. 즉 관계적 구정보인 화제는 관계적 신정보인 초점에 의해 서술된다.

이렇게 화제가 초점에 의해 서술될 때, 화제와 초점의 관계 외에도 고려해야 하는 정보구조상의 또 다른 측면이 있다. 한 문장의 화제가 정보의 흐름에 있어 유일한 화제인지 아니면 다른 잠재적 화제가 존재하는지가 고려되어야 한다. 전자의 경우에는 드러난 화제가 이전 발화와의 유일한 연결 고리로 작용하면서 초점의 서술을 받는 단순한 상황이지만, 후자의 경우에는 이보다 복잡한 상황이 연출된다. 이전 발화와의 연결 고리로 작용할 수

있는 여러 잠재적 화제들 중에서 어떤 것이 선택되고 이것에 대해서 초점이
서술되는 상황인데, 이 선택된 화제와 나머지 잠재적 화제 사이에는 또 다
른 관계가 형성된다. 이 관계가 바로 대조이다. 대조가 발생하는 상황을 이
렇게 파악해 볼 때, 어떤 문장에서 화제에 대해 대조가 발생하는 것과 화제
에 대해 초점이 서술되는 것은 서로 독립적인 기능이다. 다음의 예를 보자.

  (3) Q : 애들 뭐 해?
　　　A : 큰 애는 자요.

　Q의 발화를 잇는 A의 발화에서 모든 형제들 각각이 화제로 작용할 수 있
다. 그런데 그 중에서 큰 애만이 선택되어 후속 발화를 이어 가고 있다. 이
상황에서 큰 애에 대해 잔다는 새로운 정보가 서술되는 것과 큰 애가 다른
애들과 대조되고 있다는 것 사이에는 직접적인 연관성이 없다. 만약 Q가
'큰 애는 뭐해?'라고 묻고 A가 동일하게 답한다면, '큰 애' 외에는 잠재 화
제가 없어서 대조가 발생하지는 않으나 여전히 동일한 화제-초점의 관계는
성립한다.
　화제-초점의 관계가 화제의 대조성과는 독립적으로 성립하기는 하지만,
화제의 초점이 잠재 화제의 초점에 관여하는 측면도 있다. 가령 (3A)에서 큰
애와 대조되는 다른 애들에 대해 (3A)의 초점 정보가 일정한 영향을 미친다.
(3A)의 발화는 '큰 애는 자요. 그런데 다른 애들은 모르겠어요.' 혹은 '큰 애
는 자요. 그렇지만 다른 애들은 안 자요.' 정도에 해당한다. 대조가 되는 잠
재 화제가 존재한다는 것은 그 잠재 화제에 대하여 관심이 여전히 부여되어
있음을 뜻하는데, 그 관심이란 잠재 화제에 적용될 만한 초점에 대하여 일
정한 정보를 가지고 있음을 뜻한다고 볼 수 있다. 그리고 잠재 화제에 대한
초점은 선택된 화제에 대한 초점과 연관되어 있다.
　이렇게 화제-초점의 관계와 화제의 대조 사이에 연관성이 있다고 하더라
도 이들이 서로 독립적이라고 파악하는 것은 그 연관성이 직접적이지 않다

는 데 있다. 어떤 화제에 대해 대조가 성립하는 것은 발화 상황에 의해 여러 잠재 화제가 설정되기만 하면 기본적으로 가능하다. 선택된 화제에 대해 성립하는 화제-초점의 관계가 내조의 형성 여부를 결정짓지 않는다. 물론 여러 잠재 화제들이 동일한 속성을 가지는 경우에는, 즉 여러 잠재 화제들이 동일한 초점에 의해 서술되는 상황이라면 일반적으로 대조가 발생하지는 않을 것이다. 대조란 일종의 대립(opposition)을 의미하는데, 모든 잠재적 화제들이 동일한 초점에 의해 서술된다면 대립의 의미가 상실되기 때문이다. 이와 같이 화제-초점의 관계와 화제의 대조 간에는 기본적인 독립성이 존재한다. 따라서 '는'의 두 용법으로 화제와 대조를 상정하고 이들 상호 간의 관계를 설정하여 하나가 다른 하나로부터 도출된다는 식의 설명은 상당한 무리가 있다고 판단된다. 화제의 '는'에 대조의 의미가 부가되는 경우와 그렇지 않은 경우가 있으며, 전자의 경우에 대조 화제가 발생한다.

4. 대조 초점

대조가 화제-초점의 관계와 독립적으로 성립한다는 주장을 받아들인다면 화제뿐만 아니라 초점에도 대조가 작용한다고 예측할 수 있다. 그러나 실제로 이러한 예측은 상당한 난관에 부딪힌다. 화제에 대한 대조에 비해 초점에 대한 대조는 그 실체를 파악하기가 어려운데, 그 원인은 초점과 대조가 상당한 속성을 공유한다는 사실에 기인한다.[1] 대조 화제를 논할 때 화제와

---

[1] 이러한 사정은 내조 초섬에 대한 기존의 연구들에서 확인된다. 여러 언어들에서 대조 초점에 대한 문법화가 분명하게 진행되지 않아서 대조 초점 현상을 확인하는 데에 상당히 어려움이 따르는 것으로 판단된다. Kiss(1998)가 헝가리어의 대조 초점을 총망라성(exhaustivity)에 의존하여 파악함으로써 본고와는 다른 대조 초점을 상정하고, Büring (1997)이 독일어의 B-악센트를 모두 대조 화제로 처리하여 대조 초점을 설정하지 않는 등의 연구 결과를 내는 것은 각 언어들에서 나타나는 초점의 대조가 제각기 다르기 때문으로 여겨진다. 독일어의 B-악센트에 대해서는 5절에서 좀 더 상세히 언급한다.

대조가 되는 잠재적 화제들의 존재에 대해 언급하였는데, 초점에 대한 대조
도 그와 같은 존재들을 필요로 한다. 어떤 화제-초점의 구성에 있어서 초점
에 대한 대조가 이루어진다는 것은 초점의 역할을 할 수 있는 여러 잠재적
초점들이 있는데 그 중에서 하나를 뽑았음을 뜻한다고 볼 수 있다. 그런데
이러한 잠재적 초점의 존재는 초점의 개념 속에 이미 내재한다. 어떤 화제
에 대해 신정보로서 초점이 서술된다는 것은 여러 가능한 정보들 중에서 선
택된 하나의 정보를 화제에 부여함을 뜻한다. 초점 이론의 대안 집합
(alternative set)이 바로 이러한 잠재적 초점들의 집합에 해당한다. 따라서 화
제의 경우와는 달리 초점의 경우에는 잠재적 초점들의 존재만으로는 대조
의 개념을 끌어 들일 수 없는 듯하다. 이런 이유로 하여 대조를 논할 때 일
반적으로 함께 등장하는 것은 화제이지 초점이 아니었다. '는'을 화제로 볼
것인지 대조로 볼 것인지가 주된 논의 대상의 하나였던 것도 초점의 대조가
화제의 대조에 비해 포착하기 어렵다는 데에 상당한 이유가 있을 것이다.

그러나 초점에도 대조가 관여할 수 있다는 사실은 한국어에서 분명히 드
러난다. 초점에 대조가 덧붙여진 경우와 그렇지 않은 경우가 형태적으로 서
로 다른 표지인 '는'과 '가'에 의해서 구별되기 때문이다. 예문을 통해 이
사실을 확인하여 보자. 철수, 영희, 민수가 오기로 되어 있는 상황에서 다음
의 대화가 이루어졌다고 가정하자.

  (4) Q : 누가 왔니?
     A : 철수가 왔어요.
     A' : 철수는 왔어요.

(4Q)의 질문에 대해 (4A)와 (4A')가 모두 가능한데, 두 '철수'가 모두 대안
집합으로 {철수, 영희, 민수}를 가지는 초점이다. 두 대답 모두 세 사람으로
구성된 대안 집합 중에서 철수를 선택하였음을 전달한다. 분명히 여기까지
는 두 경우가 동일하다고 판단된다. 그런데 (4A')의 경우에는 여기에 덧붙여

뭔가를 더 전달하는 것 같다. 즉, (4A')에는 '다 온 것은 아니고' 정도의 의미가 덧붙여진다. 그래서 (4A')을 '철수는 왔어요. 그리고 영희도 왔어요.'와 같이 확장시키는 것이 가능하지 않다. 반면에 (4A)는 이와 같이 덧붙여지는 의미가 없어서 '철수가 왔어요. 그리고 영희도 왔어요.'라고 확장하여도 무방하다. (4A)는 철수가 왔다는 사실만을 전달할 뿐이지 다른 사람들에 대한 정보는 전달하지 않아서, 나중에 다른 사람의 정보를 덧붙여도 상관이 없다.

동일한 질문에 대한 두 대답에서 이러한 의미적 차이가 나는 것은 이들의 유일한 차이인 '가'와 '는'의 형태적 차이에서 비롯한다고 볼 수 있다.[2] 따라서 (4A')에서 관찰되는 부가적 의미는 바로 '는'의 대조적 기능에서 유래한다고 보고자 한다. (4A')의 '철수는'은 초점이어서 대안 집합을 도입하지만 보통의 초점과는 달리 대안 집합의 원소 중 하나를 선택하는 데 그치지 않고 선택되지 않은 나머지 원소들에 대해서도 정보를 제공한다. 그리하여 선택되는 원소와 선택되지 않는 원소를 대조하는 효과를 얻는다.

'는'에 의해 초점에 도입되는 이러한 대조의 효과는 대조 초점을 낳는 질문의 특성을 살펴봄으로써 좀 더 분명히 알 수 있다. 예문 (4)의 질문-대답에서 질문의 특성을 부각시켜 보면 다음과 같다.

(5) Q : 철수가 왔니? 혹은 영희가 왔니? 혹은 민수가 왔니?
　　 A : 철수가 왔어요.
　　 A' : [?]철수는 왔어요.

(6) Q : 철수가 왔니? 그리고 영희가 왔니? 그리고 민수가 왔니?
　　 A : [?]철수가 왔어요.
　　 A' : 철수는 왔어요.

---

2) 보조사 '는'은 주격조사뿐만 아니라 많은 다른 격조사들과 대비될 수 있으나, 본고에서는 주격조사와 대비되는 예들만을 다룬다. 그러나 그 결과는 다른 격조사들에도 그대로 적용되리라 믿는다. 한편 '는'과 대비될 수 있는 격조사들의 빈도를 조사한 연구에서 주격조사가 전체 빈도의 88.56%(남윤진 2005), 90.65%(신서인 2006) 등을 차지하는 것으로 보고되고 있다.

(5Q)와 같은 이접 질문에는 (5A)의 단순 초점의 대답이 적합하고, (6Q)와 같은 연접 질문에는 (6A')의 대조 초점의 대답이 적합하다. 이접 질문은 양자 택일을 요구하는 질문이어서 고려의 대상 중 하나를 선택하는 대답이 적합할 것이고 이것은 바로 초점의 역할에 해당한다. 한편 연접 질문은 양자택일의 문제가 아니라 해당되는 질문 모두에 대한 대답을 요구한다. 철수가 왔는지에 대해서만이 아니라 영희가 왔는지에 대해서도 대답을 요구한다. 따라서 단지 철수가 왔음을 알려 주는 (6A)는 이러한 요구에 부응하지 못하여 적절한 대답이 되지 못한다. (6A')의 대답은 표면적으로는 철수만 언급하지만 영희에 대한 정보도 암시적으로 제공하고 있어서 연접 질문이 요구하는 사항을 모두 수행한다. 철수와 영희의 대조에 의해 이러한 역할을 수행하며 이에 대한 표지로 '는'이 사용되고 있다. (4Q)라는 동일한 질문에 대해 (4A)와 (4A')이라는 두 종류의 대답이 가능하다기보다는 (4A)와 (4A')은 서로 다른 질문을 각각 상정하고 있다고 보는 것이 타당할 것이다. 이접 질문에 대한 답으로는 보통의 초점이 사용되는 반면에 연접 질문에 대한 답으로는 대조 초점이 사용된다.[3]

대조 초점을 나타내는 '는'이 보통의 초점과 구별되는 또 다른 특성이 있다. 즉 보통의 초점과는 달리, 초점에 대조의 의미가 첨부되면 대안 집합 내에 척도가 도입되고 이에 대한 함축이 유발된다. (7A)의 '은메달'은 초점적 정보에 해당하면서 동시에 다른 메달과의 대조를 야기하므로 대조 초점이다.

(7) Q : 경기 결과가 어떨 것 같니?
    A : 은메달은 확실해요.

---

3) 연접 질문과 이접 질문을 통한 판별법은 이정민(2003)에서 제시되었다. 그런데 그는 본고와는 다른 대조의 체계를 택하고 있어서, 이접 질문과 연접 질문을 각각 대조 초점과 대조 화제를 확인하는 용도로 사용한다. 그러나 이는 용어 체계상의 문제일 뿐이며 다루어지는 예문들에 대한 설명은 기본적으로 동일하다.

이 경우에 형성되는 대안 집합은 {금메달, 은메달, 동메달}일 것인데, 이 중에서 은메달을 선택함으로써 나머지 메달에 대해서는 대조적 정보를 전달한다고 볼 수 있다. 그런데 이 경우에 선날되는 대조적 정보는 대안 집합의 나머지 구성원들인 금메달과 동메달이 확실하지 않다는 식이 아니라, 단지 금메달이 확실하지 않다는 것이어서 동메달은 확실한 것으로 처리된다. 이러한 결과는 {금메달, 은메달, 동메달}의 대안 집합에 대해 <금메달, 은메달, 동메달>의 척도가 형성되고 이 척도에 대해 함축이 발생하기 때문이다. 전형적인 척도의 함축과 마찬가지로, 은메달이 선택되면 그보다 높은 척도에 있는 금메달에 대해서는 부정적인 정보가 부여된다. 그러나 은메달보다 낮은 척도에 있는 동메달에는 동일한 속성 값이 적용되기 때문에 동메달은 배제되지 않는다.

이에 반해 보통의 초점에는 대안 집합에 대해 이러한 척도가 형성되지 않아서 척도의 함축도 발생하지 않는다. (7Q)에 대한 대답으로 '은메달이 확실해요.'를 생각해 보자. 이때는 <금메달, 은메달, 동메달>의 척도가 부각되지 않는다. 단지 세 종류의 메달 중에서 은메달이 선택된다는 결과만이 초점적 정보를 형성할 뿐이다. 대안 집합에 척도 함축이 작용한다는 사실은 바로 대조 현상과 직접적인 관련이 있을 것이다. 척도상의 한 요소를 선택하면 그 이상의 척도에 속하는 요소들이 배제된다는 것은 선택되는 요소와 그 이상의 척도에 속하는 요소들 사이의 대조로 볼 수 있다.

대안 집합이 존재한다는 속성을 초점과 대조가 공유하고 있어서, 보통의 초점과 대조 초점을 가려내는 작업이 보통의 화제와 대조 화제를 가려내는 작업보다 힘이 든다. 그러나 한국어에서는 '가'와 '는'의 차이에 의해 보통의 초점과 대조 초점이 분명히 구별된다. 그리고 이 두 종류의 초점은 두 가지 면에서 차이를 보인다. 첫째, 이접 질문과 연결되는 보통의 초점과는 달리, 대조 초점은 연접 질문과 관련되어 있다. 둘째, 보통의 초점과는 달리 대조 초점은 척도의 함축을 동반한다.

5. 대조

5.1. 독립된 범주로서의 대조

한국어에는 대조 화제와 대조 초점이 모두 존재하며 이들은 동일한 형태적 표지 '는'에 의해 표상됨을 살펴보았다. 그런데 이 '는'은 전형적인 화제 표지이기도 하여서 '는'의 중의성이 거론될 수 있다. 그러나 대조 화제 및 대조 초점의 '는'과 화제의 '는'은 음운적으로 차이가 있으므로 '는'이 엄밀한 의미에서 중의적이지는 않다.[4] 이 절에서는, 음운적 강세를 받는 대조 화제 및 대조 초점의 '는'이 독립적인 의미적 범주인 '대조'를 표상함을 보이고자 한다. 이를 위해 대조 화제 및 대조 초점의 '는'에 의해 공유되는 정보 구조상의 공통점을 확인하고자 한다. 이에 덧붙여 이들 사이의 차이점도 논하여, 이들이 대조의 변별적 하위범주임도 재확인하고자 한다.

대조 화제와 대조 초점의 정보 구조적 공통점을 확인하기 위하여, 먼저 대조 화제의 정보 구조적 특징을 살펴보도록 하자. 앞의 예 (3)을 다시 살펴보자.

> (3) Q : 애들 뭐 해?
>   A : 큰 애는 자요.
>   A' : 애들은 자요.

(3Q)에 대해 (3A)와 (3A')의 대답이 모두 가능할 것이다. 그런데 이 두 대답은 동일한 것이 아니다. (3A')은 (3Q)에 대한 직접적인 대답으로, (3Q)의 화제를 그대로 이어 받아 자신의 화제로 삼고 이에 대해 새로운 정보를 제공하고 있다. 반면에 (3A)는 (3Q)에 대한 직접적인 대답이 아니라 (3Q)의 질문의 일부에 대한 대답에 해당한다. 삼형제가 있을 때, (3Q)는 삼형제 모두

---

4) 두 '는'의 실험음성학적 차이는 김용범(2004), 오미라(2006) 등을 참조할 수 있다.

에 대한 질문인데, (3A)는 그중에 큰 아이에 대해서만 질문에 답하고 있다. (3A')은 (3Q)의 질문을 삼형제 전체에 대한 포괄적인 혹은 직접적인 질문으로 이해하여 대답하는 경우인 반면에, (3A)는 (3Q)를 삼형제 개개인에 대한 부분적인 질문들의 묶음으로 해석하여 그중 하나의 질문에 대해 대답하고 있는 경우이다. (3A)의 경우에 나머지 형제들에 대한 대답이 이어 나올 수도 있어서, 가령 '큰애는 자요. 그리고 둘째와 막내는 밖에서 놀고요.'라고도 할 수 있다. 이와 같이 (3A)는 여러 잠재 화제들을 대조시키고 각 잠재 화제에 대한 질문들을 부각시키는 기능이 있다. 이러한 (3A)의 특징을 고려하여 (3Q)-(3A)의 연쇄를 다음과 같이 포착할 수 있다.

(8)

'큰애는 뭐 해?'와 '둘째는 뭐 해?', '막내는 뭐 해?'는 (3Q)-(3A)의 질문-대답 연쇄에는 표면적으로는 나타나지 않은 암시적 질문이다. 이것이 바로 대조 화제의 특징인데, 보통의 화제문으로 답한 (3Q)-(3A')의 연쇄에는 이러한 암시적 질문이 유발되지 않는다. Büring(2003)은 이러한 대조 화제의 특성을 전략(strategy)이라는 개념으로 설명한다. 전략이란 어떤 질문과 그 하위 질문들로 이루어진 담화적 구성을 뜻한다. 위와 같은 예를 통해, 그는 대조 화제가 전략을 요구한다고 규정하여 대조 화제의 특성을 포착하였다. 즉 어떤 질문에 대해 대조 화제를 포함하는 대답이 주어지면, 이 질문-대답의 연쇄보다 더 큰 담화 구조, 즉 전략이 형성되며 원래의 질문-대답의 연쇄는 그 전략의 일부에만 관여한다고 설명하였다. 위의 예에서 '큰애는 자요.'는 '애들은 뭐 해?'-{'큰애는 뭐 해?', '둘째는 뭐 해?', '막내는 뭐 해?'}의 전략

을 형성하고 그중 일부에 대해서만 답을 하는 것이 된다.

대조 화제의 이와 같은 특성은 대조 초점에도 나타난다. (4)의 예를 다시 보자.

> (4) Q : 누가 왔니?
> A : 철수가 왔어요.
> A' : 철수는 왔어요.

(4Q)에 대한 대답으로서 (4A)와 (4A')은 차이를 동반한다. (4A)는 (4Q)에 대한 직접적이고 완전한 대답인 반면에 (4A')은 그렇지 않아서 철수 이외에 고려의 대상이 더 있음을 암시한다. 나아가 그 나머지 대상들은 아직 오지 않았음도 암시한다. 이와 같이 철수 이외에 다른 고려 대상이 있다는 것은 화청자 사이에 누가 올 것으로 예정되어 있는지에 대한 공유된 지식이 있음을 뜻한다. 그리고 올 예정이었던 사람들 개개인에 대해 왔는지의 여부를 묻는 것으로 이해할 수 있다. 철수, 영희, 민수 세 사람이 오기로 되어 있는 상황이라면 (4Q)-(4A')의 연쇄를 다음과 같이 파악할 수 있다.

> (9)

대조 화제와 마찬가지로, 대조 초점이 포함된 '철수는 왔어요.'도 '누가 왔니?'-{'철수가 왔니?', '영희가 왔니?', '민수가 왔니?'}의 전략을 형성하고 그 일부를 통해 그 전략에 연결된다.[5]

---

5) Büring(2003)은 본고의 대조 초점에 해당하는 예들을 다루고 있지 않아서 (4Q)-(4A')와 같은 연쇄가 전략을 요구하는지에 대해서는 다루지 않고 있다. 본고는 대조 초점도 대조 화제와 마찬가지로 전략을 요구한다고 본다.

이와 같이 대조 초점이 대조 화제와 마찬가지로 전략을 요구하는 사실은 이들 사이에 정보 구조상의 공통점이 있음을 의미한다.[6] 대조 화제와 대조 초점은 모두 대조의 대상들이 있어서 대조의 대상들과 더불어 더 큰 담화 구조를 형성하는 데에서 이러한 정보 구조상의 공통점이 발생한다. 즉 전략은 대조 화제와 대조 초점의 대조성에서 기인하는 것이며, 이는 대조 화제와 대조 초점의 '는'이 하나의 독립된 범주인 '대조'를 형성하고 있음을 확인해준다.

이와 같이 전략을 요구한다는 공통점을 가지고 있는 두 종류의 대조가 다른 한편으로는 전략 전체에 미치는 영향력에서는 차이를 보인다. 이 차이점은 대조 초점에서는 나타나는 척도의 함축이 대조 화제에서는 나타나지 않는다는 사실과 관련이 있다. 우리는 앞에서 대조 초점이 척도 함축을 가진다는 점에서 그렇지 못한 보통의 초점과 구별됨을 살펴보았다. 여기에서는 대조 화제에도 척도 함축이 발생하지 않아서 대조 화제와 대조 초점이 구별됨을 보이고, 이로 인해 두 종류의 대조가 전략 전체에 미치는 영향력에서 차이를 보임을 살펴보고자 한다.

다음은 대조 화제의 예이다.

(10) Q : 과학 과목은 언제 배우니?
　　　A : 생물은 1학기에 배워요.

과학 과목으로 생물, 물리, 화학이 있다고 하면, 이것들 사이에 어떤 기준에 의한 척도가 형성되고 이 척도가 (10A)의 발화에 작용하고 있다고 보기는 어렵다. 단지 이런 여러 과학 과목들 중에서 생물은 1학기에 배운다는 정보를 제공하고 있다. (10A)의 가장 일반적인 해석은 '생물은 1학기에 배우

---

6) (4Q)-(4A')의 연쇄를 (9)의 전략으로 파악하는 것은 (4Q)-(4A')의 연쇄를 (6Q)-(6A')의 연쇄로 파악한 것을 연상시킨다. (6Q)의 연접 질문은 바로 전략에 대응하는 개념이다. 대조 화제도 전략을 요구하므로 연접 질문에 대한 대답으로 쓰이리라 예측되며, 실제로도 그러하다.

지만 다른 과목들은 언제 배우는지 잘 모르겠다.'이다. 그런데 (10A)에 덧붙여 '물리와 화학은 2학기에 배우고요.'라고 할 수도 있을 것이고, '그리고 물리도 1학기에 배워요'라고도 할 수 있는 등 (10A)는 여러 가지 상황에서 사용될 수 있다. 만약 생물과 물리를 1학기에 배운다는 사실을 알고 있는 경우에, '생물은 1학기에 배워요. 그리고 물리도 1학기에 배워요'라고 대답하거나 거꾸로 '물리는 1학기에 배워요. 그리고 생물도 1학기에 배워요'라고 대답하여도 모두 무방하다. 생물, 물리, 화학 사이에 어떤 척도가 형성된다는 징후를 감지할 수 없다.

  척도 함축의 관점에서 대조 화제와 대조 초점이 차이를 보이는 것은 화제에 대한 대조와 초점에 대한 대조가 그 속성상 차이가 있기 때문이다. 물론 대조되는 대상이 있고 그 대상에 대한 관심이 유효하다는 면에서는 두 대조가 동일하다. 그러나 화제와 초점의 근본적인 차이가 대조의 현상과 어울려 작용하기 때문에 두 대조는 척도 함축의 유무와 같은 차이를 보인다. 화제는 이전 발화와의 연결 고리이다. 그런데 이 연결고리가 하나가 아니라 여러 개일 수도 있으며 이들이 하나의 집합을 형성하는 경우에는 이들 사이에 서로 대조의 관계가 조성될 수 있는 것이다. (10A)에서 과학이 화제일 수도 있으나 과학의 하위 분야인 생물, 물리, 화학이 모두 화제일 수도 있다. 후자의 경우로 대화가 이어진다면 이 세 연결 고리는 서로 대조를 이루면서 후속 담화에 관여하게 된다. 그런데 이 대조의 관계에서는 어떤 기준에 의한 선후 관계가 나타나지 않으며, 연결 고리로서의 동등한 자격이 부여된다. 한편 초점의 경우에는 다른 상황이 전개된다. 초점은 어떤 화제에 대하여 새로운 정보를 부여하는 것으로서 이는 여러 가능한 대안 정보들 중에서 하나를 선택함을 뜻한다. 그런데 이 선택은 정보량이라는 기준에 의해 이루어진다. 신정보로서의 초점의 정보량은 바로 한 문장의 정보량에 해당한다. 한 문장이 담화 내에서 적절하기 위해서는 가능한 최대한의 정보를 제공해야 한다. 즉 초점은 가능한 최대한의 정보를 담게 된다. 최대한의 정보를 선택한다는 것은 정보량에 따라 관련 정보들을 순서 매길 수 있음을, 즉 척도의 존재를 전제로 한다. 이 척도에 대하여 함축이 작용하여, 선택된 정보보다 더 높은 척도상의 위치에 있는 정보들은 부정의 값을 부여 받는다. 그리고 선택된 정보와 선택되지 않은 정보 사이에 대조가 형성된다. 이와 같이, 대조되는 잠재 초점들에는 척도의 함축이 작동하지만, 대조되는 잠재 화제들에는 그렇지 않다.

척도 함축과 관련된 정보가 대조 화제 및 대조 초점의 전략에 어떻게 반영되는지 살펴보자. 대조 초점의 예부터 시작해보자.

(11) Q : 경기 결과가 어떨 것 같니?
　　 A : 은메달은 확실해요.

이 질문–대답의 연쇄는 다음과 같은 담화 구조를 구성한다.

(12)

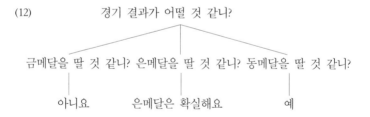

여기에는 <금메달, 은메달, 동메달>의 척도가 형성되는데, 은메달이 대조 초점으로 선택되었으므로 척도 상 더 낮은 위치에 있는 동메달은 딸 것이지만 그보다 더 높은 위치에 있는 금메달은 딸 것 같지 않다는 함축적 정보가 전달된다. 즉 척도 상에서 더 높은 잠재 초점을 포함하는 하위 질문의 대답에 대해 대조 초점의 대답과는 반대의 극성값이 부여된다.

이에 반하여, (3Q)–(3A)의 연쇄에서와 같이 대조 화제는 어떠한 척도도 끌어 들이지 않는다. 즉 큰애, 둘째, 막내에 대해 어떤 척도가 관여하는 것이 아니어서 이를 근거로 한 척도 함축도 발생하지 않는다. 따라서 전략의 나머지 부분에 대한 대답의 극성값에도 아무런 영향을 미치지 않는다. 이러한 사정은 관련된 전략이 반영된 (8)의 담화 구조에 드러나 있다. (8)에서 '둘째는 뭐 해?'와 '막내는 뭐 해?'의 두 하위 질문에 대한 대답에서 '큰애는 자요.'가 그 극성값에 대해 관여하지 않는다. 즉, 대조 화제는 척도 함축을 야기하지 않으므로, 척도 함축을 근거로 하여 전략의 나머지 부분에 대해 어떤 영향력을 행사하지도 않는다.[7)8)]

대조 화제와 대조 초점은 전략을 요구한다는 공통점을 가지는 동시에 전체 전략에 대해 미치는 영향력이 다르다는 차이점을 가지고 있으므로 대조라는 상위 범주의 하위 범주들임이 입증된다.

5.2. 대조의 유형론

우리는 한국어에 나타나는 대조 현상에 대해 상당히 정연한 정리를 할 수 있었다. 대조는 화제-초점과는 다른 정보구조적 근거를 가지므로 화제 및 초점에 모두 관여할 수 있어서 대조 화제 및 대조 초점이 모두 가능하며, 이들이 동일한 형태적 표지 '는'에 의해 실현되어 독립적 범주로서의 대조가 존재함을 확인하였다.

그런데 대조 현상이 여러 언어들에서 실현되는 양상은 아주 다양하다

---

7) 대조 초점의 예로 든 (4Q)~(4Q')의 담화 구조인 (9)에도 대조 화제의 담화 구조인 (8)과 동일한 상황이 연출되므로 대조 초점에 대한 우리의 주장에 오류가 있는 것처럼 보인다. 그러나 (9)는 대조 초점과 대조 화제의 공통점을 부각시키기 위하여 아주 단순화한 것이며, 실제의 상황은 다르다. '누가 왔니?'에 대해 '철수는 왔어요.'라고 답하면, '철수, 영희, 민수가 다 온 것은 아니에요.' 혹은 '철수와 영희가 온 것은 아니에요.' 등의 함축이 뒤따른다. 즉, <{철수, 영희, 민수}, {철수, 영희}/{철수, 민수}/{영희, 민수}, 철수/영희/민수>와 같은 척도가 형성되고 이에 대해 척도의 함축이 발생한다. 즉 '철수는 왔어요.'는 더 높은 척도에 있는 두 사람 혹은 세 사람의 합에는 부정의 값이 부여됨을 함축한다. 이러한 사정이 (9)에 반영된다면 이는 (12)와 같은 종류의 담화 구조를 보일 것이며, 이는 바로 대조 초점의 특성이 반영된 결과이다.
8) 본고의 대조 화제와 대조 초점은 이정민(2003)의 체계에서는 모두 대조 화제에 해당하는데, 그는 그의 대조 화제의 한 특징으로 척도 함축을 든다. 즉 본고의 대조 초점뿐만 아니라 대조 화제도 척도 함축을 유발한다고 주장하는 셈이어서, 본고와 차이를 보인다.

(Molnár 2001, Hetland 2003, Hedberg 2006 등). 우선 대조를 표상하기 위한 표지의 종류가 다양하며, 또한 실현되는 대조성의 본질적인 속성조차 언어에 따라 차이가 나는 것으로 보고되고 있다. 대조 표지의 종류는 한국어와 같은 형태적 표지 이외에 통사적 표지 및 음운적 표지가 사용되기도 하며 몇 가지가 혼용되기도 한다. 통사적인 대조 표지를 가지는 언어로는 핀란드어, 헝가리어, 러시아어, 이태리어 등이 있는데 이들의 실현 양상도 몇 가지로 나눌 수 있다. 가령 핀란드어의 대조 위치는 문장 첫머리인데 이 자리에는 대조 초점뿐만 아니라 대조 화제도 나타날 수 있지만, 헝가리어의 대조 위치인 동사 앞의 위치에는 대조 초점만이 허용되는 등 다양한 모습을 보인다. 음운적 표지를 가진 대표적인 언어로는 독일어나 영어 등이 거론되는데, 하강-상승조의 소위 B-악센트에 의해 대조가 표상된다고 알려져 있다.

한편, 언어에 따라 실현되는 대조의 속성도 상당한 차이를 드러낸다. 즉 대조를 표방하면서 각 언어에서 다루어지는 자료들의 범위가 동일하지 않다. 특히 대조 초점으로 다루어지는 자료들에서 그 차이가 크게 난다. 앞에서 살펴본 한국어의 대조 초점과 같은 예들이 다루어지기도 하지만 상당히 성격이 다른 예들이 대조 초점의 이름으로 다양하게 거론되기도 한다. 이러한 상황을 고려해 볼 때 대조 현상에 대한 충분한 이해를 위해서는 유형론적 연구가 강하게 요구되며 이를 토대로 보다 정연한 대조의 개념을 추구해야 할 것이다.

이 절에서는 음운적 표지인 B-악센트를 대조 표지로 가지는 독일어 및 영어와 형태적 대조 표지를 가지는 한국어를 비교하여 한국어의 대조성에 대한 이해를 증진시키고자 한다.

다음은 독일어와 영어에서 B-악센트가 나타나는 예들이다.[9]

(13) Die [Weisslichen]B Popstars trugen [Kaftane]A.
(14) The [female]B pop stars wore [caftans]A.

---

9) 하첨자 A, B는 각각 하강조의 A-악센트와 하강-상승조의 B-악센트를 가리킨다.

이 문장들은 'What did the pop stars wear?'와 같은 질문에 대한 대답으로 사용될 수 있는데, 잠재적 화제인 남자 팝스타와의 대조를 동반한다. 그리고 이 대조는 B-악센트에서 유래한다. 이에 대한 한국어 문장은 '여자 팝스타는 카프탄을 입었어.'가 되며, 대조 표지 '는'에 의해 동일한 대조가 포착된다. 독일어와 영어의 B-악센트와 한국어의 '는'이 대조 화제를 위한 표지로 동일하게 사용됨을 확인할 수 있다.

그러나 사정이 이렇게 단순하지가 않다. 위 예문은 B-악센트 다음에 A-악센트가 문장의 마지막 악센트로 나타나는 경우인데, B-악센트가 이와 다른 환경에서 사용되면 다른 상황이 벌어진다.

(15) Q : Well, what about the beans? Who ate them?
    A : [Fred]A ate the [beans]B.

(16) Q : Did you feed the animals?
    A : I fed the [cat]B.

(15A)는 A-악센트 다음에 B-악센트가 나타나는 경우이고, (16A)는 B-악센트가 홀로 나타나는 경우이다. 이 예들은 영어 예인데, 흥미롭게도 독일어에서는 이에 해당하는 문장이 허용되지 않는다. 독일어에서는 B-악센트가 나타나는 평서문은 그 다음에 A-악센트가 나타나서 문장을 종결해야 하는 제약이 있다(Büring 1997, Hetland 2003). 이 제약에 따라 A-악센트 다음에 B-악센트가 나타나는 평서문이나 B-악센트만 나타나는 평서문은 허용되지 않는다. 그러나 영어에는 이러한 제약이 없어서 독일어에는 허용되지 않는 (15)와 (16)에서와 같은 B-악센트의 실현이 가능하다. 그런데 이 문장들에서 B-악센트는 여전히 대조의 기능을 책임지고 있다. 한편 이 문장들을 한국어로 바꾸면 '콩은 프레드가 먹었어.'와 '고양이는 키워 봤어.'와 같은 문장을 얻게 되는데, 이때도 여전히 '는'에 의해 대조의 기능이 표상되고 있다.

이상의 관찰을 통해, 독일어와 영어에서 허용되는 모든 B-악센트가 나타내는 대조가 한국어에서는 '는'에 의해 나타난다는 사실을 확인할 수 있다. 이는 대조라는 의미론적 범주에 대해 이들 사이에 일정한 대응 관계가 형성 된다는 것을 뜻한다. 그리고 독일어보다는 영어가 더 풍부한 대조적 표현이 가능하다는 사실을 알 수 있고, 이러한 영어의 다양한 대조적 표현에 대응 하는 한국어의 대조적 표현이 모두 가능하다는 사실에서 영어와 한국어의 유사성을 포착할 수도 있다.

그런데 (16)과 같은 예문을 좀 더 자세히 살펴보면, 대조 현상과 관련된 한국어와 영어의 유사성이 더 강하다는 것을 알게 된다. (13)-(16)의 B-악센 트는 모두 대조 표지로 사용되고 있으나, (13)-(15)의 B-악센트는 대조 화제 표지이고 (16)의 B-악센트만이 대조 초점 표지이다. (16A)에서 'the [cat]B' 을 제외한 부분은 명백한 화제에 해당하므로 'the [cat]B'은 초점이어야만 한다. 만약 이것마저 화제라면 (16A)는 초점이 결여된 비정보적인 문장이 되어 부적절한 대답이 될 것이다. (16)에 대응되는 한국어의 질문-대답의 연 쇄는 '너 동물 키워 봤니?'-'고양이는 키워 봤어.'와 같이 될 것인데, 이 대 답에서도 '키워 봤어'가 화제이므로 '고양이'는 초점이어야 한다. 이것은 4 절에서 제시된 대조 초점의 예인 (4), (7) 등에서 살펴본 바와 같은 것이어서, (16)은 한국어의 대조 초점과 동일한 현상이 영어에서 B-악센트에 의해 포 착된다는 사실을 보여준다. 한편 영어와는 달리 독일어에서는 B-악센트가 홀로 나타나는 (16)와 같은 문장이 허용되지 않는다고 하였다. 그래서 (16) 에 대응될 만한 독일어 예는 아래의 예문 정도가 된다(Hetland 2003 : 23).

(17) Q : Hast du die Tiere   versorgt?

   have you the animals looked-after

   'Did you look after the animals?'

   A : Die [katze]B habe ich [gefüttert]A.

   the cat   have I   fed

   'I fed the cat.'

독일어에서는 (16A)와 같은 문장이 허용되지 않아서 (17A)와 같은 문장으로 대신해야 하는데, 이는 바로 B-악센트 다음에 A-악센트로 문장을 종결해야 한다는 제약 때문이다. 여기에서는 '[gefüttert]A'가 초점이어서 'die [katze]B'가 대조 화제가 되는 데 아무런 문제가 없다. 독일어에서 (16A)와 같은 문장이 허용되지 않고 (17A)로 대신한다는 사실은 한국어의 전형적인 대조 초점의 현상이 독일어에는 나타나지 않음을 뜻한다. (16A)와 같은 정보 구조를 가진 문장이 바로 한국어의 전형적인 대조 초점의 경우를 반영하기 때문이다. 이렇게 볼 때, 영어의 B-악센트는 한국어의 '는'의 대조 화제 및 대조 초점의 용법에 모두 대응하지만, 독일어의 B-악센트는 한국어 '는'의 대조 화제의 용법만을 수행한다고 할 수 있다. 이런 의미에서 한국어가 독일어보다 영어와 더 큰 유사성을 갖는다는 사실을 다시 확인할 수 있다.

독일어와 영어의 이러한 차이는 두 언어에서 실현되는 대조성의 본질적 속성이 서로 다름을 말하여 준다. 두 언어가 대조를 위해 동일한 음운적 방법을 채택하고는 있지만, 대조를 통해 관장하는 자료의 범위가 서로 다른 것이다. 앞에서, 대조가 나타나는 양상이 언어에 따라 다르다는 것은 대조를 위한 표지의 종류가 다름을 의미하거나 또는 실현되는 대조의 속성이 다름을 의미한다고 지적하였다. 독일어와 영어는 전자는 같으나, 후자에서 차이가 난다. 한국어는 전자의 관점에서는 두 언어와 다르지만 후자의 관점에서는 영어와 아주 유사하다.

6. 맺음말

관계적 주어짐성에 입각하여 정의되는 화제와 초점에 대조성이 부가되면 대조 화제와 대조 초점이 형성됨을 알아보았다. 대조는 관계적 주어짐성과는 독립적으로 작용하므로 대조는 화제뿐만 아니라 초점에도 작용할 수 있다. 따라서 우리는 '는'의 용법과 관련하여 대조가 화제에서 유래하는지 혹은 그 반대인지와 같은 논의에서 자유로울 수 있다. 한편 대조 화제와 대조 초점은 정보구조상 전략을 요구하는 공통점이 있음을 살펴보았고, 이들의 차이점을 척도 함축의 유무에서 찾아보았다. 그리고 대조 화제와 대조 초점이 모두 '는'에 의해 표시된다는 사실은 한국어에서 대조가 하나의 독립적인 문법 범주를 형성한다는 증거이다. 영어의 대조는 B-악센트라는 음운적 표지에 의해 표시되므로 형태적 표지를 사용하는 한국어와는 표면적인 차이가 크지만, 두 언어에 나타나는 대조 현상이 큰 유사성을 보이는 것은 상당히 흥미롭다.

여러 언어들에서 논의되는 대조의 개념이 일정하지 않아서 현재의 대조 연구는 상당히 혼란스러운 모습을 보이고 있다. 한국어의 대조 현상을 바라보는 시각도 차이가 난다. 특히 대조 초점과 관련하여 그 시각의 차이가 크게 나고 있다. 대조에 대한 더 많은 연구들이 행해지고 결과들이 모여 합리적인 시각 조정이 이루어지기를 기대해 본다.

참고문헌

김용범. 2004. "초점과 주제의 음성학적 관련성", 「언어와 정보」 8-1, 한국언어정보
　　학회, pp.27-52.

남윤진. 2005. "현대국어 조사 '-은/는'의 분포와 기능", 「우리말 연구-서른 아홉 마
　　당」, 태학사, pp.157-192.

박철우. 1998. "한국어 정보구조에서의 화제와 초점", 서울대학교 박사학위논문.

신서인. 2006. "구문 분석 말뭉치를 이용한 한국어 문형 연구", 서울대학교 박사학위
　　논문.

오미라. 2006. "한국어 초점과 주제의 음성적 실현", 「한국언어정보학회 여름학술대
　　회 발표논문집」, 한국언어정보학회, pp.59-74.

이익섭·채완. 1999. 「국어문법론강의」, 학연사.

이정민. 2003. "Contrastive Topic and/or Contrastive Focus", *Japanese Korean Linguistics* 12,
　　352-364.

전영철. 2005. "한국어의 대조초점", 「언어학」 43, 한국언어학회, pp.215-237.

Büring, D. 1997. *The Meaning of Topic and Focus-The 59th Street Bridge Accent :*
　　Routledge.

Büring, D. 2003. On D-Tree, Beans, and B-Accents. *Linguistics and Philosophy* 26. 511-545.

Gundel, J. 1999. On Different Kinds of Focus. In P. Bosch and R. van der Sandt eds.
　　Focus. Cambridge University Press. 113-127.

Gundel, J. and T. Fretheim. 2004. Topic and Focus. In L. Horn and G. Ward eds. *The*
　　Handbook of Pragmatics. Blackwell. 175-196.

Hedberg, N. 2006. Topic-focus Controversies. In V. Molnár and S. Winkler. eds. *The*
　　Architecture of Focus. Mouton de Gruyter.

Hetland, J. 2003. Contrast, the Fall-rise Accent, and Information Focus. In J. Hetland
　　and V. Molnár eds. *Structures of Focus and Grammatical Relations.* Max
　　Niemeyer Verlag.

Kiss, K. E. 1998. Identificational Focus versus Informational Focus. *Language* 74. 245-273.

Molnár, V. 2001. Contrast from a Contrastive Perspective. *Proceedings of ESSLLI* 2001. 99-114.

| 이 논문은 한글 274집(2006, 한글학회)에 게재된 논문을 재수록한 것입니다.

상호작용성 발화동사 구문에 대한 연구

조 경 순

1. 서론

발화동사는 발화 상황을 반영하므로 발화동사의 의미적 특성과 통사 구조가 발화 상황과 긴밀히 연관되어 있다는 점에서 발화동사는 다른 동사와 달리 통사·의미적으로 특수하다. 예를 들어, '묻다, 대답하다'나 '질문하다, 의논하다' 등은 발화 행위주와 상호작용을 하는 발화자가 발화 상황에 있음을 전제한다.

(1) ㄱ. 민수가 선생님께 궁금한 점을 물었다.
　　ㄴ. 선생님께서 수미에게 대답했다.

(2) ㄱ. 기자가 장관에게 정책에 대해 질문했다.
　　ㄴ. 담당자가 국장에게 이번 안건을 의논했다.

예문 (1)과 같이 '묻다' 구문과 '대답하다' 구문에서 발화 사건이 이루어지기 위해서 발화 행위주와 발화 상대가 반드시 전제된다. 그리고 예문 (2)와 같이 발화동사 '질문하다와 '의논하다'는 발화의 방향과 발화 행위주의 화제에 대한 인식 및 태도 측면에서 다른 특성을 보인다. 최호철(2011 : 511)

에서는 발화의 의미를 분석하기 위해서는 발화 행위주와 발화 상대의 관계를 규명해야 한다고 하였는데, 본고에서 발화동사에 발화 행위주와 발화 상대의 상호작용이 동사의 어휘 의미 구조에 반영되어 있으며 이러한 어휘 의미 구조가 의미역 계층 및 논항 구조를 거쳐 발화동사 구문으로 실현된다고 본다.

본고에서는 발화동사 중에 발화 행위주과 발화 상대의 긴밀한 상호작용을 나타내는 동사들이 있음을 살피고, 상호작용성의 개념과 특성을 살핀 뒤 상호작용성이 발화동사의 통사 구조와 어휘 의미 구조에 반영되어 있음을 밝히고자 한다. 이를 위해, 본고는 통사 성분과 개념 구조 성분이 체계적으로 대응된다는 Jackendoff(1990, 1992)의 개념 의미론을 적용하여 상호작용성 발화동사의 어휘 의미 구조를 분석하고자 한다.

2. 발화동사 구문의 상호작용성과 유형

2.1. 발화동사 구문의 상호작용성

발화동사에 관한 연구는 발화동사 구문에 나타나는 '-고' 보문 즉 인용구문에 관련한 연구나 발화동사의 범주를 다룬 연구가 많다. 인용 구문에 대한 논의는 신선경(1986), 이필영(1993), 안경화(1995), 방성원(2000), 채숙희(2011) 등이 대표적이다. 신선경(1986), 이필영(1993)에서는 인용동사의 목록을 제시하고 인용동사를 유형화하였으며, 안경화(1995)에서는 한국어에서 직접 인용과 간접 인용의 중간적 유형이 존재한다고 보고, 이를 간접화의 정도에 따라 구분하였다. 채숙희(2011)에서는 구어 자료를 중심으로 인용 구문의 양상과 특성을 논의하였다.

발화동사의 의미적 유형을 분류한 연구로 정주리(1994), 방성원(2000), 김홍수(2002)를, 발화 상황을 중심으로 분류한 연구로는 조경순(2009), 정유남(2013)을, 발화의 목적을 중심으로 살핀 연구로 조경순(2013)을 들 수 있다. 정주리(1994 : 131)에서는 발화류 동사 낱말밭을 평가, 전달, 논의, 요청, 잡담 부류로 나누었다. 방성원(2000)에서는 발화 행위를 전달하는 동사들은 여격어인 '-에게' 논항과 발화 인용 보문인 '-고' 논항을 취하며 직접 인용절을 상정할 수 있는데, 발화동사를 보문의 서법 의미에 따라 서술 동사, 수행 동사, 의문 동사, 포괄 동사 등으로 나눌 수 있다고 하였다. 김흥수(2002)에서는 발화동사 '말하다'를 중심으로 소설의 대화 인용 방식에서의 표현 양상을 살폈으며, 하위 부류로 언표 동사 '말하다'류, 화행 동사 '묻다'류, 발화 행동·양태 동사 '속삭이다, 재촉하다'류를 구분하였다. 조경순(2009)에서는 발화동사는 대화 상황을 배경으로 발화 행위를 수행하기 때문에, 그 의미적 특성을 파악해야만 발화동사를 정의하고 범주화할 수 있다고 보았다. 그래서 발화동사 구문을 발화 상황을 기준으로 분류하여 '발화 상대-대상 발화동사 구문, 내용-대상 발화동사 구문, 수행-대상 발화동사 구문'으로 나누었다. 정유남(2013)에서는 발화 주체가 발화 행위의 방식을 보이거나 발화 내용에 대한 태도를 드러내는 동사 부류를 발화 양태 동사로 상정하고 그 의미를 살피고 있다. 조경순(2013)에서는 발화동사 중 정보 전달에서는 '보고' 발화 행위를, 설득에서는 '청구, 명령' 발화 행위를, 친교 및 정서 표현에서는 '질책, 비하' 발화 행위를 대상으로 발화동사의 의미 관계를 살폈다. 이 연구에서는 각 발화동사들의 통사 구조 및 논항 구조 분석과 의미역 분석, 상호 대치 관계, 연어 관계를 통해 중심 의미를 찾고 발화동사의 의미 관계를 밝혔다.

이상과 같이, 발화동사나 발화동사 구문을 다룬 기존 연구에서는 발화동사의 개념과 유형을 주로 다루다보니, 발화동사의 행위주와 발화 상대가 논항 구조와 어휘 의미 구조에 어떻게 반영되어 있는지에 대한 논의가 부족했다. 특히 본고에서 주목하는 상호작용성이 발화동사의 의미 속성과 어떻게 연관되어 있는지를 어휘 내적으로 다룬 연구는 많지 않았다. 발화동사는 발화 상황과 밀접한 관련을 맺고 있으며, 통사 구조는 동사의 어휘 의미 구조와 긴밀히 연결되어 있으므로 이를 통합적으로 살펴볼 필요가 있다.

발화동사는 조경순(2009 : 294)에서 말한 바와 같이 주체가 발화 행위를 한다는 것을 의미하며, 의미 속성으로 [+언어 표현], [+내용]을 포함하고 발화동사 구문의 주어는 [+인간] 자질을 지니는 것이다.[1] 이러한 의미 속성을 지닌 발화동사는 발화 사건이나 행위를 전달하므로 발화 상황과 관련하여 하위 유형으로 다시 나눌 수 있다.

> (3) ㄱ. 민수는 큰 소리로 말했다.
> ㄴ. 수미는 영어 단어를 중얼거렸다.
> ㄷ. 가수가 노래하다.
> ㄹ. 아버지께서는 궁금한 점을 담당자에게 문의하셨다.
> ㅁ. 그가 이 문제에 대해 곧 시정하겠다고 민원인에게 답변했다.

예문 (3)의 동사들은 발화동사로 볼 수 있다. 그런데 이 발화동사들은 발화 상황과 관련하여 동일한 특성을 보이는 것은 아니다. 예문 (3ㄱ)의 '말하다'는 발화 행위주가 발화 행위를 한다는 사실만을 전달하고 있다. 또한, 예문 (3ㄴ, ㄷ)의 '중얼거리다'나 '노래하다' 구문에는 발화 행위주와 적극적으로 상호작용을 하는 발화 상대가 나오지 않는다.[2] 이에 비해, 예문 (3ㄹ)의 '문의하다'는 발화 행위주가 발화 내용에 대해 궁금증을 가지고 발화 상대에게 물어보는 행위를 나타내며, 예문 (3ㅁ)의 '답변하다'는 발화 행위주가 발화 상대가 물어보는 내용에 대해 답변을 하는 행위를 나타낸다.[3] 즉, 예

---

1) 조경순(2009 : 292-294)에서 발화 행위는 언어 표현이라는 점에서 주체가 의지를 가지고 발화해야 하고, 발화의 수단이 구두 언어여야 한다고 했다. 주체가 의지를 갖기 위해서 필요한 조건은 주체가 유생성 명사일 뿐만 아니라, [+인간] 자질을 지녀야 하고, 발화 상황에서 화자가 일정 내용을 전달하는 것이라고 했다.
2) '중얼거리다'가 자신을 타자화하여 자기 자신에게 발화하는 상황이나 '노래하다'가 관객을 대상으로 발화하는 상황을 나타낼 때는 상호작용성을 나타낸다고도 할 수 있다. 그러나 본고에서는 예문 (3ㄴ, ㄷ)과 같이 통사적으로 논항을 요구하지 않는 경우가 일반적이므로 이 쓰임에 한정하여 비상호작용성 발화동사로 보고자 한다.
3) 이때 발화 행위주는 문장의 발화자가 아니라 문장 내부에서의 주체로서 발화 행위주를 가

문 (3ㄹ, ㅁ)에서 발화 행위주인 '아버지/그'와 발화 상대인 '담당자/민원인'은 문의와 답변 행위에서 일정한 상호작용을 하고 있다. 이렇게 발화동사 중에는 상대와 어떤 내용을 직접 묻고 답하거나 논의하는 발화 상황을 나타내는 동사가 있다. 본고에서는 어떤 행위의 참여자 사이의 긴밀한 행위를 나타내는 의미 속성으로 [상호작용성]을 제시하고자 한다.

국어의 [상호작용성]에 대한 논의는 의미 속성의 개념이나 특성보다는 '-와/과'의 통사적 범주에 대한 논의가 많으며,4) 의미 속성에 대한 논의에서도 주로 교호성을 살피고 있다. 양정석(2004)에서는 교호성과 '-와/과' 명사구의 관계에 대해 다루며, 교호성 구문은 문법적 자연군으로서 대칭동사의 교호적 특성으로 말미암아 형성되는 구문과, 부사로서의 '서로'가 가지는 교호적 특성으로 말미암아 형성되는 구문이 있다고 하였다. 그러나 본고에서는 교호성은 논항 간의 상호작용 중에서 대칭적인 성격을 지니는 것에만 한정된다고 본다.

    (4) ㄱ. 민수가 수미와 싸웠다.
       ㄴ. 수미가 민수와 만났다.
       ㄷ. 민수와 수미는 서로 돕는다.

예문 (4)를 교호성 구문이라고 할 수 있는데, 통사적으로 '-와/과' 명사구만이 나타나며, 대칭적인 특징으로 인해 "수미가 민수와 싸웠다."나 "수미와 민수는 서로 돕는다."와 같이 논항의 자리를 바꾸어도 의미적으로 큰 차이가 없다. 이에 비해, 발화동사 구문인 '묻다' 구문이나 '대답하다' 구문에

리킨다.

4) '-와/과'에 대한 논의는 '-와/과'가 접속 기능만을 갖는지, 또는 접속 기능과 공동격 기능을 모두 갖는지에 대한 통사적 논의가 많았다. 김완진(1970), 임홍빈(1972), 김영희(1974ㄱ, ㄴ)는 접속 기능만을 인정하였으며, 성광수(1981), 김민수(1981), 최재희(1985), 이필영(1989), 남기심(1990), 노황진(1990)에서는 두 기능을 모두 인정하였다. 최근 상호동사에 대한 논의로 조경순(2006)에서는 상호동사란 동일한 의미역을 가진 두 논항의 상호 행위를 나타내는 구문으로, 자동사 구문에서는 '-와/과' 명사구가 행위주로, 타동사 구문에서는 '와' 명사구가 행위주나 피험체로 쓰인다고 하였다.

서의 '-와/과' 명사구는 공동 행위라는 교호성을 드러내며 일방향적인 행위를 수행하지, 발화 상황에서 질문 또는 답변의 상대로서 발화 행위주와 상호작용한다고 볼 수 없다.

(5) ㄱ. 민수가 영호와 수미에게 전화번호를 물었다.

발화 행위주	행위 방향	발화 상대		발화 행위주	행위 방향	발화 상대
민수와 영호	→	수미	또는	민수	→	영호와 수미

ㄴ. 수미가 영호와 민수에게 조사 내용을 대답했다.

발화 행위주	행위 방향	발화 상대		발화 행위주	행위 방향	발화 상대
수미와 영호	→	민수	또는	수미	→	영호와 민수

ㄷ. 민수가 수미와 대화했다.

발화 행위주	행위 방향	발화 상대
민수	→ ←	수미

예문 (5ㄱ)에서 '영호'는 '민수'와 공동 질문을 하거나 질문의 상대가 '영호와 수미'라는 접속의 기능을 수행한다는 점에서 '-와/과'에 논항 간의 쌍방향적인 상호작용의 의미가 포함되어 있다고 보기 어렵다. 즉, 질문 행위는 발화 행위주에서 발화 상대로 일방향성을 가지고 이루어지는데, 이때 '-와/과' 명사구는 상호작용보다는 공동 발화 행위주이거나 공동 발화 상대라는 것을 나타내준다. 이는 예문 (5ㄴ)에서도 마찬가지이다. 그러니 예문 (5ㄷ)에서 '민수'는 '수미'와 쌍방향적인 상호작용을 보이며 필수 성분으로 쓰인다고 할 수 있으며, 예문 (5ㄱ, ㄴ)에서도 발화 행위주와 상호작용하는 발화 상대는 '-와/과' 명사구가 아니라 '-에게' 명사구이다.

(6) ㄱ. 민수가 수미에게 전화번호를 물었다.

    ㄴ. 수미가 민수에게 조사 내용을 대답했다.

    ㄷ. [22]민수가 대화했다.(행위주의 단독적인 발화 상황에서)

예문 (6ㄱ, ㄴ)에서는 문의와 답변 사건이 성립하기 위해 필요한 요소들이 문장에 제시된 반면에, (6ㄷ)에서는 발화 행위주인 '민수'의 발화 상대가 나타나지 않았다. 즉, 예문 (6)에서 발화동사 중에는 행위주와 상호작용하는 발화 상대가 통사적으로 실현되어야 한다는 것을 알 수 있는데, 예문 (6ㄱ, ㄴ)의 발화 사건은 '-와/과' 명사구가 나타나지 않아도 성립하지만 예문 (6ㄷ)의 발화 사건은 '-와/과' 명사구가 나타나지 않아 성립하지 않는다. 예문 (5)와 (6)을 통해 발화동사 구문에서 발화 상대는 반드시 통사적으로 실현되는 것이 아니라 발화동사에 따라 실현 여부가 달라지며, 발화 상대가 통사적으로 실현될 때는 '-와/과' 명사구나 '-에게' 명사구로 나타난다는 것을 알 수 있다.

이상과 같이, 기존의 교호성을 발화동사 구문에서 발화 상대의 통사적 실현 양상을 설명하기 어려우므로, 본고에서는 발화동사의 의미 속성으로서 상호작용성을 제안한다. 상호작용에 대한 논의는 반 데이크(1995 : 348-350)를 인용할 수 있다. 그는 언어 사용과 커뮤니케이션 영역에서 쌍방적 상호작용은 다수의 행위자가 관련되고 연속적으로 배열된 행위들로 구성된다고 하였다. 행위자는 하나 또는 여러 행위를 공동으로 함께 수행하거나 또는 개별적으로 수행하므로, 개별적 행위와 상호작용 또는 전체로서 이루어지는 연속 상호작용을 구별해야 한다고 하였다. 본고의 논의와 관련하여 반 데이크(1995 : 350)에서 '교대적 상호작용'을 제시하였는데, 이는 상호작용에서는 서로 연속되고, 서로 조건 관계에 있는 행위를 실행하는 행위자가 여러 명 있는 것으로, 연속에서의 각 행위는 다른 사람이 각자 실행한 다른 행위 또는 다른 연속 행위에 대한 전제라고 하였다.

이러한 반 데이크의 논의를 발화동사에 적용하면, '중얼거리다'나 '노래하다' 등은 행위가 이루어지기 위해서 반드시 다수의 행위자가 관련될 필요가 없으며 행위자의 상호작용이 가능하지 않다.5) 그러나 '질문하다'와 '답변하다'는 행위기 이루이지기 위해서는 2인 이상의 다수의 행위자가 관련되어야 하며, 각 행위는 서로 연속되며 다른 행위에 대한 전제라는 점에서 상호작용성을 가지고 있다고 할 수 있다.

이와 같이, 상호작용성은 교호성과 구분되는 것으로 교호성은 행위에 관여하는 둘 이상의 행위주가 동시적으로 행위를 구성하는 것을 나타내는 의미 속성인데 비해, 상호작용성은 행위가 연속적이며 서로 조건 관계에 있음을 나타내는 의미 속성이다.

> (7) ㄱ. 민수가 수미와 만났는데, 둘은 만나자마자 싸웠다.
>   ㄴ. 민수가 수미에게 궁금한 것을 물었고, 수미가 민수의 질문에 대답
>   했다.
>   ㄷ. 나는 휴직 문제를 과장님과 상의했다.

예문 (7ㄱ)에서 '만나다'와 '싸우다'라는 행위는 두 행위자 사이에 각각 동시적으로 일어나지만, (7ㄴ)의 '묻다'와 '대답하다'는 연속되는 행위로 묻는 행위가 대답하는 행위의 전제가 된다. 예문 (7ㄷ)에서 '상의하다'의 발화 상황을 고려하면 '나'의 발화 행위가 '과장님'의 발화 행위의 전제가 되며, 상의가 진행되며 나타나는 발화문들은 연속적이며 서로 조건 관계에 있다고 할 수 있다.

이상의 상호작용성에 대한 논의에 따라, 발화 행위주와 발화 상대의 행위가 연속되며 상호 전제되어야만 발화 행위가 이루어지는 발화동사들을 상호작용성 발화동사로 묶고자 한다. 상호작용성 발화동사와 비상호자용성 발화동사의 차이점은 다음과 같다.

---

5) 노래는 합창과 같이 여러 사람이 공동으로 참여할 수 있지만, 각 행위주의 노래가 다른 행위주의 노래의 전제가 되는 것은 아니며, 여러 참여자라고 해도 결국 한 참여자와 수행한 것과 같은 행위가 이루어진다. 이에 비해, 질문과 답변 행위에서 한 참여자가 혼자 질문하고 답변하는 것은 일반적이지 않으며 질문 행위자와 답변 행위자가 구분된다.

(8) ㄱ. 나는 부모님과 결혼 문제를 상의했다.

　　ㄴ. 방청객이 패널에게 의문 나는 점을 질의했다.

　　ㄷ. 그는 기자에게 사건의 진상을 해명했다.

(9) ㄱ. 민수는 큰 소리로 말했다.

　　ㄴ. 수미는 영어 단어를 중얼거렸다.

　　ㄷ. 가수가 노래하다.

(10) 발화동사 구문의 논항과 의미역

논항과 의미역 / 의미속성	논항	x	y	z	
	의미역	행위주	대상	행위주	경험주
+상호작용성	상의하다	나	결혼 문제	부모님	
	질의하다	방청객	의문 나는 점		패널
	해명하다	그	사건의 진상		기자
−상호작용성	말하다	민수			
	중얼거리다	수미	영어 단어		
	노래하다	가수			

　먼저, 상호작용성 발화동사는 발화 행위주와 발화 상대를 논항으로 요구한다. 예문 (8)에 제시된 발화동사들의 논항 구조는 (x (y (z)))라고 할 수 있다. 이때 논항 x의 의미역은 행위주로서 발화의 주체이며, 논항 y의 의미역은 대상으로서 발화의 내용이고, 논항 z의 의미역은 '-에게' 명사구일 때는 경험주로서, '-와/과' 명사구일 때는 공동 행위주로서 발화의 상대라 할 수 있는데 모두 발화동사의 필수 논항이다. 이에 비해, 예문 (9)의 비상호작용성 발화동사들의 논항 구조는 (x) 또는 (x (y))로 발화 행위주나 발화 내용만을 필수 논항으로 요구한다고 할 수 있다.6)

---

6) 논항은 동사의 어휘 의미 구조를 구성하는 요소이지만, 동사의 어휘적 특징에 따라 문장에 반드시 나타나야 하는 필수 논항과 그렇지 않은 수의 논항으로 나눌 수 있다고 본다. 이때의 수의 논항은 화자가 임의로 탈락시키는 경우는 아니며, 수의 논항은 괄호로 그 수의성을 나타낼 수 있다.

(11) ㄱ. ^{??}(상의할 사람이 없는데) 나는 결혼 문제를 상의했다.

ㄴ. ^{??}(질의를 받는 사람이 없는데) 방청객이 의문 나는 점을 질의했다.

예문 (11ㄱ, ㄴ)과 같이 상의하거나 질의하는 상호작용적 발화 상황에서는 발화 상대가 없다면 상호적인 발화 사건이 성립하지 않는다. 그래서 아래와 같이 단수 주어가 나오고 발화 상대가 명시되지 않은 예문 (12ㄱ)에서 단독적인 상황을 나타내는 부사어와 서술어의 호응이 어색하며, 복수 주어가 온 예문 (12ㄴ)에서는 행위주 상호 간의 발화 행위를 나타낸다.

(12) ㄱ. *나는 결혼 문제를 혼자 상의했다.

ㄴ. 우리는 결혼 문제를 (우리끼리) 상의했다.

ㄷ. 우리는 결혼 문제를 부모님과 상의했다.

예문 (12ㄱ)에서 '혼자'와 '상의하다'의 호응이 이루어지지 않는데, 이는 '혼자'의 [단독성]과 '상의하다'의 [상호작용성]이 충돌을 일으키기 때문이다. 그리고 예문 (12ㄴ)과 같이 주어가 복수인데 발화 상대가 없으면 행위주 상호 간에 발화 행위를 주고 받은 것을 나타내며, (12ㄷ)과 같이 발화 상대가 명시적으로 나타나면 발화 행위주와 발화 상대 간의 상호적인 발화 행위를 나타낸다고 할 수 있다.

(13) ㄱ. [?]민수는 관중에게/과 큰 소리로 말했다.

ㄴ. [?]수미는 민수에게 영어 단어를 중얼거렸다.

ㄷ. ^{??}가수가 청중에게/과 노래했다.

그러나 비상호작용성 발화동사 구문인 예문 (13ㄱ)에서는 발화 상대가 문장에 나타날 수 있으나 반드시 필요한 것은 아니며, (13ㄴ, ㄷ)에서는 오히려 발화 상대가 문장에 나타나면 어색하다.[7] 다시 말해, 상호작용성 발화동

---

7) "그 남자는 지나가는 사람들에게 무언가를 중얼거렸다."는 자연스러우나 발화 행위주인 남자가 사람들을 발화 상대로 상정하고 상호작용적 발화 행위를 하고 있다고 볼 수 없으므로

사 구문에서는 발화 상대가 통사적으로 실현되면 '-에게'나 '-와/과' 명사구
가 필수 성분으로 문장에 나타남에 비해, 비상호작용성 발화동사 구문에서
는 예문 (13ㄱ, ㄷ)과 같이 발화 상대로서 '-에게'나 '-와/과' 명사구가 문장
에 나타날 때는 오히려 어색한 것을 볼 수 있다. 또한, 본고의 [상호작용성]
개념에 따르면, 발화 행위주와 발화 상대 사이에서 각 발화 행위가 연속되
며 다른 행위의 전제가 되어야 한다는 점에서, 예문 (13)의 발화동사들은 비
상호작용성 발화동사로 묶을 수 있다.

이상의 논의를 통해 발화동사의 의미 속성으로서 [상호작용성]을 설정할
수 있으며, 발화동사를 [±상호작용성]을 기준으로 상호작용성 발화동사와
비상호작용성 발화동사로 나눌 수 있다. 조경순(2009)에서 제시한 발화동사
목록 중 발화 행위주와 발화 상대를 논항으로 요구하고 발화 상대가 통사적
으로 반드시 실현되는 즉, [+상호작용성]을 의미 속성으로 지닌 동사는 다
음과 같다.

    (14) 상호작용성 발화동사
       논의하다, 논박하다, 답변하다, 답하다, 대꾸하다, 대답하다, 대화하다,
       문답하다, 문의하다, 묻다, 반박하다, 붇다, 상의하다, 응답하다, 의논
       하다, 이야기하다, 질문하다, 질의하다, 캐묻다, 털어놓다, 토론하다,
       토의하다, 해명하다

2.2. 문답류 발화동사와 의논류 발화동사

앞 절에서 제시한 상호작용성 발화동사에 포함되는 동사들은 어떤 문장
에서든 대치가 가능한 것은 아니다.

'중얼거리다'는 비상호작용성 발화동사로 본다. "가수가 청중을 향해 노래하다."는 자연스
러우나 복문으로 볼 수 있다는 점에서 제외한다. "민수는 수미와 노래를 불렀다."와 같이
비상호작용성 발화동사 구문에서 '-와/과' 명사구는 공동 행위를 나타내는 교호성을 나타
내는 것으로, 쌍방향적이며 연속적 행위인 상호작용성을 가지는 것은 아니다.

(15) ㄱ. 수미는 민수에게 대꾸했다/*논의했다.

ㄴ. 민수는 수미와 논의했다/*대꾸했다.

예문 (15)와 같이, '대꾸하다'와 '논의하다'는 같은 범주의 상호작용성 발화동사이지만 상호 대치가 어렵다는 것을 볼 수 있다. 통사적으로는 적법하지만 전혀 다른 의미가 된다는 점에서 대치가 가능하다고 볼 수 없다. 어떤 어휘들이 같은 의미 범주에 있다는 것은 의미상 공통점도 있지만 차이점도 존재한다는 것을 전제한다. 따라서 같은 범주에 있는 상호작용성 발화동사의 통사론적·의미론적 공통점과 차이점을 고려하여 상호작용성 발화동사를 아래와 같이 문답류 발화동사와 의논류 발화동사로 나눌 수 있다.

(16) ㄱ. 수미는 민수에게 해결책을 질문했다.

ㄴ. 민수는 수미에게 해결책을 답변했다.

ㄷ. 수미는 민수와 해결책을 상의했다.

(17) ㄱ. 민수가 수미에게 해결책을 묻다/문의하다 ……

ㄴ. 수미가 민수에게 해결책을 대답하다/응답하다 ……

ㄷ. 민수가 수미와 해결책을 의논하다/토의하다 ……

예문 (16)의 발화동사들은 예문 (17)과 같이 다른 발화동사들로 바꾸어도 발화 행위의 범주인 질문 행위, 답변 행위, 상의 행위는 동일하다고 할 수 있다. 따라서 상호 대치 가능한 발화동사들을 묶을 수 있는데, 본고에서는 예문 (16ㄱ, ㄴ)과 (17ㄱ, ㄴ)은 문답류 발화동사로, 예문 (16ㄷ, 17ㄷ)은 의논류 발화동사로 묶고자 한다. 이는 두 유형에서 아래와 같은 일정한 통사·의미적 차이를 찾을 수 있기 때문이다.

첫째, 발화 행위의 계기성과 인과성에서 다르다. 문답류 발화동사 구문에서 발화 행위주가 발화 상대에게 질문할 때 질문과 답변 행위 사이에는 시간적 선후 관계가 있으며 인과 관계가 성립한다. 질문을 하고 난 뒤에 답변을 받을 수 있으며, 시간적으로 순서가 역전될 수도 없고 동시에 일어날 수도 없다. 그러나 의논류 발화동사 구문의 상호적인 발화 행위 사이에서는 고정된 순서는 없으며 두 발화 이상이 동시에 진행될 수도 있다.

둘째, 발화 목적과 내용에 대한 공유 정도가 다르다. 문답류 발화동사 구문에서 발화 행위주와 발화 상대는 질문 및 답변의 목적을 공유하고 있지 않으며, 질문 및 답변 행위가 종료될 때까지는 그 내용을 발화 상대가 전혀 모를 수 있다. 이에 비해, 의논류 발화동사 구문에서 발화 행위주와 발화 상대는 의논 목적과 의논 내용을 공유할 수 있다.8)

> (18) ㄱ. 민수가 수미에게 해결책을 물었다. 그러나 수미는 민수의 질문 의
> 도를 전혀 몰랐으며, 질문 내용을 사전에 전혀 몰랐다.
> ㄴ. 수미가 민수에게 해결책을 답변했다. 그러나 민수는 수미의 답변
> 의도를 전혀 몰랐으며, 답변 내용을 사전에 전혀 몰랐다.
> ㄷ. 국장과 실무자가 전세 대책을 밤새 토의하였다/토론하였다.
> ^{??}그러나 국장과 실무자는 토의/토론 의도와 내용을 사전에 전혀
> 몰랐다.

예문 (18ㄱ)의 '질문하다' 구문에서 발화 대상자인 '민수'는 '수미'의 질문 의도를 모르며, 사전에 질문 내용을 알 수 없다. 이는 예문 (18ㄴ)과 같이 답변 행위가 이루어질 때도 마찬가지이다. 그러나 예문 (18ㄷ)과 같이 '토의하다・토론하다' 구문에서 발화 행위자들은 참여자로서 발화 내용을 공유하고 있다.

셋째, 논항의 자리바꿈 가능성이 다르다. 문답류 발화동사 구문에서 질문자와 답변자가 고정되어 있어 논항의 자리가 고정되어 있다. 이에 비해, 의논류 발화동사 구문에서는 발화 행위주와 발화 상대의 발화 행위에 정해진 순서가 없으며, 발화 행위에서의 역할이 고정되어 있지 않아 논항의 자리바

---

8) 즉석 토의나 즉석 토론은 사전 준비 절차가 없이도 진행되지만, 본고에서는 일반적으로 토의와 토론은 과정으로서 준비 절차를 지닌다고 본다.

꿈이 가능하다.

>(19) ㄱ. 국회의원이 장관에게 전세 대책을 질의하였나.
>　　ㄴ. 장관이 국회의원에게 전세 대책을 질의하였다.
>　　ㄷ. 국장이 실무자와 전세 대책을 상의하였다.
>　　ㄹ. 실무자가 국장과 전세 대책을 상의하였다.

　예문 (19ㄱ)에서 '질의하다' 구문에서는 행위주인 질문자는 '국회의원'으로 고정되어 있으며, 발화 상대는 '장관'으로 고정되어 있다. 만일 예문 (19ㄴ)과 같이 두 명사구의 위치를 바꾸면 전혀 다른 발화 상황을 가리킨다. 이에 비해 예문 (19ㄷ, ㄹ) 구문에서 국장과 실무자는 모두 동등한 발화 행위주로서 참여하고 있으므로, 위치를 바꾸어도 문장의 의미는 크게 달라지지 않는다.

　이상의 논의를 통해 예문 (14)의 상호작용성 발화동사를 의논류 반화동사와 문답류 발화동 발화동사로 하위 분류하면 다음과 같은 목록을 제시할 수 있다.

>(20) 상호작용성 발화동사의 유형
>　　ㄱ. [의논류] 논의하다, 대화하다, 상의하다, 의논하다, 이야기하다, 토론하다, 토의하다
>　　ㄴ. [문답류] 캐묻다, 논박하다, 답변하다, 답하다, 대꾸하다, 대답하다, 문의하다, 문답하다, 묻다, 반박하다, 불다, 응답하다, 질문하다, 질의하다, 털어놓다, 해명하다

　상호작용성 발화동사를 의논류와 문답류로 구분하는 것은 기존 연구에서 제시한 발화동사의 하위 유형이[9] 다른 수행동사와의 차별점을 보여주지 못한 반면에, 본고의 발화동사 하위 유형은 발화 상황과 동사의 의미 특성을 고려하여 분류했다는 점에서 그 의의를 찾을 수 있다. 특히, 의미 특성을 고

---

9) 방성원(2000)에서는 발화동사를 서술, 수행, 의문, 포괄로 나누었다.

려한 유형 분류는 발화 참여자의 관계를 예측할 수 있다는 점에서 유의미하다고 할 수 있다. 다음 장에서는 상호작용성 발화동사의 의미적 특성인 발화 행위주와 발화 상대의 관계가 의논류 및 문답류 발화동사의 어휘 의미 구조에 각각 반영되어 있음을 분석하도록 하겠다.

3. 상호작용성 발화동사의 어휘 의미 구조

발화동사는 화맥 즉 발화 상황이 전제되므로 발화동사의 의미 관계를 분석하기 위해서는 사전적 의미나 통사 구조뿐만 아니라 다양한 측면에서 분석할 필요가 있다. 최호철(2011 : 511)에서는 발화의 의미를 분석하기 위해서는 첫째로 언표의 의미(축자적 의미, 결속적 의미)를 규명해야 하고, 둘째로 발화 행위주와 발화 상대의 태도(배경, 의도)와 관계(지위, 나이, 친소)를 규명해야 하며, 셋째로 발화의 장면(시간, 공간, 사태)과 발화상의 지시를 나타내는 화시 등을 규명해야 한다고 하였다.[10]

언표의 의미는 사전적 의미와 언중의 사용 양상을 통해 규명할 수 있으며, 발화의 장면과 지시 등은 화용론적인 접근을 통해 규명할 수 있을 것이다. 그런데 이러한 측면은 언어 구조적으로 규명하기 어렵다. 이에 비해 발화 행위주와 발화 상대의 상호작용 및 관계는 언어 구조적으로 살필 수 있다. 본고에서는 발화 행위주와 발화 상대는 논항이며, 발화 행위주와 발화 상대의 지위가 힘의 역학 관계로서 발화동사의 어휘 의미 구조에 반영되어 있다고 본다.

상호작용성 발화동사의 어휘 의미 구조를 분석하기 위해 Jackendoff의 연

---

10) 최호철(2011 : 503)에서는 언어 단위 전체를 총괄하여 화맥이 배제된 언어 표현에 대해서는 '언표'라 하고, 화맥이 결부된 언어 표현에 대해서는 '발화'라 구분하였다. 발화의 의미는 발화동사만을 한정하여 논의한 것은 아니지만, 본고에서는 발화 상황을 직접적으로 진술한다는 점에서 발화동사에 한정하여 살피기로 한다.

결 이론을 적용하고자 한다. Jackendoff는 개념 구조의 층위에서 한 문장은 사건(Event), 상태(State), 물체(Material Thing), 통로(Path), 장소(Place), 속성(Property)을 포함하는 보편적 의미 범주로 이루어진다고 하였다. Jackendoff(1990)에서는 함수 BE는 상태(State)의 네 가지 하위 범주를 나타내는 데 사용되고 있는데, Jackendoff는 이것을 의미장(semantic fields)이라 부른다. 이런 의미장은 다음의 예와 같이 공간적 개념화를 비공간적 영역으로 확대시킨다.

그리고 Jackendoff(1990)에서는 작용 역학의 형상에서의 유사성과 결과에서의 차이를 기호화하기 위해, 성공적 매개변수를 포함하는 함수 CS를 도입하였다. 성공적인 결과를 갖는 힘의 적용은 CS+를, 실패할 경우는 CS−를, 결정되지 않은 결과를 갖는 힘의 적용은 CSu를 사용한다. AFF는 작용자와 피작용자의 관계를 다루는 작용 의미층을 구성하는 주류 함수로 AFF([THING], [THING])에서 첫째 논항은 작용자(Actor)이고, 둘째 논항은 피작용자(Patient)이다. 이때 대립의 관계는 AFF−이고 여기서 둘째 논항은 부정적으로 작용 받는 것(피작용자)이다. 도움의 관계는 AFF+로 표시되며, 여기의 둘째 논항은 긍정적으로 작용을 받는다(수혜자). 허용의 관계는 AFF0로 표시되는데, 비대립을 의미한다.[11] AFF는 발화 행위주와 발화 상대의 관계를, CS는 발화 사건의 결과를 어휘 내적으로 보일 수 있다는 장점이 있다.

조경순(2009 : 299, 301)에서는 의미역 위계와 논항 간의 작용 역학을 받아들여 발화동사의 어휘 의미 구조를 다음과 같이 설정하였다.

    (21) ㄱ. 'N1이 (N2를) V' 구문 발화동사의 어휘 의미 구조
          $CS^u([x], [_{Event} GO([(y)], [FROM [x]])]), AFF^0([x], [(y)])$
        ㄴ. 'N1이 N2를 N3에게 V' 구문 발화동사의 어휘 의미 구조
          $CS^u([x], [_{Event} GO([(y)], [FROM [x] TO [(z)]])]), AFF^0([x], [(z)])$

---

11) Jackendoff(1990)에 대한 논의는 조경순(2009 : 297~298)과 조경순(2014 : 373~374)을 참고하기 바란다.

예문 (21ㄱ)은 'N1이 V' 구문과 'N1이 N2를 V' 구문에 쓰인 발화동사의 어휘 의미 구조이고,[12] (21ㄴ)은 'N1이 N2를 N3에게 V' 구문에 쓰인 발화동사의 어휘 의미 구조이다. 조경순(2009)에서는 화자 x와 청자 y 또는 z의 관계는 대화 상황에 따라 다양하지만, 기본적으로 비대립 관계를 유지하므로 작용 의미층은 허용의 관계로 구성하였으며, 대화는 결정되지 않는 힘의 적용이므로 CS 함수는 CS^u로 설정하였고, 발화동사 구문의 논항은 대화 상황에 따라 유동적이므로, 관계 의미층에서 논항 y와 z는 괄호 표시로 처리하였다. 상호작용성 발화동사의 어휘 의미 구조는 (21ㄴ)의 구조와 같이 발화 행위주와 발화 상대가 논항 구조에 필수적으로 나타나는 구조로 상정할 수 있다.[13]

> (22) 상호작용성 발화동사의 어휘 의미 구조
> $CS^{미정}([x], [_{Event} GO([y], [FROM [x] TO [z]])]), AFF^{미정}([x], [z])$

본고는 [+상호작용성]이 발화동사의 어휘 의미 구조에 반영되어 있으며 통사 구조와 긴밀히 연관되어 있음을 살피기 위해, 조경순(2009)의 발화동사 기본 어휘 의미 구조를 기반으로 삼아 문답류와 의논류 발화동사 구문의 어휘 의미 구조를 분석하고자 한다. 분석의 전제로서 상호작용성 발화동사의 작용자인 발화 행위주와 피작용자인 발화 상대의 관계를 살펴보아야 할 것이다. 상호작용성 발화동사의 어휘 의미 구조에서 대립 관계(AFF) 관계와 도움 관계(CS) 관계는 화제에 대한 발화 태도의 측면에서 설정할 수 있다. 이에 따라 본고에서는 예문 (20)에서 제시한 상호작용성 발화동사의 유형과 발화 행위주와 발화 상대의 관계 즉 발화 참여자의 관계인 대립 관계(AFF)

---

12) 예문 (21ㄱ)의 어휘 의미 구조는 비상호작용성 발화동사에 해당한다.
13) 조경순(2009 : 299)에서도 발화동사 구문 'N1이 N3에게 N2를 V'는 대화의 내용 대상인 N2가 N3에게 전달되는 사건을 의미하는 것으로 보았다. 따라서 전달 주체인 N1과 전달 대상인 N2는 당연 논항으로서 필수 성분이고 전달 받을 청자인 N3 역시 일종의 수혜주로서 발화동사 구문의 의미 성립을 위해서는 필수 성분으로 처리하였다. 본고에서는 어휘 의미 구조를 그대로 따르는 것은 아니며 아래의 논의를 통해 보완할 것이다.

관계와 도움 관계(CS) 관계를 고려하여 의논류 상호작용성 발화동사는 상호 협력적인 '의논하다'류, 상호 대립적인 '토론하다'류, 비협력·비대립인 '대화하다'류로 나누었고, 문답류 발화동사는 비협력적인 '문의하다'류와 협력적인 '답변하다'류로 1차적으로 나누었다.

(23) 상호작용성 발화동사의 하위 유형

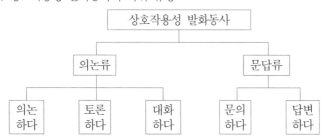

아래의 논의에서는 예문 (23)의 하위 유형에 따라 예문을 분석하며 발화동사의 어휘 의미 구조에 상호작용성이 AFF와 CS의 관계로 환원되어 있음을 밝히고자 한다. 본고에서는 사전에 제시된 예문은 탈맥락적이므로 발화행위주인 작용자와 발화 상대인 피작용자의 AFF와 CS를 파악할 수 없다고 보아, 발화 상황의 참여자들이 화제에 대해 가지는 태도를 살피기 위해 국립국어원 언어정보나눔터의 말뭉치를 이용하였다.[14]

---

14) 국립국어원 언어정보나눔터(http://ithub.korean.go.kr)의 말뭉치를 이용하여 발화 행위자와 발화 상대가 맥락에 제시된 예문을 추출하였다. 그리고 각 검색 결과는 중복된 것이 많아 통계 수치에 의미를 부여할 수 없어 통계치는 별도로 제시하지 않는다. 본고에서는 현대 문어 및 현대 구어 말뭉치에서 어근으로 검색하였으며, 가공 형태(원시, 형태 분석, 형태 의미 분석, 구문 분석)을 구별하지 않고 검색하였다. 본고에서는 상호작용성 발화동사 모두를 검색하지 않고 각 유형의 동사 중 하나를 선택하여 검색하였다. 선택 기준은 '-하다'가 결합한 상호작용성 발화동사 중 검색 결과가 많은 것으로 선정하였다. 각 유형에 포함되는 동사들은 유의 관계를 맺고 있으므로 한 동사의 양상을 통해 다른 동사의 양상도 판단할 수 있다고 본다. 각 예문의 출처는 말뭉치의 출처 정보를 예문 끝에 제시하며 각주에서 별도로 제시하지는 않는다.

(24) 의논하다

　ㄱ. 몇 개월 만에 집에 돌아온 태봉이는 부모님들과 장차 서울에서 살
　　　아갈 일을 의논하는데 여동생 정희가 들어온다.(어둠의 자식들, 현
　　　암사, 1980)

　ㄴ. 여 황제는 디드로의 무신론을 낭패시켜 보려고 수학자 오일러와
　　　의논하여 디드로와의 상호 공개토론을 계획했습니다.(쉽고 재미있
　　　는 수학세계, 일월서각, 1995.)

　ㄷ. 朴 부회장은 최근 "오는 9월 말까지 구조조정을 마무리해 그룹을
　　　안정시키는 일이 시급하며 (내가) 회장이 되더라도 형제들과 의논
　　　하며 경영을 해 나갈 것"이라고 말했다.(중앙일보 경제면, 2003.)

예문 (24ㄱ)에서 발화 행위주(태봉이)는 발화 상대(부모님들)와 화제(서울에서 살아갈 일)에 대해 의논하고 있다. 예문 (24ㄴ, ㄷ)에서도 발화 행위주(여 황제/나)는 발화 상대(오일러/형제들)과 화제에 대해 의논하고 있다. 이때는 발화 행위주와 발화 상대가 화제에 대해 협조적인 자세라는 점에서 작용자가 피작용자에게 도움을 주고 있다고 볼 수 있다. 예문 (24ㄴ)에서 발화 행위주는 발화 상대와 공동의 목표인 '디드로의 무신론을 낭패시키기'를 가지고 의논 행위를 하고 있다고 할 수 있다. 예문 (24ㄷ)에서도 발화 행위주는 '경영'이라는 목표를 발화 상대인 '형제들'과 공유하며 상호 간의 도움을 주기 위해 의논 행위를 하는 것으로 볼 수 있다. 따라서 발화동사 '의논하다'는 발화 상대와 공통 관심사에 대해 공동의 목표를 가지고 해결하려는 발화 행위를 한다는 점에서 도움의 관계라고 할 수 있다. 그리고 의논을 주고받는 발화 행위주와 발화 상대는 상대의 발화 내용을 수용하므로 성공의 결과로 볼 수 있다. 이상의 논의를 통해 '의논하다' 및 유의 관계를 맺고 있는 발화동사 구문은 행위주가 피행위주에게 AFF$^+$이고 성공적 매개변수는 CS$^+$로 볼 수 있다.

(25) 토론하다

　ㄱ. 연암은 박제가·이덕무·유득공 등과 서울 중심지에 가까이 모여

살며 밤낮 학문을 토론하였다.(한국사, 한길사, 1994.)

ㄴ. 이메레르네르 전시장은 "환경을 보살피는 데 보여준 관심, 창조와 지역사회의 노력을 제외하고는 특별한 것이 없"이 공무원과 주민들이 도시 문제를 놓고 현장에서 부단히 토론하는 까닭에 "탁자 위에서 발견되지 않는 통찰력을 제공할 수 있었다"고 풀어놓는다. (참여로 여는 생태공동체, 아르케, 2003.)

ㄷ. 5학년 1학기의 지도서 내용 가운데 토의 학습 형태로 제시된 것을 보면, '불교가 우리나라에 미친 영향을 토의하기' '삼강오륜에 관해 토의하기' '문화재의 중요성에 대해 토의하기' 등이 제시되어 있는데, 이 제목을 보고 판단한다면, 이에 따른 수업은 대립되는 의견을 가지고 서로 토론하는 수업이라기보다는 각각의 사항에 대해 서로가 아는 것을 말하는 수업 과정이라고 생각된다.(우리교육, 1994.)

ㄹ. 이날 행사의 사회를 맡은 김승국 한국전통예술학회 이사는 "이번 토론회는 광복 후 대립관계에 있던 민속악과 아악을 대표하는 학자들이 처음으로 마주앉아 공동의 주제를 토론하는 자리"라며 "이번 토론회를 통해 전통음악, 민족음악, 국악, 한국음악 등 용어의 혼용 문제가 학술적으로 정리될 것"이라고 밝혔다.(동아일보, 2003.)

예문 (25ㄱ)에서 발화 행위주(연암)는 발화 상대(박제가 · 이덕무 · 유득공)와 화제(학문)에 대해 토론하고 있다. '토론하다' 구문은 'N1이 N2를 N3와 V' 구조를 가진다. 나머지 예문 (25ㄴ, ㄷ, ㄹ)에서도 발화 행위주는 발화 상대와 화제에 대해 토론하고 있다. '토론하다'가 상반되는 의견을 주고받는 발화 상황을 나타낼 때는 발화 행위주와 발화 상대가 화제에 대해 대립적이므로 작용자와 피작용자는 대립된다고 볼 수 있다.[15] 따라서 발화동사 '토

---

15) 예문 (23ㄹ)에서 학자들이 공동의 주제에 대립 관계를 가지고 있다는 것이 제시되어 있다. 그러나 말뭉치의 예문들을 검토하면 '토론하다'는 상대방과의 논박보다는 토의에 가까운 의미로 사용되는 경우가 많다. 본고에서는 각자 의견을 주고받는 '토론하다' 구문은 예문 (22)의 '의논하다' 구문에 가깝다고 보고, 이 부분에서는 예문 (23ㄷ)과 같이 대립되는 의견을 가지고 진행되는 '토론하다' 구문으로 논의를 진행하고자 한다.

론하다'는 발화 상대와 공통 관심사에 대해 상반된 의견을 가지고 한쪽의 의견을 설득하려는 발화 행위를 한다는 점에서 대립의 관계라고 할 수 있다. 그리고 토론을 주고받는 발화 행위주와 발화 상대는 상대의 발화 내용을 수용하거나 거부한다는 것을 예상할 수 없다는 점에서 결정되지 않은 결과로 볼 수 있다. 이상의 논의를 통해 '토론하다' 및 유의 관계를 맺고 있는 발화동사 구문은 행위주가 피행위주에게 AFF⁻이고 성공적 매개변수는 CS⁰로 볼 수 있다.

> (26) 대화하다
> ㄱ. 남성과 다른 화법을 쓰는 편이 보다 남성의 여성에 대한 매력을 느끼게 된다. 가령 일부 여대생들이 남학생 선배들과 어울려 대화하는 중에 그 선배에 대한 호칭을 형이라고 하는 수가 있는데 이 점 여성답다고 하기 힘들다.(교양인의 화법, 창조사, 1993.)
> ㄴ. 미국의 경우 아내가 남편과 함께 병원을 찾는 비율이 높습니다. 아내가 남편과 마음을 열고 대화하고 치료했을 때 치료율도 높아지죠.(여성중앙21, 2000.)
> ㄷ. 아까도 얘기했지만 인터넷은 개방구조를 갖고 있기 때문에 특정한 어느 PC통신의 내용만 보는 것보다는 전세계와 대화하면서 동시에 국내 정보를 접하는 것이 바람직하다고 봅니다. 그렇다면 초등학생들이 일찌감치 인터넷을 접하는 것이 뭐가 나쁘냐는 거죠.(디지탈혁명과 정보민주주의, 2000.)

예문 (26ㄱ)에서 발화 행위주(여대생)는 발화 상대(남학생 선배)와 상호적인 발화 행위를 하고 있다. '대화하다' 구문은 'N1이 N2와 V' 구조이다. 나머지 예문 (26ㄴ, ㄷ)에서도 발화 행위주는 발화 상대와 이야기하고 있다. '대화하다' 구문은 화제가 통사적으로 실현되지 않는 점에서 다른 상호작용성 발화동사와 구분된다. '대화하다'는 서로의 생각을 주고받는 발화 상황을 나타낼 때는 발화 행위주와 발화 상대가 비대립적인 자세이므로 작용자가 피작용자에게 도움이 된다고 볼 수 있다. 그리고 대화를 주고받는 발화 행위주와 발화 상대는 상대의 발화 내용을 반드시 수용하거나 거부한다는 것을 결정할 수 없으므로 결정되지 않은 결과로 볼 수 있다. 이상의 논의를 통해 '대화하다' 및 유의 관계를 맺고 있는 발화동사 구문은 행위주가 피행위주에게 AFF$^+$이고 성공적 매개변수는 CS^{u}로 볼 수 있다.

(27) 문의하다

ㄱ. 서울로 돌아온 이튿날, 나는 출판사 일과 현구 일로 동분서주하였다. 대구의 현구 병실과 숙영이네 약국으로도 전화를 걸어 그 쪽 사정을 문의하였다. 현구의 병세는 별달라진 점이 없으나 소변을 보지 못하고 허리의 통증이 더 심해지고 있다고 알려주었다.(그 곳에 이르는 먼 길, 현대소설사, 1992.)

ㄴ. 임금은 고려의 남경에 건립되었던 이궁(離宮)의 옛자리를 둘러보고 신하 윤신달(尹莘達)과 무학대사에게 문의하였고, 이들로부터 좋다는 의견을 받았으나 하륜만이 불가(不可)하다 하였다.(한국건축사, 고려대학교 출판부, 2000.)

ㄷ. 경기도 포천군 영중면 거사리에서 동물병원을 하고 있는 박나영 씨 집으로 지난 10월 31일 〈한국논단〉 10월 호가 배달됐다. 이 책을 구독신청한 적도 본 일도 없다는 박 씨는 "왜 이책을 나에게 보냈느냐?"고 문의하자 〈한국논단〉 쪽은 "'독자 확대 차원에서 무료로 보낸 것이니 부담 갖지 말라'고 말했다."고 밝혔다. 하지만 "자신이 왜 선정됐고 주소를 어떻게 알았느냐?"는 질문에 대해서는 명확한 답변을 피한 채 "'4천여명을 무작 위로 선정해 보냈다.' 고 말했다."는 것이다.(한겨레21, 2001.)

예문 (27ㄱ)에서 발화 행위주(나)는 발화 상대(대구의 현구 병실과 숙영이네 약국)에게 자신이 알고 싶은 정보를 요청하고 있다. 예문 (27ㄴ, ㄷ)에서도 동일하게 발화 행위주(임금/박나영 씨)는 발화 상대(윤신달 등/한국논단)에 정보를 요청하고 있다. 이때 발화동사 '문의하다'는 발화 상대가 문의 내용을 듣고 정보 제공이나 거부 등을 판단한다는 점에서 문의 발화 행위 자체는 도움과 대립을 결정할 수 없는 상태라고 할 수 있다. 즉, 문의 행위는 정보를 제공 받는 '성공'과 제공을 거부당하는 '실패'가 결정되어 있지 않다. 따라서 작용자가 피작용자에게 어떤 도움을 주거나 대립하고 있다고 보기 어려우므로, '문의하다' 및 유의 관계를 맺고 있는 발화동사 구문에서 작용자와 피작용자의 관계는 AFF^0이고 성공적 매개변수는 CS^u로 볼 수 있다.

(28) 답변하다

   ㄱ. "전력은 현재 잉여 전력이 얼마인가보다 앞으로 전력 수요 예측이 중요하다."는 논리로 국회위원들의 질문에 답변하고 개인적으로도 자주 만났다.(월간조선 158호, 1993)

   ㄴ. 고객이 질문을 올리면 다른 고객이나 담당직원이 답변하며, 자신이 올린 답변에 대한 응답을 휴대폰 문자메시지로도 받을 수 있다.(한겨레신문 생활면, 2003)

   ㄷ. 대부분 "글쎄, 판단을 잘못하겠는데요."라며 아이들 스스로의 판단에 맡겨 두고 있는 이 교사이지만 "선생님이 만약 북한에서 태어났다면 지금쯤 무얼 하고 계셨겠느냐?"라는 엉뚱한 질문엔 명쾌하게 답변하기도 한다.(우리교육, 1994)

예문 (28ㄱ)에서 발화 행위주(담당자)는 발화 상대(국회의원)에게 발화 상대가 요청한 정보를 제공하고 있다. 예문 (28ㄴ, ㄷ)에서도 동일하게 발화 행위주(다른 고객·담당직원/이 교사)는 발화 상대(고객/기자)에게 문의 내용에 대한 정보를 제공하고 있다. 이때 발화동사 '답변하다'는 발화 상대가 요청하는 문의 내용을 듣고 정보를 제공하므로 답변 발화 행위는 도움의 관계라고 할 수 있다. 그리고 답변을 받은 발화 상대가 답변 내용을 듣고 요청한 정보를 온전히 수용했는지의 성공 여부는 아직 결정되어 있지 않다. 따라서 작용자가 피작용자에게 도움을 주고 있다고 볼 수 있으므로,[16] '답변하다' 및 유의 관계를 맺고 있는 발화동사 구문은 행위주가 피행위주에게 AFF^+이고 성공적 매개변수는 결정되지 않는 힘의 적용으로서 CS^u로 볼 수 있다. 이상의 논의를 바탕으로 상호작용성 발화동사의 작용자와 피작용자의

---

16) 답변을 회피하거나 거부할 수 있지만 이를 정상적인 답변 행위로 보기는 어렵다.

관계를 분류하면 다음과 같다.

(29) 상호작용성 발화동사의 AFF 및 CS 분포

구분	CS⁺ 성공	CS⁻ 실패	CSᵘ 미정
AFF⁺ 도움	상의하다 의논하다 토의하다		논박하다 답변하다 답하다 대답하다 대꾸 하다 반박하다 붇다 응답하다 털어놓다 해명하다
AFF⁻ 대립			논의하다, 토론하다
AFF⁰ 허용			묻다 문답하다 문의하다 질문하다 질의하 다 캐묻다 대화하다 이야기하다

예문 (29)에서 분류한 작용자와 피작용자의 관계를 발화동사 어휘 의미 구조에 적용하여 문답류와 의논류 발화동사 구문의 어휘 의미 구조를 분석하면 다음과 같다.

(30) 상호작용성 발화동사의 하위 유형별 어휘 의미 구조
　　ㄱ. 문의하다 류
　　　$CS^u([x, z], [_{Event} GO_{ident}([(y)], [FROM [x] TO [(z)]])]), AFF^0(x, z)$
　　ㄴ. 답변하다 류
　　　$CS^u([x, z], [_{Event} GO_{ident}([(y)], [FROM [x] TO [(z)]])]), AFF^+(x, z)$
　　ㄷ. 의논하다 류
　　　$CS^+([x, z], [_{Event} GO_{poss}([(y)], [FROM [x] TO [(z)]])]), AFF^+(x, z)$
　　ㄹ. 토론하다 류
　　　$CS^u([x, z], [_{Event} GO_{poss}([(y)], [FROM [x] TO [(z)]])]), AFF^-(x, z)$
　　ㅁ. 대화하다 류
　　　$CS^u([x, y], [_{Event} GO_{poss}([( )], [FROM [x] TO [(y)]])]), AFF^0(x, y)$

예문 (30)은 상호작용성 발화동사의 하위 유형별 어휘 의미 구조이다. 예문 (30ㄱ, ㄴ)의 구조는 문답류 발화동사의 어휘 의미 구조이고, (30ㄷ, ㄹ, ㅁ)은 의논류 발화동사의 어휘 의미 구조이다. 먼저, 문답류 발화동사의 발화

행위주 x와 발화 상대 z의 관계에서 '문의하다'는 허용의 관계이므로 AFF^0로, '답변하다'는 도움의 관계이므로 AFF^+로 설정할 수 있으며, 힘의 적용은 발화 상황에 따라 결정되지 않을 수 있으므로 CS^u로 설정할 수 있다. 그리고 문답류 발화동사는 질의하거나 답변하는 발화 내용이 상대방에게 일방향적인 사건 구조를 가지므로 Event GO_{ident}로 설정할 수 있다. 의논류 발화동사 구조에서 발화 행위주 x와 발화 상대 z('대화하다'는 y[17])의 관계는 '의논하다'는 도움 관계이므로 AFF^+로, '토론하다'는 대립 관계이므로 AFF^-로, '대화하다'는 허용 관계이므로 AFF^0로 설정할 수 있으며, 힘의 적용은 '상의하다'는 성공적일 수도 있으므로 CS^+로, '토론하다'와 '대화하다'는 결정되지 않을 수 있으므로 CS^u로 설정할 수 있다. 그리고 의논류 발화동사는 논의 내용을 상대방과 쌍방향적인 사건 구조를 가지므로 Event GO_{poss}로 설정할 수 있다.

지금까지 발화동사의 상호작용성을 기준으로 발화동사 구문의 어휘 의미 구조를 분석하였다. 발화동사는 다른 동사류에 비해 발화 상황과 밀접하게 연결되어 있는데, 이러한 연결 양상 중 발화 행위주와 발화 상대의 상호작용성이 대립, 도움, 허용 관계로, 발화의 결과는 성공과 미정으로 발화동사의 어휘 의미 구조에 반영되어 있음을 분석하였다.

4. 결론

본고에서는 발화 행위주와 발화 상대의 상호작용이 동사의 어휘 의미 구조에 반영되어 있으며 이러한 어휘 의미 구조가 논항 구조를 거쳐 발화동사 구문으로 실현된다고 보았다. 이를 위해 발화동사 중에 발화 행위주과 발화 상대의 긴밀한 상호작용을 나타내는 동사들이 있음을 살피고, 이러한 상호작용성이 통사 구조와 어휘 의미 구조에 반영되어 있음을 밝혔다. 그리고

---

17) '대화하다'는 화제가 논항으로 나타나지 않으므로, 발화 상대가 y에 해당한다.

발화동사의 어휘 구조와 구문을 분석하기 위해서 통사 성분과 개념 구조 성분이 체계적으로 대응된다는 Jackendoff(1990, 1992)의 연결 이론을 적용하여 상호작용성 발화동사의 어휘 의미 구조를 분석하였다.

본고에서는 어떤 행위의 참여자 사이의 긴밀한 행위를 나타내는 의미 속성으로 [상호작용성]을 제시하고, '묻다, 대답하다, 의논하다'와 같이 발화 행위주와 발화 상대의 행위가 연속되며 상호 전제되어야만 발화 행위가 이루어지는 발화동사들을 상호작용성 발화동사로 묶었다. 상호작용성 발화동사는 발화 행위주와 발화 상대를 논항으로 요구하며, 발화 상황에서의 발화 상대가 통사적으로 반드시 실현된다. 또한 발화 행위주는 행위주로서, 발화 상대는 경험주로서 논항이며, 발화 행위주와 발화 상대의 지위가 힘의 역학 관계로서 발화동사의 어휘 의미 구조에 반영되어 있다.

상호작용성 발화동사는 다시 문답류 발화동사와 의논류 발화동사로 나눌 수 있다. 문답류 발화동사 구문의 특징으로 발화 행위주와 발화 상대의 질문과 답변 행위 사이에는 시간적 선후 관계가 있으며 인과 관계가 성립한다는 점, 발화 행위주와 발화 상대는 질문 및 답변의 목적을 공유하고 있지 않으며, 질문 및 답변 행위가 종료될 때까지는 그 내용을 발화 상대가 전혀 모를 수 있다는 점, 질문자와 답변자가 고정되어 있어 논항의 자리가 고정되어 있다는 점을 들었다. 의논류 발화동사 구문의 특징으로 상호적인 발화 행위 사이에서 고정된 순서는 없으며 두 발화 이상이 동시에 진행될 수도 있다는 점, 발화 행위주와 발화 상대는 의논 목적과 의논 내용을 공유할 수 있다는 점, 발화 행위주와 발화 상대의 발화 행위에 정해진 순서가 없으며, 발화 행위에서의 역할이 고정되어 있지 않다는 점을 들었다.

본고에서는 [상호작용성]을 나타내는 별도의 함수를 설정하는 것이 편리할 수 있으나, 의미 속성의 확장에 따라 함수를 계속 생성하는 것보다 어휘 의미 구조에 반영되어 있다고 분석하는 것이 차후 다른 동사의 어휘 의미 구조에도 적용할 수 있다는 점에서 합리적으로 보았으며, 차후 발화동사의 다른 유형이나 다른 동사에 대한 연구를 통해 지속적으로 살펴가고자 한다.

참고문헌

국립국어원. 「표준국어대사전 온라인본」(http://stdweb2.korean.go.kr)

국립국어원 언어정보나눔터(http://ithub.korean.go.kr)

권재일. 2000. "한국어 발화동사 구문 기술", 「한말연구」 7, 한말연구학회, pp.1-26.

김민수. 1981. 「국어의미론」, 일조각.

김영희. 1974ㄱ. "대칭 관계와 접속 조사 '와'", 「한글」 154, 한글학회, pp.41-63.

김영희. 1974ㄴ. "'와'의 양상", 「국어국문학」 65·66, 국어국문학회, pp.53-81.

김완진. 1970. "사이부동 단상", 「국어국문학」 49·50, 국어국문학회, pp.67-76.

김윤신. 2001. "한국어 동사의 어휘의미구조와 피동화의 제약", 「언어학」 30, 한국언어학회, pp.89-112.

김의수. 2003. "국어의 격과 의미역 연구-명사구의 문법기능 획득론", 고려대학교 박사학위논문.

김준기. 2000. 「한국어 타동사 유의어 연구」, 한국문화사.

김홍수. 2002. "소설의 대화 인용에서 인용 동사 표현의 양상 : 발화 동사 '말하다'의 쓰임을 중심으로", 「어문학논총」 21, 국민대학교 어문학연구소, pp.165-182.

남기심. 1990. "토씨 '와/과'의 쓰임에 대하여", 「동방학지」, 연세대학교 국학연구원, pp.66.

노황진. 1990. "국어의 {-와}에 대한 연구", 「동악어문논집」 25, 동악어문학회, pp.59-111.

방성원. 2000. "국어 발화동사 구문에 대한 연구", 「고황논집」 27, 경희대학교, pp.33-49.

성광수. 1977. "의미보존과 어휘분해의 문제점", 「관대논문집」 5, 관동대학교, pp.51-70.

신선경. 1986. "인용문의 구조와 유형분류", 서울대학교 석사학위논문.

안경화. 1995. "한국어 인용구문의 연구 : 유형과 융합도를 중심으로", 서울대학교 박사학위논문.

양정석. 1997. 「개정판 국어동사의 의미 분석과 연결이론」, 박이정.

양정석. 2002. 「시상성과 논항연결」, 태학사.

양정석. 2004. "교호성과 "-와"", 「배달말」 35, 배달말학회, pp.369-409.

윤평현. 2009. 「국어의미론」, 역락.

이필영. 1989. "'와'의 접속기능과 격표시기능에 관하여", 「수련어문논집」 16, 수련어
　　　문학회, pp.21-46.

이필영. 1993. 「국어의 인용구문 연구」, 탑출판사.

임지룡. 1992. 「국어의미론」, 탑출판사.

임홍빈. 1972. "국어의 주제화 연구", 「국어연구」 28, 서울대학교 국어국문학과.

정유남. 2013. "한국어 발화 양태 동사의 의미 연구", 「한국어 의미학」 40, 한국어 의
　　　미학회, pp.249-280.

정주리. 1994. "발화류 동사 내용 연구 : <평가> 의미표현을 중심으로", 「한국어 내
　　　용연구」 1, 국학자료원, pp.129-153.

조경순. 2006. "현대 국어 상호동사 구문 연구", 「한국언어문학」 57, 한국언어문학회,
　　　pp.87-110.

조경순. 2009. "국어 발화동사 구문 연구", 「한국어 의미학」 30, 한국어 의미학회,
　　　pp.289-312

조경순. 2010. "현대 국어 '와' 조사구의 의미역 연구-상호동사 구문을 중심으로",
　　　「국어국문학」 153, 국어국문학회, pp.33-55.

조경순. 2013. "발화동사 구문에 대한 연구-보고. 명령. 청구. 비하. 질책 행위를 중
　　　심으로-", 「한국어 의미학」 41, 한국어 의미학회, pp.141-167.

조경순. 2014. "국어 이중 주어 구문에 대한 통사·의미론적 재고", 「언어과학연구」
　　　68, 언어과학회, pp.359-382.

채숙희. 2011. "현대 한국어 인용구문 연구-구어 자료를 중심으로-", 서울대학교 박
　　　사학위논문.

최재희. 1985. "국어 명사구 접속의 연구", 「한글」 188, 한글학회, pp.91-116.

최호철. 2011. "국어 발화의 의미에 대하여", 「한국어 의미학」 36, 한국어 의미학회,
　　　pp.481-529.

Jackendoff. R.. 1990. *Semantic Structures*. Cambridge : The MIT Press.

Jackendoff. R.. 1992. *Languages of the Mind*. Cambridge : The MIT Press.

van Dijk, Teun A.. 1978. 「텍스트학」. 정시호 역(1995). 아르게.

| 이 논문은 한국어학 66집(2015, 한국어학회)에 게재된 논문을 재수록한 것입니다.

의사소통 해석 과정에 나타나는 복의(複義) 연구

이 유 미

1. 서론

이 연구의 목적은 복의 범주 설정의 필요성을 이해하기 위하여 청자의 해석 과정에서 복의가 어떻게 작용하는가를 살펴보아 의사소통 과정에서 중의와는 다른 형태로 작용하는 복의의 이론적 타당성을 검증해 보는 데 있다. 언어학에서 하나의 발화에 중첩된 의미를 지니는 현상을 중의로 정의하고 있다. 그리고 이러한 중의는 의사소통 과정에서 애매성을 유도하고 이로 인하여 해소되어야 하는 현상으로 인식되어 왔다. 그러나 실재 발화에서 중첩된 의미를 지니는 것 가운데 단지 비해소성의 측면으로 애매성을 유발하는 경우도 있으나 명료한 두 가지 의미가 같이 전달되어 경제적인 의미전달을 유발하는 경우도 찾아볼 수 있다. 이러한 경우를 이유미(2002, 2005)에서는 의도적 중의성으로 설명하여 왔다. 그러나 중의(重義)가 갖는 특징은 중첩된 의미 가운데 하나의 의미를 선택하거나 여러 개의 의미로 해석됨으로 인하여서 혼란을 겪는 특징을 가지고 있다. 이러한 측면에서 명료한 각각의 의미를 지니고 두 가지 의미가 함께 전달되는 복의(複義)와는 구별할 필요가 있다.

복의는 언어 특성상 의미를 두 가지 지니고 있어서 나타나는 언어 전달의 경제성이 주요 특징이다. 그러나 이것뿐 아니라 두 의미 간의 관계에 따라 나타나는 다양한 영향성이 의사소통에서 함축이나 속임, 또는 부정적 이미지의 악화 등의 여러 가시 효과로 나타난다. 중의는 그러나 기존에 연구에서는 의미 전략성보다는 의미 중복성에 치중하였고 이에 따라 모호와의 변별성을 알아보거나 전산 처리의 복잡성을 해소시키기 위한 방법에만 치중해 왔다. 그러나 이유미(2002, 2005, 2008), 한성일(2007, 2008), 김효선(2011) 등에서는 중의를 전략적 언어의 한 차원으로 보고 그 효과성에 대해서 구체적으로 논의하고 있다.

본고에서 사용하는 용어인 중의의 범주는 이유미(2002, 2005)에서는 의도적 중의현상이라고 지칭하였으나 독립된 영역을 필요로 하기에 '복의'라는 용어로 분리하고자 이유미(2008)에서 제시하였다. 이는 중의가 가지는 애매성의 의미와 구별하여 확연히 드러나는 두 개 또는 세 개의 의미를 지니고 있는 발화로 한정하기 위한 것이다. 복의 현상에서 청자는 화자의 발화를 확연하게 두 개 또는 세 개의 의미로 이해하고 그 중에 의미를 선택적으로 받아들이거나 두 의미를 한 번에 받아들이는 특성을 지니고 있다. 기존의 중의나 애매로 표현하였던 발화처럼 모호하여 의미를 알지 못하거나, 알기 위해서는 문맥적 해소를 요구하는 것과는 차이를 지닌다. 이러하기에 본고에서는 이러한 복의의 언어적인 현상이 중의와 차이를 지니는 의미적 영역임을 이해하기 위하여 기존 이론을 통하여 타당성을 살펴보고 그 특징을 통해 구별해 보고자 하는데, 특히 청자의 해석 과정에서 어떻게 작용하는가를 살펴봄으로써 그 특징을 좀 더 명확히 드러내고자 한다.

2. 복의의 범주

이 장에서는 복의와 유사한 언어 현상과의 관계를 설명함을 통해서 복의

의 범주와 특징을 이해하고자 한다. 이를 위하여 복의와 가장 범주적 혼란
이 있는 중의의 의미선택 과정을 살펴 서로의 차이를 이해하고, 복의 발생
의 특징을 생각해 보고자 한다.

2.1. 복의의 특징

복의는 먼저 중의와의 관계를 명료히 할 필요가 있다. 실제 복의는 화용
적 중의에서 가장 많이 발생한다고 볼 수 있다. 맥락과 발화 사이에서 발생
하는 다양한 해석 가능 의미가 실제 중의적인 상황을 발생시키는 경우가 많
기 때문이다. 그러나 반드시 그런 것만은 아니라 어휘적인 중의 상황에서도
복의는 발생할 수 있다.[1]

    (1) 나는 그녀를 찍었다. (카메라 광고)

    (2) 영희 : 철수야 어제 소개팅 어땠어?
       철수 : 영희야.. 밥 먹으러 가자.

예문 (1)의 경우는 어휘적인 중의 상황이다. "찍다"라는 단어가 가진 '사
진을 찍다'와 '선택하다'의 의미가 같이 전달됨으로써 효과적으로 카메라
광고의 기능을 하고 있다. 이 경우는 중의의 기본적인 성격과는 차이가 있
어서 반드시 두 의미가 함께 청자에게 환기되어야만 화자의 본래 의도가 전
달되게 된다.

예문 (2)의 경우는 철수의 관련성 위반 발화가 실제 영희에게 어떻게 해
석되는가의 문제이다. "왜 그래? 소개팅을 물어봤는데, 왜 밥 먹으러 가자고
그래?"라고 대답한다면 이 문장의 의미를 명확하게 해석해 내지 못하고 의

---

1) 그러나 이 역시도 부가적인 상황 맥락이 주어져야 이해된다는 점에서 화용적인 현상으로
   이해할 수 있다.

미를 해석하지 못한 비처리 상태로 빠지게 된 것이다. 이것이 일반적으로 중의적인 발화에서 나타나는 청자의 반응이다. 그러나 만약 영희가 철수의 의도를 알아듣고 "알았어. 밥 먹으러 가자. 뭐 먹을까?"라고 말하고 나와서 "왜? 민영이가 옆에 있어서 소개팅 얘기가 불편해서 그러는 거야? 암튼. 눈치 없이 물어서 미안하다. 오늘 뭐 먹을까? 내가 살게."라고 대답한다면, 철수의 두 의도인 "밥 먹자"와 "소개팅 얘기 하지 마라."라는 것을 모두 이해하여 반응한 경우이다.

이처럼 중의로 해석되는가 복의로 해석되는가에 따라 청자의 반응은 달라질 것이며, 이에 따라 화자 발화의 질이 달라지는 것이다.

예를 든 바와 같이 복의는 중의와 달리 같은 환경으로 나타난다 하더라도 청자가 명확한 두 의미로 받아들여, 이에 따라 순차적으로 또는 선택적으로 반응하는 특징을 가지고 있다. 이러한 점에서 복의의 특징을 정리해 보면 다음과 같다.

> (3) <복의의 특징>
> ① 2개나 3개의 명료한 의미를 가지고 있다.
> ② 청자는 명료하게 선택된 의미에 대해 한꺼번에 반응할 수 없으며 순차적으로 반응하게 된다.
> ③ 하나의 의미가 선택 되어도 나머지 의미가 항상 청자의 해석 과정에 영향력을 미치고 있다.

위의 예에서 살펴 본 것처럼 복의는 2개나 3개의 명료한 의미로 선택된다. 대부분 2개의 명료한 의미로 선택되는 특징을 가지고 있으며 화자의 의도 자체가 3개 이상의 다양한 의미를 한 번에 전달하지 않으며 전달되더라도 다양한 의미가 활성화 되게 되면, 선택되는 의미의 확신 정도가 약화되기 때문에 중의로 흐르게 될 우려가 많다. 그러므로 2개 정도의 의미가 활성화된다.

이렇게 청자에게 맥락적 가능성에 의해서 선택된 두 의미에 대해서 청자가 반응을 할 때 한 번에 두 가지를 반응하는 것은 불가능하다. 이는 이후의 게슈탈트 이론으로도 설명 가능할 것이다. 결국 하나의 의미만 선택적으로 반응하거나 순차적으로 두 의미에 대하여 반응하는 발화를 하게 될 것이다. 만약에 하나의 의미를 선택하여서 반응한다 하더라도 완전하게 하나의 의미만 남고 다른 의미는 잊혀서 프레임 밖으로 나가는 것이 아니라 같은 프레임 안에 남아서 전경화 된 선택 의미의 배경으로 남아 영향력을 갖는다. 이는 선택된 의미의 발화 뉘앙스 등에도 영향력을 미치게 된다.

> (4) 딸1 : 엄마 저 내일 친구들이랑 놀러 가도 돼요?
>   엄마 : 공부할 시간이다.
>   딸 2 : 엄마 그러지 말고 내일 갔다 와서 열심히 공부할게요.
>   딸 2-1 : 알았어요. 공부하면 되잖아요. 엄마는 만날 공부만 하래.

예문 (4)에서 딸의 질문에 대한 엄마의 반응은 역시 관련성을 어겼다. 이럼으로 인하여서 엄마가 의도한 것은 "안 돼"라는 거절과 "가서 공부해"라는 명령이다. 이에 대한 딸의 반응을 살펴보면 딸2는 '공부'에 대한 의도를 활용하여 "안 돼"라는 거절에 대한 재설득을 시도하고 있다. 이는 실제 "안 돼"에 대한 반응이며 이것의 재설득 소재로 엄마가 말한 '공부'를 활용한 것이다. 이 역시 선택된 의미인 "안 돼"에 대한 반응의 배경으로 선택되지 않은 '가서 공부해'를 활용하고 있는 것이다. 마지막의 딸2-1의 반응은 실제 '가서 공부해'에 대해서만 반응하고 있다. 그러나 분명 딸의 발화 방식은 "짜증"과 함께 이뤄질 것이다. 이는 발화의 전경은 "공부하겠다."로 설정했으나 배경에 엄마의 거절에 대한 실망감을 함께 가지고 있기 때문에 나타나는 현상인 것이다. 이처럼 복의는 두 의미가 명료하게 선택되고 그 의미가 한 번에 반응되지 않더라도 반드시 같은 프레임 안에서 존재하며, 한 의미가 선택될 때 배경으로 자리 잡아 영향력을 미치고 있다. 이러한 측면을 다음의 프레임 이론과 게슈탈트 이론을 통해서 설명해 보고자 한다.

2.2. 복의와 중의의 의미선택 과정

복의는 중의와 의미 선택 과정에서 차이가 있다. 복의가 중의와 다른 가장 중요한 특징은 명료하게 두 개나 세 개의 의미로 받아들여진다는 것이다. 중의가 가진 애매성의 특징은 실제 어떤 의미를 선택하느냐의 불명료함도 있지만 무엇보다도 그 중에 하나의 의미로만 해석해야 한다는 것이다.

    (5) 님은 갔습니다.
       아아 사랑하는 나의 님은 갔습니다.
       푸른 산빛을 깨치고 단풍나무 숲을 향하여 난 작은 길을 걸어서, 차마
       떨치고 갔습니다. (한용운 '님의 침묵' 가운데)

    (6) 죽을 힘으로 (본죽 광고)

예문 (5), (6)는 모두 중의적인 예이다. 중의가 발생하는 요소는 다르지만 의미가 중의적으로 해석되는 것은 동일하다. 그러나 (1)과 (2)의 차이는 (5)에서의 '님'은 다양한 의미로 해석될 수 있음을 인지하고 있으나 그 의미가 모두 한 번에 활용되어서 해석되는 것이 아니라 해석 시 한 번에 하나의 의미만을 선택하여 해석해야 한다는 것이다. '님'을 사랑하는 대상으로 해석한다면 이를 통해 전체 시를 해석해야 하는 것이지 사랑하는 대상과 절대자의 의미를 동시에 받아들여 시를 해석할 수는 없다. 그리고 각각 해석된 의미는 각각으로서 의미를 지닌다. 그러나 (6)의 경우는 '죽을 힘으로'에서는 '죽'이 가지는 의미가 '죽다'의 어근과 '죽(粥)'의 의미를 모두 가지고 있으며 광고의 내용을 이해하기 위해서는 전자로, 그 본 뜻을 이해하기 위해서는 후자로 해석하며 이 뜻 모두를 수용해야 이 광고를 이해하도록 되어 있다. 즉, 두 가지 의미를 모두 받아들여야만 온전한 해석이 되도록 한 것이다.

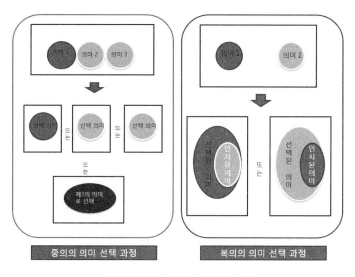

[그림 1] 중의와 복의의 의미선택 과정

[그림 1]에서 보는 것과 같이 중의와 복의는 의미 선택에 있어서 화자가 의도하고 전달한 의미가 모두 청자에게 수용되는가 그렇지 않은가에 따라 구별할 수 있다. 이는 의미 수용적 측면에서 살펴본 것인데 화자 전달적인 측면에서도 같은 경우라 할 수 있다. 화자가 광고처럼 두 의미 모두를 이해 하도록 의도한다면 화자는 복의의 의도로 발화를 시도한 것이다. 그런데 이 를 복의로 받아들일 것인가 중의로 받아들일 것인가는 또한 청자의 몫이다. 화자가 복의로 의도했더라도 청자는 중의나 단의로 해석할 수 있고, 화자가 단의로 의도했더라도 청자가 복의로 이해할 수도 있는 것이다.2)

    (7) A : 엄마 게임 좀 해도 될까요?
        B : (째려 보면서 화난 얼굴로) 당연히 해도 되지....

    (8) A : 참, 곱게 늙으셨네요.
        B : 아.. 예 .. (뭐야, 곱다는 거야? 늙었다는 거야?)

---

2) 이 논의에 대해서는 이유미(2002, 2005)에서 자세히 하고 있다.

예문 (7)의 경우는 다소 복잡한 소통 과정이다. 아들의 질문에 대해 만약 이 상황이 손님들이 있어서 아들에게 화를 내거나 할 수 없는 상황이라면 표정은 아들을 향한 의미로, 표현은 손님들을 향한 예의로 볼 수 있다. 이는 실제 청자를 다면화한 복의적 의도라 할 수 있다. 듣는 청자가 복수이다 보니 이에 대한 발화 방향도 복수적으로 나타난 것이다. 이에 대해서 청자가 단순 반어적 발화로 이해한다면 청자 입장에서는 중의적 발화에 대한 해석으로 볼 수 있다. 그런데 청자인 아들이 엄마의 상황과 발화 의도를 모두 이해했으나 자신의 게임에 대한 욕구 충족을 위해서 '허락'으로 활용한다면 이는 복의적인 해석을 한 것이다.

예문 (8)의 경우는 화자가 칭찬의 의도로 단의로 발화한 것에 대하여 청자는 두 단어를 나누어 복의적으로 받아들이고 있다. 이것이 복의인 이유는 '곱다'의 칭찬을 받아들여도 '늙었다'의 의미가 살아있어서 완전한 칭찬으로 받아들여지지 않고 '늙었다'의 비난을 받아들여도 '곱다'의 칭찬이 살아있어서 완전한 비난으로 받아들여지지 않기 때문이다. 이는 화자의 의도와 관계없이 청자가 복의로 수용한 형태이다.

이처럼 중의와 복의의 의미 수용의 차이는 사용된 언어 의미가 모두 독립적으로 수용되는가 아니면 하나의 의미가 선택되는가에서 찾아볼 수 있다. 같이 중첩된 의미가 활용될 지라도 복의는 좀 더 독립적으로 의미 모두가 활성화되는 점에서 중의와 구분된다.[3]

---

3) 논문 심사 과정에서 심사자께서 말씀 해 주신 내용을 바탕으로 다음과 같은 설명도 가능하다. 어휘적인 측면에서 "검붉다"와 같은 합성어를 이해하는 과정도 이와 같다고 할 수 있다. "검붉다"를 이해하기 위해서는 '붉으면서도 검고, 검으면서도 붉은' 두 색을 같이 인지해야만 색을 이해할 수 있다. 물론 이 색을 하나의 색 자체로만 인식할 수도 있다. 이처럼 "곱게 늙으셨네요."도 "곱다"나 "늙었다"의 단의적인 해석도 가능하지만 "고우면서도 늙고, 늙으면서도 고운" 상태로 두 의미가 같이 살아서 청자에게 해석된다면 완전한 "곱다"나 "늙었다"의 의미로 해석되지 않는다는 것이다. 이것이 중의의 해석과 복의의 해석이 가지는 차이라 할 수 있다.

2.2. 복의 발생 유형

발화가 일어나고 이것이 해석되는 과정에서는 크게 두 가지 요소가 사용된다. 하나는 발화된 표현(언어적, 비언어적)이고, 하나는 그것에 의해 발생하는 함축적인 의미이다. 여기서 표현은 사실상 언어적인 요소와 비언어적인 요소가 모두 사용된다. 이렇게 볼 때 결국 복의가 발생하는 경우는 세 가지로 나눌 수 있다.

> ＜복의 발생 유형 ＞
> 1. 표현 의미 안에서의 복의
>   1) 언어적 표현 안에서의 복의
>   2) 언어적 요소와 비언어적 요소로 인한 복의
> 2. 표현 의미와 함축의미의 복의
> 3. 함축 의미의 복의

(9) 참 몸이 보기 좋게 찌셨어요.

(10) A : 선생님 바쁘신가요?
　　 B : (눈을 모니터에서 떼지 않으면서) 아니 하나도 안 바빠..

(11) (친구들끼리 계속 싸우는 모습을 지켜보면서)
　　 엄마 : 집에 갈 시간이다.
　　 아들 : 안 싸우고 놀면 조금 있다 가도 돼요?

(12) 차상위계층(次上位階層)

예문 (9)는 위의 예문 (8)처럼 언어적 표현 안에 복의적인 요소를 가진 경우이다. 물론 의미를 선택하여 수용하는 데 있어 경중이 다소 있을 수 있으나 이 모든 의미가 살아있다는 점에서는 복의적이라 할 수 있다. 예문 (10)

의 경우는 비언어적인 요소와 언어적인 요소 사이에서의 충돌이다. 비언어적인 부분이 언어적인 부분을 강화시켜 주는 것이 아니라 언어적인 부분과 충돌하게 된다. 이러한 경우에 비언어적인 요소를 선택하더라도 자신에게 수용적 자세를 보인 선생님의 의도성을 이해하고 다음 약속을 잡을 수도 있고, 언어적인 요소를 선택하더라도 선생님의 바쁜 시간에 대한 이해를 가지고 상담을 빠르게 끝낼 수도 있을 것이다.

이처럼 복합적으로 전달된 두 의미가 하나로 선택되어 반응되더라도 그 의미의 영향성은 대등한 가치로 남아 있다고 할 수 있다.[4]

예문 (11)의 경우는 계속적으로 싸움을 하는 아이들에게 엄마가 "집에 갈 시간이다"라고 하는 것은 "그만 싸워라."와 "집에 가야 한다."는 의미가 동시에 전달되도록 한 것이다. 이는 표면적인 의미와 함축적인 의미가 같이 전달 된 형태인데, 이를 모두 인지한 아들이 함축적 의미를 준수하면 표면적인 결론이 바뀔 수 있는가를 묻고 있다. 이는 함축과 표현 모두를 의도하고 모두가 수용된 경우라 할 수 있다. 여기서 보듯이 복의는 중의와 달리 함축적인 의미 이해 이후의 반응적인 측면에 있어서 두 의미를 모두 살려내어서 반응할 수 있다. 이것은 또한 두 의미가 모두 유용하게 전달되어 발화과정에 사용되었다는 것을 반증하는 것이다.

예문 (12)의 경우는 이중발화[5]의 한 양상이다. 여기서 말하는 차상위계층은 실제 기초생활 수급자 바로 위의 계층을 의미한다. 그러나 표현에서 '상위계층'이라는 표현을 씀으로 인해서 빈곤층의 개념을 이해할 수 없도록 속이고 있다. 이는 결국 진실된 의미와 의도된 의미에 있어서 복의를 발생시

---

4) 이는 이후 제시할 게슈탈트의 원리에서도 알 수 있듯이, 두 의미가 같이 전달 될 때 결국 하나의 의미만을 선택해야 하지만 그렇다고 배경으로 숨은 의미가 버려진 것이 아니라 그 존재성을 인식하고 있는 것은 두 그림의 존재를 알고 있으나 하나의 그림만을 전경으로 보게 되는 것과 같다고 하겠다.

5) 이중발화는 ≪1984년 Nineteen Eighty Four≫의 작가 G.오웰의 영향을 받아 그 개념이 형성되었다고 하는 언어적 현상으로 사전적 정의를 살펴보면 분명치 않고 모호하며 속이거나 혼동시키기 위해 의도적으로 과장한 언어이다. 이에 대해서는 이찬규·이유미(2011)에서 자세히 논하고 있다.

키고 있다. 이는 화자적인 복의가 시도된 발화이다. 이에 대하여 청자는 단의로 해석할 수도 있고 화자의 복의적 의도를 모두 이해하여 복의적으로 해석할 수도 있다. 사실 이러한 발화에는 단지 두 의미 외에도 해석상에서 두 의미가 모두 해석된 경우에는 '속임수'라는 의도성에 대한 해석까지 세 가지의 방식으로 해석되게 된다. 그렇다 하더라도 이 세 의미가 하나로 수용되거나 선택되는 것이 아니라 각각의 의미성을 온전하게 지켜서 수용된다는 점에서 복의적이라 할 수 있다. 그렇기에 속임수를 인지하더라도 의도된 긍정성의 의미가 영향력을 미쳐서 실제 의미보다 긍정적으로 느껴지는 것이 그 이유라 하겠다.

3. 복의 설정의 인지적 타당성

복의 현상을 이해하는 데 있어서 프레임 이론과 게슈탈트 이론은 많은 설명력을 보여준다. 복의가 두 의미가 한 번에 인지된다는 점에서도 그렇고, 여러 의미가 하나의 표현 안에서 활성화 된다는 점에서도 그러하다. 여러 의미가 하나의 표현 안에서 활성화 되는 것은 하나의 프레임 안에서 다양한 의미를 활성화 하는 것이며, 여기에 대하여 중의는 하나의 의미만선택하고 나머지를 프레임 밖으로 보낸다면 중의는 두 의미를 모두 하나의 프레임 안에 두고 있다는 차이를 가지고 있다. 이렇게 프레임에 남게 된 두 의미는 실제 반응에 있어서는 하나의 선택된 대표 의미로만 반응하지만 같은 프레임 안에 남은 다른 의미는 게슈탈트 이론에서 말하는 배경으로 남게 되어 실제 전경에 많은 영향력을 미치게 되는 것이다. 이렇게 볼 때 복의를 이해하는 데 있어 프레임과 게슈탈트 이론은 적합한 설명력을 더하여 준다.

3.1. 프레임 이론과 복의

프레임(Frame) 이론은 언어학뿐 아니라 커뮤니케이션학, 심리학 등에서 다양하게 언급되는 개념으로 인간이 의미를 해석하기 위한 일정한 의미적 틀을 지닌다는 것을 말하는 이론이다. 이는 Beteson(1972)이 '틀'을 개념의 틀과 메타진술의 테두리로 의미를 사용한 것을 시작으로 Goffman (1974)이 Bateson의 의도를 좇아 프레임이란 개념을 사용한다고 공언하고 포괄적인 해석 틀의 개념을 제시함으로써 발전하였다. Goffman(1974)은 인간의 모든 행위는 일련의 프레임화 된 상호작용이라고 주장하면서, 사회행위자는 단어, 문구, 제스처를 사용하여 특정한 순간에 특정한 종류의 사회적 상호작용으로 의사소통하게 된다고 하였다.[6]

이러한 프레임의 이론에서 생각해 볼 때 중의와 복의는 의미 해석 과정에 차이를 지닌다. 중의는 동음어 등의 동일 프레임 유발요인에 대하여 부가 정보 유입 시 프레임이 분리되어 하나의 의미가 선택되거나, 부가 정보가 유입되지 않으면 선택 불가한 애매한 상태로 빠지고 만다. 그러나 복의의 경우는 부가 정보 유입 시 하나의 정보로 선택되더라도 나머지 하나의 의미가 하나의 프레임 안에서 상호 영향성을 갖는다는 점에서 차이를 지닌다.

(13) ① 그녀는 배를 샀다.
    ② 그리고 맛있게 먹었다.

(14) (진구늘끼리 계속 싸우는 모습을 지켜보면서)
    엄마 : 집에 갈 시간이다.
    아들 : 안 싸우고 놀면 조금 있다 가도 돼요?

---

6) 강경태 역(2008) p.33.

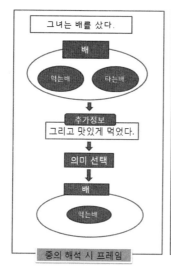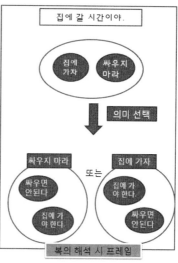

[그림 2] 중의와 복의의 해석 프레임

[그림 2]에서 보면 예문13)에서 제시한 '배'로 인한 중의 발생 상황에서 '맛있게 먹다'라는 추가 정보가 제공됨으로 인해서 '타는 배'라는 의미는 발화된 '배'의 프레임에서 버려지고 '먹는 배'의 정보만 남게 된다. 처음의 두 개의 의미가 같은 프레임 내에서 다의적으로 활성화 되었으나 추가정보로 인하여 단의적으로 프레임이 분리되어 의미가 확정되는 경우이다.

그러나 복의의 문장인 '집에 갈 시간이야'라는 문장은 맥락을 통해 '집에 가자'와 '싸우지 마라'가 한 프레임 안에서 활성화 되게 되는데 이 가운데 상황 맥락이나 청자의 선호성에 따른 선택을 위한 추가 정보가 주어지면 두 의미 중에 하나를 대표 의미로 결정하게 된다. "싸우지 마라"가 선택된 경우에는 대표 의미가 '싸우면 안 된다'일지라도 '집에 가야할 시간이 가까워 오고 있다'는 의미가 함께 전달되어 남아 있게 되고, '집에 갈 시간이다'라는 정보가 선택되더라도 '싸우면 안 된다. (싸우면 집에 갈 시간을 더 앞당길 수 있다)'는 의미가 역시 청자에게 중요 의미로 남아있게 된다. 결국 복의는 동일 프레임 안에서 여러 정보가 동일 가치로 활성화 되고 그 중 한 의미가 중요 정보로 선택되는 것이라면 중의는 동일 프레임 안에서 부가 정보 유입으로 프레임이 분리되는 것이라 할 수 있다.

　이러한 의미를 복의의 의미 해석 관계에 있어서 함축과 같은 현상으로 볼 수도 있다. 그러나 함축은 의미를 이해하게 하는 과정을 의미하는 것이지 도출되는 의미의 수를 말하는 것이 아니다. 함축의 과정은 중의를 유발할 수도 있고, 복의를 유발할 수도 있다. 위에서 예문 (5)에서 '님'을 절대자로 이해하거나 하는 것은 함축적 의미를 이해하는 것이다. 그 뿐만 아니라 예문 (14)에서 '집에 갈 시간이다.'라는 문장을 '싸우지 마라.'라는 의미로 이해할 수 있는 것도 함축적인 의미를 이해해야 가능한 것이다. 함축은 표현된 발화 안에 다양한 의미들이 양산될 수 있도록 돕는 의미해석의 과정인 것이다. 그러나 중의나 복의는 그 가운데 상황에 적절한 유의미한 의미가 선택되는 데 있어서 여러 개의 의미로 청자가 혼란에 빠지는가, 명료한 두세 개의 의미로 인하여 서로 긍정적인 영향관계에 놓이는가를 논의하는 것이기에 함축과 복의가 동일한 것이 아니라 서로 다른 영역의 논의라 할 수 있겠다.

3.2. 게슈탈트 이론과 복의

　게슈탈트 이론은 복의라는 영역이 의사소통 과정에서의 청자의 의미해석 과정에 있어 타당한 논의임을 뒷받침하는 데 좋은 시사점을 던져 준다. 이를 위해서는 먼저 게슈탈트(Gestalt)의 특징을 이해할 필요가 있다. 게슈탈트(Gestalt)는 '전체, 형태, 모습' 등의 뜻을 지닌 독일어이다. 게슈탈트 심리학자들에 의하면 개체는 어떤 자극에 노출되면 그것들을 하나하나의 부분으로 보지 않고 완결, 근접성, 유사성의 원리에 입각하여 자극을 하나의 의미 있는 전체 혹은 형태 즉, '게슈탈트'로 만들어 지각하는 경향이 있다고 한다.7) 또, 김경희(2000 : 38)에서는 게슈탈트를 합성적 전체 개념으로 간주한다.

　이러한 게슈탈트 이론이 복의와 연관되는 부분은 함께 존재하지만 함께 인식되지 않는다는 것이다.[8] 이것이 사실상 인식자의 스키마에 의한 인식자의 주체성에 따른 것이긴 하지만 발화 전략적 측면에서 생각해보면 메시지를 이용하여 화자의 전략성에 의해 이해의 전경과 배경을 조작 가능하다고 볼 수도 있을 것이다.

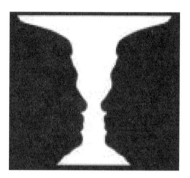

[그림 4] 모호한 도형(Boring, 1930)　　　　　[그림 3] 루빈의 잔

　위의 [그림 3]과 [그림 4]는 게슈탈트 이론을 이해하는 데 있어 유명한 두 그림이다. 이는 형태를 지각하는 데 있어서 실제 인식자의 관념이 이에 작용한다는 것이다. 이러한 전경과 배경의 특징 중에 중요한 사실은 전경과 배경적 요인으로 작용하는 두 요소에 대한 인식이 모두 있다고 하더라도 이 둘을 동시에 볼 수 없다는 점이다. 예를 들어 [그림 3]에서 컵과 사람, [그림 4]에서 할머니와 부인, 모두를 알고 있더라도 한 번에 한 사물씩만 보게 된다는 것이다.

　그리고 리퍼(Leeper, 1935)에서 또 다른 특징으로 보링(Boring, 1930)에서 제시한 모호한 도형의 시어머니- 부인 그림을 가지고 피험자는 첫 번째 그

---

7) 김정규(1995) p.15.
8) 이러한 성격은 복의가 가지는 하나의 프레임에 두 가지 의미, 그리고 순차적인 의미 선택
　이라는 특징을 설명할 수 있다.

가 보았던 그림만을 재인할 수 있다고 밝혔다. 즉, 처음에 '부인'을 본 사람은 여러 번 보여 주어도 부인만 보고, '시어머니'를 본 사람은 계속해서 '시어머니' 그림만을 본다는 것이다.[9]

이러한 게슈탈트적인 특징은 발화 가운데 의미를 선택하는 데 있어서도 마찬가지이다. 복의의 문장으로 발화된 경우 하나의 의미가 버려진 것이 아니라 하나의 의미를 선택하더라도 나머지 의미가 같은 프레임 안에 상존하면서 전체 의미에 영향을 미치게 된다는 것이다.

예문 (8)이나 예문 (9)처럼 칭찬과 비난이 같이 존재할 때 이 의미 가운데 하나의 의미인 칭찬을 선택했다 하더라도 비난에 대한 생각이 남아있기 때문에 완전한 칭찬으로 받아들이기 어렵게 되는 것과 같다.

그리고 이렇게 두 가지 의미가 같이 전달되는 복의의 경우에 있어 선택의 경향성이 존재할 것이다. 동일인의 칭찬과 비난의 복의 상황에서 항상 칭찬의 의미를 먼저 선택하거나 하는 경우[10]에 있어서는 이러한 선택적 양상이 청자에게는 강화 효과로 작용하게 되고 이것이 되풀이되다 보면 동일 화자의 칭찬 패턴으로 인식하게 되기도 하는 것이다.

만약 관계정보나 기타 맥락 정보가 두 의미 가운데 선택에 경중을 둘 수 없는 경우가 발생하게 된다면 그 가운데 선택을 위한 경중을 두기 위해 다음 예문 15)와 같은 반응을 하려 할 것이다.

> (15) 딸1 : 엄마 저 내일 친구들이랑 놀러 가도 돼요?
> 엄마 : 공부할 시간이다.
> 딸 2 : 엄마 그러지 말고 내일 갔다 와서 열심히 공부할게요.
> 딸 2-1 : 오늘 공부 열심히 하면 내일 놀러가도 돼요?
> 딸 2-2 : 알았어요. 공부하면 되잖아요. 엄마는 만날 공부만 하래.

---

9) 김경희(2000) pp.98~99.
10) 이러한 선택을 하는 데 있어서는 화자에 대한 관계적 신뢰성이 전제되어야 한다. 이러한 관계 정보는 두 의미 가운데 칭찬 정보를 먼저 선택하게 하는 데 중요 요인이 된다.

예문 (15)에서 딸이 질문한 것에 대하여 엄마는 관련성의 격률을 어긴 대답을 하고 있다. 그러나 이 문장은 "공부하라"는 뜻과 "안 돼"라는 두 의미를 한 번에 전달하는 복의문이다. 이 의미를 이해하는 데 있어서 두 의미에 대한 이해 비중에 따라 반응이 다르게 나타나는 것을 확인할 수 있다. 먼저 딸2의 발화는 '거절'의 의미를 더 비중을 두고 이해한 경우이다. 그리고 공부는 단지 엄마의 부차적인 효과용이라고 생각하는 것이다. 이에 엄마의 거절에 대하여 재승인을 위한 협상 조건으로 현재 표면 발화인 '공부'라는 화제를 활용하여, 허락할 경우 더욱 공부를 열심히 하겠다는 제안을 하고 있다. 이는 엄마의 복의적인 발화에서 함축적인 의미에 더 큰 비중을 두고 이해하였으나 표면적인 의미가 엄마가 중요시하는 요소임을 또한 이해하고 이를 활용하여 협상의 화제로 활용한 예이다. 그러나 딸 2-1의 경우는 "공부"와 "거절"의 무게감을 동일하게 두고 있기 때문에 하나를 전제적 현상으로 놓아도 되는가에 대한 확인을 위한 질문을 하고 있다. 그런데 딸 2-2의 반응은 엄마의 두 의미를 모두 받아 들였으나 이에 대한 순차성을 두고 "거절"의 의미를 수용한 후 표현의미의 "공부"에 대한 요구 화행을 실행하겠다는 것을 주요 주제로 선택하여 발화하고 있다. 하지만 2.1에서 설명하였듯이 딸은 분명 짜증을 부리며 대답하고 있을 것이고, 이 짜증의 원인은 '거절'에 대한 반응을 본인의 해석적 프레임에서 배경으로 두었기 때문이다.

이처럼 의사소통 과정에서 청자의 반응을 위한 이해 역시 인식의 과정처럼 두 의미를 한 번에 처리하지 않는다. 복의 발화 의미를 경중이나 순차성을 두고 처리하는 것이다. 즉 게슈탈트 지각처럼 한 번에 전달된 메시지이지만 이를 처리하는 데 있어서는 이해자인 청자가 반응에 있어 선택적으로 순서를 결정할 수 있다. 그 뿐만 아니라 청자인 딸이 실제 의미를 선택하는 방식은 기존의 엄마와의 관계에서, 엄마가 우회적인 거절을 즐긴다는 정보가 있다면 엄마의 위와 같은 발화를 '거절'로 인식하고 행동할 것이다. 만약 이러한 선택이 엄마로부터 수정받지 않는다면 지속적으로 우회적인 거절 발화 양상은 청자인 딸에게 강화되어 엄마의 우회적 발화는 엄마의 의도와

는 관계없이(거절을 우선 의미로 의도했건 아니 건 간에) 딸은 항상 '거절'
의 의미부터 해석하게 될 것이다.

이처럼 복의는 인간의 인식 양상과도 밀접한 관련성을 지니고 있기 때문
에 한 번에 여러 의미가 전달될 지라도 효과적으로 수용되는 양상을 지니는
것이라 하겠다.

4. 복의에 의한 언어의 특수 현상

여기서는 청자가 복의로 해석을 함으로 인해서 나타나는 언어적인 현상
들의 예를 살펴보고자 한다. 기존의 논의에서 특수한 언어적인 현상으로만
다루고 있는 현상들이 결국 언어의 복의적인 현상으로 인하여 발생한 것임
을 확인할 수 있다. 그저 이중발화나 이중구속이라는 특수한 언어 현상으로
설명하지만 이러한 현상이 나타나게 하는 언어적인 특징은 복의라는 점을
밝혀보고자 한다. 여기서는 이중발화와 이중 구속이라는 두 현상을 통해 복
의가 의사소통 상황에서 어떠한 형태로 나타나는지를 살펴보고자 한다.

4.1. 이중발화(Double-speak)

Lutz(1990)에 의하면 이중발화는 우연적인 말실수가 아니라 신중하고 계
산된 언어의 악의적인 사용이라고 말하고 있고, 이찬규·이유미(2011 : 221)
에서는 언어가 사람의 심리 상태에 미치는 충격을 줄이기 위하여 말을 둘러
대거나 모순된 표현을 사용하는 수법이라고 정의하고 있다. 이러한 이중발
화의 양상은 사실상 복의의 형태로 많이 나타난다.

(16) 일자리 나누기

(17) 안락사/존엄사

예문 (16)에서 일자리 나누기는 본 의미가 인력 감축 또는 연봉 삭감 등의 의미를 가지고 있다. 불황이 장기화 되면서 일자리가 부족함에 따라 기존의 일자리를 갖고 있는 사람들의 연봉을 삭감하거나 동결함으로써 새로운 일자리를 나누는 것을 의미한다. "일자리를 나눈다"라는 것은 긍정적인 의미로 일자리를 창출한다는 의미를 외연적으로 나타낸다. 그러나 그 내부적인 의미는 인력 감축 또는 연봉 삭감의 의미를 같이 가지고 있다. 이것은 결국 두 의미 모두가 유의미한 의미이며 화자의 입장에서는 이 두 의미를 같이 가지고 전달을 시도했다는 측면에서 복의적인 시도이다.

예문 (17)의 안락사나 존엄사의 경우도 환자의 편안한 죽음과 죽음에 대한 권리를 지킨다는 외연적인 의미와 그 내부에는 타인에 의한 죽음 방조 또는 도움이라는 살인적인 의미를 지니고 있다. 이것은 사실상 관점에 대한 다른 차원이기는 하나, 후자의 방법론에 대한 부분을 이해하고 화자가 발화한다는 점에서는 복의적인 발화라 할 수 있다.

이러한 이중발화는 실제 화자적인 측면에서 복의적 현상이라 할 수 있다. 그런데 이러한 복의적인 의도를 지닌 발화가 가지는 전략적인 양상은 위에서 논의했듯이 자신이 숨기고자 했던 부정적인 의도를 청자가 이해하더라도 긍정적인 의미의 영향성으로 인하여서 다소는 부정적인 이미지가 상쇄된다는 점이다. 물론 이 이중발화는 두 개의 의미 가운데 표면적인 의미를 청자가 받아들여줄 것을 의도한 발화이다. 그렇지만 본 의도를 들킨다하더라도 표면적 의미의 긍정성으로 인하여서 본 의미의 부정성이 다소는 감춰질 수 있는 것이다. 이러한 점에서 복의가 청자 해석에 있어서 단의적인 해석을 유도하는 다른 언어적 현상과 다른 특징을 갖는다. 청자가 복의로 해석하여서 부정적인 결과를 얻더라도 표현에 있어서의 긍정성을 배경으로 간직한 채 해석을 처리하기 때문에, 완전히 부정적 의미만을 남기지 않는 특성을 고려하여 화자는 복의적인 발화 양상을 선택하게 되는 것이다.

위의 예에서 사용한 "일자리 나누기"가 "인력 감축이나 감봉"보다는 본 의미를 알더라도 더 완화된 해석이 가능하다. 왜냐하면 이 표현은 일자리를 나누는 사람이 단순히 "감봉"의 대상이기보다는 다른 사람에게 좋은 일을 하기 위하여 자신을 희생하는 것이라는 뜻으로 해석이 가능하기 때문이다. 뒤의 예인 "안락사나 존엄사" 역시 직접적인 "살인 방조/살인"보다는, 이유 있는 행위로 이해되도록 돕는다.

이처럼 복의의 발화는 단의나 중의의 발화와는 달리 두 의미가 명료하게 다 의미를 갖기 때문에 하나의 의미로 선택되어 반응된다 할지라도 또는 하나의 의미에 더 비중이 주어진다 할지라도 나머지 하나의 의미가 선택된 의미에 영향력을 미치게 된다.

4.2. 이중구속(Double-bind)

이중구속(Double-bind) 이론은 1950년대 미국의 캘리포니아의 팔로알토(Palo Alto)그룹의 연구자들에 의해 주장된 이론으로 Bateson(1969)에서 자세히 논의하고 있다.[11] 이중구속 이론에 대해서 김성천 역(1987 : 33-34)에서는 역설적 의사소통의 대표적 유형으로 한 사람이 다른 사람에게 논리적으로 상호 모순되고 일치하지 않는 두 가지 메시지를 동시에 전달하는 것을 의미한다고 정리하고 있다.[12]

이러한 이중구속 이론은 실제 선택적인 딜레마이다. 상황과 발화 간의 딜레마인 것이다. 이것이 딜레마가 되는 이유는 결국 두 의미가 명료하게 살아있기 때문이다. 이런 측면에서 복의가 된다. 두 의미가 선택을 유도하기

---

11) Gregory Bateson 著 박대식 譯(2006) pp.426-437 참고
12) 김연옥 외(2000) p.169 재인용.

에 불가한 상충되는 의미라는 점에서 청자를 딜레마에 빠지게 하고 이중으로 구속하는 형태가 되는 것이다. 이를 가능하게 하는 언어적인 양상은 복의적 양상이기에 가능한 것이라 하겠다.13)

이러한 현상은 사실상 위에서 설명한 게슈탈트 상황과도 연관된다. 실제 상황과 발화 내용 사이에서 상충하는 내용에 대하여 어떤 것을 전경으로 두어야 하는가에 대한 결정의 부재가 실제 자신을 옭아매게 되는 것이다.

예를 들어보면 엄마의 말에는 늘 반대로 하는 청개구리의 경우 엄마가 마지막에 바다에다 묻으라는 유언은 실제 청개구리를 이중구속하는 결과를 낳았을 것이다. 엄마의 말대로 바다에 묻으면 엄마의 묘가 쓸려갈 것이라는 의미와 그리고 엄마의 말을 반대로 한다면 유언을 어긴 불효가 될 것이라는 이중 구속 상황은 실제 어느 것도 전경으로 확실히 선택해서 내놓기 어려운 문제를 가지게 한 것이라 할 수 있다. 엄마의 유언인 "바다에 묻어줘"는 청개구리에게 있어 지금까지의 과거 경험적 상황맥락이 주는 "바다에 묻지마"라는 의미와, 유언이라는 현재의 상황맥락에서 오는 "바다에 묻어"라는 두 의미가 동등한 의미로 살아 있음으로 인하여서 선택의 어려움을 갖게 하고 이로 인하여 갈등하게 되는 것이다.

이러한 상황은 위에서 설명했듯이 이중구속 상황이며 언어적 원인으로 본다면 복의적인 상황으로 인한 선택의 어려움에서 나타나는 것이라 할 수 있다. 그러나 동화에서 보듯이 이러한 복의 상황은 정상적인 상태라면 반드시 하나를 전경으로 두어 의미를 선택하고 이에 따라 행해야만 한다. 그 선택이 화자의 의도나 사회적인 도덕에 옳은가 그른가 중요한 것이 아니라 언어적 환경 내에서 선택을 해야 한다는 점이다. 만약 이 상황에서 아무 선택도 하지 못한다면 이 발화는 모호한 상태로 빠지게 되는 것이다.

---

13) 언어의 퍼지적인 선택 상황으로 설명한다면 실제 의미값이 높은 가능한 의미 두 개가 한 번에 활성화되는 경우이다. 이 경우 일반적으로 보통의 사람들은 순차를 두거나 하여 하나를 배경으로 보내고 하나를 전경화하여 하나에만 반응하게 된다. 그런데 동일인이 이러한 상황을 지속적으로 행하면, 그러한 상황에 놓인 청자는 정신 분열적 증세를 보여 전경과 배경의 선택적 관계를 만들지 못하게 된다고 한다.

또한 동화에서 보는 것은 청개구리가 하나의 의미를 선택하여 엄마를 바나에 묻는다. 이것은 단의로 처리된 것이 아니다. 이 역시 복의로 처리되었기에 항상 '산에 묻어 안전성을 지켰어야 하는 것은 아닌가?'라는 측면이 배경으로 살아 있기 때문에 청개구리는 비가 오는 날마다 울 수밖에 없는 것이다. 만약 이것을 완전하게 프레임을 분리하여 '유언은 당연히 지켜져야 하는 것'이라고 결론했다면 바다에 묻고 죄책감에 시달리지는 않았을 것이다.

결국 이중구속 이론이 설명하는 것이 맥락과 표현 사이의 동일한 무게감으로 인하여 하나를 전경으로 내세우지 못한, 그래서 전경과 배경의 경계를 정학하게 만들지 못한 병리적 설명을 이야기 하고 있는 것인데, 이 상황을 유발하는 것은 결국 복의적인 상황이라는 것이다. 그리고 이 상황이 병리적인 상태로 남지 않고 해소되더라도 이는 전경과 배경의 명확한 분리일 뿐하나의 프레임 안에 두 의미가 살아 있기 때문에 결국 복의적인 해석 처리가 되는 것이다.

5. 결론

이상을 통하여 복의의 범주 설정을 위한 이론적 타당성을 검토해 보았다. 복의는 실제 중의의 한 현상으로 이해되거나 전략적인 발화의 하나로만 인식되는 정도에서 논의되어 왔다. 그러나 복의가 가지고 있는 명료한 두 의미의 활성화는 실제로 언어 의사소통 상황에서는 다양하게 나타나는 현상이다. 무엇보다 이러한 복의라는 언어 유형에 대한 설정이 필요한 이유는 이것이 언어를 전략적으로 이해하는 데 있어서 매우 중요한 현상이기 때문이다.

복의가 가지고 있는 의미의 성질은 기존의 의사소통이 화,청자 간에 이해되는 하나의 의미를 통하여 가능하다는 것을 넘어서는 것이며, 이러한 두 가지의 가능성은 실제 청자가 화자의 의도를 이해만 하는 수동적인 존재가 아닌 적극적인 이해자로서의 기능을 한다는 점을 명확하게 할 수 있는 장점이 있다.

그뿐만 아니라 이러한 선택성에 대한 개념을 이해함으로써 화자가 청자를 향한 유목적적인 발화에서 전략을 수립하는 데 있어서도 청자가 수동적 존재가 아닌 적극적 해석과 선택에 따른 반응을 가능하게 한다는 점을 고려함으로써 좀 더 명료한 전략을 수립할 수 있다는 특징이 있다. 이는 기존의 전략적인 발화의 원인을 이해하는 데 있어서도 유용하다.

본고에서 살펴본 것처럼 이러한 복의의 언어적인 특징은 기존의 심리학이나 의사소통학에서 논의해 오던 많은 이론과도 맞닿아 있어 그 타당성을 이해할 수 있다. 단지 이 논문에서 아쉬운 점은 복의가 가지고 있는 선택성의 문제에 있어 인간의 의사결정력이 몇 가지의 선택지에 대해서까지 선택을 포기하지 않는가에 대한 부분이다. 이에 대한 더 많은 연구를 통해 복의에 대한 전략적 의사소통의 지도를 좀 더 구체화하는 작업이 필요하리라 생각한다.

참고문헌

김경희. 2000. 「게슈탈트 심리학」, 학지사.

김정규. 1995. 「게슈탈트 심리치료」, 학지사.

김효선. 2011. "중의성을 이용한 전략적 언어 사용 연구", 한양대학교 석사학위논문.

김연옥 외. 2000. 「가족치료총론이화여대 사회복지학과 편」, 동인.

반신환. 1999. ""이중구속"이론의 새로운 이해", 「대학상담연구」 10-1, 한국대학상담
      학회지, pp.89-103.

이유미. 2002. "談話에 나타나는 重義의 類型과 特徵", 「한국어 의미학」 10, 한국어의
      미학회, pp.143-167.

이유미. 2004. "의사소통 구조의 화용적 연구", 「한국어 의미학」 11, 한국어의미학회,
      pp.121-141.

이유미. 2005. "국어 담화상의 중의현상 연구", 중앙대학교 박사학위논문.

이유미. 2008. "시스템 이론을 통한 중의의 범주 설정", 「담화와 인지」 15-2, pp.121
      -142.

이유미. 2009. "프레임을 이용한 의사소통 과정 연구", 「어문연구」 37-2, pp.83-106.

이유미. 2011. "프레임을 활용한 교차토론 방법 연구", 「화법연구」 19, 한국화법학회,
      pp.173-196.

이찬규. 1999. "의사소통에 영향을 미치는 인지 작용", 「한국어 의미학」 4, 한국어의
      미학회, pp.99-130.

이찬규. 2005. "의사소통에서 나타나는 함축표현의 효과", 「어문연구」 128, 한국어문
      교육연구회, pp.33-55.

이찬규. 2006. "이중발화 범주와 속성", 「국어학논총」, 동인.

이찬규·이유미. 2011. "한·미 이중발화 인식 양상 비교 연구", 「한국어 의미학」 35,
      한국어의미학회, pp.215-243.

이찬규·황희선. 2011. "한국어 이중발화 인식 양상 연구", 「어문론집」 48, 중앙어문
      학회, pp.171-193.

전태현. 2002. "대중매체 담화 속의 더블스피크", 「언어와 언어학」 29, 한국 외국어
      대학교 언어연구소, pp.227-259.

정동규. 2007. "의도적 중의성 연구-독일의 광고 언어를 중심으로", 「인문언어」 9,
      국제 언어 인문학회, pp.253-278.

한성일. 2007. "광고 텍스트의 중의성 연구", 「한말연구」 20, pp.267-292.

한성일. 2008. "언어 전략으로서의 중의성 연구", 「한국어 의미학」 27, 한국어의미학회, pp.341-364.

Berko 외. 1998. *Communication*, Houghton Miffin Company, 이찬규 譯. 2003. 「언어 커뮤니케이션」, 한국문화사.

Gregory Bateson. 1972. *Steps to an ecology of mind*, New York : Ballantine Books, 박대식 譯. 2006. 「마음의 생태학」, 책세상.

Goerge Lakoff. 2004. *Don't Think of Elephant*, Chelsea Green Publishing Company, 유나영 譯. 2006. 「코끼리는 생각하지 마」, 삼인.

Goerge Lakoff. 2006. *Thinking Points*, Farrar Straus & Giroux. 나익주 譯. 2007. 「프레임 전쟁」, 창비.

Jeffrey Feldman. 2007. *Framing the Debate*, Brooklyn, N.Y. : Ig Pub. 강경태. 2008. 「토론 프레이밍」, 인간사랑.

Watzlawick, Paul. et al.. 1967. Pragmatics of Human Communication, NewYour, London : W.W Norton & Co Inc.

William Lutz. 1990. *Doublespeak*, New York : HarperCollins.

William Lutz. 1993. Corporate doublespeak : Making bad news look good, Business and Society Review 44.

William Lutz. 1996. *The New Doublespeak*, New York : HarperCollins.

ㅣ이 논문은 한국어의미학 39집(2012, 한국어의미학회)에 게재된 논문을 재수록한 것입니다.

관용 표현의 범위와 유형에 대한 재고

민 현 식

1. 머리말

본고는 관용 표현의 범위와 유형을 재분류하는 것을 목표로 한다. 그동안 관용 표현에 대해서는 용어, 범위, 분류에 대한 개념 정의가 다양하여 이렇다 할 정설이 없다. 원래 사전적으로 '慣用'이란 말은 '습관적으로 늘 씀' 정도의 뜻풀이를 하고 있다. '관용'의 뜻 안에 내포된 '습관'이란 말은 시간성에서도 반복성, 지속성을 내포하는 말이다. 따라서 '관용 표현'이란 '일정 시간 반복적, 지속적으로 언어공동체에서 통용되는 표현'이라 할 수 있다.

구체적으로 우리는 '관용'을 '통시적 관용'과 '공시적 관용'의 두 유형으로 나누어 통시적 사례가 공시적 사례와 일치됨을 보이고자 한다. 통시적 관용이란 유구한 시간 동안에 지속적으로 통용되는 것을 뜻하고, 공시적 관용이란 특정 시기 동안만의 제한적, 지속적 통용을 뜻한다. 유행어라는 것은 이 공시적 관용 표현에 속하므로 '유행어'란 '공시적 관용어'라 할 수 있다. 이에 따라 우리는 관용 표현을 크게 ①전래(=통시적) 관용 표현과 ②유행(=공시적) 관용 표현으로 나누도록 한다.

연구자들의 용어 사용은 혼란스러워 '관용구, 관용어, 관용어구, 관용 표현, 숙어, 익힘말, 익은말' 등이 통용되고 있다. 이처럼 혼란스러운 것은 관용 표현의 단위가 고사성어, 유행어와 같은 단어 차원에서부터 관용어구와 같은 單語나 句를 거쳐 속담, 표어와 같은 文章 단위에까지 넓게 가리키기 때문이다. 더 나아가 고전 설화(신화, 민담, 전설류)나 현대의 유행담(우스개 이야기, 풍자담, 괴기담 등)도 오랜 세월 또는 특정 시대에 관용적으로 회자되는 이야기 자료라는 점에서 관용 표현에 포함할 수 있다.

따라서 우리도 관용 표현의 단위를 ① 고사성어, ② 유행어처럼 단어 차원에서 ③ 관용어구(숙어)처럼 구 차원, ④ 수수께끼, ⑤ 속담, 표어처럼 문장 차원, ⑥ 설화(고전 설화, 현대 유행담)처럼 이야기(텍스트, 말글) 차원까지 포괄하는 것을 목표로 한다.

2. 관용 표현의 범위와 분류

과거에 졸고(2000 : 55-59)에서는 관용 표현의 포괄적 분류를 다음과 같이 제시한 바 있다.

(1) 고사성어
(2) 관용어구(=숙어) : ① 전통 관용어, ② 서구 관용어, ③ 욕설
(3) 수수께끼
(4) 인사말
(5) 속담 : ① 교훈담, ② 비유담, ③ 길흉담(금기담/ 권유담/ 징표담/ 해몽담)

그런데 위 분류에는 수정, 보충해야 할 것이 있다.

첫째, '인사말'은 너무 좁게만 설정되어서 이것을 확대하여 일상 의례에 쓰이는 표현들을 모두 포함하는 용어가 필요한데 이를 위해 '의례어'라는 표현을 쓰도록 한다. 이는 인사말, 감사 표현, 건배사, 사죄 표현, 덕담 등의 일상 의례에 쓰는 표현들도 관용 표현으로 전래되어 쓰이게 된 것이란 점에

서 '의례어'라는 개념을 설정할 필요가 있기 때문이다. 그리고 이들 의례어
는 욕설과 대비되는 것으로 재조정할 수 있으며, 인간관계에 긍정, 부정 가
치를 유발하므로 '인간관계 표현'이라 묶어 '긍정 관계어, 부정 관계어'로
설정하도록 한다.

둘째, '표어'와 '구호' 표현들도 일정한 시기에 공공적, 계몽적, 의도적으
로 유행시키려는 언어 표현으로 보고 공시적 관용 표현에 포함할 필요가 있
다. 격언이나 속담을 통시적, 역사적 관용 표현이라 한다면 표어나 구호는
현대 사회 속에서 공공적, 계몽적 동기에 따라 시대의 필요에 따라 계몽, 유
행시키고자 생성되는 것으로 전래 속담의 교훈담, 권유담에 상응하는 가치
와 표현 효과를 유발한다고 보기 때문이다.

셋째, 전술한 대로 '유행어'도 관용 표현으로 설정할 필요가 있다. 유행어
라는 것이 통상 입말 속에서 생성, 통용된다는 점에서 이러한 유행어의 속
성은 관용 표현들이 입말 속에 생성, 통용되는 면과 비슷하기 때문이다. 물
론 관용이란 말 속에는 관용이 인정될 일정한 시간 길이가 요구되므로 유행
어들을 관용 표현으로 포함하는 데는 반대 의견이 있을 수 있다. 유행어란
관용화라는 정착 단계 이전의 표현들이라고 보아야 한다고 주장할 수도 있
기 때문이다. 이런 논리에서는 유행어가 정착되어야 비로소 관용어가 된다
는 논리이다.

그러나 유행어라는 것이 통용되는 기준 시간은 분명히 단정할 수 없는
것이라 1, 2년 또는 3-5년 정도 통용되다 사라지는 것도 있고 한 세대인 30
여년 통용되다 사라지는 것도 있어 유행어의 판정 시기를 정하기가 쉽지 않
다. 가령, 레슬링 경기에서 나온 '빠떼루 주어야 합니다'라는 표현은 '벌 또
는 벌점을 주어야 한다, 경고해야 한다' 정도로 쓰인 것으로 몇 년 전 어느
국제경기대회 때 해설자가 한 말에서 유행한 것인데 몇 년 쓰이다 요즘은
약화되었다. '모던 보이, 모던 걸'은 일제 때 나온 이종극(1937)의 '모던 외
래어 사전'에 나오는 일제 시대의 유행 외래어로 오늘날은 '플레이보이, 플
레이걸'로 대치되어 쓰인다. 이처럼 한 시대에 쓰이다 사라지는 유행 표현

들이라도 그 시대에는 당대의 언중에게 일시적으로 관용 표현들로 통용되는 제한적 관용성의 특성이 있었던 사실은 부정할 수 없으므로 '공시적 관용 표현'으로 설정할 필요가 있다.

이처럼 상당수 유행어들은 일시적 유행어로 끝날 가능성이 큰 것이지만 아무리 짧게 유행되더라도 그것은 '일시적, 제한적 관용'이라는 방식을 취하기 때문에 유행어를 관용 표현으로 보는 데는 어려움이 없다. 따라서 우리는 '유행어'라는 용어는 단어 차원만 포함하므로 단어, 구 차원의 유행어를 '유행어구'라고 부르도록 한다.

그런데, 유행 언어 표현에는 '유행 어구' 외에 '유행 속담'이 있으며, 유행 속담에는 전술한 대로 교훈담, 권유담과 유사한 기능의 표어나 구호도 따로 설정해야 한다. 전래 속담을 변형한 것들은 '형광등 위가 어둡다, 아는 길도 물어 가면 시간 낭비다'처럼 대부분 언어 유희적 성격이 강하므로 '유희 속담'이라고 부를 수도 있다. 또한 '이 사람 믿어 주세요, 저도 알고 보면 부드러운 남자입니다…'처럼 유행 어법도 일시적으로 통용된다는 점에서 문장 차원의 유행 어법도 유행 속담에 포함해야 한다.

더 나아가 유행 언어 표현에는 현대 대중 설화 차원으로 볼 수 있는 '덩다리 시리즈, 만득이 시리즈, 참새 시리즈…' 등과 같은 말글(담화, 이야기, 텍스트) 단위 차원의 각종 '유행 담화'(우스개 이야기, 괴기담, 음담패설, 풍자담 등)도 있으므로 이들을 모두 포함하여 '유행어'가 아닌 '유행 언어 표현'이라 하도록 한다.

특히 유행 언어라고 하는 것이 기존 관용 표현들을 변형(패러디)해서 만드는 것들도 상당수 있다는 점에서 통시적으로 구비전승된 관용 표현들을 '전래 관용 표현'이라고 본다면 당대의 유행 언어 표현들은 공시적 관용 표현이므로 '유행 관용 표현'이라고 볼 수 있다. 가령, 오늘날 '동고동락'을 변형한 '동거동락'을 만들거나, '등잔 밑이 어둡다'를 '형광등 위가 어둡다'로 변형하든지, 주식 투자 격언 20개를 만들어 낸다든지, 만득이 이야기 시리즈를 만들든지 하여 유행 관용 표현은 고사성어에서 속담, 유행담에 이르기까지 갈래가 다양하다.

넷째, 전술한 대로 전래 고전 설화나 현대의 유행담들도 이야기 차원의 관용 표현으로 볼 필요가 있다. 무엇보다도 이들이 설화 차원에서 유사한 구조를 가지면서 생성되는 점이 공통적이다. 단지, 고전 설화는 오랜 세월을 구비 전승, 회자되어 통시적 관용화에 성공하였고, 현대 유행담은 아직 정착, 회자되기를 기다리는 점이 다르다고 하겠다.

그 밖에 용어도 '전통 관용어구'를 '전래 관용 표현'으로 고치고, '서구 관용어'라 한 것도 서구뿐만 아니라 중국, 일본에서 전래될 수도 있으므로 '외래 관용 표현'으로 수정한다. 이상에 따라 표어와 유행어를 포함하여 새로 조정한 틀을 제시하면 다음과 같다.

관용 표현의 범위와 유형

I. 전래 관용 표현(=통시적 관용 표현)
  (1) 고사성어
  (2) 관용어구(=숙어)
      ① 전래 관용어구
      ② 외래 관용어구
  (3) 인간관계 표현
      ① 긍정 관계어 : 의례어(인사말, 감사 표현, 사죄 표현, 건배사, 덕담 등)
      ② 부정 관계어 : 욕설
  (4) 속담
      ① 교훈담
      ② 비유담
      ③ 길흉담(예언담, 속신담)
          ㄱ. 금기담
          ㄴ. 권유담
          ㄷ. 징표담
          ㄹ. 해몽담

(5) 수수께끼

(6) 전래 설화(=전래담) : 신화, 전설, 민담

Ⅱ. 유행 관용 표현(=공시적 관용 표현)

(1) 유행성어 : 고사성어를 신조, 변형한 것.

(2) 유행어구 : 관용어구를 신조, 변형한 것.

① 자생 유행어구 : 국내에서 자생적으로 생성된 유행어구.

② 외래 유행어구 : 외래 표현에서 차용된 유행어구.

(3) 유행 인간관계 표현

① 긍정 관계어 : 유행 의례어.

② 부정 관계어 : 유행 욕설.

(4) 유행 속담

① 유행 교훈담 : 신조, 변형한 교훈담.

② 유행 비유담 : 신조, 변형한 비유담.

③ 유행 길흉담 : 신조, 변형한 길흉담.

④ 유행어법 : 유행어구보다 큰 단위인 문장 단위의 유행어법

⑤ 표어와 구호

(5) 유행 수수께끼 : 수수께끼를 신조하거나, 전래 수수께끼를 변형한 것.

(6) 유행담 : 신조, 변형한 우스갯소리, 괴기담, 풍자담, 음담패설 등.

이제 이상과 같은 분류의 틀에서 이들 관용 표현의 특성을 살펴본다.

3. 전래 관용 표현

3.1. 고사성어

고사성어는 故事나 古典에서 유래하는 한자성어로 대부분 출전 근거가 드러나는 점이 중요한 조건이다. 가령, '千里眼'이란 말은 중국의 '魏書' 楊逸傳

에 나오는 고사로 楊逸이란 젊은 지방관이 지성으로 백성을 섬기며 선정을 베풀어 관리들이 몰래 뇌물을 받고 부정을 저지르려고 해도 "우리 양 장관은 천리를 내다보는 눈이 있어 좀처럼 속일 수 없다"라고 한데서 유래한 것이다. 이런 고사성어는 허다하여 '殺身成仁, 戰戰兢兢, 道聽塗說, 異端, 啓發'은 '논어', '五十步百步, 緣木求魚, 先覺者'는 '맹자', '大器晩成, 嚆矢'는 '노자', '一日三秋'는 '시경', '臥薪嘗膽, 刎頸之交, 蛇足'은 '사기', '千里眼'은 '魏書', '出師表'는 '삼국지, '古稀, 白髮三千丈'은 두보와 이태백의 시에서 각각 유래한다.

한국에서 발생한 고사성어 역시 '삼국유사, 삼국사기' 등의 역사서, '춘향전, 구운몽'과 같은 고소설, 홍만종의 '旬五志', 정약용의 '耳談續纂'과 같은 속담집 등에서 유래한다. 우리 고유의 고사성어로는 '烏飛梨落, 賊反荷杖, 草綠同色, 咸興差使, 弘益人間, 三日天下, 高麗公事三日' 같은 것이 있으며, 우리가 속담처럼 쓰는 '고래 싸움에 새우 등 터진다'와 같은 말도 '鯨戰蝦死'라는 漢字成語에서 나온 말이다.

고사성어는 4자로 된 고사성어가 대부분이지만 우리나라의 속담을 한자로 풀이한 정약용의 '耳談續纂'에서는 8자로 풀이하여 가령, '참새가 방앗간을 그저 지날까'라는 속담을 '未有瓦雀虛過碓閣'이라고 8자로 풀어쓰기도 한다. 고사성어에는 '東家宿西家食, 百聞不如一見'과 같은 6자어, '瓜田不納履, 五十步百步, 白髮三千丈'과 같은 5자어도 있으며, '紅一點, 出師表, 千里眼, 登龍門, 未亡人'과 같은 3자어나 '不遇, 白書, 杞憂, 完璧, 鷄肋'과 같은 2자어로 된 것도 있다.

서양의 고사성어 역시 한자로 번역되어 쓰이기도 하는데 '帝王切開, 百日天下' 등의 한자어로 번역된 성어들을 들 수 있다.

3.2. 관용어구

관용어구는 숙어라고도 하는 것으로 숙어는 체언어구, 용언어구, 부사어
구로 나눌 수 있다. 체언어구는 '책상물림, 바지저고리, 중의 빗, 그림의 떡,
물 찬 제비, 독 안에 든 쥐, 하늘의 별 따기' 같은 것인데 '책상물림, 바지저
고리'처럼 합성어로 올라 있거나 '중의 빗, 그림의 떡...'처럼 속담 표현으로
보기도 하는 것이 있다.

용언어구들은 국어에서 가장 생산적으로 나타나는 것들이다. '애 쓰다,
기가 막히다, 시집가다, 장가가다, 눈 밖에 나다, 황천 가다' 등과 같이 관용
적으로 쓰이는 표현들이 이에 해당하거니와 통사구조는 매우 다양한데 NV
유형이 대부분이다.

① N이/가 V : 기가 막히다, 물이 오르다, 손이 곱다, 손이 모자라다, 손이
　거칠다...
② N을/를 V : 애(를)쓰다, 시집(을)가다, 장가(를)가다, 국수(를)먹다, 책을
　뒤적이다...
③ N에 V : 눈 밖에 나다, 황천(에/으로)가다, 손에 붙다, 손에 넣다, 왜놈
　손에 놀아나다...
④ N에 N이 V : 눈에 불이 나다, 눈에서 번개가 번쩍 나다, 눈에 흙이 들
　어가다...
⑤ N에 N을 V : 손에 반지를 끼다, 손에 땀을 쥐다, 손에 손을 잡다, 눈에
　불을 켜고...

그 밖에 '더욱 더, 보다 더, 결코...일 수 없다'와 같은 부사 관용구들이
있다.

관용 표현 중에서 가장 정의 내리기 어려운 것이 관용어구이다. 문금현
(2002)에서는 (ㄱ)관용구, (ㄴ)상용구, (ㄷ)연어, (ㄹ)일반구의 네 종류를 구별
한다. '미역국을 먹다'가 "불합격하다"의 의미를 가지는 것은 구성 요소의

축자적 의미로는 해명이 안 되는 것이라 (ㄱ)관용구이고, '미역국 먹다'가
축자적으로 "미역국을 먹다"이면 '밥 먹다, 물 먹다...'처럼 (ㄹ)일반구가 된
다. 따라서 네 분류 중에 관용구와 일반구는 구성 요소의 축자적 의미 해석
여부, 상호 선택 제약(대치 제약) 유무에 따라 구별이 가능하다.

　문금현이 설정한 (ㄴ)상용구는 구성 요소의 한 쪽만 추상화한 경우로 부
분 관용구라 할 만하다. (ㄷ)연어와 (ㄹ)일반구는 축자적으로 해석되는 점이
같은데, 연어는 단지 구성 요소간 상호 제약이 있으나 일반구는 자유롭게
교체할 수 있어 제약이 없음이 다르다.

　그런데 위 분류에서 관용구와 상용구의 구별은 불필요하다고 할 수 있다.
부분적이든, 전체적이든 관용화 요소가 들어 있기 때문에 이들을 합하여 관
용구로 넓게 묶는 것이 가능하기 때문이다. 교육적으로도 관용구를 가르치
면 상용구만 빼놓을 수도 없기에 합하는 것이 가능하다. 실제로 사전들은
관용구와 상용구를 구별하지 않으며 심지어 위의 관용구, 상용구, 연어까지
모두 관용구로 묶어 설정하는 경향이 있다. 이제 문금현(2002)에서 제시한
구분 원리와 도표, 용례를 존중하면서 이들의 관계를 재조정하여 도표화하
면 다음 도표 [표 1]과 같다.

[표 1]

	관용구		연어	일반구
	전체 관용구	부분 관용구 (상용구)		
특징	추상적 의미		축자적(문자적) 의미	
	전체 추상 (전체가 추상적 의미화)	부분 추상 (일부 요소만 추상적 의미화)	요소간 선택 제약 (요소간 상호 제약)	요소간 선택 무제약 (요소간 자유 교체)
의미의 구조	A+B=C	(1) Aa+B=AaB, (2) A+Bb=ABb	A+B=AB	A+B=AB
의미의 투명성 (유추 가능성)	불투명	반투명	투명(축자적)	투명(축자적)

		有	有無	無	無
비유성 여부		有	有無	無	無
분석 가능성		불가능	가능	가능	가능
구성요소 대치		제약	반제약	반세악	사유 대치
통사적 제약		强	弱	無	無
용례	체언–용언구	눈을 감다(2)(死) 눈을 뜨다(2)(啓) 미역국을 먹다(2)(落) 손이 크다(2)(裕) 국수 먹다(2)(婚) 비행기 태우다(讚) 바가지 긁다(虐) 시치미 떼다(僞) 욕을 보다(苦, 强姦) 갈림길에 서다(決) 등불을 밝히다(啓) 못을 박다(2)(心傷/定)	(1) 쑥대밭이 되다 기선을 잡다 탈이 나다 (2) 속이 없다 더위 먹다 마음을 놓다 손을 떼다	기대를 걸다 기지개 켜다 떼를 쓰다 먹 감다 배가 고프다 목이 마르다 감기 걸리다 몸부림을 치다 손뼉을 치다	눈을 감다(1) 눈을 뜨다(1) 미역국 먹다(1) 손이 크다(1) 밥 먹다 국수 먹다(1) 기차 타다 못을 박다(1) 옷을 입다 영화를 보다 갈림길에 서다(1) 등불을 밝히다(1)
	체언구	*	*	우연의 일치 막다른 골목 선풍적 인기	규격의 일치 좁은 골목 치솟는 인기
	부사구	*	*	결코 …일 수 없다 차마 …할 수 없는	더욱 많이 보다 더

관용구들 중에는 '미역국을 먹다, 갈림길에 서다, 등불 밝히다, 못을 박다'처럼 축자적으로 해석되어 일반구로 볼 수 있거나 추상적, 비유적으로 쓰여 관용구로 볼 수 있는 중의적 표현이 많다.

위에서 '추상적 의미'와 축자적(문자적) 의미라는 개념은 축자적 의미로 해석이 예측되는 언어(collocation) 관계와 구별하는 중요 기준인데 연어와 상용구 및 관용구와의 경계를 구분하는 일이 명쾌하지만은 않다. 다음 [표 2]와 같은 '눈'의 사례들도 (3)의 '눈이 맞다, 눈을 붙이다'의 경우 (2)의 연어로 내려올 가능성을 주장할 수 있고, (2)의 '눈에 익다' 같은 것을 (3)의 관용구로 보자는 주장도 나올 수 있기 때문이다. 이런 점 때문에 사전들에서는 위의 연어나 관용구나 모두 관용구로 설정하는 경향을 보이는 것이 사실이다.

[표 2]

(1) 일반구	(2) 連語	(3) 관용구
눈을 뜨다 눈을 감다	눈에 선하다 눈에 익다 (남의) 눈이 무섭다	눈을 감다(죽다) 눈을 뜨다(계몽되다) 눈에 밟히다(잊혀지지 않다) 눈이 맞다(서로 마음 들어하다) 눈을 붙이다(잠을 자다) 눈이 뒤집히다(흥분하다) 눈에 흙이 들어가다(죽다) 눈에 쌍심지를 켜다(화내다)

따라서 (2)와 (3)의 의미의 세계를 억지로 구별하기보다는 연어나 관용구나 같은 것으로 보는 방법도 가능하다. 이런 구별의 어려움을 해소하는 방안은 연어까지 넓은 의미의 관용구로 처리하여 관용구의 개념을 넓게 확대하는 방법이 가능하다.1) 우리는 일반어구와 구별되는 연어, 상용구, 관용구를 모두 묶어 관용어구라는 말로 넓게 쓰도록 한다. 관용어구는 다음과 같이 주제별 유형도 가능하다.

① 문화어구(관용구나 연어) : 송편 빚다, 제기 차다, 상을 당하다, 메주 쑤다, 향 피우다
② 문학적 어구(특수 시구) : '풀이 눕는다, 꿈을 씹는다, 광야의 소리...' 등 유명작품에서 유래하거나 문학적 수사법을 쓴 어구
③ 시사어구 : 언론에서 빈번히 사용하는 시사적 관용어구
　(ㄱ) 정치, 경제면 : 조치를 취하다, 대책을 마련하다, 수요가 늘다, 매듭을 짓다, 돈을 세탁하다..
　(ㄴ) 사회면 : 벌금을 물다, 인연을 맺다, 혼선을 빚다, 투쟁을 벌이다, 이맛살을 찌푸리다...
　(ㄷ) 연예면 : 돈 벌다, 정상에 오르다, 주목을 받다, 몸을 풀다, 연막을 치다, 금메달을 따다...

---

1) 최근에 김진해(2000), 이동혁(1998) 등에서 연어와 관용어의 차이를 구별하려는 시도들이 이루어지고 있으나 의미 구분에 한계를 보여 준다.

관용어구는 그 유래에 따라 다음과 같이 나눌 수 있다.

> (1) 선래 관용어구 : 우리나라에서 역사적으로 형성된 관용어구들이다. '바
> 지저고리, 책상물림, 뒤를 보다, 낯을 붉히다(싸우다), 한잔하다, 시치미
> 떼다, 파리 날리다, 눈에 흙이 들어가다' 등의 체언구와 용언구들이 해
> 당된다.
> (2) 외래 관용어구 : 대부분 서구에서 번역 차용된 것으로 '판도라의 상자,
> 뜨거운 감자, 황금알 낳는 거위, 악어의 눈물, 마이더스의 손, 소돔과
> 고모라, 코페르니쿠스적 전환, 베니스의 상인, 25시, 금단의 열매, 오이
> 디푸스 콤플렉스, 시지푸스의 바위' 등처럼 신화, 작품명 등에서 나온
> 서구 관용어구가 번역 차용되어 우리의 언어생활에서도 잘 쓰인다.

3.3. 인간관계 표현

관용 표현 중에는 인간관계에 영향을 끼치는 표현들이 있어 이들은 '인간
관계 표현'으로 부를 수 있는 것으로 인간관계를 긍정적으로 강화시켜 주는
것과 부정적으로 강화시켜 주는 것이 있다.

(1) 긍정 관계어 : 의례어

긍정 관계어는 인간관계를 강화시켜 주는 유익한 표현으로 달리 '의례어'
라 부를 수 있다. 인사말, 감사 표현, 사죄 표현, 건배사, 덕담 등이 이에 속
한다.

> ① 인사말 : 우리나라의 인사말은 아침, 점심, 저녁, 밤별로 구별되지 않은
> 것이 특징이며, 조석 문안 인사 정도로 대별된다. 즉 '안녕하세요, 안녕
> 히 주무셨습니까'와 '안녕히 주무세요'가 대별되며 '진지 드셨습니까,
> 별고 없으시지요, 많이 드세요, 맛있게 드세요... ' 등이 있다.

② 감사 표현 : 감사합니다. 고맙습니다. 덕분에 잘 되었습니다, 여러모로
　힘써 주셔서 감사합니다...

③ 사죄 용서 표현 : 죄송합니다, 미안합니다, 이를 어쩌지요, 무어라 드릴
　말씀이 없습니다, 죽을죄를 지었습니다...

④ 건배사 : 건배, 위하여, 얼씨구 좋다, 지화자...

⑤ 덕담 : 새해 복 많이 받으세요, 새해 만수무강하시고 평안하시기 바랍
　니다, 올해도 좋은 일만 많이 생기시기 바랍니다(이상 설날 인사와 덕
　담), 내 더위 사시오(정월 대보름 덕담), 입춘대길...

⑥ 편지 문안 : 안녕히 지내셨습니까, 그동안 평안하셨습니까, 氣體候 一向
　萬康하옵신지요, 옥체 보전하소서, 不肖 小子 올림, 불효자 올림...

(2) 부정 관계어 : 욕설

　부정 관계어는 인간관계를 해치는 표현들로 욕설, 저주, 조롱, 비아냥 표
현이라든가, 비유적 비하 표현 등이 해당된다.[2]

① 동물 비유, 별명적 욕설 : 개**, (불)여우, 곰, 건달. 호모 얌체, 졸장부,
　구두쇠, 뚱보, 병신, 바보, 멍청이, 꼰대, 공돌이, 촌놈, 시골뜨기, 양놈,
　되놈, 왜놈, 검둥이, 쪽발이, 싸가지(없는 *), 화냥*, 갈보..

② 성 표현의 욕설 : 성기를 지칭하는 욕설과 근친상간형 욕설이 있다. 특
　히 후자는 아들과 어미와의 근친상간이 너무 충격적이기에 그 말은 빼
　고 그저 '너의 어머니와…'의 뜻인 '니 에미…'만으로 통한다. 다른 언
　어에도 있으니 영어의 '...유어 마더!', '..투 마더!', 중국의 '첸니 데마!',
　'쯔아오니마!'가 그것이다.

③ 욕설 : *년, *놈, **끼, 뒈*라, 염*할, 젠장, 제길할, 지랄, 쳐죽일 *, 못된
　*, 못 배워먹은 *, 덜 떨어진 *, 망할*, 빌어먹을*, 쓸개 빠진 *, 엿 먹어
　라, *물에 튀길 * ...

④ 형벌 관련 욕설 : 육시할 놈, 오라질 놈, 오살할 놈, 주리틀 놈...

⑤ 조롱, 협박, 과격 표현 : 잘 한다 잘 해, 너 죽어, 두고 보자, 잘 났어 정
　말, 잘 빠졌다, 자폭해라, 처단하자, 물러가라...

---

2) 욕설에 대해서는 윤재천・이주행(1983-1984), 신기상(1992), 김열규(1998) 참고.

3.4. 속담

속담의 특성은 민중성, 향토성, 구비성, 시대성, 간결성, 가변성(창조성, 변용성), 교훈성 등을 특징으로 한다(이두현 외 1991, 최창렬·심재기·성광수 외 1986, 최래옥 1993 참고). 역사적으로 우리나라의 속담에 대한 근원 설화는 삼국유사의 '郁面 설화'에 보인다. 욱면이란 하녀가 주인의 미움을 받아 매양 곡식 두 섬을 찧도록 할당받았는데 초저녁에 다 찧고 와서 절에 와서 염불을 하며 밤낮으로 게을리 하지 않았다는 이야기인데 '己事之忙 大家之春促'(내일 바빠 한댁 방아를 서두른다)이라는 속담 원문이 여기에 나온다(삼국유사 권 5, 郁面婢念佛西昇). 이 속담은 그동안 잘못 전승되어 '내일 바빠 한데 방아'라 불러오면서 '한데'를 '野, 露'의 뜻으로 해석해 왔다. 그러나 삼국유사의 이 부분에 '大家'라고 나와 '한데'는 '큰댁'을 뜻하는 '한댁'이 '한데'로 와전된 것으로 드러났다. 이 속담은 오늘날 다음과 같이 사전에 올라 있다.

> [내 일 바빠 한댁 방아] (국립국어연구원, 표준국어대사전)
> ① 큰댁의 방아를 빌려서 자기 집의 쌀을 찧어야 하겠으나 할 수 없이 큰
> 댁의 방아 찧는 일을 먼저 거들어 주어야 한다는 뜻으로, 내 일을 하기
> 위하여 부득이 다른 사람의 일부터 해 줌을 비유적으로 이르는 말.
> ② 일이 바쁠 때는 모든 도구를 갖추지 못하고서도 서둘러 함을 이르는 말.

이처럼 수많은 속담의 유형을 분류하는 것은 연구자들에 따라 다양한데 기준에 따라 여러 유형으로 나눌 수 있다. 속담의 분류는 졸고(2000 : 55-59 참고)에 따라 이미 다음과 같이 분류한 바 있다.

> ① 교훈담 : '콩 심은 데 콩 나고 팥 심은 데 팥 난다, 낮말은 새가 듣고 밤
> 말은 쥐가 듣는다'와 같이 교훈적 성격을 띠는 속담이다. 교훈담 중에
> 는 '하늘은 스스로 돕는 자를 돕는다, 구르는 돌에는 이끼가 끼지 않는

다, 피는 물보다 진하다, 모든 길은 로마로 통한다'처럼 서구나 중국, 일본과 같은 외국에서 유래된 외래 교훈담도 있다. 서구의 교훈담은 해석상의 오해를 잘못하는 경우도 있다. 가령, '구르는 돌은 이끼가 끼지 않는다'라는 서양 속담을 우리는 '활발하게 활동하면 쇠퇴하지 않는다'는 의미로 이해하는 이가 있지만 영어에서 실제 의미는 '이사를 자주 하거나 직업을 자주 바꾸면 재산이 모이지 않는다'는 뜻으로 쓰인다.[3]

② 비유담 : 이는 교훈적 요소보다도 비유적, 풍자적 성격을 위주로 하는 속담이다. '수박 겉핥기, 중의 빗, 꿀 먹은 벙어리, 개 팔자, 청산유수다' 등이 그러하다. 전술한 서구 관용어구들인 '판도라의 상자, 뜨거운 감자, 황금알 낳는 거위, 악어의 눈물, 노아의 방주, ……, 코페르니쿠스적 전환, 카인의 후예, 소돔과 고모라' 등은 문장형 속담은 아니지만 체언형 어구로만 된 비유담으로도 볼 수 있다.

③ 길흉담(예언담, 속신담) : 금기, 권유, 징표, 해몽 관련 속담으로 주로 길흉을 예언하는 속담이다. 이들은 조상들의 오랜 경험적 사고를 바탕으로 이루어진 것으로 그것이 현대의 과학으로 타당한 것만 있는 것은 아니며 때로는 비과학적인 미신도 있다.

ㄱ. 금기담 : '밤에 손톱 깎지 말라, 쌀 먹으면 어미 죽는다'처럼 금기적 행동을 요구하는 속담이다. 따라서 금기를 어기면 좋지 않은 일이 생길 것이란 예언을 간접적으로 암시한다.

ㄴ. 권유담 : 이는 금기담의 반대 유형으로 '아이 많이 울려야 목청 좋아진다, 아침에 일찍 일어나면 부자된다'처럼 권유적 행동을 담은 속담이다.

ㄷ. 징표담 : '가마가 둘이면 두번 장가간다, 아침에 까치 울면 재수 있다'처럼 어떤 징표를 통해 예언을 담고 있는 속담류이다.

ㄹ. 해몽담 : '꿈에 흰옷 입으면 안 좋다. 꿈에 똥 만지면 운이 트인다.'처럼 꿈의 내용을 가지고 현실 세계에 대해 예언을 하여 행동을 근신, 권유케 하거나 좋은 예감을 고취케 하는 속담류이다.

---

3) 동서 속담의 비교에 대해서는 변재옥 편(1989), 김용철 편역(1997), 김성곤(조선일보 2002. 11.15, '동서양의 속담 문화') 참고.

3.5. 수수께끼

수수께끼(riddle, conundrum, puzzle, enigma)는 질문-응답 구조를 통해 지혜를 겨루는 전래담이다. 어떤 사물에 대하여 바로 말하지 않고 빗대어서 말하여 그 사물의 뜻이나 이름을 알아맞히는 놀이를 두고 말한다. 우문현답(愚問賢答)이나 현문우답(賢問愚答)의 문답법이다. 실제의 답은 평범하나 문제가 의외여서 잘 알 수 없으며 또 기발하여 듣는 사람으로 하여금 난처하게 만든다.

수수께끼는 동서양에서 단순한 기지를 겨루는 놀이일 뿐만 아니라 사건의 해결을 구하는 문제로도 쓰였다. 서양에서는 유명한 스핑크스의 수수께끼가 있다. 테베의 암산(岩山) 부근에 살면서 지나가는 사람에게 "아침에는 네 다리로, 낮에는 두 다리로, 밤에는 세 다리로 걷는 짐승이 무엇이냐"라는, 이른바 '스핑크스의 수수께끼'를 내어 그 수수께끼를 풀지 못한 사람을 잡아먹었다는 전설은 유명하다. 그러나 오이디푸스가 "그것은 사람이다(사람은 어렸을 때 네 다리로 기고, 자라서는 두 발로 걷고, 늙어서는 지팡이를 짚어 세 다리로 걷기 때문에)"라고 대답하자, 스핑크스는 물 속에 몸을 던져 죽었다고 한다.

수수께끼를 다룬 최고의 고전은 성경이다. 구약 성경 사사기 14장에 나오는 삼손의 수수께끼가 구약에서 대표적이다. 삼손이 이방인 여자와 결혼한 후에 삼손이 잡아죽인 사자의 주검에 다시 가본즉 벌떼와 꿀이 있음을 보고서 이방인인 블레셋 사람들에게 "먹는 자에게서 먹는 것이 나오고 강한 자에서 단 것이 나왔느니라"가 무엇을 뜻하는지 7일 안에 풀도록 하였는데 삼손이 정답을 아내의 간청에 끌려 풀어준 결과 아내가 동족들에게 누설하여 풀게 한 이야기이다.

동양에서도 周易, 史記, 鄭鑑錄 등에는 예언 관련 圖讖思想이 보인다. '사기'의 '秦始皇本紀'에는 道士인 '盧生'이 바다에 들어갔다가 돌아와서 도참을 진언하기를 "진나라를 망하게 하는 것은 胡입니다"라고 했다. 진나라 시황은 그 말을 믿고 군사를 보내어 匈奴族을 격파하고 북쪽 국경에 萬里長城을 쌓았다. 그러나 실지로 진나라를 망하게 만든 것은 시황의 작은 아들 胡亥 의 虐政이었다.

　한국에서도 삼국시대 이래 조선시대 鄭鑑錄에 이르기까지 많은 도참설이 있었는데 이는 수수께끼가 국가 예언적 기능을 한 경우이다. 이상과 같이 동서양의 수수께끼는 국가 예언적 기능에서 단순히 지혜 학습에 이르기까지 다양한 기능을 하였는데 대부분 아동에 대한 지혜 학습이었다. 그런데 수수께끼는 동일한 답변이라도 이를 유도한 질문은 여러 가지인 것도 특징 이다.

> ① ㄱ. 객이 오면 먼저 나가서 인사하는 것이 무엇이냐? - 개
> 　ㄴ. 달을 부르면 오는 것이 무엇이냐? - 개(개를 부를 때 '월이 월이'
> 　　하는 데서 '월'을 '月유'로 보는 것에서 유래한 풀이임)
> ② ㄱ. 위로 먹고 배로 나오는 것은? - 맷돌
> 　ㄴ. 머리로 먹고 옆으로 토하는 것은? - 맷돌

3.6. 전래 설화(=전래담)

　전술한 대로 신화, 전설, 민담과 같은 전래 고전 설화들도 구비전승되면 서 오랫동안 회자되어 언중의 기억에 남아 언어생활에 이용되는 점과, 전래 설화들이 이야기의 즐거움을 주고 교훈, 풍자, 비유 등의 의미를 전달함은 고사성어, 속담 등의 효과와 다를 바 없다. 단지 단어, 구절, 문장 차원이 아 니며 말글(담화, 이야기, 텍스트) 단위 차원의 거대 담화 구조로 된 관용 표 현이라는 점이 다를 뿐이다. 다음 예처럼 같은 이야기도 고사성어로 표현되 거나 한 문장의 속담으로 표현되기도 하고 이야기(말글)로 표현되기도 한다 는 점에서도 이들의 구비적 관용성은 일관되게 부여할 필요가 있다.

(ㄱ) 성어 차원 : 문일지십(聞一知十)

(ㄴ) 속담 차원 : 하나를 들으면 열을 안다. 하나를 들으면 백을 통한다.

(ㄷ) 설화 차원 : [이야기 출전 : 논어 公冶長 편]

　　　어느 날 공자가 자공에게 묻는다.

　　　"너는 안회와 비겨 누가 낫다고 생각하느냐?"

　　　자공이 대답했다.

　　　"제가 어찌 안회를 바랄 수 있겠습니까? 안회는 하나를 들으면 열을

　　　아는데 저는 하나를 듣고 겨우 둘을 깨달을 뿐입니다."

　　　공자께서 말했다.

　　　"못 미치느니라, 나도 너도."

따라서 우리는 관용 표현에 이들 전래 고전 설화들을 포함하며 그 하위 분류는 구비문학에서 분류하듯 신화, 전설, 설화의 세 가지 유형으로 한다. 이에 대한 구체적인 것은 구비문학 분야의 연구에 기댄다.

4. 유행 관용 표현

앞에서 밝혔듯이 관용 표현이 관용성을 인정받으려면 일정 기간 통용, 유행하면서 언중에 회자된 후 정착 과정을 거쳐 인증되어야 한다. 그런데 이처럼 관용화되기 전의 통용, 유행 단계도 일종의 제한적, 일시적, 예비적 관용화 단계라는 관점에서 유행 언어 표현들도 관용 표현의 논의에서 다루어야 한다. 이러한 유행 언어 표현의 갈래는 진래 관용 표현의 갈래와 같아 새 유행 표현을 신조하거나 전래 관용 표현을 각색, 변형하고 있다. 따라서 그 종류도 전래 관용 표현처럼 유행 성어, 유행어구, 유행 수수께끼, 유행 인간관계 표현(유행 의례어, 유행 욕설), 유행 속담, 유행담이 있다.[4]

---

4) 유행 표현에 대해서는 박갑수(1994, 1985), 강신항(1975), 최기호·김미영(1998), 오은하 (2000)를 참고.

4.1. 유행 성어

이것은 고사성어를 신조하거나 전래 성어를 변형(패러디)한 사례이다. 전래 고사성어는 교훈적 성격이 대부분이지만 유행 성어는 '身土不二, 都農不二, 政經癒着'처럼 교훈적으로 생성되기도 하지만, 대부분 오락이나 언어유희, 풍자 목적으로 생성된다. 가령, 군대 경계 근무 용어로 '엎드려 꼼짝하지 않는다'라는 뜻의 '복지부동'이 공무원의 무사안일주의를 풍자하며, '복지안동(땅에 납작 엎드려 눈만 말똥말똥 굴린다), 복지뇌동(땅에 엎드려 머리만 굴린다), 복지냉동(땅에 엎드린 채 아예 얼어붙었다)' 같이 다양한 파생형을 만든다. 이러한 고사성어의 생성과 이를 이용한 풍자는 인터넷 등에서 유행하여 언론사이트 중에는 '사자성어로 보는 세상'과 같은 독자 게시용 사이트가 있다. 한편, 전래 고사성어는 한자어들이지만 현대의 유행 성어는 '눈치코치(눈치고 코 치고), 개인지도(개가 사람을 가르친다), 미친자식(미국과 친하려는 사람)'처럼 고유어나 한자어를 막론하고 머릿글자 축약 방식이 유행한다.

4.2. 유행어구

유행어구는 단어와 구절 차원의 유행어와 유행구를 통칭하는 말이다. 문장 차원의 유행 표현은 '유행어법'이라 하여 후술할 유행 속담에서 다루도록 한다. 현대 사회는 다양한 언어적 표현 욕구가 분출하므로 언론, 광고, 영화, 연예 오락 프로그램을 통해 엄청난 양의 유행어구, 유행문장이 생성, 유행한다. 전래 관용어구가 전래 관용어와 외래 관용어로 나뉘듯이 현대 유행어구들도 자생 유행어구와 외래 유행어구로 나뉜다.

  (1) 자생 유행어구 : 국내에서 자생적으로 생성된 유행어와 유행구로 '열린
      수업, 열린 ○○○, 방탄국회, 명퇴, 실세 총리, 아줌마, 2+4 회담, 가문

의 영광, 아헿헿…'처럼 시사 전문어구에서부터 인터넷 유행어구에 이르기까지 다양하며, '꽃미남, 노털, 조폭, 군바리, 왕창, 한탕하다, 짱이다, 토끼다, 조지다, 당근이지, 배 째라, 벙찌다, 열받다, 장난이 아니다…' 등의 비속어구도 많다. '아줌마' 같은 경우는 기존 단어가 새롭게 의미가 확대되어 유행하는 경우이다.

(2) 외래 유행어구 : 외래 언어 표현에서 차용된 유행어구로 대부분의 유행 외래어 표현들이 이에 해당한다. '신지식인, 지식 경영, 가격 파괴, 복제 인간…'처럼 일본계 한자어의 시사적 사용이라든가, '밀레니엄, 밀레니엄 베이비, Y2K(컴퓨터대란), Sky Love(채팅), 섹시하다, 터프하다, 오픈하다, 델리케이트하다, 폭탄 세일, 캡이다(←captain?), 나 홀로 차량·나 홀로 족(외국 영화 '나 홀로 집에'의 번역 차용에서 유래), '에일리언이다. X파일이다, ET 같다, 못 말리는 ○○○…' 등의 표현을 말한다.

전래 관용 표현들이 대개 한 세기 이전부터 형성되어 온 것으로 전통 농업 사회 기반의 생활문화의 소산인데 반하여 개화 이래 현대 문물이 반영된 관용 표현들도 수십 년의 세월이 지나면서 유행 관용어가 전래 관용어 차원으로 자격이 바뀌어 등재된다. 가령, 다음 어례들은 개화기, 일제, 해방 후의 신문화 시대를 거치면서 유행하던 것이 관용 표현으로 정착되어 사전들에도 올라 있거나 잘 쓰이는 표현이다.

① 체언구 : 희망의 등대, 평화의 사도, 핑퐁 외교, 알파와 오메가, 화이트 크리스마스
② 용언구 : 메가폰을 잡다(=영화 따위의 감독을 맡다) / 메스(를) 가하다(=수술을 하다) / 십자가를 지다(=큰 죄나 고난 따위를 떠맡다)…

이처럼 새 유행어들은 유행하다가 언중에 회자되면 정착되지만, 그렇지 못한 것은 대부분 일시적으로 유행하다 사라지게 마련이다. 1960년대 이후 나타난 '자의반 타의반, 복부인, 큰손, 치맛바람' 같은 것은 유행 어구가 어느 정도 정착되어 가고 있는 예라 하겠다. 반면에 '캡이다, 짱이다, 당근이다, ○○○ 죽이기, ○○○ 백배 즐기기, ○○○ 알아보기…' 등과 같은 유

행어구는 앞으로 얼마나 더 지속될지 두고 볼 일이다. 특히 오늘날 통신언어는 유행어구의 대표적 산실이기도 한데 이에 대해서는 많은 연구들이 있어 상론하지 않는다.[5] 비속어들도 끈질긴 생명력을 가지고 있어 '쪽 팔리다, 열받다, 핏대 올리다, 가방끈이 길다, 공갈치다, 공주병 왕자병, 왕따' 같은 일부 비어나 속어들은 꾸준히 통용되고 있다.

4.3. 유행 인간관계 표현

전래 인사말이나 욕설을 대치하여 새롭게 나타나는 표현들이다.

> (1) 긍정 관계어 : 유행 의례어
> 좋은 아침, 반가반가, 예뻐졌네요, 날씬해지셨네요, 부자 되세요, 신수가 좋아지셨네요...
> (2) 부정 관계어 : 유행 욕설
> 졸라, 퍼큐(영어 Fuck You)...

영어의 'Good Morning'을 번역한 '좋은 아침'이라는 번역투 인사말이 드라마나 현실 직장에서 젊은 세대 사이에 퍼져 가고 있다거나 영어 욕설이 유통되는 것도 세계화 시대의 한 단면 풍속도라 하겠다.

4.4. 유행 속담

유행 속담의 생성도 새로운 속담을 신조하거나 기존 속담을 변형하여 교훈, 풍자, 언어 유희를 목적으로 이루어진다. 따라서 유행 속담도 전래 속담처럼 다음과 같이 분류할 수 있다.

---

5) 통신언어의 문제는 이정복(2000), 민현식 외(2001), 조오현·김용경·박동근(2002) 참고.

(1) 유행 교훈담

'아는 길은 곧장 가라. 아는 길도 물어 가면 시간 낭비다'처럼 전래 속담을 풍자적으로 변형하거나 '순간의 선택이 십년을 좌우한다'처럼 광고문구에서 유래한 것도 있으며, 전술한 주식 투자 20훈 따위, 연애 10계명, 건강 10계명 따위처럼 여러 개가 집합적으로 생성되기도 한다. 현대에도 시대에 따라 '소련 놈에 속지 마라 미국 놈 믿지 마라 일본 놈 일어난다 조선 사람 조심하라, 법은 보호할 가치가 있는 정조만을 보호한다, 못 살겠다 갈아보자 갈아봤자 별 수 없다, 심증은 가나 물증이 없다' 같은 표현들이 생성되었다. 특히 교훈담과 유사한 기능을 하는 것으로 표어나 구호를 들 수 있는데, 현대 사회에서 표어나 구호의 기능이 크므로 이에 대해서는 편의상 다음 (5)에 따로 다룬다.

(2) 유행 비유담

'티셔츠 입고 티자도 모른다. 번데기 앞에서 주름 잡는다, 닭의 모가지를 비틀어도 새벽은 온다, 내가 하면 로맨스 남이 하면 불륜'처럼 비유로 쓰이는 것이다.

(3) 유행 길흉담(예언담, 속신담)

전래 속담처럼 다음과 같이 분류할 수 있는데 현대적 소재를 통해 나타난다. 흔히 징크스라고도 하는 것도 여기에 속한다.

① 금기담 : 달걀을 한 바구니에 담지 말라(모두 한 가지 주식에 투자하지 말라)
　　　　　노루 잡으면 지뢰 사고난다(전방에서 노루 잡지 말라는 뜻)
② 권유담 : 아침 공복에 찬물 마시면 위장병 낫는다.
　　　　　나이에 따라 다양한 운동을 하는 '멀티 플레이어'가 돼라.

③ 징표담 : 가장 오래 오른 주식이 가장 빨리 떨어진다.
　　　　　아침에 여자가 첫 손님이면 재수 없다.
④ 해몽담 : 꿈에 넥타이를 선물 받으면 승진하거나 애인이 생긴다.
　　　　　꿈에 신발을 선물 받으면 교통사고를 조심하라.

　그런데 유행 속담은 교훈적 성격의 것들도 있지만 상당수가 다음 예처럼
전래 속담을 변형하여 언어유희나 풍자적 성격으로 생성되는 것이 많다. 이
는 교훈담, 비유담, 길흉담으로 소속할 수도 있지만 이들만 따로 묶어 '유희
속담'이라 부를 수도 있다.

　• 개똥도 약에 쓰려면 없다. → 개똥으로 약 만들면 징역 간다.
　• 고생 끝에 낙이 온다. → 고생 끝에 병이 든다.
　• 공자 앞에서 문자 쓴다. → 번데기 앞에 주름잡는다. 포크레인 앞에 삽
　　질한다.
　• 낫 놓고 기역자도 모른다. → 빨래집게 놓고 A자도 모른다. 티셔츠 입고
　　티자도 모른다.
　• 하룻강아지 범 무서운 줄 모른다. → 플로피 디스크가 시디 무서운 줄
　　모른다.

　유행 속담 중에도 전래 속담으로 정착되는 경우가 있다. 50-60년대의 정
치 구호 속에 나온 '구관이 명관이다' 같은 것은 정착되어 전래 속담으로
보아도 손색이 없다. 그러나 '김밥 옆구리 터지는 소리하고 있다, 남자는 여
자하기 나름이에요, 누구도 몰라 며느리도 몰라' 같은 유행 어법들은 교훈
담 또는 비유담 수준의 것도 있지만 정착 여부는 불확실하다.

(4) 유행어법

　유행하는 언어 표현 중에 유행어나 유행구와 달리 문장 단위의 표현이면
서 속담과 유사한 일련의 유행 문장 표현을 유행어법이라 하여 설정한다.

가령, 이주일 씨가 남긴 어록이라고 하는 '못생겨서 죄송합니다, 뭔가 보여 드리겠습니다, 정치도 잘돼야 코미디도 잘됩니다, 일단 한번 와 보시라니깐여?, 담배를 끊지 않은 것을 뼈저리게 후회합니다'와 같은 표현처럼 연예인이나 저명인이 남기는 문장 단위의 유행 언어도 비록 속담 수준은 아니지만 대부분의 속담과 문장 단위라는 점에서 유사하며, 교훈이나 풍자를 담고 있어 '유행 어법'을 따로 설정할 필요가 있다.

'나 이 사람 믿어주세요, 저도 알고 보면 부드러운 여자(남자)입니다, 하늘이 두 쪽 나도 ~ 하겠다, 너희가 게 맛을 알아, 그것을 알고 싶다, 왕 재수 없다, 국민이 원한다면, 각하 시원하시겠습니다, 탁 치니 억 하고 쓰러졌다, 가자 북으로 오라 남으로, 우째 이런 일이, 박사 위에 육사 육사 위에 보안사 보안사 위에 여사, 좋아하시네, 웃기지마, 그거 말되네, 아니 그렇게 심한 말을/ 아니 그렇게 깊은 뜻이......' 같은 표현도 유행어법으로 볼 수 있으며, 이들은 끊임없이 유행 언어 표현으로 생성, 소멸을 되풀이한다.

(5) 표어와 구호

현대의 유행 속담에는 공공기관에서 생성하는 각종 공적 표어나 구호들도 속담과 구조가 비슷하고, 교훈적, 계몽적 효과를 주기 때문에 이들도 유행 속담의 범주에 포함할 필요가 있다. 표어나 구호는 전래 속담과 비슷한 구조와 표현 효과를 가지는 것으로 개인, 가정이나 사설 기관(기업), 공공기관(정부, 학교, 교회 등)에서 구성원들끼리 개인의 좌우명, 가훈, 기업 정신이니 공동체 계몽과 의식을 공유하기 위해 필요에 따라 만들어 일정 기간 동안 통용한다. 여기에서는 유행 교훈담의 하위분류에 넣도록 한다.

언어적으로 표어는 문어적 성격이 강하고 구호는 구어적 성격이 강한 것이 차이이다. 표어는 좀더 공적이고 구호는 좀더 사적인 면이 강하다. 용도에서 구별되는 면도 있다. 운동 경기장에서의 응원 구호는 표어라고 하지 않듯이 구호만의 특성으로 구어성, 동적 역동성, 오락성을 들 수 있다. 그러나 표어를 입으로 외치면 구호가 되므로 구별이 안 되는 공통의 측면도 있다. 여기서도 구호는 따로 다루지 않고 표어와 같이 다룬다.

개인의 표어나 구호라면 학업 성취, 출세 성공 전략을 목표로 책상 앞에 써 붙인 표어나 마음으로 간직한 '좌우명' 같은 것을 들 수 있다. 물론 좌우명의 상당수는 고전이나 교훈담에서 따오기도 하지만 개인이 창안할 수도 있다. 가정에서는 가정의 화목을 위해 써 붙인 '가훈'도 표어나 구호의 일종이라 할 수 있다.

기업에서는 '공격 경영, 세계 경영' 등처럼 기업마다 창업주나 경영주가 내세운 '기업훈'을 경영 표어나 구호로 내세우며, 영업사원들은 영업회의에서 특정의 구호를 정하여 복창하는 일도 흔하다. 공장이나 공사 현장에는 안전 구호나 '열 손 모아 만든 제품 한 손 잘못 불량 된다, 믿음으로 찾은 고객 품질로써 보답하자'와 같은 생산 구호 같은 것이 달려 있다.

정부는 국정지표를 내걸고 각 부처마다 부처별 지표를 내세운다. 특히 공산 전체주의 국가들은 국가적으로 전체주의적인 표어나 구호를 많이 내걸어 사상 통제적 수단으로 삼는다. 정부나 공공 기관, 단체들은 수많은 표어나 구호를 생성해 내는 중요 주체들이기도 하다. 학교는 학교 교육 목표를 '교훈'이나 '급훈'으로 교실이나 교문에 내걸고 교육 지표로 삼는다. 교회들은 성경 구절을 매년 한해의 신앙 지표로 제시하기도 한다.

일반적인 공공 계몽적 표어의 특징은 대체로 16자 구성으로 하고, 대조, 비교, 반복법을 활용하는 것이 특징이다. 그러나 국정지표, 가훈, 좌우명, 교훈, 기업훈, 급훈과 같은 것은 계몽적 표어와 달라 글자수의 제약이 없다. 그 밖에 가족계획, 호국보훈, 공명 선거, 저축 장려, 과학 진흥, 과소비 예방, 건강 보건, 자진납세, 국방 의무, 공중질서 함양, 환경보호 등을 주제로 한 표어가 사회 계몽적 성격을 띠며 정부 기관이나 공공 기관, 단체들에서 제작, 게시하고 있다.

이상과 같은 표어나 구호들은 전래 교훈담, 권유담의 성격과 비슷한데 이들 중에 얼마나 후대에까지 생명력을 지니며 전래 속담으로 정착될지는 알 수 없으나 생성의 용도와 취지가 시대별 특성에 따라 쓰이는 것이라 전래 속담화 할 것은 많지 않을 것이다.

4.5. 유행 수수께끼

현대 시대 상황에서 생성되는 수수께끼들도 있다. 이들을 때로는 난센스 퀴즈라 부르기도 하는데 우스갯소리 차원에서 생성되는 해학성 수수께끼와 아동들의 지능 훈련 차원에서 생성되는 지능형(학습형) 수수께끼가 있다. 지능 훈련용 수수께끼는 수학, 과학 교과에서 문제 풀이 학습용 수수께끼 차원으로 제시되어 교과 학습 방법으로 활용되기도 한다(http://z-math.com/ 등의 수리 교과용 퀴즈 사이트 참고). 따라서 관용 표현으로서의 수수께끼라 하면 전자만을 가리켜야 할 것이다.

> (1) 해학성 수수께끼
> • 안 도는 것 같은데 돈다고 하는 것은? 지구
> • 더우면 더울수록 키가 커지고, 추우면 추울수록 키가 작아지는 것은? 온도계
> • 고개 숙이고 눈물 흘리는 것은? 수도
> • 머리 감을 때 제일 먼저 감는 것은? 눈.(눈감고 머리 감으니까).
> (2) 지능형(학습형) 수수께끼
> 수수께끼를 좋아하는 형제가 있었다. 어느 날 그들은 동네 놀이터에서 사이좋게 놀고 있었다. 그런데 산책을 나왔던 동네 어른이 그들을 보고 물었다.
> "너희 둘이 닮은 것을 보니 형제간인 모양이로구나?"
> "맞아요, 아저씨. 제가 형이고 애는 동생이에요."
> 동네 아저씨는 형의 머리를 쓰다듬어주고는 다시 물었다.
> "그런데 너희들은 각각 몇 살이냐?"
> "제가 동생에게 한 살을 주면 우리 둘은, 동갑이 되고, 동생이 저에게

한 살을 주면 동생의 나이는 저의 절반이 되어요."
동네 아저씨는 머리를 갸우뚱거리면서 생각에 잠겼다.
과연 이들 형제의 나이는 각각 몇 살일까? → 답 : 형이 7살, 동생이 5
살이다.

4.6. 유행담[6]

전래하는 고전 설화의 신화, 전설, 민담들 중에서 잘 알려진 것들은 어려
서부터 구비 전승되면서 교훈, 풍자, 비유 등의 기능으로 한국인의 대화에
등장하여 의사소통에 기여한다. 가령, 단군 신화, 이도령과 춘향이 이야기,
효녀 심청 이야기, 토끼와 거북이 이야기가 나오면 무슨 취지의 이야기인지
한국인이라면 이해하고 대화에 활용한다.

마찬가지로 현대에 끊임없이 생성되는 유행담은 현대판 설화로서 신조
또는 각색한 우스갯소리, 괴기담, 풍자담, 음담패설 등을 말하는데 그 나름
대로 언중 사이에서 해학, 교훈, 경계, 풍자, 비유, 오락, 언어유희의 기능을
제공한다. 유행담의 구성도 다음 (ㄱ) 이야기 구성형, (ㄴ) 항목 나열형, (ㄷ)
운문형(삼행시 따위), 앞 4.5.와 같은 수수께끼형(문답형) 등 다양하다. 몇 예
를 들어본다.

(ㄱ) 만득이 아들이 조기 영어를 배워와 아버지 앞에서 자랑했다.
   "A, B, C..."
   만득이는 버럭 화를 내며
   "뭐, 애비가 시시해?"
(ㄴ) 정치인과 개의 공통점
   • 가끔 주인도 몰라보고 짖거나 덤빌 때가 있다.
   • 먹을 것을 주면 아무나 좋아한다.
   • 어떻게 짖어도 개소리다.

---

6) 유행담에 대해서는 한성일(2002) 참고.

- 자기 밥그릇은 절대로 뺏기지 않는 습성이 있다.
- 매도 그때 뿐 옛날 버릇 못 고친다.
- 미치면 약도 없다.

(ㄷ) 삼행시
성탄절에 나신 예수님을 보고
탄식하여 사람들이 말하길
절세에 이 같은 영광이 없도다...

이들 유행담은 (ㄱ)-(ㄷ) 방식과 같은 최불암 시리즈, 만득이 시리즈, 덩달이 시리즈, 썰렁 개그, 삼행시 등처럼 연작 방식, 말놀이 형식으로 유포되는데, 비교육적 내용들도 많지만 사회 풍자적 성격이 강한 것도 많으며, 삼행시 짓기처럼 문학 창작 방식으로 교육적 활용이 가능한 경우도 있다.

5. 결론

지금까지 우리는 관용 표현의 범위와 유형 문제를 다루었다. 먼저 우리는 관용이라는 용어의 개념을 통시적 관용과 공시적 관용으로 나누었는데, 통시적 관용 표현은 전래 관용 표현에 해당하며, 공시적 관용 표현은 당대의 유행 표현을 가리키는 것으로 설정하였다.

또한 언어 단위의 관점에서도 그동안의 연구에서는 관용 표현을 고사성어, 관용 어구, 속담 정도만 다루었으나 우리는 이들의 구비전승의 특성을 중시하여 '전래 관용 표현'에 고사성어, 관용어구, 수수께끼, 인간관계 표현(인사말과 욕설), 속담, 고전 설화를 포함함으로써 단어에서 구, 절, 문장, 이야기 차원에 이르기까지 언어 단위 관점에서 넓게 확대하였다.

또한 이들 전래 관용 표현들은 고사성어에서부터 설화 장르에 이르기까지 현대에도 끊임없이 신조, 각색, 변형되어 유행 성어, 유행어구, 유행 수수

께끼, 유행 인간관계 표현(유행 인사, 유행 욕설), 유행 속담, 유행담(우스갯
소리, 괴기담, 음담패설 등)을 생성하고 있어 이들을 공시적 관용 표현 즉
유행 관용 표현으로 설정할 것을 주장하였으며, 표어나 구호, 유행 어법도
유행 속담 차원에서 다루었다.

　이들 유행 표현들도 장차 회자, 정착되면 장차 통시적 관용 표현으로 정
착할 가능성이 있는 것이며, 유행 현상이란 것도 '일시적, 제한적, 예비적
관용화'의 성격을 띤다는 점에서 이들 유행 표현을 '유행 관용 표현'이라 부
르고 '전래 관용 표현'과 대비하였다. 이상의 논의를 전체 구도로 제시하면
다음과 같다.

[표 3]

Ⅰ. 전래 관용 표현	Ⅱ. 유행 관용 표현	언어 단위
(1) 고사성어	(1) 유행 성어	단어
(2) 관용어구(＝숙어) 　① 전래 관용어구 　② 외래 관용어구	(2) 유행어구 　① 자생 유행어구 　② 외래 유행어구	단어나 구
(3) 인간관계 표현 　① 긍정 관계어 : 의례어 　② 부정 관계어 : 욕설	(3) 유행 인간관계 표현 　① 긍정 관계어 : 유행 의례어 　② 부정 관계어 : 유행 욕설	단어, 구, 문장
(4) 속담 　① 교훈담 　② 비유담 　③ 길흉담(예언담, 속신담) 　　ㄱ. 금기담 　　ㄴ. 권유담 　　ㄷ. 징표담 　　ㄹ. 해몽담 (5) 수수께끼	(4) 유행 속담 　① 유행 교훈담 　② 유행 비유담 　③ 유행 길흉담 　④ 유행 어법 　⑤ 표어, 구호 (5) 유행 수수께끼	구, 절, 문장
(6) 고전 설화(신화, 전설, 민담)	(6) 유행담(우스갯소리, 괴기담, 풍자담, 음담패설 등)	말글(＝담화, 이야기, 텍스트)

참고문헌

강등학. 1997. "속담의 유형과 기능," 「구비문학연구」 6.

강신항. 1991. 「현대 국어 어휘사용의 양상」, 태학사.

강위규. 1990. "우리말 관용표현 연구", 부산대학교 박사학위논문.

강위규. 1990. "관용 표현의 개념과 성립 요건," 「한글」 209, 한글학회.

강위규. 1998. 「국어 관용표현 연구」, 세종출판사.

강현화. 1988. "국어 숙어 표현에 대한 고찰", 연세대학교 석사학위논문.

김광해. 1995. 「국어어휘론 개설」, 집문당.

김규선. 1979. "국어 관용어구(idioms)의 연구," 「논문집」 14, 대구교대.

김기종. 1989. 「조선말 속담 연구」, 동북조선민족교육출판사.

김도환. 1993. 「한국 속담 활용 사전」, 한울 아카데미.

김동언. 1999. 「국어 비속어 사전」, 프리미엄북스.

김문창. 1974. "국어 관용어의 연구-숙어 설정을 중심으로-," 서울내학교 석사학위논문.

김문창. 1990. "숙어 개념론", 「강신항 교수 회갑기념논문집」, 태학사.

김문창. 1990. 「관용어, 국어 연구 어디까지 왔나」, 동아출판사.

김문창. 1998. "한국어 관용어 연구 현황", 「제3차 한국어의미학회 전국학술대회 발표요지」.

김성배. 1975. 「한국의 금기어, 길조어」, 정음사.

김열규. 1998. "욕 : 그 카타르시스의 미학," 「한국문화총서」 5, 사계절.

김용철 편역. 1997. 「두 언어로 본 속담과 격언」, 한림출판사.

김종택. 1971. "이디엄(idiom) 연구," 「어문학」 25, 한국어문학회.

김종훈·김태곤·박영섭. 1985. 「은어·비속어·직업어」, 집문당.

김진식. 1996. "관용어와 속담의 특성 고찰(Ⅰ)-상이점을 중심으로," 「개신어문연구」 13, 충북대학교.

김진해. 2000. 「연어 연구」, 한국문화사

김혜숙. 1991. "익은말과 다른 관용어구와의 관계," 「논문집」 18, 세종대학교.

김혜숙. 1992. "익은말의 통사·의미적 특성 및 유형," 「한국문학연구」 15, 동국대학교.

김혜숙. 1993. "한국어의 익은말 연구," 「목멱어문」 5, 동국대학교.

남기심. 1983. 「새말(新語)의 생성과 사멸, 한국어문의 제문제」, 일지사.

문금현. 1996. "국어의 관용 표현 연구", 서울대 박사학위논문.

문금현. 1997. "신문에 나타난 관용 표현의 특징,"「국어국문학」120, 국어국문학회.

문금현. 1998. "외국어로서의 한국어 관용 표현의 교육,"「이중언어학」15, 이중언어
학회.

문금현. 1999. "관용 표현에 대한 국어교육학적 고찰,"「선청어문」27, 서울대 국어
교육과.

민현식. 1997. "국어 남녀 언어의 사회언어학적 특성 연구,"「사회언어학」15-2, 한
국사회언어학회.

민현식. 2000.「국어교육을 위한 응용국어학 연구」, 서울대 출판부.

민현식 외. 2001. "정보통신 언어의 순화 및 정보윤리교육의 학교교육 활용 방안 연
구", 교육부 정책과제.

박갑수. 1984.「언어에 관한 속담고, 국어와 민족문화」, 집문당.

박갑수. 1994. "언어 생활의 변천 40년",「우리말 사랑 이야기」, 한샘출판.

박경현. 1984. "국어 특수어의 언어 사회학적 연구",「경찰대학 논문집 인문편」3.

박영순. 1985. "관용어에 대하여,"「국어교육」53·54, 한국국어교육학회.

박영준·최경봉 편. 1996.「관용어 사전」, 태학사.

변재옥 편. 1989.「동서속담사전 : 韓.漢.日.英.獨.佛.羅」, 영남대학교 출판부.

서 혁. 1993. "언어사용으로서의 속담 표현의 특성,"「선청어문」21, 서울대 국어교육과.

성광수. 1995. "국어 관용 표현의 구조와 의미적 특성,"「성곡논총」26-상, 성곡재단.

신기상. 1992. "우리말 욕설 연구,"「국어 교육」79·80, 한국국어교육학회.

심재기. 1986. "한국어 관용 표현의 화용론적 연구",「관악어문연구」11, 서울대 국문과.

안경화, 1987. "한국어 숙어의 유형에 대한 분석적 연구", 서울대학교 석사학위논문.

양영희. 1995. "관용 표현의 의미 구현 양상,"「국어학」26, 국어학회.

오은하. 2000. "유행어의 국어교육적 연구", 숙명여자대학교 석사학위논문.

윤재천·이주행. 1983-1984. "욕설에 관한 고찰(1)(2),"「논문집」27-28, 중앙대학교.

이기문. 1962.「속담사전」, 일조각.

이동혁. 1998. "국어의 연어적 의미 연구", 고려대학교 석사학위논문.

이상억. 1993. "국어 관용 표현의 분석과 어휘부 내에서의 처리",「인문논총」34, 서
울대학교.

이상억. 1993. "관용 표현과 합성어의 분석 및 어휘부 내에서의 처리,"「어학연구」
29-3, 서울대어학연구소.

이정복. 2000. "바람직한 통신언어 확립을 위한 기초 연구", 문화관광부 정책과제.

이종철. 1998.「속담의 형태적 양상과 지도 방법」, 이회문화사.

이희자. 1995. "현대 국어 관용구의 결합 관계 고찰,"「대동문화연구」30, 성균관대
대동문화연구원.

임지룡. 1998. 「국어의미론」, 탑출판사.

장경희・장세경. 1994. "국어 관용어에 대한 연구," 「한국학 논집」 25, 한양대학교.

조오현・김용경・박동근. 2002. 「컴퓨터 통신언어 사전」, 역락출판사.

조재윤. 1988. "한국 속담의 구조 분석 연구", 고려대학교 박사학위논문.

주경희. 1999. "속담의 기능," 「국어교육」 100, 한국국어교육연구회.

최경봉. 1992. "국어 관용어 연구", 고려대학교 석사학위논문.

최경봉. 1994. "관용어의 의미구조," 「어문논집」 33, 고려대학교.

최경봉. 1995. "국어사전에서의 관용적 표현의 처리문제," 「한남어문학」 20, 한남대학교.

최기호・김미영 공저. 1998. "비속어, 유행어, 은어의 사회언어학적 분석", 「언어와 사회」, 한국문화사.

최래옥. 1993. 「구비문학론」, 와이제이 물산.

최래옥. 1994. 「민간 속신어 사전」, 집문당.

최승애. 1998. "한국어의 상투적 표현 연구", 연세대학교 석사학위논문.

최창렬・심재기・성광수 외. 1986. 「국어의미론」, 개문사.

한성일. 2002. "유머 텍스트의 원리와 언어학적 분석", 경원대학교 박사학위논문.

홍기선. 1998. "한국어 관용어구와 논항구조," 「어학연구」 34-3, 서울대 어학연구소.

홍재성. 1997. "제한된 동사 활용형으로 구성된 관용 표현," 「새국어생활」 7-2, 국립 국어연구원.

황경자 외. 2002. "속담의 의미와 기능", 「BK 21 언어학 총서」 3, 태학사.

황희영. 1977. "한국 익힘말(慣用語句)의 생성과 유형고", 「인문학연구」 4・5, 중앙대 인문과학연구소.

황희영. 1978. "한국 관용어 연구", 「성곡논총」 9, 성곡재단.

Chambers, J.K.. 1995. *Sociolinguistic Theory*, Cambridge : Blackwell.

Fasold, Ralph. 1990. *The Sociolinguistics of Language*, Oxford : Blackwell (황적륜 외 역. 1994. "사회언어학", 한신문화사).

Holmes, Janet. 1992. *An Introduction to Sociolinguistics*, London : Longman.

Lyons, John. 1969. *Introduction to theoretical Linguistics*, London & New York : Cambridge University Press.

Makkai, Adam. 1972. *Idiom structure in English*, Hague : Mouton.

McCarthy, Michael & Felicity O'Dell. 2002. *English Idioms in Use*, London & New York : Cambridge University Press.

Wardhugh, Ronald. 1986, 1992. *An Introduction to Sociolinguistics*, Oxford : Blackwell.

| 이 논문은 한국어의미학 12집(2003, 한국어의미학회)에 게재된 논문을 재수록한 것입니다.

국어 선택 표현의 성립 조건에 대한 고찰

조 향 숙

1. 서언

'선택'이란 여럿 가운데서 필요한 것을 골라 뽑음을 의미한다. 기존의 연구는 이러한 정의[1]에 바탕을 두고, 주로 통사적인 특징을 중심으로 선택 표현의 의미와 특징을 연구하는 경향을 보였다. 이제까지 선택 표현은 형태적으로 특수 조사, 접속 어미, 접속 부사의 층위에서 이루어지며,[2] 통사적 특성으로는 동일 어휘범주 제약, 문장 성분, 서법, 시상 제약, 긍정문과 부정문에서 보이는 제약 관계 등을 중심으로 연구되었다.

기존의 연구에서 특히 의미적 특성에 관하여서는 통사 구조와 문장 성분을 중심으로 이루어진 경우가 있는데, 동일한 선택 표현일지라도 문장 성분 특히, 서술어에 따라 의미 차이가 있다는 것과 선택의 범위에 따라서 구분할 수 있다는 관점에서 이루어진 경우가 그것이다(조향숙, 2002). 즉, 이러한 의미적인 특성을 서술와와 선택의 범위에 따라 구분하고 있기[3] 때문에, 본

---

1) '선택'이란 대등하게 나열한 둘 또는 여러 대상 가운데서 필요한 것을 가려서 뽑는 것을 말하며, 그러한 표현의 언어적 실현을 선택 표현이라고 한다(조향숙, 2002 : 1).
2) 특수 조사 '(이)나, (이)건, (이)고, (이)라도', 접속 어미 '-거나, -든지, -(으)나', 접속 부사 '또는, 혹은, 혹시, 아니면'으로 분류할 수 있다.
3) 선택 표현의 의미적인 특성은 선택의 범위, 지시 영역, 화자의 의도에 따라 분류된다. 선택의 범위에 따라 지정 선택과 개방 선택으로 나뉘고, 지시 영역과 화자의 의도에 의해 순수

고에서는 기존의 연구를 바탕으로 통사적인 특징과 더불어 담화 상황을 통해서 찾아볼 수 있는 선택 표현의 의미와 특징에 대해서도 논의하고자 하는 것이다.

본고에서 '선택'의 기본 개념은 기존의 연구와 동일하게 '여럿 가운데서 뽑음'이고, 중요한 의미 자질은 '다항'과 '결정'이 된다. 하지만 '다항'과 '결정'의 범위가 통사적으로 나타나지 않는다는 상황까지 고려하기 때문에 기존의 연구들보다는 논의의 대상이 더욱 확장될 것이다. 그리고 선택 표현의 기본 성립 조건으로 '행위주', '선택항', 그리고 '명제 태도' 등 세 가지를 제시하고자 한다. 앞서 본고에서 제시한 '선택'의 의미 자질로서 다항과 결정을 전제한 바 있다.[4] '결정'이라는 것은 '결단하여 정한다.'라는 의미에서 보이는 것처럼 결정 행위를 실행하는 주체가 필요하다. 이 결정 행위를 실행하는 주체가 바로 첫 번째 조건 '행위주'가 된다. 여기에서 행위주는 [+유정물]이어야 하며, 본인 스스로 행동을 할 수 있는 주체, 즉 의도를 가질 수 있는 주체이어야 한다.

'선택항'이라는 조건은 의미 자질 중 '다항'을 뜻한다. 기존의 연구에서는 자매항으로 일컬었다. 선택이라는 것이 여럿 가운데 뽑음을 의미하므로 하나가 아닌 여러 항이 존재해야 한다. 그것이 바로 선택항이다. 기존의 연구는 문장에 나타나는 것을 항을 자매항이라고 하였다면, 본고에서는 화맥과 관련하여 문장에는 나타나지 않아도 존재하고 있음이 분명한 항 또한 선택항의 범위에 포함시키기 때문에 보다 넓은 의미로 선택항이라는 용어를 사용하기로 한다.

마지막으로 '명제 태도'는 명제에 대해 보이는 행위주의 태도이다. 어떤 발화이건 그 발화에 대한 화자의 태도는 분명 존재한다. 그 중 본고에서 다

선택과 의사 선택으로 나뉜다. 지시영역과 화자의 의도는 서술어에 의해 나타나는 경우가 많다(조항숙, 2002 : 39-58).

4) '선택'은 결정의 행위와 관련이 있다. '결정'이라는 것은 '의도'에 해당하는 부분으로, 스스로 의도하는 바를 행위할 수 있는 사람과 행위의 대상, 그리고 결정 행위를 대하는 '사람'의 태도는 '선택'의 의미 실현을 위해 중요한 요건이 된다.

루는 것은 '선택'에 대한 화자의 태도이다. 선택 명제에 대한 태도는 크게 세 가지로 제시된다. 첫 번째는 상대가 제시한 선택항을 보고 하나를 선택하고, 그에 따른 행동을 하는 것으로 가장 일반적인 태도라고 할 수 있다. 두 번째는 상대방이 제시한 선택항을 보고 자신의 선택에 반영하는 경우이다. 이는 상대가 제시한 것 중에서 결정하고 따르는 행동이 아니라 상대의 의도를 반영하고 그와 비슷한 선택항을 다시 제시하거나 비슷한 것으로 결정하여 따르는 태도이다. 상대가 제시한 것에서 결정하지 않는다는 점이 첫 번째 경우와 다르다.

마지막은 참고만 하는 경우이다. 상대방이 제시한 항을 인지는 하되, 그 중에서 하나를 받아들여 따르거나 비슷한 것으로 대체하는 것이 아니라 참고만 할뿐 선택을 하는 본인의 의도대로 행동을 하거나 아니면 선택 자체를 거부하는 태도를 말한다. 선택을 거부하는 것은 의도에 따라 선택을 꺼리는 태도로 포함이 된다. 이러한 명제 태도는 '선택'에 있어 화자의 의도와 밀접한 관련을 가지고 있기 때문에 '선택'의 성립에 있어서 중요한 조건이다. 그럼 이 세 가지 조건에 대해 각각 자세히 살펴보기로 한다.

2. 결정 행위 실행 주체로서의 행위주

통사적으로 의미역5) 중에서 행위주는 보통 술어가 기술하는 행위를 의도적으로 일으키는 개체를 말한다.6)

---

5) 시정곤(2003 : 273)은 의미역(theta-role)이란 일반적으로 어떤 최대 투사의 핵(head)에 의해서 주어나 보어 등에 배당되는 행위자(Agent), 대상(Theme), 목표(Goal), 출발점(Source) 등과 같은 의미특질(semantic properties)을 일컫는다고 하였다. 반면에 논항(argument)은 이와 같은 의미역을 요구하는 요소라고 할 수 있으므로 논항과 의미역은 문장성분의 겉과 속이라고 부를 수 있다고 하였다.
6) 정태구(2002), 논항 구조와 영어 통사론, 한국문화사, pp.9-11.

(1) ㄱ. 철수는 밥을 먹는다.
ㄴ. 영희는 춤을 춘다.

위의 (1ㄱ)의 행위주는 철수로, 서술어 '먹는다'가 기술하는 행위를 하고 있다. (1ㄴ)의 행위주는 영희이며, 서술어 '춘다'의 기술 행위를 일으키는 주체가 된다. 이와 같이 통사적으로 설명되는 즉, 문장의 주어로 드러나는 행위주는 서술어와의 긴밀한 관련성을 갖는다. 그렇기 때문에 행위주는 술어가 기술하는 행위를 의도적으로 일으키는 개체라는 통사적인 정의가 가능하다.7)

하지만 맥락상으로 보면 이야기가 이루어지는 상황에 따라 문장 성분 중 주어와 서술어가 생략이 되는 경우가 있기 때문에 행위주를 단순히 서술어가 기술하는 행위를 하는 개체라고 정의하기에는 다소 부족한 측면이 있다. 이는 담화상황에서는 의도가 작용하고 그에 따라 서술어가 생략이 되는 경우가 많기 때문에 맥락을 살펴서 생략된 행위주가 누구인지를 복원해야 하는 경우가 발생할 수 있다는 점을 시사한다.

(2) ㄱ. 그는 결혼을 결심하다.
ㄴ. A : 오늘 점심은 뭐? 우동 아니면 볶음밥?
B : 우동.
A : 그래.

위의 (2) 예문 중 ㄱ은 비맥락적인 문장이고, ㄴ은 맥락상의 대화라고 할 수 있다. (2ㄱ)의 예문은 결심하다를 중심으로 해서 '그'가 행위주임을 통사적 정의에 의해 알 수 있다. 그런데 (2ㄴ)의 경우는 맥락에 의해서 서술어가 이미 점심이라는 단어에 의해 함의되었기 때문에 구정보가 되어 생략되었

---

7) 장은숙(2005 : 213)에서 의미역은 술부와 논항 간의 의미적 관련성을 나타내는 개념이기 때문에, 술어와 논항 간에 나타나는 일정한 의미적 관련성을 정립에 대한 연구는 시도된다고 하였다.

다. 또 문장에 우리가 행위주라고 말할 수 있는 개체도 생략되었다.[8] 이와 같은 경우 통사적인 정의만으로 행위주를 설명하기에는 부족하다.

여기에서 본고는 행위주의 개념을 일반적인 정의에서 보다 확대·발전시켜보고자 한다. 따라서 본고에서는 행위주의 기본제약은 포함하되, 행위주의 개념은 본고에서 밝힌 '선택'의 의미적 준거에 맞추어서 정의하고자 한다. 그리하여 행위주란 제시된 상황을 인지한 후, 결정하고 그에 따라 행동하는 주체라고 정의하고자 한다.

    (3) ㄱ. 우승팀을 가리다.
        ㄴ. 잘못된 문장을 가려서 바르게 고치십시오.
        ㄷ. 결혼을 결심하다.
        ㄹ. 집안의 대소사를 결정하다.
        ㅁ. 제비뽑기로 순서를 결정하다.
        ㅂ. 물건을 고르다.
        ㅅ. 적당한 단어를 고르다.
        ㅇ. 버려진 것 중에서 쓸 만한 것을 추렸다.

위 (3)의 예문들은 행위주가 문장에 명확하게 드러나 있지는 않지만, 우리는 문장의 내용을 보고 그 행위주를 짐작할 수 있으며, 또한 행위주가 문장에 드러난 내용을 따라 어떠한 행동이 이루어질 것인지를 충분히 예측할 수 있다. (3ㄱ)의 경우는 우승팀을 가리기 위해서 모인 모든 팀의 소속원들이 행위주가 될 것이며, 우리는 이들이 우승팀을 가리기 위해서 최선을 다하는 행동을 할 것이라는 점을 예측할 수 있다.

(3ㄴ)의 경우는 불특정 다수가 행위주가 될 것이다. 이는 우리가 시험에서 접할 수 있는 문장형태이다. 여러 항 중에서 잘못된 항을 가려서 바르게

---

8) 예문 (2)의 ㄴ에 생략된 부분을 되살리면 다음과 같다.
  A : 우리 오늘 점심은 뭐 먹을까? 우동을 먹을까? 아니면 볶음밥을 먹을까?
  B : 우리 오늘은 우동을 먹자.
  A : 그래.

문장을 고치는 행동을 하는 사람이 행위주이며, 행위주가 여러 항 중에서 '선택' 행동을 하고, 그에 따라 고치는 행동을 할 것임을 충분히 짐작할 수 있는 것이다.

(3ㄷ-ㄹ)은 결혼을 결심하고, 집안의 대소사를 결정하는 내용에 여러 항이 숨겨져 있으며, 이러한 항들을 인지하고 하나를 선택하는 주체, 즉 행위주와 다음 행위주가 '선택' 행동에 따라 어떠한 행동을 할 것인지 예견할 수 있다. 그 외의 예문도 위와 같이 특정 행위주가 문장에 나오지 않는 경우인데, 앞서 말한 예문과 같이 이해할 수 있을 것이다.9)

이상에서 보는 바와 같이 서술어가 중심이 아닌 문장 혹은 대화에서 드러나는 선택항이 중심이 되어, 이 선택항과 관련된 행동을 하는 사람이 행위주가 되는 것임을 알 수 있다. 이는 '선택 표현'이 들어간 문장, 나아가 '선택'의 의미가 드러나는 문장은 서술어보다는 선택항과 그에 뒤따르는 '결정'의 태도 또는 행위주의 행동이 중요한 요소가 되기 때문이다.

그리고 담화 상황에서는 선택항이 화자의 의도나 청자의 의도, 혹은 담화 상황과 밀접한 관련을 맺고 발화되기 때문에 행위주가 화자와 청자 모두를 포함한다. 다시 말해, 행위주는 대화 내용이나 문장의 내용을 인식하고 행동하는 주체로서, 특히 담화 상황의 경우에는 화자와 청자 모두가 이에 해당됨을 알 수 있다.

> (4) ㄱ. 그는 돈을 버는 일이라면 수단과 방법을 가리지 않았다.
> ㄴ. "흥 얻어먹으러 다니는 사람이 자리를 가려서야 되나?" 하고 건배는 소매를 걷으며 젓가락을 집는다. (심훈, <상록수>)
> ㄷ. 우리의 운명을 결하는 것은 바로 우리의 민중이어야 합니다. (이원

---

9) ㄱ. 그는 결혼을 망설였다.
ㄴ. 그는 가기를 주저했다.
위의 예문은 '그'라는 [+유정물]이 행위주가 될 수 있다. 하지만 본고에서 말하는 개념의 행위주는 될 수 없다. 본고에서는 '선택'이라는 의미적 준거에 따라 행위주의 특성에 '다항'과 '결정'을 제시한 바 있는데, 위의 예문은 '선택항'은 예측할 수 있지만 '그'의 '결정'이나 다음의 행동을 예견할 수 없기 때문이다.

규, <훈장과 굴레>)

ㄹ. 왕은 여러 가지로 인물을 고르고 저울질 했다. (박종화, <다성불
심>)

위의 예문 (4)는 구체적이고 특정한 행위주가 문장에 드러나 있고, 행위주
가 '선택'을 함에 있어서 여러 항 중에서 자신의 결정을 확정하며, 앞으로
어떤 행동이 이어질 지를 짐작할 수 있게 한다. (4ㄱ)에서 '그'는 돈을 버는
여러 가지 일에서 자신의 목표, 선택에 따라 여러 일을 수행할 것임을 충분
히 짐작할 수 있는 것이다. (4ㄴ)에서의 행위주는 '얻어먹으러 다니는 사람'
이다. ㄱ과 마찬가지로 자신의 '선택'에 관련하여 어떤 행동이 일어날 것임
을 예측할 수 있다. (4ㄷ)의 민중, ㄹ의 왕도 이런 방식으로 이해할 수 있는
것이다.

(5) ㄱ. A : 우리 오늘 뭐 먹을까? 우동? 볶음밥?
　　　　B : 오늘은 우동 먹자.
　　　　A : 그래.
　　ㄴ. A : 너는 누구 짓이라고 생각해? 철수? 영희?
　　　　B : 몰라. 나와 상관없어.

위의 예문은 담화상황에서의 행위주를 보여주는 경우이다. (5)의 ㄱ의 경
우는 A와 B가 각자 의도를 가지고 선택항을 내보이며, 그와 관련한 행동을
예측할 수 있게 한다. 즉, A는 음식의 여러 항 중에서 자신의 의도에 따라
우동과 볶음밥 두 가지를 제시하였고, B는 A가 제시한 항 중에서 불만 없이
우동을 제시하는 행동을 한 것이다. 이와 같이 담화상황에서는 화자와 청자
가 모두 행위주가 될 수 있는 것이다.

(5)의 ㄴ은 조금 다른 경우이다. A는 ㄱ의 경우와 같이 항을 두 가지로
정하여 제시하였지만, B의 대답은 제시된 항 이외의 것을 택했다는 점이다.
B의 대답이 항 이외의 것을 택하였고, 예상치 못한 행동일 수 있지만, 여기

에는 B의 의도가 개입된 것이며, 그 의도에 따른 행동을 보였기 때문에 마찬가지로 A와 B 모두 행위주가 된다. 즉, 위의 예문에서도 살폈듯이 '선택'의 성립 조건인 행위주는 결정을 하고, 결정을 한 내용에 대한 행동을 보이는 주체가 되는 것이다.

또 선택문에서의 행위주는 위의 예문 (5)와 같이 화맥과 연관해서는 대화 참여자 모두가 해당되기 때문에 적어도 한 명 이상이 될 수 있다. 일반적 통사구문에서 행위주가 스스로 행위를 일으키는, 술어에 해당하는 행동을 하는 의미역이라면, 선택문에서의 행위주는 스스로 결정을 하고 그 결정에 뒤따르는 행동을 하는 주체라고 할 수 있다. 또 선택문에서 행위주는 결정을 직접적인 행동으로 보여주기 때문에 선택 표현에서의 필수적인 조건이 되는 것이며, 더불어 행위주는 자신의 의도를 가지고 그 의도에 따라 행동을 할 수 있는 유정물이어야 하는 것이다.

3. 다항으로서의 선택항

선택 표현이 되기 위해서는 문장 혹은 대화의 내용에 선택의 의미 준거가 될 수 있는 여러 항과 결정을 위한 행동이 나타나야 한다. 즉, 선택이 여러 가지 중에서 자신이 원하는 것을 뽑는다는 개념임을 전제한다면, '선택'이라는 의미가 드러나기 위해서는 여러 가지 것들 중 하나는 드러나야 한다. 다시 말해서 다항과 여러 가지 중에서 하나, 혹은 결정이 대화 혹은 문장에 드러나야 한다는 것이다. '선택'을 하기 위해서는 '선택'되기 위해 제시되어지는 것들이 중요하기 때문에 선택항은 선택문의 성립에 있어서 중요한 성립 조건이라고 할 수 있겠다.

선택항은 한 문장에 대체적으로 하나 이상의 항이 나타나는데 이러한 선택항 사이는 동위 관계, 동일 층위에 있는 것들로 구성되어야 한다는 조건이 있다. 개방선택으로 문장 밖에서 혹은, 화자가 제시한 선택항 말고 그 외의 것에서 인정이 된다고 해도 제시된 것과 동일한 층위에서 찾아야한다.

> (6) ㄱ. 나는 일요일이면 공부를 하거나 극장에 간다.
> ㄴ. 나는 일요일이면 공부를 하거나 영화를 본다.

위의 예문 (6)을 보면 ㄱ의 예문보다는 ㄴ의 예문이 더 자연스럽다. 이것은 선택 접속 어미 '-거나'에 결합한 선택항이 동일 층위를 이루고 있느냐의 여부이다. 동일 층위 혹은 동위 층위라는 것은 동위관계를 나타내는 말로, 선택항 사이에 공통된 특징이 드러나야 한다는 것이다. 즉, ㄴ의 예문에서 '공부를 하다'는 '영화를 본다'와 공통적인 특징으로 직접적인 행동을 들 수 있는 것이다.

하지만 (6ㄱ)의 예문에서 '공부를 하다'와 '극장에 간다'는 전자가 직접적이고 구체적인 행동을 드러냄에 비해 '극장에 간다'는 '이동'의 의미를 제외하고는 어떤 공통적인 특징을 찾기가 힘들다. 그렇기 때문에 위의 예문 모두 비문은 아니지만 '선택항'을 보여주는 데는 ㄴ의 경우가 더 자연스럽다는 것이다.

> (7) A : 오늘 뭐 먹을까?
> B : 오늘은 오랜만에 찌개나 조림을 먹는 것이 어때?
> A : 그럼 김치찌개나 고등어조림 중에서 먹자.
> B : 김치찌개 먹자.

(7)'

위의 예문에서 보이는 것처럼 선택항은 동일 층위로 이루어지는 것이 자연스러우며, 특히 개방 선택 시에는 상대 화자가 그와 동일한 층위에서 생각할 수 있다는 점이 한 특성이 된다.

선택항이 가지는 중요한 특징은 첫째, 선택항이 화자의 의도가 반영되는 것으로 '선택'의 대상이 된다는 점이다. 이는 화맥과 관련지어서 살펴보면 더욱 두드러진다. 화자는 상대가 선택을 할 수 있게 선택항을 제시하는데, 이때 상대가 선택하길 바라는 항이 있으면 그것이 의도적으로 두드러지게 선택 표현을 사용하여 나타낸다. 혹은 선택항을 하나로 제한시켜 제시하기도 한다. 다음의 예를 보자.

> (8) ㄱ. 너는 책 아니면 TV를 보아라.
>   ㄴ. 너는 토요일에 오거나 일요일에 오거라.
>   ㄷ. 너는 집이나 봐라.
>   ㄹ. A : 뭐 먹을래? 김치찌개를 먹거나 하자.
>   B : 음, 그래 김치찌개 먹자.
>   ㅁ. 네 일이나 하지!
>   ㅂ. A : 뭐 마실래?
>   B : 음 …….
>   A : 물 아니면 커피?
>   B : 물 주세요.

위의 예문 (8ㄱ-ㅂ)은 상대방으로 하여금 둘 중 꼭 하나는 선택하게 하는 표현이 나타난다. 특히 접속 어미에 의한 선택 표현 즉, '거나'에 의한 문장은 더욱 그러하다. 김승곤(1979 : 12-13)에서는 선택 표현 '-거나'를 '지시 혹은 지정' 선택, 또는 화자 선택이라 일컬었다. 이는 '거나'에 의한 선택문이 동사 자체를 지정하여 선택하는 것으로서 화자의 현실적 사정을 더욱 고려한다는 의미에서였다.

여기에서 화자 선택법이란 화자가 선택을 하는 경우로, 선택항의 순서도

청자가 화자의 의도를 존중하여 화자가 정한 순서대로 행한다는 것이다. (8
ㄴ)을 보면 토요일이든 일요일이든 와야 한다. 즉, 화자가 오는 것은 기정사
실화하고, 청자에게는 토요일과 일요일 두 개의 항 중에서 선택을 할 수 있
는 권리만을 주는 것이다. 단, 토요일과 일요일도 화맥의 흐름에 따라서 화
자가 상대방의 정보를 확인하고 화자가 정해서 제시한 것이라고 이해할 수
있다. 그러나 이것도 청자가 화자의 의도를 알아차린다면 일요일보다는 토
요일을 선택할 가능성이 높다는 것이다.

(8ㄹ)의 경우는 먹는 것에 중점을 두고 있고, 또 선택항도 김치찌개만 제
시하고 있다. 이는 화자가 음식의 종류를 김치찌개로 강하게 제시하고 있는
경우이다. (8ㄷ)과 (8ㄹ)은 특수 조사에 의한 선택 표현이다. 특수 조사에 의
한 선택 표현의 경우는 위의 예문과 같이 한 번만 나타났을 때와 두 번 반
복되어 나타났을 때의 의미가 차이가 있다. 위의 예문에서 볼 수 있듯이 한
번만 나타난 경우는 명령의 의미가 보다 강하다.

이 부분은 기존의 연구에서는 차선의 선택이라는 용어로 설명되었다. 상
대로 하여금 '선택'을 하게 한다기보다는 화자가 제시한 것을 그대로 수용
하도록 하는 것이다. 이는 선택 표현이 나타나기는 하였지만 화자의 의도가
아주 강한 경우로, 오히려 의미적으로는 명령에 가깝다. 그러나 문장을 넘
어서 화맥으로 살펴보았을 때 상대의 수용여부를 '선택'과 관련지어 생각할
수도 있다. 다음을 보자.

(9) ㄱ. 개나 소나 다 한다.
　　ㄴ. 산이나 들이나 초만원이다.

위의 예문 (9)는 선택 표현 '이나'가 두 번 나타나는 경우이다. 이는 선택
표현이 결합되는 선택항보다도 용언, 서술부에 더욱 중심을 두는 경우이다.
이는 다음에서 설명될 선택적 양보절에 해당되는 예이다.

(10) ㄱ. 너는 볼펜이나 연필을 사와라.
　　 ㄴ. 너는 검은색이나 쥐색을 입어라.

위의 예문 (10)에서는 선택 표현이 한 번 나타나지만, 선택항은 두 개이다. 이는 전에 선택항이 한 개일 때와 의미가 다르다. 선택항이 한 개일 땐 화자의 의도가 강하게 느껴져서 명령의 의미에 보다 가까웠지만, 선택항이 두 개가 되면 그 의미가 달라진다. 즉, 상대방이 느끼는 선택의 범위가 더 넓어진 듯하다.

여기에서는 '선택'의 범위에 영향을 주는 것도 고려해야 한다. 기존의 연구에서는 선택항의 범위를 기준으로 지정 선택과 개방 선택으로 나누었다. 지정 선택은 문장의 표면에 드러난 것만을 선택항으로 삼는 것으로 청자가 선택할 수 있는 항목이 제한되어 있다. 개방 선택은 선택항이 제한되어 있는 지정 선택과 달리 문장 표면에 나타나지 않은 선택항도 선택할 수 있는, 즉 청자가 선택할 수 있는 항목이 제한되지 않고 개방되어 있는 경우이다.

이 밖에도 윤평현(1997 : 70)에서 선택적 양보절이라는 개념이 나오는데, 선택적 양보절이란 대립되는 두 개의 가정 중에서 어느 것이 선택되더라도 같은 귀결을 나타내는 양보절을 말한다. 앞서 살펴본 예문 (9)의 경우가 바로 선택적 양보절의 경우로, 서술부에 중심이 있어서 선택의 의미가 약해지는 경우이다. 하지만 본고에서 선택적 양보절의 경우는 화자 혹은 청자에 의해 '선택'된 대상이 둘 이상인 경우로 간주한다.

(11) ㄱ. 여가 시간에는 춤을 추든지 노래를 하든지 상관없다.
　　 ㄴ. 나는 비가 오나 눈이 오나 널 찾아가겠다.
　　 ㄷ. 철수가 가거나 말거나 상관하지 않겠다.

위의 예문 (11)은 '상관없다'와 '널 찾아간다'는 서술부에 의해서 어떤 것을 해도 마찬가지라는 의미를 알 수 있게 하는 경우이다. 하지만 이미 화자가 춤과 노래를, 비와 눈을 선택했고, 그 두 가지에 의해서 상관이 없음을 알 수 있다. 특히, (11ㄴ)의 경우는 비와 눈이 보여주는 궂은 날이라는 같은 의미를 알 수 있다. 혹은 문장 밖에서 찾아 볼 수 있는 어떤 놀이와 날씨까지도 선택될 수 있는 가능성이 있다.

또, 화자가 먼저 선택하여 제시된 선택항은 청자가 그것 중에서 선택을 하지 않더라도 선택하는데 기준이 될 수 있다. 선택의 범위에서 지정 선택의 경우는 앞서 살펴본 바 있다. 화자의 의도가 강한 경우로 선택항을 지정해서 보여주는 경우이다. 개방 선택의 경우는 말 그대로 선택항이 개방돼 있다는 것이다. 위의 예문 (11)과 같이 접속 어미 '-든지'에 의한 선택문과 특수 조사가 반복적으로 나타나는 문, 선택적 양보절이 해당된다.

예문 (11ㄷ)에 보이는 '-거나'의 경우는 앞서 선택항을 지정한다고 하였는데, 김형배(1990 : 53-56)은 지정 선택을 나타내는 '-거나'가 부정을 나타내는 '말다'와 호응하여 후행절의 서술어를 무상관성으로 종결하여 선택의 범위를 개방하거나, 상위문의 서술어를 당위성 혹은 필연성을 보여주는 종결어로 초점이 종결서술어에 놓여 범위가 개방된 경우엔 '-거나'도 개방의 의미를 가질 수 있다고 하였다.

> (12) ㄱ. 우승팀을 가리다.
> 　　 ㄴ. 잘못된 문장을 가려서 바르게 고치십시오.
> 　　 ㄷ. 집안의 대소사를 결정하다.
> 　　 ㄹ. 그 중에서 네 맘에 드는 것을 하나 골라라.
> 　　 ㅁ. 결혼을 결심하다

위의 예문 (12)는 '선택'의 의미를 가지고 있는 동사에 의한 선택문이다. (12)에서는 선택항이 드러나 있지 않다. 하지만 전제돼 있음을 알 수 있다. (12ㄱ)의 경우 우승팀을 가리기 위해선 우승을 위해 열심히 싸우는 여러 다른 팀들이 있음을 알 수 있다. (12ㄴ)의 경우엔 잘못된 문장 말고 바른 문장이 전제되어야 한다는 것임을 알 수 있다.

(12ㄷ-ㅁ)의 경우에도 집안의 여러 문제와 여러 해결 과제 중에서 하나

를, 그 외 여러 가지 중에서 결혼을 하지 않는 것과 대비해서 하나를 선택한다는 사실을 알 수 있다. 그런데 이러한 선택의 의미를 가진 동사의 경우엔 선택항이 통사 구조에 나타나지 않는 경우도 있다. 바로 담화 상황과 관련지어 보면 더욱 그렇다. 다음을 보자.

(13) ㄱ. A : 빨리 결정해. 시간이 없어.
　　　　 B : 그래 알았어. 같이 가자.
　　 ㄴ. A : 선택해.
　　　　 B : 한 번 해 볼게.

위 (13ㄱ)과 (13ㄴ)은 비슷한 담화 상황이다. 위의 예문에서는 선택항을 직접적으로 찾아 볼 수 없다. 하지만 그 내용만으로도 선택을 해야 하고, 선택을 하는 상황이라는 것을 알 수 있다. (13ㄱ)에 나타나는 '결정하다'라는 동사와 (13ㄴ)에 나타나는 '선택하다'라는 동사가 이를 반증한다. '결정하다'와 '선택하다'는 동사가 가진 의미가 여러 개 중에서 마음을 정한다는 것이기 때문에 선택항이 굳이 나타나지 않아도 선택의 대상이 두 개 이상이 될 것이라는 점을 명확히 알 수 있는 것이다.

또한 어떤 담화 상황에서는 화자와 청자들이 이미 서로 알고 있는 선택항이라면 굳이 다시 이야기하지 않고 선택 표현만을 쓰는 경우도 많기 때문에, 위의 예문 같은 경우가 실제 언어생활에서도 많이 나타난다고 할 수 있다. 이와 같은 경우는 선택항이 문장 상에 나타나지는 않았지만 선택항이 무엇인지 화자들이 서로 알고 있기 때문에 선택항이 없는 문장과는 다르다고 볼 수 있다.

(14) ㄱ. 나는 가리다.
　　 ㄴ. 왕은 여러 가지로 고르고 저울질 했다.
　　 ㄷ. 영희는 평생의 직업으로 택했다.
　　 ㄹ. 생선에서 추려내다.

위의 예문들에서는 목적어가 모두 제외되어 있다. 목적어는 바로 위 예문 (13)에 나타난 동사들이 꼭 필요로 하는 필수성분이다. 위 예문의 동사들이 필요로 하는 목적어가 바로 선택항이거나 선택항의 존재를 알 수 있게 하는 표지가 된다.

(15) ㄱ. 우리는 결혼을 하기로 약속했다.
ㄴ. 나는 너와 음악회에 갈 것을 약속한다.
ㄷ. 본인은 두 사람이 이 순간부터 부부가 된 것을 선언합니다.
ㄹ. 나는 당신의 건강을 위하여 담배를 끊을 것을 권고합니다.

위의 예문은 약속을 하고, 선언을 하고, 권고를 하는 문장이다. 이들은 선택문과는 달리 하나의 것에 대하여 약속을 하고, 선언을 하고, 권고를 한다. 약속, 선언, 권고 등의 내용이 문장에 나오지 않아도 우리는 그 대상이 하나라는 것을 동사가 가진 의미를 통해 알 수 있다. 약속이나 선언, 권고 등은 이미 어떤 내용이 결정된 다음에 이루어질 수 있는 행위이기 때문이다.

(16) ㄱ. 나는 학교에 가는 것도 여행을 가는 것도 망설인다.
ㄴ. 나는 네게로 돌아가는 것을 주저한다.

위의 예문은 선택문과 같이 제시되는 항이 두 개이다. 또한 동사의 의미상 다수의 항이 선택 가능하다는 사실도 알 수 있다. 하지만 여기에는 '결정'이 드러나지 않기 때문에 선택문과는 다르다고 볼 수 있다. 그렇기 때문에 선택문의 내용에서 중요한 것은 제시되는 선택항과 결정이 되는 것이다. 이는 앞서 살펴보았듯이 선택항과 결정이 각 어휘와 표현에 '선택'이라는 자질을 주는 요소이기 때문이다. 또 장면과 관련해서 행위주의 의도가 가장 잘 드러나는 요소가 바로 선택항과 결정인 것이다.

선택 표현에 의한 선택문은 물론이고 동사에 의한 선택문 또한 동사의 의미 자질에 따라 선택항이 전제되어 있음을 알 수 있었다. 선택문의 경우는 선택항이 화자의 의도를 보여주는 선택의 대상이고, 선택의 범위 나아가서는 청자가 선택하는 데에 있어서의 기준이 될 수도 있으므로 선택항은 필수적이다.

4. 선택에 대한 화자의 태도로서의 명제 태도

일반적으로 어떤 명제에 대해서 갖는 태도를 명제 태도라 한다. 본고에서의 태도란 화자가 스스로 발화하는 문장에 대해 가지고 있는 태도를 말하는데, 선택이라는 것은 자신이 자신의 결정을 이야기 할 때와 상대와 대화 시에 청자에게 이야기할 때의 두 가지의 경우로 이루질 수 있다. 명제 태도또한 기본 태도를 바탕으로 하되, 두 가지의 경우로 나누어 볼 수 있다.

먼저 화자가 스스로 발화한 선택문에 대하여 갖는 태도는 발화한 결정에 대하여 책임감을 갖고서 결정한 바를 성실하게 이행하는 것이다. 두 번째는 화자가 제시한 선택항을 듣고서 청자가 어떤 반응을 보이며, 대화를 통해서 화자와 함께 결정한 것에 대하여 성실하게 이행하는 것이다. 이러한 선택문에 대한 태도는 언약 행위 그리고 요청 행위와 비슷한 태도를 가진다.

언약 행위는 통사적과 유형과 의미적 유형에서 선택 행위의 태도와 비슷하다. 언약 행위의 대표적인 형태로 약속문은 선택문과 미래 행위에 대한 결정을 보인다는 점에서 비슷한 형태를 취한다. 하지만 약속문은 약속 행위의 주체가 '화자' 자신이 되지만, 선택문의 경우는 선택 행위의 주체가 '화자'와 '청자' 모두 될 수 있다는 점에서 차이가 있다.

> (17) ㄱ. 나는 반드시 이번 시험에 통과할 것을 약속한다.
> ㄴ. 그가 돌아오면 용서할 것을 약속한다.
> ㄷ. 그 중에서 네 맘에 드는 것을 하나만 골라라.
> ㄹ. 나는 결혼을 결심했다.

ㅁ. 집이나 봐야지.

위 예문 (17)에서 ㄱ과 ㄴ은 약속문의 형태이고, 화자가 약속 행위를 한다는 사실을 알 수 있다. (17ㄹ)과 (17ㅁ)의 경우도 화자 본인이 행위의 주체가 된다. 하지만 (17ㄷ)의 경우 행위의 주체는 화자가 아닌 상대 화자가 된다. 이렇듯 선택문은 약속행위와 비슷한 유형을 가지거나 양상을 보일 수도 있지만, 행위의 주체가 화자이냐, 화자와 대화 상대방 모두가 가능하냐의 여부에 따라 차이를 보인다는 점을 더불어 알 수 있다.

상대 화자와의 관련성으로 보면 선택 행위의 태도는 요청 행위와 명령 행위의 태도와 비슷하다. 요청 행위와 명령 행위는 위에서 볼 수 있듯이 별로 다를 바가 없다. 명령 행위가 요청 행위와는 달리 상대 화자에 대한 위계를 갖는다는 것의 차이가 있을 뿐이다. 이러한 태도는 선택 행위에서 화자의 의도가 강하냐 약하냐의 문제와 연관을 가질 수 있다는 점에서 선택문의 태도와 비슷하다.

약속 행위와 요청(명령) 행위의 적정조건을 참고해서 선택 행위의 조건을 만들어 보면 다음과 같다.

- 선택행위 : 고르다, 가리다, 결심하다, 결정하다, 선택하다, 택하다, 추리다
- 예비조건 : 화자는 자기가 장차의 행위를 할 수 있다고 믿는다.
  화자는 청자가 어떤 행위를 할 수 있다고 믿는다.
- 성실조건 : 화자는 자기의 의사로 장차의 행위를 할 것을 의도한다.
  화자는 청자가 어떤 행위를 할 것을 원한다.
- 기본조건 : 화자는 자기의 의사로 장차의 행위를 할 책임을 진다.
  화자는 청자에게 장차 어떤 행위를 하도록 유도하는 시도로 본다.

'선택'함에 있어서 청자의 의도는 중요하다. 하지만 기본적으로 제시되는 선택항에는 화자[10)]의 의도가 먼저 개입이 되고, 선택항으로 화자의 의도를

10) 모든 대화 상황에서 '화자'는 선택 표현에 의해 선택의미가 실현되는 발화를 최초로 한

파악한 청자가 일반적으로 자신의 의도를 화자가 제시한 선택항의 범위 안에서 피력을 하기 때문에 위의 조건은 '화자' 중심으로 제시하였다. '선택문'에 있어서 태도는 실제 행위의 주체 즉, 행위주가 누군가에 따라 두 가지로 나누어 볼 수 있다.

첫 번째는 화자가 행위주가 되는 경우이고, 두 번째는 청자가 행위주가 되는 경우이다. 첫 번째의 경우는 태도가 스스로의 의도에 의해서 결정된 사항이므로 별다를 것이 없다. 하지만 두 번째의 경우는 다르다. 청자는 화자가 제시한 '선택항'에 대하여 가지는 의도에 따라 태도가 달라지기 때문이다. 이에 의하면 상대방이 제시한 선택항에서 선택을 하는 것이 선택문의 태도이다.

여기에서 기본적으로 제시될 수 있는 태도는 세 가지이다. 첫 번째는 명제를 따르는 것이며, 두 번째는 명제를 반영하는 것, 그리고 세 번째는 참고만 하는 것이다. 이 세 가지의 경우 모두 제시된 선택항에서 결정, 그리고 결정을 하고 나서의 행동까지가 기본 명제 태도에 포함된다.

먼저 첫 번째 경우는 결정된 선택 명제를 따르는 것이다. 제시된 선택항에서 하나를 선택하고, 그에 따르는 행동을 하는 일반적인 경우이다. 다음을 보자.

(18) ㄱ. A : 윤서야 밥을 먹을래? 라면을 먹을래?

　　　 B : 난 밥을 먹을래.

　　 ㄴ. A : 윤형아 시험도 끝났는데, 우리 청소를 하거나 빨래를 하자. 어때?

　　　 B : 좋은 생각이야. 그럼 먼저 청소를 하자.

　　 ㄷ. 그는 대학 때 친구를 신부로 택했다.

　　 ㄹ. 군수품 하청업체로서의 시설 여건을 갖추고 있나를 조사해보고 난
　　　 후에 허가 여부를 결정하겠다는 말은 지당했다. (박완서, <미망>)

　　 ㅁ. 갑례는 그런 잘 익은 고추만 골라가며 따기 시작했다.

사람이다.

예문 (18ㄱ)의 경우에 선택항으로 밥과 라면이 제시되었다. 청자 B는 그 두 가지 중에서 선택을 했고, 식당에서 주문 시 혹은 이후 행동이 그에 따라 이루어진다. (18ㄴ)의 경우는 화자 A가 제시한 항 중에서 청소를 선택했고, 이에 따라 화자 A와 청자 B는 청소를 한다.

(18ㄷ-ㅁ)은 대화문은 아니지만 대학 때 친구를 신부로 택했고, 그녀와 결혼한다는 점, 또 조사 후에 허가를 결정하는 것, 갑례가 잘 익은 고추만을 선별하여 따는 것을 명제에 대한 태도로 볼 수 있다. 하지만 위의 예문에서도 알 수 있듯이, 명제에 대한 태도는 장면이 있는 대화문에서 더욱 확실하게 나타난다는 점을 짐작할 수 있다. 이와 같이 예문 (18)의 경우는 선택항이 상대가 제시한 것 중에서 선택이 되고 그에 따른 행동이 이루어진다는 점을 보여준다고 하겠다.

두 번째는 제시된 선택항을 보고, 그것을 결정에 반영하는 경우이다. 이는 제시된 선택항의 범위에서 선택하고 그에 따라 행동하는 첫 번째 경우와는 다르다. 상대화자가 제시한 선택항을 보고 비슷한 성격의 다른 선택항을 다시 제시하거나 그와 비슷한 행동을 하는 경우라고 할 수 있다.

(19) ㄱ. A : 오늘은 점심으로 뭐 먹을까? 우동? (아니면) 볶음밥?
      B : 짜장은 어때?
      A : 그래 그럼 짜장을 먹자.
    ㄴ. A : 영화 뭐 볼까? 날도 더운데 공포를 볼까? 아니면 시원하게 액션?
      B : 그러지 말고 로맨틱 코미디는 어때?

위 (19ㄱ)의 예문은 상대방이 제시한 우동과 볶음밥과 비슷한 종류의 선택항을 오히려 제시하고 반문하면서 첫 번째 화자의 의도를 반영하면서도 자신의 의도 또한 반영한 경우이다. (19ㄴ)도 (19ㄱ)과 같이 같은 영화의 종류를 하나 더 제안하고 있다.

마지막으로 참고만 하는 경우이다. 반영하는 경우가 자신의 의도와 상대의 의견을 서로 조정해가는 과정이라면, 마지막의 참고만 하는 경우는 상대

방에게 자신의 의도를 관철시키거나 상대방이 제시한 선택항을 거부하는
경우가 많다고 할 수 있다.

> (20) ㄱ. A : 우리 쇼핑을 하거나 차를 마시는 것이 어때?
> B : 음, 그것 말고 다른 것은 없나?
> A : 뭐가 더 있을까? 차 말고 밥을 먹을까?
> B : 그럼 간단히 요기하게 국수를 먹자.
> ㄴ. A : 영화를 보거나 연극을 보자.
> B : 피곤한데, 다음에 보면 안될까?
> A : 다음에 언제?
> B : 뭐 다음 주에 보든지.
> ㄷ. A : 술 한 잔 하자!
> B : 왜? 무슨 일 있어? 좋은 일이야 나쁜 일이야?
> A : 일단 가자.

위의 (20ㄱ)을 보면 쇼핑이나 차를 마시는 것을 화자 A가 먼저 제시를 하
였지만, 청자 B는 본인의 의도가 있었기 때문에 그 외의 다른 질문으로 유
도한다. 그런 다음 자신의 의도대로 국수를 선택하고 제안하였다. 이 경우
는 상대가 제시한 선택항을 참고만 하고 결국은 자신의 의도대로 관철시킨
경우이다.[11] (20ㄴ)은 연극과 영화라는 선택항 중에서 아무 것도 선택하지
않고 참고만 하고 있다. 마지막 ㄷ의 예문은 청자 B의 선택항인 좋은 일과
나쁜 일 중에서 화자 A가 즉시 선택을 하지 않고 일단은 '가자'라는 말로
선택을 회피하고 있음을 볼 수 있다.

'선택'의 목적은 선택 행위를 하기나 선택을 하게끔 하는 것이기 때문에
발화자가 가지고 있는 의도에 따라서 표현의 강약이 달라질 수 있다. 즉, 화

---

11) 화자가 제시하는 선택항은 담화 상황과 밀접하게 관련되어 있음을 알 수 있다. 선택항에
나올 수 있는 항목들은 무수히 많으나 화자는 수많은 선택항을 무작위적으로 제시하는
것이 아니라 담화상황과 관련하여 자신이 의도하는 것을 제시하는 것이다. 의도하지 않았
거나 마음속에 바로 떠올려진 선택항은 담화에서 발생할 빈도도 낮다고 보며 화자의 의
미 없는 발화로 간주한다(조경순, 2002 : 94-95).

자의 의도에 따라서 달라지는 선택 표현의 종류와 초점이 바로 태도가 될
수 있다는 것이다.

> (21) A : 나랑 결혼할래? 공부할래?
>
> B : 뭐?
>
> A : 말해. 나야? 공부야?
>
> B : 공부.
>
> A : 뭐? 공부?
>
> B : 왜 그래? 생각해보자.

> (22) A : 그냥 가든지 기다리든지 네 맘대로 해.
>
> B : 기다릴게.

> (23) A : 가서 빵을 사거나 김밥을 사거나……
>
> B : 알았어. 빵 사올까?

> (24) A : 죽을래? 그만 할래?
>
> B : 미안해.

> (25) A : 골라.
>
> B : 정말? 고마워.

> (26) ㄱ. 돌아가서 네 일이나 해.
>
> ㄴ. 빵이나 먹어.
>
> ㄷ. 빵이라도 먹어.

위의 예문들은 각각 선택 표현에 의한 선택문이다. 이 선택문들은 각각
다른 태도를 보인다. 그것은 선택 표현이 가지고 있는 특성과 통사구조에
나타나지 않은, 즉 생략된 화용적 요소에 의해서이다. 예문 (21)과 같은 경
우는 남자와 여자의 대화인데, 남자의 의도는 결혼으로 아주 강하게 나타난
다. 처음엔 '~래'와 같은 의문형 어미를 사용하여 '선택'의 의미를 보이고

있지만, 다음 질문에선 이마저도 생략되면서 그 강요의 정도가 아주 높음을 볼 수 있다. 의문형 같은 경우는 요청이나 명령으로 해석될 수 있기 때문에 의도가 다른 표현에 비해 강하게 드러난다. 여기에 통사적으로 생략된 화용적 요소가 더해지면 화자의 의도가 어느 쪽인지 드러난다. 예문 (24)와 같은 경우도 비슷하게 해석할 수 있다. B가 잘못하고 있는 상황이라면 A의 말은 그에 대해 그만하라는 의미가 강하게 반영되고 있다는 것이다. A의 말에 B가 미안하다고 말한 것은 의도를 파악하고 진행되던 어떤 잘못된 일을 그만한다는 결정을 보여주는 것이다.

예문 (22)와 (23)은 접속 어미 '-거나'와 '-든지'에 의한 선택문인데 범위의 차이를 보여주는 사례라고 할 수 있다. 또 '-거나'에 의한 문장의 의미가 '-든지'에 의한 문장보다 무엇인가를 더, 그리고 즉시 해야만 하는 느낌을 준다. 이는 앞서 설명한대로 '-거나'가 가진 화자가 지정하는 특성, 즉 지정성 혹은 지시성 때문이다.

예문 (25)는 선택의 의미를 보이는 동사 '고르다'에 의한 문장이다. 이는 역시 화용적인 특성으로, 여기에 구정보는 생략이 되었다. 구정보가 생략되고 동사만 전달된다고 하더라도 문장의 의미는 하나의 완전한 문장보다 더욱 강하게 전달됨을 알 수 있다.

예문 (26)은 특수 조사 '-(이)나'와 '-(이)라도'에 의한 것으로, 둘 사이에는 약간의 의미 차이가 있음을 알 수 있다. '-(이)나'에 의한 것은 차선의 선택이라는 개념으로 화자가 먼저 선택하여 상대에게 일방적으로 제시하는 경우이다. 또, 화용적으로는 다른 것으로부터 관심을 돌리고자 할 때도 사용이 된다. 만약 상대가 일에 관심을 보이자 화자가 예문의 발언을 했다면, '네 일이나 해.', '빵이나 먹어.'와 같은 표현은 상대에게 아주 강하게 주지될 수 있게 된다.

이와 반면 '-(이)라도'에 의한 문장은 최선의 선택으로, 상대에게 '-(이)나'와 같은 강요의 느낌은 없다. '선택' 명제에 대한 태도는 위와 같이 상대로 하여금 '선택'을 하도록 하겠다는 화자의 의도의 여부와 정도에 따라 선택 표현의 종류와 전달의 강약이 반영되는 것이다.

> (27) ㄱ. A : 딸! 아빠하고 토요일에 공원에 가자!
>   B : 정말요? 네, 아빠 약속해요!
>   ㄴ. A : 친구! 이번 주말에 공원?
>   B : 약속!
>   ㄷ. A : 내일까지는 일을 마무리 해주세요.
>   B : 네. 약속드리겠습니다.

위의 예문 (27)은 '약속'의 행위를 하고 있는 약속문의 경우이다. 약속의 경우는 이야기를 하는 상대에 따라서 서술부의 형태가 바뀌는 것을 알 수 있다. 그러나 그것은 '약속의 실행'을 위한 화자의 의도가 반영되었다기보다는 상대방과의 친밀도 혹은 사회적인 관계에 의한 것이라고 여겨진다. 즉, 화자가 상대에게 약속한 행동을 꼭 하겠다는 의지를 보이는 표현 형태나 태도는 드러나지 않는 것이다.

(27ㄱ)의 경우는 아빠와 딸의 대화이고, ㄴ은 친한 친구끼리의 대화라고 가정할 때, ㄱ의 경우 아버지는 가깝지만, 어른이기 때문에 친밀하면서도 높이는 어투로 약속을 하고 있다. ㄴ의 경우는 친한 친구이기 때문에 생략되는 정보도 많아서 표현이 한결 경제적이다. 마지막 ㄷ은 대화참여자를 고객과 회사의 직원이라고 가정한다면, 사회적인 관계에 의해서 사무적인 태도로 '약속'의 행위를 하고 있음을 알 수 있다.

'선택'의 경우 화자가 먼저 선택을 하고 상대에게 똑같은 것을 선택하게 하고자 하는 의도가 아주 강할 경우 보이는 태도가 달랐고, 어떤 특별한 담화 상황이 있지 않을 경우에는 선택에 있어서도 개방적인 태도를 보였다. 이것은 '선택'의 표현이 약속이나 선언, 권고 등의 다른 언어 표현 행위와는 다르게 상대방에게 자신의 의도를 관철시키고자 하는 내용에 따라 더욱 다양하게 구사되고 있다는 사실을 의미한다. 화자가 의도에 따라 선택 표현을 다르게 사용하고 문장의 초점을 달리 두는 것, 그것이 바로 선택 명제 태도이다.

5. 결어

이상에서 선택 구문의 성립에 있어서 필수적인 조건들을 알아보았다. 첫 번째는 행위주 조건으로, 선택 구문의 행위주는 담화상황을 인지하고, 결정을 하는 주체가 된다. 행위주는 유정물이어야 하고, 스스로 자신의 의도대로 행동할 수 있는 것이어야 한다. 또, 자신의 의도대로 결정을 하고 그 결정에 따라 몸을 움직일 수 있어야 한다는 것이다.

두 번째는 선택항이다. '선택'이 다른 동사의 수행과 다른 점은 여러 가지 선택항과 결정에 의해서 생겨난다. 그렇기 때문에 선택항은 그 만큼 '선택'의 의미에서 중요하다고 볼 수 있다. 선택항은 '여러 가지'를 의미하는 것으로 화자의 의도를 드러내기도 한다. 행위주와 선택항은 문장의 구조에 특정 성분으로 나타나지 않아도 동사의 의미나 담화상황을 통해서 필수적으로 인지할 수 있어야 한다.

마지막으로 태도는 기본적으로 선택문에 대해서 인지하고, 선택항 중에서 하나를 결정하여 그에 따른 행동을 하는 것이다. 선택에 따라 행동을 하는 데에는 기본적으로 세 가지 양상이 있다. 그대로 따르는 것, 반영하는 것, 그리고 참고하는 것이다. 여기엔 화자의 의도가 깊이 관여한다.

참고문헌

김승곤. 1979. "선택형 어미 <거나>와 <든지>의 화용론", 「말」 4, 연세대학교한국
　　　어학당, pp.12-13.

김차균. 1978. "'을'과 '겠'의 의미", 「한글」 173·174, 한글학회, p.95.

시정곤. 2003. "단어결합과 의미역 위계구조", 「언어연구」 19-2, 한국현대언어학회,
　　　p.273.

윤평현. 2008. 「국어의미론」, 역락.

장석진. 1987, "한국어 화행 동사의 분석과 분류", 「어학연구」 23-3, 서울대 어학연
　　　구소, p.328.

조향숙. 2002. "현대 국어의 선택 표현에 대한 고찰", 전남대학교 석사학위논문.

Searle, J. R. 1969. Speech Acts. Cambridge : University Press. 「언화행위」. 이건원 역.
　　　1991. 한신문화사.

| 이 논문은 겨레어문학 43집(2009, 겨레어문학회)에 게재된 논문을 재수록한 것입니다.

집필자 소개(논문 게재 순)

양정석 연세대학교
이전애 전북대학교
김윤신 인천대학교
한정한 단국대학교
김광희 광양대학교
신서인 한림대학교
박진호 서울대학교
목정수 서울시립대학교
김진수 충남대학교
최호철 고려대학교
윤평현 전남대학교
박종갑 영남대학교
전영철 서울대학교
조경순 전남대학교
이유미 중앙대학교
민현식 서울대학교
조향숙 전남대학교

국어의미론의 새로운 인식과 전개 2

국어의미론의 심화

초판 인쇄 2016년 2월 5일
초판 발행 2016년 2월 15일
편저자 윤평현 선생 정년퇴임 기념논총 간행위원회
펴낸이 이대현
펴낸곳 도서출판 역락
주 소 서울시 서초구 동광로 46길 6-6 문창빌딩 2층
전 화 02-3409-2058, 2060
팩 스 02-3409-2059
등 록 1999년 4월 19일 제303-2002-000014호
이메일 youkrack@hanmail.net

정가 40,000원
ISBN 979-11-5686-294-9 94710
     979-11-5686-292-5 (전3권)

* 파본은 구입처에서 교환해 드립니다.

이 도서의 국립중앙도서관 출판예정도서목록(CIP)은 서지정보유통지원시스템 홈페이지(http://seoji.nl.go.kr)와 국가자료공동목록시스템(http://www.nl.go.kr/kolisnet)에서 이용하실 수 있습니다.(CIP제어번호: CIP2016003537)